本书得到佛山科学技术学院高水平理工科大学建设专项基金和佛山市自然资源局禅城分局、佛山传媒集团佛山日报社联合资助项目"佛山市禅城区历史文化名城保护宣传推广基金"资助

《印象·佛山》系列丛书编委会编

伦城 落脚佛山

杨俭波 ⊙ 著

Lun Cheng

Luojiao Foshan

中国社会科学出版社

图书在版编目（CIP）数据

论城：落脚佛山/杨俭波著．—北京：中国社会科学出版
社，2021.6
ISBN 978 – 7 – 5203 – 8604 – 3

Ⅰ．①论…　Ⅱ．①杨…　Ⅲ．①城市文化—研究—佛山
Ⅳ．①G127.653

中国版本图书馆 CIP 数据核字（2021）第 115731 号

出 版 人	赵剑英
责任编辑	卢小生
责任校对	周晓东
责任印制	王 超

出　　版	中国社会科学出版社
社　　址	北京鼓楼西大街甲 158 号
邮　　编	100720
网　　址	http：//www.csspw.cn
发 行 部	010 – 84083685
门 市 部	010 – 84029450
经　　销	新华书店及其他书店

印　　刷	北京明恒达印务有限公司
装　　订	廊坊市广阳区广增装订厂
版　　次	2021 年 6 月第 1 版
印　　次	2021 年 6 月第 1 次印刷

开　　本	710×1000　1/16
印　　张	19.25
插　　页	2
字　　数	328 千字
定　　价	98.00 元

《印象·佛山》系列丛书编委会成员名单

主　　任：李　溟（佛山市禅城区人民政府副区长）

副 主 任：陈丰顺（佛山市自然资源局禅城分局党组书记、局长）

　　　　　关羡湛（佛山市自然资源局禅城分局党组成员、副局长）

　　　　　陈　忻（佛山科学技术学院环境与化学工程学院院长）

　　　　　吴礼晖（佛山日报社副总编辑）

学术指导：龚胜生（全国政协委员、湖北省人民政府参事、华中师
　　　　　　　　　范大学城市与环境科学学院教授、博士生导师）

　　　　　朱　墨（佛山市城市规划设计研究院院长）

　　　　　侯庆涛（佛山市禅城区人大常委会委员、国家一级注册
　　　　　　　　　建筑师）

　　　　　魏兴琥（佛山科学技术学院研究生学院院长）

　　　　　区锦生（佛山市美术家协会名誉主席、佛山市城市规划
　　　　　　　　　委员会委员）

　　　　　凌　建（佛山市祖庙博物馆馆长、广东省古迹保护协会
　　　　　　　　　理事）

　　　　　叶蔚标（佛山市禅城区博物馆馆长，副研究馆员）

主　　编：杨俭波（佛山科学技术学院环境与化学工程学院副教授）

成　　员：区迅敏（佛山市自然资源局禅城分局名保办负责人）

　　　　　罗聪灵（佛山日报社编委，区域新闻中心主任）

　　　　　王丽萍（佛山日报社禅城全媒体中心主任）

　　　　　李　凡（佛山科学技术学院环境与化学工程学院教授）

　　　　　李文芳（佛山市自然资源局禅城分局专责办负责人）

潘国英（佛山市自然资源局禅城分局注册城乡规划师、城乡规划工程师）

刘书安（佛山科学技术学院环境与化学工程学院讲师）

黄　维（佛山科学技术学院环境与化学工程学院讲师）

李　兰（佛山科学技术学院环境与化学工程学院助教）

林子洋（佛山市自然资源局禅城分局科员）

康停军（佛山市测绘地理信息研究院所长、博士、高级工程师、注册测绘师）

前　言

习近平同志指出："保护好古建筑、保护好文物就是保存历史，保存城市的文脉，保存历史文化名城无形的优良传统。"① 要"秉持正确的古城保护理念，即切实保护好其历史文化价值"。要"修旧如旧，保留原貌，防止建设性破坏"。习近平总书记在北京市考察时指出："历史文化是城市的灵魂，要像爱惜自己的生命一样，保护好城市历史文化遗产。"② 党的十九大报告强调指出："文化是一个国家、一个民族的灵魂。"③ 要"加强文物保护利用和文化遗产保护传承"。④ 可见，文化遗产保护和文化建设正成为新时代丰富人民精神文化生活、保障人民基本文化权益的基础要求，也是焕发中华民族文化创新活力、推动中国社会主义文化繁荣的题中应有之义。佛山作为中国历史文化名城第三批名录单位，通过持续耕耘，在城乡文化遗产的挖掘、保护、活化和利用中取得了较多成就。进入新时代，如何坚持以人民为中心，立足以"以满足人民对美好生活向往"的要求，保护和利用佛山文物、遗产，成为当前摆在佛山市政、产、学、商、研各界的共同问题。

本书立足佛山历史文化名城保护活化和文化发展，聚焦佛山历史文化名城空间发展叙事、地方记忆坚守、文化遗产传承创新问题。本书内容涵盖以下五个方面：一是关注以历史文化名城为载体的城市佛山，城市空间的起源、发展、演化特征，探寻城市地脉和文脉发展的路径及策略；二是以"地方"为视角和对象，讨论城市地方记忆的形成、发展动态与特征，以及在现代化、全球化、城市化及区域一体化等冲击下，城

---

① 参见 2021 年 3 月 24 日习近平总书记在福州三坊七巷考察调研时的讲话。
② 参见 2014 年 2 月 25 日习近平总书记在北京市考察时的讲话。
③ 习近平：《决胜全面建成小康社会　夺取新时代中国特色社会主义伟大胜利》，人民出版社 2017 年版，第 40 页。
④ 同上书，第 44 页。

市地方记忆的解构及重塑；三是基于文物保护和遗产发展角度，思考和探讨佛山历史文化名城的文物、遗产保护发展和活化利用，为佛山文化遗产和文物资源寻找可持续的发展路径；四是从融合发展和集聚建设的思路，探讨佛山市文化发展的现状特征、存在问题及发展思路和对策；五是以国内外文化遗产保护、传承、活化、利用，大文化产业发展等方面成功的城市和地区为案例，系统总结其成功做法、主要经验，以及可以给予佛山的启示。

　　佛山市自然资源局禅城区分局、佛山市禅城区文化广电旅游体育局、佛山日报社等单位作为城市文化发展和遗产保护的主管机构、传播部门，长期致力于佛山城市文化的保护、传承和弘扬工作，本书的选题、立项和写作，正是各单位通力合作的产物。本书是作者研究团队（佛山科学技术学院地方文化与旅游发展研究中心）主持和承担的《印象·佛山》系列丛书第二部，也是本研究团队与佛山市自然资源局禅城区分局、佛山市禅城区文化广电旅游体育局、佛山日报社通力合作的主要研究成果。本书得到佛山科学技术学院高水平理工科大学建设专项出版基金的特别资助，同时也获得了作者及其研究团队同期开展的其他科研项目"基于社区营造的传统村落旅游文化共同体及其协同进化研究"（2016年教育部人文社科基金项目，项目编号：16YJC850006）和"舞蹈地理视角下广场舞的混杂、体现和认同"（2017年教育部人文社科基金项目，项目编号：17YFCZH065）的支持。

目　录

第一章　空间的叙事

城市空间不仅是人居活动场所、生产要素集聚中心、创新与研发中心，也是各种社会文化、资本和权力相互碰撞、融合与博弈中心，更是城市要素综合体形成的各种经济、社会、文化实体在空间上的投影。城市因要素配置和投放的不同而导致空间分配上的差异，进而引发城市空间发展问题。当前我国城市空间发展问题的起源与20世纪80年代初开始的改革开放密不可分。20世纪90年代以后，随着改革开放深化发展，在全球化、现代化和市场一体化共同作用下，我国进入快速城市化阶段，它在带来区域经济全新发展，推动社会、经济、文化全面改善和优化的同时，也使城市空间结构发生剧烈变革。近30年来的城市化进程使中国城市的空间表征产生了新特征、新结构和新动力。城市空间结构和发展逻辑也被多种新要素及力量所重塑：发展主体的权力博弈、城市阶层的分化剥离、城市居住空间隔离和跨国资本流动等都深刻影响中国城市空间发展。

进入21世纪后，城市发展对人口、产业、土地和资源提出新要求，大规模旧城改造在引发城市老旧社区发展和历史文化遗产保护问题的同时，更引起开发商和原住民之间频繁的冲突和对立，滋生社会不安和动荡；高等级豪华住宅区在城市中心区的集中（再集中），使原住民被迫迁移到城郊边缘地带，则比较深刻地反映出城市绅士化带来的社会分化问题。城市化进程的深入使传统街区和旧城改造中出现了"休闲＋商业＋旅游＋文化"等多种业态的深度融合，并创设出以全新城市休闲与旅游文化地标为引力点的旧城（区）改造模式（突出者如"新天地模式"），它们的出现开始改变和重构人与街区、里巷、街道、店铺的传统关系。同时，资本成为决定城市空间改造和发展的重要变量——房地产业的突飞猛进，使中国城市正在快速演奏着《摩天高楼攀比曲》，比如，北京的"大裤衩"和中国樽，上海的金茂大厦和环球金融中心，广州的东塔、西塔和广州塔，深圳的平安金融中心（平安大厦）和地王大厦等，这些快速崛起的摩天大楼，既映照出中国快速发展中国际资本的加速流入，更表征了资本投入到城建和房地产领域后，对城市空间的形塑、支配和改变。城市不再只是传统产业的集聚地、人类活动的"中心地"和区域发展的"增长极"，更成为资本、权力和阶层利益角逐的场所及工具。

在当代中国城市空间发展震荡和重构格局下，佛山城市的传统空间，尤其是佛山历史文化名城核心区传统城市空间，正在逐渐分崩离析。这种基于政治经济强势作用引发的传统城市空间解体现象，对佛山历史文化名城的保护和传承、佛山传统城市空间的发展和延续，都在产生深刻的复合影响。探讨、剖析和研究快速城市化与现代化带来的城市空间变迁问题，也成为佛山历史文化名城保护和城市空间优化需要深度关注的课题。

第一节　城市空间发展回顾

一　国内外城市空间研究回顾

城市空间发展的急剧变革，推动学术研究和建设实践的发展与聚焦。城市空间生产和重构、历史城市空间重塑、城市更新和老城区再造、空间正义等话题成为城市空间发展与转型研究的核心命题。

（一）空间生产

城市空间生产话题的开展和深入，以 20 世纪七八十年代西方社会思潮出现的空间转向为导引，空间转向将空间问题从地理学、社会学、文学研究上升到哲学理论层面，形成了较为著名的后现代空间理论。后现代空间理论提倡人性、历史回归，对现代主义的城市空间结构进行了猛烈抨击，其理论典范由以曼努尔·卡斯特尔斯（Manuel Castelles）、大卫·哈维（David Harvey）、亨利·列斐伏尔（Henri Lefebvre）、米歇尔·福柯（Michel Foucault）为核心的新马克思主义学派所提出的空间生产理论所支撑。后现代空间理论的主旨在于强调资本主义对于市场的驱动，但却忽略了现实世界是一个复杂、多元世界，这种现实发展和理想的空间生产之间存在较大的实践、认知差异，具有一定的局限性。而中国城市的空间生产实践则与改革开放相伴随，随着经济发展方式的转型，中国逐步建立以市场机制为主导的发展机制，行政力量对城市的管控逐步减弱，多元活力城市空间开始形成。同时，中国特色的土地使用制度和房地产发展政策，使土地有偿使用制度得以推行，地方政府经营城市转向明显，土地财政使城市政府对土地的有偿使用热情巨大，城市迎来巨大的发展机遇期，并加快城市空间发展变迁。自 20 世纪 90 年代以来，中国城市空间生产积累了较为丰富的实践经验，形成中国特色的空间生产模式：

一是空间生产对资源的依存。中国城市的空间生产主要以内生资源依存为主，突出表现为中国城市化和空间生产是以巨量的廉价劳动力资源和土地资源为基础来支撑的。源自计划经济时代的廉价劳动力和存量土地资源，形成中国改革开放以来支撑社会经济高速发展和城市化进程所要求的基础要素禀赋资源。同时中华人民共和国成立以来持续推行的国民识字普及教育和义务教育，也培养了改革开放以来工业化、城市化和市场化发展所需要的熟练劳动力资源，这些对促进中国特色内源式空间生产模式的形成，作用巨大。加上中国疆域辽阔，地带性差异较大，使中国各地繁衍和形成了独特而繁荣的地方文化与民情风俗，孕育出独具特色的城市文脉，塑造出具有强烈地方特色的区域发展空间格局，也使中国城市呈现出多样化空间发展特征和演进特征。

二是空间生产对资本的依赖。中国城市的空间生产对外来资本有着较强的依存性。这种城市空间生产对外来资本的依附性和依存特征，与中国改革开放对外资的依存一脉相承，并表现出比较明显的从产业到城市，从东部到中西部的计划、梯度发展特征，有计划、有梯度的对外开放政策带动和实现不同区域城市的高速发展。中国沿海地区最先加入全球生产网络体系，创造出诸如东莞、深圳等"世界工厂"经济奇迹，更造就了新的城市空间形式，如"握手楼""接吻楼"，街区拥挤不堪，社区治安混乱及外来人口拥挤聚居，发展形成"城中村"现象；如"江西村""湖南村""新疆村""浙江村"等。而产业开发和资本投入的空间发展不均衡，也使中国先发地区城市出现了明显的"二元空间"特征，即斑块状的城中村和现代化都市风貌共存一体。二元分化的城市空间在带来新的空间分布特征之外，城市空间结构也开始分化和分层：一些高档社区开始涌现。这一方面得益于资本直接投资于房地产市场；另一方面也归因于经济社会的转型与重构，如北京，大量外资企业的密集化聚集，吸引众多高级管理人员入住，并创造新的空间需求与消费，使城市空间变得异质、多元。

三是在空间生产的主导力量上，政府主导成为中国城市空间生产的典型特征。改革开放之前，传统计划经济发展模式之下，城市空间发展的主导要素使国有企业城市空间生产呈现出明显的低水平累进与计划发展特征。改革开放以来，市场经济体制下土地价值随着财税制度和土地有偿使用制度而得到释放，空间不再只是物质载体，还变成资本循环的重要媒介，推进城市建设成为国家和地方发展战略的核心内容。当城市被置于资本积累的逻辑和需求之下，当城市化被视为经济崛起的重要渠道时，各级政府都开始竭尽全力推进全面城市化，带动经济产业高速发展，从而使城市空间生产力、发展格局和居民消费需求全面释放。

（二）空间重构或重塑

对城市发展而言，无论是增量拓展还是存量更新，都能引起城市空间重构或重塑。城市内部有各种要素的演变和组合问题，它们在解决城市内部要素成长、组合与嬗变之余，也会作用于城市空间，并推动城市空间演化和重构。同时，城市空间重构既是遵循城市空间演化规律的自组织重构，又是受企业、居民和政府等外力干扰的他组织重构。实践发展中，城市空间演化主要通过他组织重构而实现可持续发展。

一是城市政府规划管治（城市发展规划和城市空间规划）作用于城市空间重构（塑）。城市规划是人们为达到一定目标而制订的行动计划，城市规划师根据城市演进的客观规律对城市发展和空间结构做出总体计划和安排。这个过程既是城市发展规律的空间实践，又蕴含着人类认知和发展愿景的构想实践。自现代城市规划奠基以来，城市规划已经历百余年发展，无数次规划理论的论争、规划实践的分歧，都真实地反映人类对城市发展规律认识的探索，也映射出城市各个阶层对城市规划与管理、城市发展愿景的诉求，它在塑造城市空间结构方面具有显著的功效。弗里德曼曾指出："西方城市规划理论流派划分基本上是以规划的社会功能来区分的，城市规划是一项社会改革和运动手段、政策分析工具、社会学习的过程。"①

二是随机和不可测的偶然事件冲击会导致城市空间重构（塑）。随机和不可测的偶然事件一般是指发生在城市里的大事件和突发事件。通常来说，大事件是指在全球化趋势下，各城市为获得发展资源和发展机

---

① ［美］米尔顿·弗里德曼：《资本主义与自由》，张瑞玉译，商务印书馆2004年版，第102—112页。

会，通过包装和推销城市，以高级体育赛事、重要节庆活动、大型会展（如狂欢节、奥运会或世博会）等为典型。大事件因其规模和重要性，能够带来大规模的游客到访、高强度的媒体关注以及对举办城市具有强烈经济或形象影响的活动或事件。大事件一般是由主办城市的政府运用行政力量和相当数量的公共财力所主导，而大事件的承办过程，主办城市会通过一系列大型公共建筑和街区的营建来体现城市影响力和形象。这些融合了大型建筑、外部公共空间及环境的集合体，就是"大事件地区"。"大事件地区"通过营造占地规模不等的大体量、尺度惊人的大型建筑，对街区、城市中心、城市发展轴线或城市外围地区产生重大影响，带来巨量的人流、物流和信息流。然而，由于城市精英主导植入、权利不均等原因，大事件在提升城市品牌，促进城市经济空间增长的同时，也会在短期内使一般市民与弱势群体难以分享到大事件带来的福利，甚至在旧城改造或新区建设中失去表征地方特征的社会关系身份和文化再生产家园。

三是城市空间重塑侧重于传统空间向现代空间的转型和升级。空间重塑是城市发展使原有的结构无法承载新的功能，导致城市空间分裂、失衡，而对城市空间功能和要素进行调整，建立新的内在联系，并使新的城市发展形态达到平衡。其表现为建成区扩展和内部空间重构两种形式。其中又以传统景观不断被新景观所替代，大量新形态的产业空间和经济空间不断被生产和重塑为具体形式。城市老旧社区长期处于封闭空间之中，自身也形成了自我完善的社会有机体和空间自组织结构。随着城市空间形态的自然演变，城市原来合理的空间形态会在外力作用下演变成混沌无序的空间形态，使城市发展效益逐步递减，城市结构逐步混沌化。这时通过规划技术手段，对城市空间（老城区）进行重塑就显得十分重要。另外，城市社会空间包括城市人性化空间、城市社会文化空间和城市空间的社会文化价值三个方面，城市空间重塑的终极目标就是要塑造一个以"人性化"空间重塑为核心、以社会空间资源配置的均衡化为途径，既能促使城市产业可持续发展，又能保证社会文化事业繁荣、满足大多数市民生产生活需求、保障大多数市民城市发展权益的和谐共生社会空间。

（三）城市空间更新

城市空间更新是指对城市衰落区域进行拆迁、改造、投资和建设，使之重新恢复活力、发展和繁荣。其主要内容有：一是实现对客观存在实体（如建筑物等硬件）要素进行更新；二是对各种空间环境、生态环境、视觉环境、游憩环境、文化环境等非物质因素进行传承、优化、提升和创新，也包括对邻里社会网络、心理定式、情感依恋等软环境的优化与创新；城市空间更新涉及物质、经济、社会等空间结构的变动与功能重组。城市空间更新的主体包罗万象，以机体更新为主要特征，从更新的范围看，城市空间更新涵盖了从物质性老化的建筑空间到机能衰退的社会经济区域及社区；在更新内容看，它辐射了从表象的景观环境到内在的社会文化网络；从更新手段看，它既包括单纯的保护或大拆大建，更包含政策、法规指引的更新改造。从发展角度看，当前的城市空间更新是以城市特色文化为本底，以物质结构变迁为载体，结合城市现状和未来发展定位而进行的综合和有机更新。包括社会改良、环境整治、活力提升、机能改善和竞争培优等诸多目标。近年来，随着城市特色文脉挖掘、城市生活品质提升在城市更新中愈益凸显，城市更新已经被提升到"城市复兴"的认识高度，通过再造城市活力，重新整合各种现代生活要素，使城市重获新生。同时，面向以历史文化名城老城区的更新研究与实践，形成了城市空间更新的主体性领域。随着城市不断延伸和发展，关涉历史文化名城老城区的各种主体（如地方政府、研究者、在地民众等）越来越清醒地认识到城市地方记忆的保留对城市发展的重要性。一个民族需要传统文化的保留和支撑，一个城市更需要保留传统社区和传统街道，从而保留城市的人文特色和生活情趣。历史文化名城老城区丰厚的社会文化根底，承载着城市特有的地方风情和民情风俗，在全球化、城市化和城市经济社会结构快速变迁态势下，老城区如何开展有效传承的空间更新、发展历史文脉，并较好地承载新生活变革要求，是摆在城市管理者面前亟待解决的问题。

（四）空间正义

社会公正问题在历经西方学者的广泛讨论之后，也进入我国城市规划学者的视野。城市发展的社会公平问题与其他多种现实问题的叠加，逐渐发展成为城市话题讨论中的热点。事实上，从学术研究范畴和领域的意义来说，对"公平"和"正义"的讨论与思辨始终贯穿于中西方社会、经济和政治思想领域，更积累了丰富且影响深远的学术思想遗产。自由主义者基于道德个人主义和底线福利保障所倡导的分配正义观，已经逐渐被全球化世界体系（包括中国）所接受；另外，对社会公正的探讨，也从解放个体自由转向发掘集体生活中的道德标准。并在不脱离个体在群体中的社群责任、集体义务、归属感和荣辱感层面来进行。"差异政治"学说进一步发掘出社会公正还涉及由于群体间的"主导"和"压迫"权力关系构成的不公平社会制度。在以上"求同、存异"的思想影响下，一个多元、包容、和谐的城市社会建构，成为都市人（特别是年青一代）所推崇的理想城市图景。

此外，（新）马克思主义者将社会不公正视为资本主义社会结构性矛盾的产物，"城市权"成为其分析当前城市社会中资本积累、循环、剥削和危机的核心概念。同时，"城市权"也成为新左派挑战资本制度的旗帜，激发了一系列社会抗争事件。在列斐伏尔看来，近代工业化带来的城镇化是工业生产不断侵入城市生活的过程。他认为，城市在工业化之前不仅从农业和商业中获取财富，并且能在知识、技艺和艺术上获得很高的造诣，可以称得上是人类文明的"作品"。前工业城市作为美好城市生活的载体，创造了丰富的社会生活，具有相当高的"使用价值"。随着工业逐渐侵入城市内核，城市成为进行高效率资本生产的工具、商业生产的"产品"和积累"交换价值"的工具。在工业社会发展为消费社会之后，城市生活本身也成为资本生产的一个环节。资本从工作到消费的整个循环中统治了个人。工业化带来的商品泛化正在摧毁城市使用价值，将城市生活淡化或商品化。"资本主义精英阶层已经摆脱了城市'日常生活'的束缚，他们是穿梭于酒店之间的空中飞人，在游艇和庄园中指挥部署工作，他们无处不在。而工人阶级（或白领）、进城务工者、被殖民或半殖民的群体每天在精心设计的日常生活中挣扎。这些人卑微而困苦的生活才是值得呈现的，这些住在郊区、贫民窟、破败旧城的人承担着超过其承受能力的盘剥。只要睁开眼睛，你的周边都可以看到这些人。"① 让城市人陷入了"日常生活"的卑微与困苦中，是现代社会最明显的不公正。

空间正义视空间和社会为一体，揭示（社会）空间生产过程中存在的不同空间尺度（从身体到全球）和领域（如资源、土地、环境、性别等）的差别及其引发的空间不平等，并力图通过实践活动对其进行有效改变。城镇化对空间正义的响应，也就是城镇化所涉及的不同主

---

① 王志刚：《社会主义空间正义论》，人民出版社 2015 年版。

体以及研究、规划、决策和实践等环节影响和改变不正义城镇化的过程。自 20 世纪 70 年代开始，空间正义开始成为西方地理学界研究的主题。法国思想家列斐伏尔创造性地将社会与空间联系起来，提出"空间的生产"理论，认为"（社会）空间是（社会的）产物"。这种（社会）空间思想为空间正义研究铺平了道路，因为空间（不）正义是内蕴于（社会）空间生产的过程之中。在列斐伏尔思想的激发以及 20 世纪 70 年代世界范围内剧烈变动的社会政治环境影响之下，哈维出版了论述城镇化与社会正义关系的奠基之作——《社会正义与城市》，并以"社会过程—空间形式"这一概念强调社会与空间的辩证统一。此后哈维继续深入阐发社会正义与空间、环境、城市规划和城镇化之间的关系，并构建了历史—地理唯物主义的空间理论体系。20 世纪 90 年代以来，更多地理学者开始关注地理不平等、资源分配不均以及区域发展不平衡引起的不正义城镇化问题。

二　佛山城市空间发展研究

近年来，随着快速城市化、现代化对佛山城市发展影响加深，佛山城市空间发展问题研究引起了较多学者关注。学者讨论的焦点包括：①佛山城市景观的空间演化与文化研究。包括明清佛山城市空间演变规律及结构演变的影响因素、明清时期珠江三角洲城镇的发展过程和形态、佛山城镇空间的极化与反极化、佛山市城市规划决策支持系统建构等（邱衍庆，2005；杜雁，2012；周毅刚，2006；李凡，2004；朱广堂等，2006）。②佛山城市化进程中的城市记忆信息资源整合、景观格局变化、城市文化景观及动力梯度问题（李凡，2008a，b；李玉霞，2009；郭程轩等，2011）。③佛山城市空间演变和发展的技术支撑。在城市现代化和商业资本影响下，传统城市空间发展受到严重的挤压侵蚀，此一过程中，权力资源、金融资本、商业势力等出于利益的本源追求，对佛山历史文化名城核心区域的空间发展，施加了很大的影响力，也吸引了众多研究者关注。何小坚（2002）、聂磊（2004）讨论了佛山老城保护与历史文化名城建设的关系问题。周霞等（2005）分析了经济发达地区城市历史文化资源的保护与利用；陈穗嘉、刘辉（2006）对佛山老城历史文化保护的规划管理举措提出了建议。李凡（2007）以景观生态学理论分析方法，讨论了佛山历史文化名城文化多样性保护。吴欣燕（2014）以广佛肇核心街区为例，对历史文化街区的形态价值评估体系做了分析研究。吴满强、吴庭璋等（1996）讨论了佛山城市发展中的新区建设和旧城保护问题。谭国辉（1999）对佛山旧城改造中的古城保护问题进行了深入分析。黄耀丽等（2005）以佛山旧城改造为例，讨论了历史文化名城改造中的视觉形象及其空间结构。陈可石等（2011，2012）提出，实现历史文化保护核心区再现传统城市文化价值和意义。谢华（2014）认为，城镇化过程中的旧城改造要深入思考对历史文化保护的影响及其作用。

在佛山传统城市空间改造方面，学者重点关注了祖庙—岭南天地片区的城市更新和空间演化问题。杨俭波（2014）分别以岭南天地（祖庙东华里片区）和普君新城的改造为研究案例，对"三旧改造"在案例地的适用性和局限性等问题展开研究。查秀萍（1995）论述了佛山传统民居的特点及其营造。郭昊羽（1996）针对佛山祖庙—东华里片区保护更新问题提出思考。郭昊羽、刘管平等（1996）对佛山建新路街区保护和更新规划展开了讨论。郑力鹏等（2001）对佛山福贤路历史街区保护和更新问题进行了思考。王海娜（2006）、李燕珠（2008）将关注的视点投入到佛山东华里片区古建筑群的保护和利用。张智敏等（2008）研究了祖庙东华里片区保护性详细规划。梁瑞星（2011）对汾宁路民国初年新辟马路及沿街铺屋等进行了研究。张乃建（2013）以岭南天地为例，讨论了历史街区的保护性更新。刘志伟（2013）指出，遗产的更新和构建，要考虑传统和现代的结合及有机沟通。在关注祖庙—岭南天地片区城市空间发展和区域改造的同时，学者还将视野集中到佛山老城的另一个关键历史文化节点：南风古灶片区的更新改造问题。王扬等（2009）以南风古灶片区保护规划为例，思考了历史街区中产业历史建筑的保护和再利用。曹磊（2010）对南风古灶片区的历史和现状进行了深入考察。刘秀华（2014）就南风古灶片区的保护和石湾陶艺发展提出了个人见解。欧惠冰（2014）将岭南天地和南风古灶片区的改造进行对比，分析了改造在风格、特色等方面的差异。

回顾佛山城市空间发展和演化的研究成果，可以看出，现有对佛山历史文化名城和城市空间发展演化的研究文献存在以下研究短板：一是对佛山城镇形态空间发展研究多着重外向扩张，忽视针对佛山城市（镇）核心区时空发展和演变方面的深入研究，忽略了每个阶段所涉及的社会现象以及街区内部所发生的改变。二是在历史文化名城老城核心区的研究上，缺少基于时空发展、区域互动及社会政治经济方面相互影响的思考认知，而多从物质层面和物质与空间相结合视角进行单维度讨论分析，研究成果的理论高度和实践指导有限。三是在微观形态研究上将关注点放在街道空间和建筑单体上，立足于城市规划、城市设计和建筑学视野来关注佛山城市（镇）"空间"和"实体"之间的对比以及在美学上的隐喻，鲜见将街区作为一个整体进行全面系统的分析。即使在街区内部结构与形态构成要素研究方面，也多从单要素视角讨论较多，较少关注各个要素之间的关系，更缺乏将佛山城市（镇）核心区视为一个要素整体，从区域、城市和街区关联发展的视角来综合分析。四是研究过于强调现代主义、城市和全球化、现代商业及大岭南文化等对佛山城市个性及特色的诉求，而忽视佛山乡土地方意义和地方怀旧情怀下对城市文化意义和特色的维持。

可见，为弥补城市空间发展不足，促进传统城市空间发展重构，需要优化研究短板，增强佛山城市空间发展能力。佛山城市空间发展和历史文化名城空间结构的重构和再生，需要立足区域、城市本身，以较长时间尺度为讨论轴线，对佛山传统城市空间和历史文化空间进行系统思考。同时，基于城市美好人居空间建设视角，促进城市、产业、文化、环境和生态全面优化，建构面向城市美好人居生活空间，更需要加强对佛山城市传统和现代的生产、生活和公共空间的全面、系统研究。

第二节 佛山城市空间发展

一 佛山城市空间发展背景

（一）全球化促进佛山城市空间新发展

20 世纪 90 年代后，全球化成为一种大趋势，随着全球化对人类社会影响的扩张，全球化所导致的产业转移，或者被迫进行的产业结构调整和产业空间重组已经成为影响当代城市发展主导因素。经济全球化改变了全球生产方式，新的国际劳动地域分工相继产生，全球化对城市空间发展产生至关重要的影响。萨森（Sassen）在其著作《全球城市》（*Global Cities*）中指出，当生产区位可能变得分散时，控制和管理新的服务经济区位将变得更加集中，最终形成全球城市。"生产的空间扩散，包括它的国际化，已经促进了管理和调整新空间经济的中心化服务节点的增长……在一定程度上，过去15年间，经济活动的重心已经从生产性城市

（如底特律、曼彻斯特）转移到金融和专业服务中心。"（Sassen，1991）①
曼努尔·卡斯特尔斯概括的现代经济转型特征是：当生产向全世界扩散
时，服务业仍然向相对少的贸易城市集聚。这些城市是金融服务业中心
（如银行业、保险业）和大部分主要生产公司的总部所在地，它们大部
分还是世界性权力机构的所在地（Castlls，1990；Sassen，1991）。这些
城市吸引了专业性服务业，促进全球化，并且和控制公司总部的区位联
系在一起。同时，全球化还促进全球资本和技术的跨区域流动。全球化
一方面允许跨国公司从全球范围内引进资本和技术；另一方面又通过促
使跨国公司在任何适宜的地方兴办子公司的方式，获得最大化利润。可
见，全球化能够推进外国直接投资和出口贸易增长，这一过程必然导致
全球区域发展不平衡，进而导致全球城市发展的不平衡。

　　同时，全球化带来生产的全球重构与转移，导致全球范围生产空间
重构和转型，这些全球生产在区域和城市空间的重新洗牌及重构，促使
全球范围内城市空间调整和变化，使核心国家与世界主要城市发展技术
创新、生产管理等高层次产业，而低层次的生产制造业、装配活动则转
移到发展中国家。在全球化推动下，一方面，产业总是朝着成本比较低
的地方流动，形成一系列产业集群，这种产业集群使小企业、小城市也
能进入全球生产链中；另一方面，由于经济全球化，新产业不断产生，
发达国家加速将传统产业向发展中国家转移，而新兴工业化国家则积极
促进那些失去比较优势的劳动密集型产业进行转移，转向发展以资本、
技术密集型产业为主，使产业的空间转移和城市内容空间转型变得更为
广泛（顾朝林，2003）。为保持城市持续繁荣，世界主要城市将产业总
部化和服务化作为空间发展优化的主要方向，并带动资金、管理、劳动
力和生产空间的有序流动及布局，使城市空间发生新的转型、升级、调
整和优化（顾朝林，2003）。在全球化背景下，全球制造业发生全新的
重构与转移，带动区域城市空间重构和优化发展。

　　可见，经济全球化促进了资本、商品、人才和信息在全球范围内的
加速流动与整合，推动了全球地理区域结构和城市空间重构。同时，也
导致区域和城市的制造业、生产性服务业与管理体系等形成垂直分工，
带动整个区域积极参与到全球生产网络之中。佛山作为我国改革开放先

---

① Sashia Sassen, *Global Nerwork*, *Linked Cities*, London：Routledge，1991.

发地区的先导城市之一，其城市生产体系较早就嵌入全球生产网络之中，佛山城市的制造业、生产性服务业和城市管理体系在接轨全球城市脉动中，凭借优越的区位与人文环境，以经济高速增长吸引大量人口聚集。佛山也在外向型经济结构促动下，快速建成了以制造业为本位的城市产业结构系统，然而，在全球化的当下，面对全球范围内城市和区域空间结构优化与产业发展转型，佛山需要立足现有制造业结构体系，对接全球技术革命、信息化发展等新趋势，对城市自身的空间结构和产业结构系统进行深入全面和动态的优化与调整。当前，佛山已经进入创新驱动的新阶段，但依然面临制造业"大而不强"、产业空间分布杂乱无章、产业园区化初级化和低端化等问题。佛山数量众多的中小企业要从"小股武装"向"正规部队"脱胎转型，必须要有全球化大视野；佛山城市的生产、生活空间要面向满足人民对美好生活向往的空间美化、优化和诗意化转型，也要求城市空间结构必须进行深入全面的转型提升。佛山过去是全球化的受益者，未来仍然需要走全球化之路。过去 40 多年间，以民营经济发达而著称的佛山通过不断壮大外向型经济，为佛山综合经济竞争力位列全国各大城市前列提供了坚实的支撑。现在，为发展更高水平开放型经济，佛山必须推动经济社会和城市空间结构高质量发展，这也是佛山作为中国经济先发地区重要城市应有的使命与担当。

（二）信息革命为佛山城市空间优化赋予新动能

自 20 世纪 70 年代以来，随着国际资本流动加快，世界范围内原料和能源价格急剧下滑，科技创新成为产业升级、产品更新换代的原动力，计算机正在将世界联结起来，信息化、全球化、去经济化已经成为深刻影响城市发展的新动力。进入 80 年代后，随着微电子技术迅速发展，计算机在硬件和软件两方面变革了信息处理，电信成为处理单元间全面利用新技术和新技术扩散的关键媒体。这些建立在信息系统基础上的微电子技术的应用使工厂生产过程实现计算机辅助设计和计算机辅助管理（CAD/CAM）、弹性集成制造业（Flexible Integrated Manufacturing）以及办公自动化成为可能。围绕信息技术核心，一系列科技创新的产生，特别是新材料（如陶瓷、合金、光纤）、超导、激光、可再生能源等的出现及应用，信息化使信息社会建设成为可能。这不仅带来产业创新性进展，更带来城市空间结构和空间发展的革命性变化。资本、技术、管理和市场突破了原有政治、企业、文化边界，随时可以在相对不受阻碍的情况下跨境流动。萨森（1997）提出，电子空间的出现不仅是一种信息传递手段，而且还营造了全球资本运营的新场所。城市发展因受信息枢纽和影响力作用而趋于全球化整合，有些未能跻身于信息空间和信息高速公路的城市则被逐渐边缘化。通过信息技术构建的全球无边界经济体系已经形成（杨汝万，2004）。同时，通信、计算机、自动化等弹性要素成为信息经济形成的基本条件。网络技术使通信技术突飞猛进，并且从根本上缩短了传统通信的时间和距离。一个由信息、空间和信息通道可达性界定的新时空观开始出现。它让我们经历了"距离的死亡"，并导致传统经济集聚体的衰落：我们几乎可以在任何地方从事任何商业活动。新的技术经济范式创造了崭新的空间地理，使城市空间结构发生革命性变化，如电子空间令传统的处所和距离逐渐消失，也使另一些具有中心性和重要性的新中心兴起（Sassen，1996）。

信息技术大大缩短了经济与社会间的距离，正在铸造一个新型网络社会空间。网络空间与地理空间相互作用、相互交融，构成一个以现实城市空间为基础、相互交错的新型城市社会空间。它们相互叠置互补，便构成了网络时代多形态、多构化、多功能的城市空间（陈果等，1999）。未来五到十年，随着大数据、软件和通信技术、物联网、云计算等不断发展和成本降低，将全面提升制造业管理精度和智能化，"大规模制造"逐步走向"大规模定制"，分散化、个性化、网络化的产业组织时代即将来临，产业创新生态的构建和面向智能业态的城市空间结构调整将发挥越来越重要的作用。

作为粤港澳大湾区的核心城市之一，佛山如何把握好信息革命机遇，积极对接新一代信息技术发展对佛山产业结构产生的影响至为重要。如何通过合理、优化的城市空间发展，实现物联网、大数据与软件智能系统、云计算、可穿戴设备与智能决策等产业的布局，正成为佛山城市空间发展和产业结构调整的重要问题。同时，产业结构知识化、产业体系融合化、产业分布集群化和产业竞争全球化，都要求佛山加强城市产业转移的技术扩散和渗透效应，提高城市产业技术创新能力，加快城市高新技术产业化进程，加大对城市传统产业的技术改造力度，着力发展具有比较优势的城市产业，从而实现佛山城市空间的结构优化和创新布局。

（三）产业结构转型为佛山城市空间优化提供了新路径

产业转型升级是现阶段推进产业健康发展的迫切要求，也是促进城市空间结构优化和发展重构的重要举措，同时，还是目前我国经济实现持续稳定增长的关键和支撑，是推进社会主义现代化建设的突破口和着力点。全球制造业生产依赖于全球资源和全球市场。按照古典经济理论，在全球化背景下，既然资本和技术可以全球流动，那么制约产品成本的主要因素就是土地和劳动力的价格。据此，为了降低成本，扩大盈利，全球性制造业转包合同成为主流，例如，IBM 计算机在美国设计，在中国台湾组装，元器件则在大陆的太仓生产。从全球角度来看，以中国东南沿海地带为核心的广泛地域正在形成全球制造业基地。从产业空间转移视角来看，我国在承接世界产业转移过程中，大致经历了四个阶段。第一个阶段来自中国香港地区制造业的产业转移，其转移方式主要是"三来一补"。第二个阶段来自中国台湾制造业的产业转移，其转移方式主要是投资办厂和贴牌生产相结合。第三个阶段来自日本、韩国制造业的产业转移。第四个阶段来自欧美制造业的产业转移。这几个阶段产业转移初现端倪，主要集中在包括珠江三角洲、长江三角洲、环渤海经济带在内的东部沿海地区，产业转移比较广泛。

佛山的产业结构优化调整，其核心在于增强综合城市功能：一是要能促进创新强市建设。城市要发展，创新是关键。如何创新？除技术、知识、智力等不可或缺之外，空间结构优化的作用也至为关键，没有好的城市空间结构，没有协调合理的城市空间发展结构，产业、智力就无法留驻，也就谈不上创新发展和创新强市。二是要能助力制造强市建设。制造立市、制造强市、制造兴市，一直都是佛山发展的"法宝"之一，立足城市空间优化和产业转型的综合发展，既可以实现产业协调发展，又能实现"产业＋""科技＋"，使制造业突破发展"天花板"，迎来未来发展机遇期。当前和今后一个时期，佛山市产业转型和提质增效的主要突破口就在于加强产业结构的调整和优化，加速文化提升和城市更新融合发展。通过"全区域、全要素、全产业链"的产业互动和空间贯通，最终实现"城市围绕产业转、产业围绕结构造、结构围绕空间调整"的城市—产业—空间优化发展导向。

（四）城市发展新趋势为佛山城市空间结构优化明确了方向

全球化正在导致城市与区域的空间重构。全球产业网络（如地方组织、地方机构和商会）与（半官方）孵化器、面对面交流（如社会诚信、信息交换互惠）交织在一起，重塑着当地文化。学习—互动—创新、数据—信息—知识—个性化、信息密集区集聚效应、产业链的瓦解、全球化的不平衡发展和经济社会的极化效应，共同推动全球经济对城市区——网络城市和全球的营造。经济全球化推动管理、金融和服务国际化，使少数特定城市成为全球经济区域或全球节点城市。这些城市是全球发达服务业和电信设施集中的地方，同时也是公司总部尤其是跨国公司总部集中地。斯科特（J. Scott）、萨森（1990，1994）等将这类城市称为全球城市。全球城市和紧随其后位于第二级别的城市，称为"次全球城市"，是金融服务业中心（银行业、保险业）和大部分主要生产公司的总部所在地。全球城市和次全球城市通常也是综合性的交通及通信枢纽，这里拥有发达便捷的水陆空交通网络，高速铁路、高速公路、深水港、国际航空港等一应俱全，与外界保持频繁、高效的联系。特别是随着信息革命的发展，全球城市成为全球通信网络的主要节点。同时，城市功能全球化与城市规模巨型化，也带动生产性服务业、跨国公司总部、金融中心在全球城市集聚（Graham，Spense，1997；Lyons，Salmon，1995）进一步激发面对面交流的需要。基于快速交通、信息通信网络及范围经济，城市联盟和网络城市开始出现。城市更强调水平联系和互补性，强调城市间经济作用和城市功能的异质性，通过整个区域系统构建完整的城市功能体系；同时，城市联盟注重科研、教育、创新技术等知识型活动，每一个城市都可以从与其他城市的交互式增长协调中获利，而这些交互式增长通过互惠合作、知识交换和未预期的创新性活动产生（Batten，1995）。

佛山作为中国较早融入全球生产网络和城市交流体系的城市之一，其所在区域及内在发展机制，使其持续动态地和周边的广州、深圳、香港、澳门保持着内在联系。进入21世纪后，世界城市的发展逻辑和内在动因出现了新的变化和发展趋势，全球城市和次全球城市正逐步主导世界城市发展格局。在这种新的区域和城市发展特征下，佛山如何适应城市发展逻辑变化，如何通过与周边那些显在和潜在的全球城市（次全球城市）进行战略结盟和组合发展，形成佛山城市自身的持续竞争力，需要进行深入、全面的思考和研究。

二 佛山城市空间发展历程

（一）行政区划沿革：季华乡（佛山堡）—佛山镇—佛山市

1. 行政区划影响区域和城市空间格局及治理结构

行政区划是国家为进行分级管理而实行的国土、政治和行政权力的划分。一般来说，行政区划是在不同区域内，为保障地方政府能全面顺利实现各种职能而建立的不同级别政权机构作为标志。行政区划是国家政治结构的一种基本形式，是中央政府管理全国各地的一种有效手段，是国家为进行分级管理而实行的国土、政治和行政权力空间再配置。行政区划从某种程度上可以视为国家结构形式的空间投影，是行政版图和地域空间版图的双重叠加，具有行政管理和社会经济管理的双重功能。行政区划设置通过行政级别、属地管理和条块分割、中央和地方关系、市带县等与行政体制相关的因素，对区域空间格局及治理结构产生深远影响。行政区划通过行政建制的设置，影响生产要素的空间流动与配置、生产力布局和经济活动的空间组织，从而对城市经济和区域协调发展产生多方面的影响：一是直接影响城市人口规模和空间重构，尤其是撤县设区会导致城市周围地区的农业人口进入城市，短期内迅速增加市区人口数量，带动市区人力资源流动和就业市场人才结构重塑。二是影响城市发展重心转移、生产要素空间重组和地方政府驻地搬迁。行政区划设置，不仅可以带动新区跨越式发展，而且可以引导人口和产业快速集聚。如北京市政府搬迁改变了北京市单中心空间结构，形成"一主一副"发展格局，而通州城市副中心建设进一步引起首都非核心功能的疏解，不断重塑着北京市的空间结构。三是有助于区域经济打破区划的限制，扩大经济发展空间，通过统一规划和政府管理适度缓解原行政区划之间形成的招商引资竞争关系。政府通过行政区划调整和资源整合，减少要素资源的过度分割和重复消耗，促进资本、技术等生产要素自由流动，实现优势互补。四是区域行政管理体制变化也会影响要素资源重新配置。如省管县体制的试点将导致财政资源和市场资源在试点县重新配置，激发县域经济发展的积极性和发展活力。而要素的重新优化配置又将提升区域统筹协调能力，平衡区际差异，重塑区域和城乡发展格局。五是行政区划的层级设置相应地赋予了各地区的公共权力边界，对政府管理作出层级式和全局性安排。行政区划的实质就是"权力的空间配置"，是各级政府明确自身权力范围的一个过程，行政区划调整意味着不同层级政府之间权力的变化过程。

自 1949 年以来，中国行政区划进行了多次调整，总体来看，不同时期的行政区划调整和政策制定都是根据当时的社会经济发展和国家稳定安全需要制定的。具体来看，中华人民共和国成立初期，我国实行"省一县一乡"三级制。全国共分为 30 个省、12 个直辖市、5 个行署区、1 个自治区和 1 个地区,即 49 个一级行政区。因为一级行政区数量过多,在省之上又设立华北、东北、西北、华东、中南和西南六个大行政区。而六个行政区的设立与撤销,政府驻地的多变,省域边界的调整,都是为了服务于中华人民共和国成立初期的平稳过渡和社会安定。20 世纪 60 年代到"文化大革命"时期的行政区划调整表现为逆向性与约束性,其调整的目的主要是从疏散人口和减少城市资源保障压力出发,为了减少城市人口的粮食供给,鼓励城市青年"上山下乡",将很多县级市撤销,恢复县的建制。20 世纪 80 年代的行政区划设置表现为政策性和调节性,主要以促进资源开发和发展计划经济为出发点,如推进地区设市,实行市管县体制,就是为了发挥中心城市的宏观调控和辐射带动作用。20 世纪 90 年代的行政区划设置,主要从资源保护和激发市场发展活力出发,表现为无序化、保守化,如冒进式、一窝蜂式的设市审批。1997 年以保护耕地为由冻结改市的审批,由冒进转为保守。21 世纪初的行政区划设置表现为规模化与理性化,从做大中心城市和区域空间格局优化出发,主要表现为中心城市扩容提质,增设市辖区。为促进地级市长远发展,增设市辖区不仅有利于提升总体竞争力,还有利于应对"省直管县",尽早将中心城区周边发展基础较好的县(或县级市)改设为市辖区。2010 年以来的行政区划设置表现为规范化与科学化,主要从区域协同发展和引导资源集聚出发,以新型城镇化城市群为主体形态,推进大、中、小城市协调发展。不仅制定了县级市、市辖区的设立标准,重新启动了县级市的审批,还出台了《行政区划管理条例》,不断推进行政区划管理的规范有序,也成为优化资源配置、构建国家治理体系的重要调控手段。

2. 佛山行政区划沿革反映了佛山行政区划的格局和治理结构变迁

佛山"肇迹于晋,得名于唐",原名季华乡。据考证,佛山的人类历史起源于现禅城区澜石街道区域,距今有 4500—5500 年,百越先民沿西江、北江而来,在这里繁衍生息,以渔耕和制陶开创原始文明。春秋战国时期,佛山属于百越地。晋代以前,佛山还是珠江口咸淡水交界的土洲群中较大的一个洲岛渔村,处于广州海湾西南处上游,四周水面环绕,乡人出外,谓之"过海"。晋代以后,尤其是"永嘉之乱"之后,北方移民南迁,致使佛山洲岛开始生民繁聚,逐渐演变成一个热闹的渔村聚落,乡人称之为"季华乡"，"佛山向名季华乡，不知始自何时"。^① 同时，晋代广州逐渐开放为对外通商海港，时有海外商船远渡而来，东晋太元时期，有古印度僧人航海东来，在此登岸，并于塔坡岗结茅讲经，宣传佛教，未几西还。当地村民把他居住的地方称为"经堂"。隆安二年（398），印度（今克什米尔）僧人达毗耶舍航海而来，仍在塔坡岗经堂旧址聚徒讲法，吸引不少信徒前来听讲。唐贞观二年（628 年）塔坡岗"夜放金光"——"乡人常夜见其地有光烛天，乃掘得古佛三尊，并有褐曰'塔坡寺佛'。遂以供之经堂，建塔崇奉。因名其乡曰'佛山'。"^② 并有石碑，上有石刻对联："胜地骤开，一千年前，青山我是佛；莲花极顶，五百年后，说法起何人。"这也是佛山得名的重要物证。因此，乡人奉三尊铜佛于经堂，并立石碑，改季华乡为"佛山"。清乾隆时期，叶汝兰所撰的《重修佛山经堂碑记》文中，开篇即载："相传晋代有西域僧至此结茅讲经。僧寻西还，其徒因构室而居，号曰'经堂'。地据省会上游五十里，仅南海县属一小乡耳。"也就是说，佛山之名从唐朝开始才进入历史舞台。同时，由季华乡改名而来的佛山，还不具有行政区划的概念，其在区域空间特质上，就是珠江三角洲地区一个自然海洲之地，类似于自然小渔村的乡村聚落形态。

至宋代，随着珠江三角洲地区持续的海退和中原移民迁入带来的人烟繁荣，佛山海洲与周边地区联系进一步深化，手工业和商业有了一定的发展，市场空间的主要载体——墟市开始出现。但是，这个时期的墟市，仍以满足居民日常生活需求为主，即"墟集皆市也"^③，其分布的主要空间一般位于便于横舟泛渡的渡头。宋代佛山最早的墟市便形成于栅下铺米艇头、果栏街一带，其后，随着塔坡一带烟火日众，塔坡墟市逐渐成为佛山海洲一带的重要墟市，并和周边的几个墟市一起，构成佛山当时的市场空间体系。佛山开始形成以墟市勾连周边地区的市场互贸中心地功能，并在一定程度上发挥了与广州外贸港的对外联运功能。至元末明初，佛山发展出三墟（普君墟、大墟和盘古墟）六市（早市、朝市、晚市、三元市、公正市和官厅市），明代以往，佛山商业墟市继续发展，

① 吴荣光：道光《佛山忠义乡志》卷一《乡域志》，佛山博物馆藏 1830 年版，第 12—34 页。
② 佛山市禅城区文体旅游局编：《佛山市禅城区不可移动文物名录》，第 66 页。
③ 冼宝干：民国《佛山忠义乡志》卷一《乡域志》，佛山市博物馆藏线装本。

至明代中期正统年间，黄萧养叛乱围攻佛山堡时，佛山已发展成为具有相对区域市场影响力的专业市镇雏形，其市场体系相对完整，有"三墟六市九头八尾"[①] 之说。这也可以从黄萧养叛乱围攻路线的选择中看出："黄萧养围攻佛山堡，是在叛军试图劫掠广州府城未果的情况下，转而围攻佛山的，故当时佛山如果没有一定规模的墟市和市场容量，没有足够的商户入驻和财富赋存，黄萧养应该不会把佛山堡作为广州之外的第二选择。"佛山堡在胜利抵抗黄萧养侵扰之后，于景泰三年（1452）获得朝廷赐称忠义乡，此后佛山开始进入朝廷视野，尽管此时佛山依然未纳入明廷的正式行政区划体系，但就商业繁荣情况来看，佛山已然成为当时珠江三角洲地区仅次于广州的市镇之一。此后，随着市场、手工业和地方人文资源的繁盛，明朝中后期以后，佛山逐渐发展成为珠江三角洲地区以地方宗族势力和士绅阶层为地方治理主导力量的繁荣市镇。佛山忠义乡和佛山镇两个名称在这个时期也相互混用，从地名涵指的角度来看，忠义乡（如各种版本的《佛山忠义乡志》）更多强调朝廷恩褒下的佛山地名文化意义，而佛山镇则更多从市场空间和商业网络体系指明佛山镇在区域和市镇网络体系中的独占性地位。有学者将有无官署驻扎作为判断是否为"镇"的标准。据史载，"佛山镇"最早有记录的官署是在明代，道光《佛山忠义乡志》记载："国朝五斗口巡检司在县南平湖堡，明景泰三年置，嘉靖八年移治磨刀石后又移治佛山镇，寻又改置平洲堡。……清道光《南海县志》：巡检司向在佛山，明景泰三年建。"[②] 因而有学者认为，佛山设"镇"应从明代景泰到嘉靖年间算起。但笔者认为，即使有"佛山镇"这种说法，也并非是行政建制。"佛山镇"虽然在清代张廷玉等编辑的《明史》卷四十五《志二十一·地理六》中提及，被列为广东明代仅有七镇中之一镇，但在民国时期编纂的《清史稿》中收录的广东十三镇中，却并没有提及"佛山镇"。可见，"佛山镇"这一提法，只是一种俗称。而不是基于严格行政区划的提法，佛山镇之于佛山行政区划的地方意义，直至清初仍然缺位。

入清以后，随着佛山城市经济、产业发展，佛山镇区域地位迅速提

---

① 三墟（普君墟、大墟和盘古墟）、六市（早市、朝市、晚市、三元市、公正市和官厅市）、九头（东头、弼头、牛栏头、大桥头、城门头、西边头、大基头、石路头和白磡头）和八尾（村尾、坎尾、大基尾、大塘尾、潘涌尾、桥路尾、螺涌尾和涌基尾）。

② 吴荣光：道光《佛山忠义乡志》，江苏古籍出版社 1992 年版，第 55—61 页。

升，雍正十年（1732），佛山首次从南海县划出，设佛山直隶厅，佛山直隶厅较多地承担了捕盗、兵备、治安等方面联合执法事项，其行政综合授权依然有限。次年，佛山直隶厅改称广州府佛山分府。但"分府"为民间俗称，不属于行政建制。道光《佛山忠义乡志》卷一之首，佛山名宦吴荣光也曾经呼吁希望佛山能从南海县分出，设立"佛山直隶厅"："倘能仿连山升厅、佛山增设之成法，析南海、番禺、顺德、三水四县分界之地，改分驻同知为直隶厅，俾之建城池、备仓库、添兵卫、立学校、设监狱，庶几常有防守，急有军储，绝盗贼觊觎之奸，重省会咽喉之寄，是所望于当轴者。"① 但这个建议一直没有得到官府采纳。因此，明清时期，佛山一直保持着无行政建制的市镇特征。但此时来自国家正塑的治权（佛山同知②）开始落地佛山镇，并在随后得以部分强化，佛山基于行政区划层面的地方意义开始进入实质发展阶段。其后，佛山依托发达的水陆交通条件，快速发展成为岭南地区的商贸、手工业、商品集散中心，陶瓷、纺织、中药等行业飞速发展，声名显赫。佛山镇和汉口镇、景德镇、朱仙镇并称为"四大名镇"，和北京、汉口、苏州并称为"天下四大聚"。进而发展成为名副其实的岭南重镇。然而，即使在声誉比肩广州，成为"岭表一大都会"，甚至"广城尤不及也"的康熙—雍正—乾隆—嘉庆时期，佛山的行政区划地位仍然没有得到实质性提升，它还是南海县治下的一个以地方民本势力（士绅集团和乔寓集团先后占主导）治理为主的强大市镇。道光以后，内外部环境的改变，使佛山进入快速衰退期，随着产业资本、商人阶层、士绅势力逐渐移居广州，佛山的市场控制力、商业声誉和影响力快速下降，其城市地位由鼎盛时期的"广佛并称""天下四大聚"和"四大名镇"快速坠落为岭南珠江三角洲地区一个相对知名的普通市镇，至清末民初，佛山的行政区划地位依然没有得到明显改变。佛山历史上尽管曾驻有海防捕务同知等官员，但在明清广东地方文献中，仍主要是乡、堡、墟一类的称谓，比如：明洪武二年，广东道改为广东行省，佛山堡归广州府南海县季华乡管辖；乾隆《广州府志》卷四《城池·都鄙

---

① 吴荣光：道光《佛山忠义乡志》卷一《乡域志》，江苏古籍出版社1992年版，第12—34页。

② 《清史稿·职官三》中说："同知、通判，分掌粮盐督捕、江海防务、河工水利、清军理事、抚绥民夷诸要职。"如佛山先有巡检司署坐镇，后设同知弹压。史载：广东南海县有五斗口巡检司署，原设在平湖堡，明景泰三年（1452）建署。嘉靖八年（1529）改设治磨刀石（石头乡），后"移治佛山镇。清朝雍正十一年新设佛山同知弹压，乃迁巡检司署于本淋都平洲堡"。

市廛》中把佛山归为"墟";道光《南海县志》卷一中则称佛山为"堡";
《佛山忠义乡志》从乾隆、道光和民国三次修编也以用"乡"名居多。实
际上,直到民国元年(1912)佛山才正式被列为镇建制。

1912年,广东省撤销广州府,南海县署从广州迁到佛山,佛山改镇
制,隶属于南海县第四区,佛山首次真正意义上成为南海县的县治所在
地,行政区划及其所协裹的国家正塑力量也首次全面接管地方民本势力
主导的佛山镇地方管治工作。1921年,广州正式建市,南海县属广州城
西半部及西关划入广州市促使南海县治移居广州。1925年,广州国民政
府确定佛山从南海县分出,成立佛山市,设立佛山市政厅直属于广东省
政府管辖。1927年,国民政府撤销佛山市建制,重新把佛山划为南海县
属镇。1937年,南海县署再从广州迁至佛山镇福宁路黄祥华生祠,从此
以佛山镇为县城。1938年,佛山镇沦陷,县府遂迁移内地。佛山镇沦陷后,
伪广东省长陈耀祖委任李道轩为省第一行政专员,公署址设在佛山筷子路
岭南坊内。后来成立伪南海县府,李道轩转任县长,专员公署遂撤销。
1945年8月21日,佛山镇光复,南海县政府由内地迁回佛山镇,设县署于
福宁路兆祥黄公祠。南海县长王俊民设署后,即取消佛山特别区名称,将
原有6个乡,划分为3个镇。1946年,南海县府又将三镇撤销,恢复"佛
山镇"名,设立佛山镇公所(佛山镇至此才有正式镇制)。整个民国时
期,在行政区划意义上,佛山一直沐浴在国家正塑力量之下,成为国家
行政区划建制系统中的一个节点。佛山的行政地位获得稳固和提升。

中华人民共和国成立后,1949年复设佛山市;1950年,佛山改市为
镇,归南海县管辖;1951年,佛山镇改镇为市,为省辖市。其后先后设
立过中共粤中行署(1954—1956年)、中共佛山地委、佛山专区(1956—
1969年)。1958年改为县级市,1966年复升为省辖市。1970年,佛山专
区更名为佛山地区,佛山改为县级市,佛山地区辖顺德、三水、高鹤、
台山、恩平、番禺、中山、珠海、新会、开平、斗门12县和佛山、江门
两市。1975年复升为省辖市。20世纪80年代后,佛山撤销地区建制,实
行市管县体制。1984年设立汾江区(1987年易名为佛山市城区)、石湾
区。1988年1月,中山市析出。此后,佛山市辖区多有变化。1992年至
21世纪初,顺德、南海、三水、高明先后撤县设市(县级),由佛山市代
管。2002年,国务院批复同意撤销原佛山市辖区的城区、石湾区以及代
管的南海市、顺德市、三水市和高明市,同意设立佛山市禅城区、南海

区、顺德区、三水区和高明区五个区。可见，佛山作为行政区划的建制单位被纳入国家行政治理体系，始于民国时期，而整个漫长的帝制时期，佛山都处于地方宗族势力和豪强集团的控制之下，一直表征为"民治"特征，这种城镇和地方治理的民治特征，使佛山在城镇的空间发展上，表现为一种自发的无序和自为特征。民国以后，随着国家行政区划正式地位的确立，尽管行政区划的行政级别、属地管理和条块分割等调整频繁，但佛山城市空间管理和城市发展，随着省地关系变换、行政区划权限增减等，对佛山城镇空间格局及治理结构产生了较为深远的影响。尤其是中华人民共和国成立以来，随着佛山行政区划地位的稳固、佛山外向型经济产业结构体系的建构和完善，佛山最终确立了立足制造业为本位的中国制造业中心城市空间发展结构体系。

（二）空间发展：小渔村—区域重要市镇—岭南都会—地区行政中心—中国重要制造业中心城市

从历史长时间周期视角来看，作为人类聚落的佛山，其区域聚落空间发展形态有几个明显的阶段性特征，其中帝制时期的佛山，其聚落空间形态从初期的渔村形态向市场空间中心地发展，直至发展到帝制后期的区域性重要市镇及岭南两大都会之一。此一时期，佛山的城镇空间发展，由于缺乏来自国家力量的规范和引导，城镇空间体系发展呈现出较强的"自为"和"民治"特征，空间体系发展相对比较松散，空间领域拓展不足，主要围绕佛山涌、大塘涌、旗带水等数十条主要河涌系统进行城镇聚落、产业和生活空间的布局与发展。也即现今佛山历史文化名城老城区核心区域。民国以后，尽管佛山被纳入国家行政区划体系，但受制于战乱影响和地方政府治理能力孱弱等原因，佛山在城镇空间拓展和扩张依然动力不足，空间蔓延和外拓有限，民国时期佛山地方政府对佛山城镇空间的发展优化，主要是基于对河涌体系的路网化改造，传统城镇街巷的便利化、现代化改造，城镇人居生活空间的优化整饬等。中华人民共和国成立以后，随着佛山城市行政区划职能的提升和强化，佛山城市空间发展呈现出外延拓展和内谋提升的双转型路径。具体来说，佛山城镇空间发展表现出以下特征。

1. 明代以前：从小渔村到区域市场中心地

佛山人类遗址踪迹最早可以追溯到新石器时代，从夏、商、周到春秋战国，南越部落聚居于此。汉末，鸡、田、布、老四姓在此定居，随后，冼、梁、陈、李、霍、黄、区等姓相继落籍。各种姓氏聚族而居，村名有栅下、东头、石角、山紫、上村、下村、六村、弼头等，地名一直沿用至今。东晋隆安二年（398），罽宾国（今克什米尔）僧人达毗耶舍在塔坡岗结茅传教。这也是佛山"肇迹于晋"的来源，佛山在隋代前是以渔农为业的氏族聚居地，当时居住地称为"村"。581—600 年（隋唐年间），集村开始合并，名"季华乡"。因户口增加，工商业日渐发展，照唐的建制，凡工商业集中的地方称为"街"，坪场地方则称为"市"，民居集中的地方称为"坊"，路途四通八达。唐贞观二年（628），季华乡民在塔坡岗开荒掘地，挖出小铜佛三尊及塔坡古佛石碣。相传这里是当年达毗耶舍结茅传经处，于是乡民重修塔坡庙，改塔坡岗为"佛山"，"季华乡"亦随之易名。佛山乡士刻碑记其事，碑上置石，横书"佛山"二字，安置在岗脚新开的井后（此口唐井今仍在京果街口，塔坡庙前）。此为佛山"得名于唐"的历史。佛山"乡之成聚相传肇于汴宋"，其最初不过是 15 个村落的共有聚居空间。宋代"靖康之难"后，中原大族各氏族多南迁至佛山定居，富贵之家多有自建庄园，故有"里""巷"的名称（如潘家庄、布里、郭巷等）。外来氏族的逐步迁入，促进了原有数个单村之间的联合和共融，使佛山从传统的散点状渔村形态向合村共融的墟市聚落集合体空间转型。佛山也从早期的互易式"草市"空间，逐步发展演化为珠江三角洲地区比较重要的"草市镇"。"中国古代的市镇发展大体上也经历了秦汉的'定期市'、魏晋隋唐的'草市'、宋元的'草市镇'、明清的'市镇'几个重要阶段。"[①]

随着"草市镇"在生产和市场交易上功能的复杂化及深入化，佛山墟市陆续出现，使佛山迈出了从农业集村向城镇转型的重要一步。佛山逐渐由一个渔村墟市变成一个初兴的手工业、工商业市镇，至元末明初，佛山冶铁、制陶、纺织、成药等手工业已较为发达，成行成市。佛山也发展成为珠江三角洲地区的市场交易中心地，其既是珠江三角洲地区城乡聚落的内部市场流通中心地之一，也是当时岭南沟通海外交流和贸易的核心之一。

2. 明代至清鸦片战争前：从区域重要市镇到"岭南一大都会"

佛山从宋元时期珠江三角洲地区的"草市镇"发展演化到岭南地区重要的市镇雏形，在明代景泰年间（1450—1457 年）基本形成。其原因

---

① 任放：《二十世纪明清市镇经济研究》，《历史研究》2001 年第 5 期。

在于，经历了元末的社会动荡，随着西江、北江下游地区冲击扇面的扩张、海退的进一步扩展、土地的持续开发以及商品农业的深入发展，珠江三角洲一带经济作物种植区域增大，农业商品化趋势明显，蔗桑基鱼塘已成规模。佛山所在的南海县是珠江三角洲腹地，自然条件优越，农业更为发达。优越的地理交通条件，加上农业生产发展和手工业、商业进步，更有国家对外贸易独占性政策的保驾护航，从明代中叶开始，佛山进入社会经济快速增长阶段，迅速成长为地区重要市镇。明景泰年间，佛山形成珠江三角洲地区商贸市镇中心的都市雏形[1]，并于清代发展成为"岭南一大都会"[2]，乃至"会城百不及一也"。[3] 佛山手工业和工商业进入隆盛时期，成为"粤一大都会"。[4] 民国《佛山忠义乡志》载：佛山"户口之繁，物产之富，声明文物之盛，闻于中外，为天下四大镇之冠"。[5] 当时佛山也是"天下四大聚"之一，《广阳杂记》载云："天下有四大聚，北则京师，南则佛山，东则苏州，西则汉口；然东海之滨，佛山而外，更有芜湖、扬州、江陵（南京）、杭州以分其势，西则惟汉口耳。"[6] 作为帝制时期中国城镇中工商贸立市的典型代表，佛山是"兴于明而繁于清"的中国传统型工商城市。其兴起、繁盛和衰落是典型的封建社会内部商品经济自身发展的结果[7]，佛山城镇规模和空间形态在清代中期发展至巅峰阶段——顾朝林在对明清中国城市城镇体系研究中，将广州和佛山均列入大城市之列，为当时中国城镇体系的规模等级第六位和第九位；施坚雅在其著名的《中国城市空间体系研究》中，估算了道光二十三年（1843）的中国城市，他按照人口规模对当时中国城镇进行了从大到小的排列，其中佛山居第十六位（人口估计在 30 万—50 万）。城镇规模发展至乾隆时期，空间地域覆盖范围有 34 里，分为 25 铺（区），

---

① 刘志伟：《在国家与社会之间：明清广东里甲赋役制度研究》，中国人民大学出版社 2010 年版，第 20—21 页。

② 广东省社会科学院历史研究所中国古代研究室、中山大学历史系中国古代史教研室、广东省佛山市博物馆编：《明清佛山碑刻文献经济资料》（重修佛山堡八图祖祠碑记），广东人民出版社 1987 年版，第 577、583 页。

③ （清）吴震方：《岭南杂记》（上卷），商务印书馆 1936 年版，第 221—233 页。

④ 佛山祖庙《华封台会碑记》，现藏于佛山祖庙博物馆。

⑤ 冼宝干：民国《佛山忠义乡志》，岳麓书社 2017 年版，第 357—365 页。

⑥ （清）刘献廷等校著：《广阳杂记》（卷四），中华书局 1957 年版，第 457—461 页。

⑦ 邱衍庆：《明清佛山城市发展与空间形态研究》，博士学位论文，华南理工大学，2005 年。

到清末增至 28 铺，有大小街道 234 条，商店数千家，大酒家 30 多家。

在城镇空间肌理和发展格局方面，14—17 世纪，佛山形成其市镇基础格局即城镇空间整体位于汾水和东平水道环绕的狭窄土地上。早期聚落时期的居住点为了规避洪水而分散在以塔坡为中心的数个高地附近。其后随着工商业发展，首先是南部低洼的栅下成为手工业作坊集中地区，而后主要是沿河以线性方式增长，而不是向纵深的腹地蔓延。在墟市市场体系方面，15 世纪（明代），佛山发展到三墟六市，至 18 世纪（清代）为六墟十七市。自明代至清末，墟市空间发展呈现为以北部的公正市、南部的大晚市、西部的三元市、东部的猪仔市和中部的冈心烟市，构成大致等距分布的十字形。清初以后，佛山的城市雏形围绕着平行于河流和垂直于河流——那些是联系从码头到市场的街道——的大街展开，与这些成 T 字形的大街相垂直，形成上百条巷子，其中一些一直伸到河边，而且连着汾水的码头设施。这种空间格局持续保持至 20 世纪初。明景泰年间（1450 年前后），抵御黄萧养叛乱滋扰的栅栏建设把佛山堡的城镇空间界限向东部纵深进行了拉伸，但是，由于当时河涌密布的水网格局，致使栅栏圈进来的土地都是水塘或沼泽，其后的城镇土地开发，除在一些寺庙建造过程中对水塘或沼泽进行了填土造田之外，当时的居民区并没有明显地向东部延伸。直到 14 世纪，佛山堡北部（现南堤、升平、永安、庆宁、松风、大基头、村尾、汾宁街一带地方），还都是汾江河水域，河水主流沿现福禄路直至三穴岗前。当时南部、中部地区，虽先后多成为陆地，但其中还有三条小支流，一条由水巷正街口，沿任围、任映、弼头登云桥而出石云山河面。更小的支流由舍人十三街和螺涌而出石角仙涌。一条由福贤里桑园经表岗前（福山古洞、古洞直街）、万元里、地官里、富路坊、大坪街、新庙街流入佛山涌直接出新涌口。细支流有渚边社出镇南街流入洛水。另一条经潘家庄内番涌流入汾江河主流。16 世纪，佛山中部走马路附近一带地方，可能是汾江河支流，其余水圳大街一带地方，曾是汾江河支流水边。直到 17 世纪，北、中两部水域成为陆地后，各大小支流才告湮没无存。而汾江河面则缩退于正埠码头岸边。城镇体系基本以汾江河主流①、左右

---

① 汾江河主流：由沙口、大富，沿街边前（兴隆沙）出张槎、聚龙沙、九江基、太平沙（上沙），经新涌口、鹰嘴沙、文昌沙、鲤鱼沙，直至大基头石云山河面止。

支流①及大支流②建构起的河网体系为骨架，包括河流主干及附随其上的基围③、窦闸④和临时防洪闸⑤、桥梁⑥和临时木板海桥⑦、场头（包

---

① 汾江河左支：由石云山河分出，由夏墩乡、平洲乡出五斗司汛口，至广州。
汾江河右支：由石云山河面折返佛山内地（内涌），沿石角乡（仙涌），经栅下海口（大塘涌），由栅下来艇头（栅溪）出东头（东溪），入大桥头前南浦乡边（南浦涌）、石亭社竹栏一带及二步涌（澳口）一带，经村尾通济桥（水便涌）、下山紫村（山涌），由城门头、古洛水至三官桥、华光桥河而止。洛水，俗称佛山涌，即现在祖庙路沿新涌乡前，至大湾（含龙船湾）龙须沟，通观澜街内细窦，大观街内大窦流入新涌口（新涌）。在此与汾江河主流汇合后，流出石云山河面，环绕佛山腹地一周，形如玉带围腰。

② 汾江河大支流：正埠码头对岸鹰嘴沙、文昌沙交界的白马滩地方，流经南海县抵达珠江白鹅潭。

③ 基围主要有存院围北围、存院围南围、石角围、观音围、鸭沙围、镇安围、大基围和四沙。

④ 窦闸主要包括：栅下（海口水闸）；镇安（麦婆窦、大口窦、西化窦、糖房窦）；石角（将军窦）；大塘涌（万安桥窦）；栅溪（米艇米尾窦）；鸭沙（石窦）；竹栏（二步涌窦）；村尾（保安街窦）；山紫村（拱桥窦、石窦）；九江（九江基窦）；张槎（菜地沙、朱北窦）；高基街（排后窦）；观澜街（细窦）；大观街（大窦）；牛栏口、汾流街口、瓦巷正街口、长兴街尾（临时防洪闸）；升平街、豆豉巷、富民里。

⑤ 临时防洪闸：包括聚龙街、聚龙巷、嘉贤里、青云正街、青云大街、源汇里、大塘正街。

⑥ 桥梁：包括通济桥（村尾南济大街南济观音庙前）、接龙桥（村尾水便涌）、万安桥（大塘涌口）、青石桥（大塘涌边）、厚谷社学木桥（龙母庙附近）、大桥（晚市大街）、城门头桥（凿石街尾，来往南海县境要道）、平政桥（栅下忠义里尾）、将军桥（石角乡）、鸭沙桥（鸭沙）、登云桥（大基头茶亭侧，由此出石云山）、金兰桥［太平沙（上沙）金兰下街定堵沙附近，是来往南海县各乡要道］、永丰桥（弼头）、二步桥（竹栏附近二步涌）、平安桥（栅下瑚栏街）、见龙桥、跃龙桥（石角仙涌）、细桥（栅下）、跃溪桥（大塘尾）、三官桥（三官庙前）、南善观音铁桥（南善观音庙右，烧灰路口）、新庙桥（华光庙右）、南善桥（南善里）、新涌桥（新涌口通津坊）、五斗升平桥、北胜桥、迎龙桥、遇龙桥（豆豉巷、升平街附近）、中山桥（升平路、中山路交界横跨汾江河，省、佛、南三地两县重要陆路交通枢纽）、人民桥（汾水天后庙前，原叠滘过河堆头处）、军桥（大基头石云山附近，横跨汾江河）。

⑦ 临时木板海桥：包括升平街、豆豉巷、北胜街、新华街、新兴街、新宁街、西竺街、直义街、贵县街、汾宁街、永安街、永兴街、上沙、大基尾等处的木板海桥。

括埠头和埃头等)①和街渠。②它们不仅形构了佛山镇市镇空间的总体格

---

① 场头：官埃、通津场（栅下海口）；培头（大塘涌口，主要做洋馆上落货物用）；落培头（栅下来艇头，主要为谷米瓜菜、鱼虾果类等上落）；通津场头（栅下忠义里玄坛庙前，大桥头、村尾通济桥、大基头石云山前，二步涌、城门头、村尾水便涌的澳口，张槎乡聚龙沙和上沙丁渡头、三官坊三官庙前，居仁里口、东华里口、石巷口、水巷正街口）；正埠（迎送官吏和国内外往来客商登陆上落处，且泊有来往省佛辰时、巳时两客货轮渡，盐步和各乡渡。正埠左边对岸为鹰嘴沙，右边对岸是文昌沙的通津场头）；武帝（油行关帝庙）十四街码头（永兴街口，泊货船）；日渡码头（白米街口，泊西南日渡）；镇北街码头（镇北街口，泊货船）；豆豉巷码头（八间楼河边，泊货船和紫洞艇）；三界庙码头（三界通衢三界庙前，泊省粤剧戏船和货船）；北胜街码头（北胜街口，泊顺德水藤渡和货船）；三新码头（新华街口，泊四会、福建的纸类货船）；怀德码头（直义街口，泊四会、三水、麻车等货渡）；会龙街码头（会龙街口，泊西北江货船）；西竺街码头（西竺街口）；三街码头（会龙街，货船上落货物之处）；维新码头（贵县街口对岸缸瓦栏，泊西江、北江货船，并有横水渡载客过河，每间搭广三铁路火车来往省佛和三水，也是重要交通津码头）；陈世辅大码头（新涌口，对岸缸瓦栏，泊西江、北江货船，并有横水渡载客过河，每间搭广三铁路火车来往省佛和三水，也是重要交通津码头）；新渡头（太平沙通津坊，泊东莞石龙渡）；通津太平码头（太平坊）；通津利步码头（利步坊）；通津陈寿山码头（三官坊）；通津观音庙码头（升平上街，过河是低沙地方，常有西竹、木柴等货船湾泊）；西樵渡码头（利步坊，泊西樵渡）；盛世坊码头（三官庙前，泊西江、北江货船）；通津丁渡头（升平上街，对岸是大郊乡码头）；通津永和市码头（上沙金兰下街）；通津金兰码头（金兰上街）；通津石埃头（太平沙，对岸是兴隆沙和协成菜市码头）；张槎岳庙码头、聚龙沙永和埒码头（聚龙沙衫行会馆附近，对岸是江边乡码头，泊东江、西江、北江三江的杉排）；叠滘码头（接龙街汾水天后庙前，对岸是文昌沙范阳古岸通津堆头，泊货船客艇）；十一街码头（天庆街，对岸是文昌沙太保庙坊头）；咸鱼街码头（咸鱼街，对岸是文昌沙埃头）；甘竹码头（华丰街，泊甘竹渡）；真君庙码头（华康街，对岸是义庆坊埃头）；桃源道岸码头（在桃源街，泊顺德陈村渡和番禺市桥渡）；富溪平阳码头（东胜上桥，上落货物）；旧鱼栏码头（华康街，对岸是文昌尾，上落木柴、煤、炭）；三洲码头（东胜上街，泊三洲渡）；色馆码头（大基尾，对岸是拆船栏埠头）；市桥渡码头（东胜中街，泊市桥渡）；大王庙左码头（大基尾大王左街，泊柴船，对岸是琼珠社琼花宫）；大王庙码头（大王庙前，庙附近是戏行琼花会馆）；右兴街码头（大王庙右街，对岸是鲤鱼沙埃头）；礌岗码头（一在右兴街过河，一在石云山对岸，泊省佛戏行琼花会馆红船，也是水上疍民渔艇集中处）；新会渡码头（石云山前，泊新会、江门客货渡）；栅下海口码头（栅下文塔脚前）；果房通津埃头（果房街）；米艇头培头（大塘涌）；新围码头（栅下天后庙右街对岸）；浏清码头（鹰嘴沙碧道大街，对岸是三界庙）；鹰嘴沙街市码头（对岸是豆豉巷升平路尾）；鹰嘴沙码头（旧海关，对岸是正埠）；乌利庙码头（对岸是直义街）；金利渡码头（福胜街，泊金利渡）；三官庙码头、低沙码头（对岸是盛世坊）；飞云庙通津埃头（鹰嘴沙汛地尾，对岸是文昌秀实码头）；承德码头（鹰嘴沙，对岸是文昌沙中约）；文昌沙码头（关帝庙前，对岸是正埠码头）；范阳古渡场头（文昌沙汛地，对岸是鹰嘴沙大胜街）；二帝庙通津堆头（文昌沙汛地下街，是舲艇湾泊处，对岸是鹰沙尾）；乐顺码头（文昌兴隆街，对岸是鹰嘴沙飞云庙）。

② 街渠：1）旗带水（全长424丈7尺，水深5尺，渠宽由6尺至1丈2尺。渠道由庙前

局，也在微观上决定了二十八铺和其所包含的街巷、建筑、道路走向和分布。进而在整体上建立了佛山鼎盛时期城镇空间肌理、发展格局和整体风貌。

3. 鸦片战争后到改革开放初期：区域地位相对下降的地区性行政中心

鸦片战争后，伴随着时局变化和国家对外贸易重心的前移（广州至香港）和东移（广州至上海），佛山—广州的传统对外贸易轴线被改变。在岭南区域对外贸易空间格局上，原先具有独占地位的广州—佛山贸易体系被新的香港—广州对外贸易轴线所取代，资本和产业也随之不断流入广州和香港，佛山的人才资源、产业实体、资本商户开始出现大面积的"空心化"现象："近今（乾隆五十三年）数十年间，科名殷户，概逊于前"①，"道咸中，本堡人才，略不逮昔，诸务稍弛"②，"咸丰庚申

七星塘起，沿旗杆闸出凿石大街入德星里、山紫村、鹊歌庙，至南泉观音庙前，沿水口石窦流出大涌）；2）灵应祠渠（在隔塘大街尾，由祖庙大街出福神巷，经炮象车街流入九江基，汇合旗带水而出大涌）；3）大坑渠（大树堂前，是清正里、表冈里、田心里、天佑里、荫善坊、鹤洞、臣总里、天衢坊一带街巷街水总汇，流入西荣街，出佛山涌）；4）七铺渠（佛山南部突岐、耆老、明心、真明、社亭、医灵、岳庙七铺出水之路，又名七铺总圳。水分八支，一支以削狗塘、西斋、黄泥、鹤咀4个塘为消纳，汇入长潜塘为总渠，出会源里止。一支东起青云街，东南起顺道巷，分入削狗塘。一支东北起冈梓里、日华里，分入西斋塘。一支正南起庆源坊、古石龙街，汇入鹤咀塘。一支东南起乐平里、三多堂，入普君新坪、普源街一带，汇入长潜塘。一支正北起线香街，过三圣宫，汇入总渠。一支从白云坊，至节祠后，汇石路里水入总渠。一支西北起自由义里，过六村社冯祠，入总渠，再从会源里出口，横过竹栏，绕大福寺前流入大涌）；5）正仁里渠（起于彩阳堂大街、正仁里，出春草园外，流出大塘涌）；6）模冈里渠（由栅下李参军祠、崇庆里、模冈里，出洗家祠）；7）洗家祠渠（聚源街东头一带，诸水流入大塘涌出海口）；8）舍人十三街渠道（由舍人庙前，入福仁里，出舍人直街，沿汾水在太上庙前，转入同安大街，至石路茶亭登云桥止，与弼头列圣宫、扫把地诸水汇合，入汾江河）；9）松桂里渠（起花红街、福源街，入松桂里出）；10）培德通衢（由培德里，经陈大塘，流入大湾、筷子大街，沿源汇里、陈大塘，经迎云大街，流入大湾涌）；11）三界通衢（一支由高基承龙街出汾阳大街、牛栏口。一支由朝阳街出迎龙里尾，与豆豉巷江西会馆渠道汇合，出三界通衢清平戏院，直至三界庙码头，流出汾江河；一支由北胜街出朝阳街参药行会馆，汇于三界通衢，流入汾江河）。

① 吴荣光：道光《佛山忠义乡志》卷十二《金石下》，佛山博物馆藏，1830年版，第521—532页。

② 广东省社会科学院历史研究所中国古代研究室、中山大学历史系中国古代史教研室、广东省佛山市博物馆编：《明清佛山碑刻文献经济资料》（重修佛山堡八图祖祠碑记），广东人民出版社1987年版，第987—1257页。

以后……商务愈不可问，而佛山先承其弊。从前通津利步各街近海……
今（民国二十一年）皆闭歇。"① 但是佛山相对于周边区域的良好地缘条
件和商业基础仍在，它确保了佛山商业持续的影响力和辐射能力。商业
使佛山城镇继续发展，从乾隆年间到民国十八年（1929），佛山镇共增加
了近 1300 条街道（乾隆年间，佛山有街巷约 247 条，道光年间约有 622
条，民国早年则达到 1565 条）。1912 年，南海县治从广州迁往佛山镇，
佛山城镇此后十年（1912—1924 年）基本维持原貌（县、乡、镇的名称
仍保留不变。原有街巷和经济功能区域也无多大变化）。直到民国十三年
（1924），出于商业发展和新动力交通形式对街巷空间与城市道路网络系
统的客观需求，南海县政府开始对佛山镇开辟马路。政府鉴于"市区地
势低洼，频年淹浸，街道狭窄，阻碍交通。且自粤汉、广三铁路通车以
后，复失却其西北两江商务汇总之地位，商务凋零，市面冷落。欲求振
兴整顿之法，自非将市区展拓，以兴邻近各属相联络不可"。②

　　同时，佛山城镇街巷的增加并不以城镇规模向外拓展为基础，其主
要还是基于城镇原有的都市空间进行内部优化和挖潜。其主要原因是行
政区划滞后，明清佛山虽然尽显城镇繁盛，其行政地域却一直没有较大
扩展。明洪武三年（1370）佛山境域为"地袤十里，广七里"；乾隆年
间，佛山"周遭三十四里，中分二十四区，区可一里有半"；道光年间，
"佛山镇……周三十四里，外与邻乡犬牙相错"；民国时期，"佛山……面
积 66（平方里）"，与乾隆年间 70 平方里相仿。吴震方（康熙时期）在
其《岭南杂记》说："佛山镇离广州四十里，天下商贾皆聚焉。烟火万
家，百货骈集，会城（指广州）百不及一也。街道甚窄，仅容两人交臂
而行。"到清末民初，徐珂的《清稗类钞》仍说，佛山"万家灯火，百货
充盈，省垣（指广州）不及也。惟街衢较窄，有仅容二人并行者"。③ 可
见，自清初到民国初年，时间跨度两百年之久，佛山城市空间规模和市
内交通建设都没有明显扩张与发展。佛山城镇空间规模的扩张发生在鸦
片战争后期，随着广三铁路取代汾江成为广州出海口联系外省的运输干

---

① 冼宝干：民国《佛山忠义乡志》卷十四《人物八》，岳麓书社 2017 年版，第 245—256
页。

② 《佛山市工务概况》：《佛山市政公报》，1927 年 3 月，现藏于广东省博物馆，资料号：
Af21352/5。

③ 徐珂：《清稗类钞》卷五《农商类》，书目文献出版社 1984 年版，第 56—61 页。

线，水运条件的改变使佛山开始逐渐释放传统城区空间，而向东、向西、向南以及向西南侧的石湾方向扩展城市范围。而在此前的 450 年中，佛山城镇空间的增长方式是加密，而不是外拓。结果必然是在一个相对稳定的空间范围内城市肌理的高度密集化。

民国佛山城镇的城市结构和空间肌理，大致维持自清代佛山鼎盛以来城市的空间基础格局。城市空间肌理出现较大改变的，主要体现在佛山城镇内部空间改变上：为了适应交通方式的革新和城镇工商业发展对市内运输与流通的需要，对城镇内部主要连通街巷，进行由街巷改建成市政马路的过程。当然，这一过程也伴随着一定的城市基础设施建设和公共空间的营建等。如民国初年佛山开辟的 14 条马路，就是在原来繁华街巷的基础上拓宽而筑的，这些东西走向的马路与南北走向的道路相互衔接，形成初步的空间交通格网连通系统，优化了城市工商业发展和商业流通，改善了佛山自清代以来的城镇内部交通网络和城市内部空间结构，为佛山工商业在民国时期的再次繁荣奠定了基础。中华人民共和国成立后至改革开放初期，佛山城市的空间发展无论是规模、体量还是尺度，在整体上与民国以来的佛山城区空间大致类似，城市在区域的重要性下降。尽管佛山市政区建制的设立几经起伏，但总体而言，佛山城区在岭南地区的城市地位已从鼎盛时期的"省佛并称"下降成为县城（南海县政府所在地）或地级市（佛山市）（由于行政区划的频繁调整，佛山市直辖管理的市区面积相对有限，是广东省最小的地级城市之一，这在一定程度上限制了佛山城市空间肌理的外向发展，制约了佛山城市的地位）。佛山城市的空间肌理在中华人民共和国成立以来的一个时期建设中，由于种种客观的社会、政治体制、机制和制度方面的原因，其城市发展的外部肌理不但没有恢复到前清时期的"省佛"并立的重要地位，更产生了城镇功能在空间治理和管控方面的严重倒退。在城市内部空间肌理方面，随着中华人民共和国成立和社会经济的全面恢复，佛山城镇的内部空间结构和机能得到部分改善和提升，主要表现为：①街巷向城市马路转型（表现为从狭窄、逼仄的街巷流通空间向现代城市道路网络体系转型，同时也体现为无管理、自生长的传统街巷空间向既定规划、总体控制的现代城市发展空间转型）。②传统棚户居住空间向现代城镇居住形态转型和变迁。③街巷自营性商业形态向以公有制为主体的国营商业及产业发展转型。④居民社区空间从原来粗放、传统、原始、自我管理的社区治理和居住形态向具有综合、现代和精细化特征的现代城市生活社区发展转型。

可见，自鸦片战争至改革开放初期，佛山城镇空间大致维持不变。民国以后，尽管佛山被纳入国家行政区域体系之中，但其行政定位主要以南海县县治驻地为主，作为县级行政中心，按照我国行政区划，其城镇地位自然以镇级空间规模为主，即使在中华人民共和国成立后佛山被升格为地级市（佛山地区、佛山市），但是，由于其管控的县（市）以代管为主，而且顺德、南海等县的实际行政区域、经济实力也总体上大于佛山市直辖市区，故其城镇空间的发展总体上呈现为区域实际影响力和地位相对下降的地区行政中心。其镇域实际控制范围总体上处于相对停滞状态。

4. 改革开放以后，多目标协同及约束下的城市空间发展和扩张

改革开放以来，佛山城市空间肌理演变大致经历了以下三个阶段。

第一阶段（1980—1995 年）：城市经济恢复发展，城市产业体系和经济发展融入东亚生产体系，成为生产体系的低端组织。产业体系开始初步工业化，城镇空间进入工业区发展阶段。

第二阶段（1996—2006 年）：佛山城镇工业化基本实现，产业结构进入深化调整发展阶段。城市整体经济实力极大增强，并对城市空间发展提出新要求，城市内外部空间肌理的优化发展被置为城市发展的重要议题，并得到一定的发展和改善。

第三阶段（2007 年至今）：佛山城镇产业结构进一步调整和完善，带动城市内部空间在肌理和功能上优化调整。城市通过老城区改造升级，将城市发展融入区域城市竞争发展网络，并进一步提升佛山城市在国际区域生产网络体系中的地位和意义。

对城市建设的促进，首先表现为对城市发展总体规划的重视，佛山市在 1984 年和 1994 年先后重新制订了《城市总体发展规划》方案，提出城市发展的总体定位（见表 1 - 1），1984 年的城市总体规划中，对佛山城市发展定位为："轻纺工业发达，科学文化繁荣，内外经济活跃，整洁文明的社会主义现代化城市。"在城市发展经历十年之后的 1994 年，其城市总体规划对佛山城市定位为："珠江三角洲西翼经贸中心城市，以高新技术产业为主导的现代化开放型城市，国家级历史文化名城。"对比两个城市总体发展规划的定位，可以发现，改革开放初期的城市规划方

案，其在佛山城市发展的首要选择上，着重于产业基础"要实现轻纺工业的高度发达"，努力建构城市发展的产业基础是重中之重。同时，也着眼于现代化目标的达成，把"建设社会主义现代化城市"作为首要选择，这说明当时佛山城市尚处于从传统城市向具有现代产业体系、文化、经济发达的现代城市转轨阶段。城市发展着重于市容市貌改善、社会文明发展、科学文化进步和内外经济活跃等方面，并通过主导产业轻纺工业的培育和发展，来实现城市规划建设发展目标。

表 1-1   佛山市历届城市总体规划方案对佛山城市性质的定位

编制时间（年）	规划类型	城市性质
1958	城市发展总体规划	广东省陶瓷工业和丝织工业基地以及佛山地区的机械工业重心
1975	城市发展总体规划	具有一定机械工业基础的以轻工业为主的整洁卫生的社会主义现代化城市
1979	城市发展总体规划	轻纺工业发达，科学文化繁荣，内外经济活跃，整洁文明的社会主义现代化城市
1984	城市发展总体规划	轻纺工业发达，科学文化繁荣，内外经济活跃，整洁文明的社会主义现代化城市
1994	城市发展总体规划	珠江三角洲西翼经贸中心城市，以高新技术产业为主导的现代化开放型城市，国家级历史文化名城
2004	概念规划	制造业高度发达，岭南文化特色鲜明的现代化大城市
2004	城镇体系规划	珠江三角洲核心区——广佛都市圈的重要组成部分，全国重要的现代化制造业基地，区域专业化市场及物流基地之一，岭南文化名城
2005	城市发展总体规划	全国重要的现代制造业基地，区域性专业物流中心之一，国家历史文化名城
2016	城市发展总体规划	全国重要的制造业基地，国家历史文化名城，珠江三角洲西翼经贸中心和综合交通枢纽

在经历十年高速发展之后，1994 年的佛山城市发展总体规划，在对城市的定位中，开始将佛山城市发展置于区域乃至地区生产网络中的角色定位来思考，强调其在珠江西岸地区的中心地位："珠江三角洲西翼经

贸中心城市", 并突出佛山城市在国内外区域市场中的"开放性", 在城市产业发展方面, 则以高技术产业体系的发展和建构为目标。同时, 城市产业发展和经济实力进一步增强, 佛山市开始加强对中心城区历史文化梳理和重视, 并结合国内自20世纪90年代前后开展的国家历史文化名城制度, 努力加强老城区进行国家历史文化名城的申报和创建, 到1994年年底, 成功申报为第二批国家历史文化名城。佛山国家历史文化名城的成功申报与随之出台的《佛山市历史文化名城保护规划》等规划文件, 将佛山老城区作为一个整体纳入保护规划范围, 并对其建筑、街区及城镇空间进行综合保护。佛山老城区也在历史文化名城的光环下, 在快速工业化、现代化和区域一体化的进程中得以基本保存。

第二阶段 (1996—2006年): 佛山城镇工业化基本实现, 产业结构进入新一轮深化调整发展阶段。城市整体经济实力极大增强, 并对城市空间功能发展提出新要求, 城市内外部空间肌理的优化发展被置为城市发展重要议题, 并得到一定发展和改善。1995—1999年, 佛山市城市GDP总量居全国前二十位, 2000年, 佛山GDP首次突破千亿大关 (1050.38亿元), 其在全国城市排名中居第十八位。2005年, 佛山GDP居全国城市的第十四位 (2429.37亿元)。在城市产业发展方面, 第一产业比重持续下降, 其在全市GDP中的比重从1996年的8.67%下降到2005年的3.10%; 第二产业比重略有起伏, 1996年, 第二产业占全市GDP比重为54.97%, 2001年后, 第二产业比重开始重新攀升, 这种攀升趋势在2003年后开始加速, 其中, 2003年第二产业的比重为54.80%, 2004年为57.21%, 2005年则达到了60.81%。城市综合经济快速增长、城市产业结构体系的完善和优化及佛山城市经贸发展更多地参与到区域和国际生产网络的流通之中, 大大增强了佛山城市整体实力, 对佛山城市产业结构调整和空间发展都提出新要求。新的增长诉求与城市土地及其他基础保障之间开始显现新的矛盾, 表现在城市空间发展和结构肌理优化方面, 则凸显为城市的经济和外资引进等需要在土地和城市格局上提供更多保障, 产业结构调整和优化发展也要求对城镇现有工业地区及城镇工业用地等进行新的调整和优化。同时, 起源于20世纪90年代中期的国家住房政策调整, 促进了城市房地产业出现和快速发展, 房地产业的发展对城市土地及其空间提出了更多要求。这些诉求和需要, 都要求城市开展针对城市现有土地和空间的挖潜及增效。

20 世纪 90 年代中期，在历经多次城市行政区划调整后，佛山市重点确定了"南拓"的思路，中心城区重点向城南发展，城市建设在空间和土地利用方面，也加强了对城南地区乡村土地兼并整理工作，基础设施建设也逐步投入。在中心城区的老城区，地方政府则开展以历史文化名城保护为指引，适度增强老城区在城市商业业态优化、城镇功能现代化等方面的旧城改造更新试点，政府通过不同形式，委托东建公司进行老城区旧城重建和更新工作尝试，并重点开展佛山中心城区传统商业区——永安片区的更新改造工作。打造东方广场现代商业圈。虽然东方广场的拆迁、重建工作争议不断，但从城市老旧社区改造更新和城市产业体系的维持及提升等方面来看，东方广场的拆迁和重建，基本达到地方政府在城市老旧社区改造、提升方面的设想。东方广场也发展成为佛山老城核心区主要的商业区和商业地标之一。但行政区划的市代管机制，使佛山无法有效协调佛山代管的顺德、南海、三水和高明等县级市，其行政能力实际可用管辖的区域也大致局限在佛山市直辖的市区面积（不到 100 平方千米的区域，实际面积接近 77 平方千米），过于狭小的城市发展空间，使佛山城市空有其表，成为全国地级市中最袖珍的城市之一，城市经济能力有限，既无财力对全市层面的城市空间发展和结构优化有效支持，又无实力有效协调下属各县市在城镇发展的无序状态。"小马拉大车"的结果是：下属市县各自规划发展，市区层面又因为发展能力不足而陷入相对停滞局面。到 2000 年前后，佛山市在城市土地和空间外向拓展方面，进展缓慢，其主要原因在于：第一，当地村民对政府工作的不配合，其原因比较复杂多样，如村民维权意识强烈，且手段比较激进，地方政府在征地方面，投鼠忌器较多，怕激起较大群体性事件。第二，地方政府对村民土地的征收，较少考虑公平正义，对村民的权益关注不够，进而造成当地征收区村民对征地工作不配合等。第三，佛山本地村民的商业意识较强，对土地投入产出及其长远效益的盘算比较深入精细，当地方政府的征地方案无法有效打动其放弃土地权益时，征地工作就无法深入进行，城市南拓工程发展受阻。2002 年前后，随着新的佛山市主要领导（省委常委挂任佛山市委书记）莅临，佛山进入发展机遇期，新的行政区划调整，改变了市代管的传统局面，"大佛山"再次整合，下属县级市改市为区，被直接纳入佛山市行政区划管辖权下（顺德的情况比较特殊），随着南海、顺德、三水、高明在行政区划上的划入，改变了十多年以来佛山"诸侯分立"的尴尬局面，城市规划首次可以从大佛山市角度进行通盘考虑，产业发展"多头共进"的传统局面也由此打破，佛山开始基于全市角度，在产业发展和城镇功能空间配置上统一规划。同时，基于珠江三角洲西岸中心城市和珠江西岸地区经济、产业新增长极的城市定位，佛山努力建设广东省第三大城市，试图通过第三大城市的建设和布局，实现其在珠江流域区域生产网络中的核心城市地位，加强粤港澳地区的一体化和协调化发展。并在整体上增强珠江三角洲地区城市在全国乃至全球地区生产网络中的核心竞争力。

第三阶段（2007年至今）：城市整体实力增强和城市发展策略调整，为城镇空间发展和格局优化提供支撑及动力。自2007年以来，国际经济形势出现的新特征及佛山城市产业和经济发展面临的新问题及新挑战，佛山加速在经济结构和产业发展的调整及转轨步伐，通过"迁停并转"和促进劳动密集型、环境污染型等初级产业的外迁，加大在资金密集型产业、技术密集型产业的扶持和引进，城镇产业结构进一步调整完善，并带动城市内部空间在肌理和功能上的优化调整。佛山通过城市老旧社区的改造升级，将城市发展融入区域城市的竞争发展网络，并进一步提升佛山在国内外区域生产网络体系中的地位。随着佛山城市经济实力增强，大佛山市在产业和城市发展整合推进，广东省第三大城市建设及其在国际、国内、区域生产网络中重要性和地位的提升，佛山城市建设进入加速发展阶段。

第一，城市空间发展格局突破传统小佛山视野，进入"五区协调，市区扩容，东南联动"的发展时期。在城市空间内部发展方面，通过行政区划调整，加强传统市区与佛山市中心城区，顺德乐从、陈村等空间地域邻接紧密区域间的发展互动，通过三龙湾创新集聚区的集中建设和打造，促进中心城区扩容和五区联动发展。从城市外部联系来看，在东南方面，加强与广州在城市产业、基础设施、环境协调等方面的融合建设，促进"广佛同城"。在西向发展方面，通过产业转移、城市轨道交通和路网发展规划及建设，积极谋求与肇庆联动实现合作。

第二，城市产业发展和调整方面，经过30多年发展，工业化进入成熟阶段，佛山第三产业，尤其是都市商贸和新型商业、会展等行业面临巨大的发展机遇，在保持工业发展和结构调整的同时，市区空间开始新一轮针对传统第二产业和落后低能工业的商贸化转型。大量低端、低能、高耗的传统产业通过外迁，实现工业用地商贸化转型或者房地产转型。

第三，商贸发展方面，在经历 2007 年前后国际经济形势新调整下，传统的"三来一补"和"两头在外"的产业经贸发展格局受到严重冲击，国际上对中国传统外贸产品需求下降，外贸环境恶化，也促进佛山加强对国内产品市场的开发和发展，由此更加重视内贸及国内商业在城市发展中的布局。同时，佛山城市的商业化特征以及在区域中的影响力提升，都对佛山加强城市商业和第三产业发展提出需求，第三产业和城市商贸产业进入快速调整和提升发展阶段。体现在城市空间发展上，是传统产业和专业集镇的有机结合，实现佛山五区下属各区镇建设以"专业镇"及其衔接专业市场的整合发展，如以石湾和南庄为核心区域的佛山陶瓷产业集群区和陶瓷专业市场区、乐从和龙江沿线的家具及其关联产业和市场区、以容桂和北滘为核心区的顺德家电产业发展及市场区等。中心城区方面，表现为以高端化、国际化和综合化为特征的一系列城市商业购物中心在传统用地和产业形态上的脱颖而出为特色，比如岭南天地—百花广场的祖庙片区商业、文化和旅游综合区，东方广场综合商业和旅游发展片区，季华路沿线的高端办公和商业发展区，桂澜路沿线的综合商业 MALL 连片区，保利—千灯湖城市商贸和休闲旅游区等。

第四，城市基础设施和交通路网更加完善，行政区划的有效调整和空间梳理，使五区之间的城市道路网络建设和发展实现统一规划，协调发展，建设资金的使用更加有效。城区内部，随着城市主干道路，如季华路的快速化改造及其与佛山大道、桂澜路等的无缝连接，城区南北交通动脉梳理顺畅，增加了城市交通连接的通达性和便捷性。

第三节　佛山城市空间发展叙事

一　叙事与叙事发展流变

（一）叙事的概念及发展流变

叙事即叙述事件，是将发生在一定空间和时间内的事件借助语言或者其他类型的媒介工具表达出来（申丹，2010）。"叙事"的本义为讲故事，它是人类最为直接和本能的表述行为。从人类文明发展视角看，叙事是人类与生俱来的一种人性冲动，叙事与人类历史一样漫长，当人类先祖在篝火旁讲述部落苦难的迁徙历程和战胜恶劣环境的英雄壮举时，叙事就已经开始了。它往往通过偶然的、非刻意的体验性活动来整合有关信息。叙事不会限定为某种特定的表达事情的方式和过程，它具有较强的辩证性，也包含叙事的表达内容及结果。可见，从本质上看，叙事是一种沟通交流行为活动。它与人类密切相关，并且已经成为我们生活的重要组成部分。

叙事作为一个理论术语，距今不过 40 多年，叙事包括宏大叙事和日常生活叙事两种理论，宏大叙事是法国思想家利奥塔（Jean – Francois Lyotard）提出的概念，利奥塔通过调查发现，科学、文学和艺术等各个方面的叙述都有相应的"游戏"准则和话语规律，这些相关的叙述话语活动在 19 世纪以前都被限定在以宏大叙事进行表述的体系之中，也有以宏大叙事为范例而建构起来，并进行某种意义自圆其说的"元话语"，其也由此确立了"知识"的可解释性和合理性。"宏大叙事是一种文化和群体通过对微小叙事的压抑和排斥来排除异己方的各种博弈和反对，进而构建正当性的表述方式。"（利奥塔，1996）日常生活叙事是普通人在与他人或其他社会群体进行交往交流时，构建的人与人、人与社会或者人与环境的关系的行为方式。由于针对不同叙事对象，每个人交流叙事的方式或策略选择都存在不同，有选择的叙述事件，可能会带来叙事的差别。对于这种个人化叙事需要具备理性辩证的思维逻辑来剖析、解读。同时，一些个人叙事、小叙事、地方叙事等日常叙事往往可以展现出一些未被宏大叙事发现或者有意忽略和曲解的内容，其往往更加具体和鲜活。

叙事作为人类最本质的人性追求之一，与人类的出现相伴随，其存在的历史也与人类历史相同步。现代叙事学是 20 世纪 60 年代在俄国形式主义、法国结构主义影响下诞生。索绪尔（Ferdinand De Saussure）于1916 年在其《普通语言学教程》中就提出，语言应是一套由符号组成的具有普遍规则的潜在系统。结构主义叙事学的代表人物罗兰·巴特（Roland Barthes）将叙事作品的叙述表达分为叙述层、功能层和行为层三个层面，他指出，任意一个语言单位的意义和价值都在与各层面的结合中被体现出来。热拉尔·热奈特（Gerard Genette）指出，叙事包含三层概念：叙事（即叙事话语，指陈述事件口头或书面的话语）、故事（叙事话语陈述的真实或虚构的事件）和叙述（讲述话语产生的叙述行为），并以叙事为核心，对故事和叙述与叙事的复杂关系开展了深入研究。80年代中后期以来，西方产生了修辞性叙事学、女性主义叙事学和认知叙事学等跨学科流派。

1997年，美国叙事学家大卫·赫尔曼（David Herman）提出，叙事学已经步入后经典时代，而后经典叙事学则更注重读者与作品文本的互动交流关系，强调作品文本的形式结构与意识形态的关联和历时性的叙事结构，同时重视跨学科融合，积极采用相关学科的分析研究方法。总的来说，后经典叙事学强调对叙事作品内部价值意义的研究，同时采用跨学科分析手段，强调作者、读者和社会历史语境之间的交织影响。人类文化活动中，"故事"是最基本的，我们每个人既是讲述者，又是聆听者，而叙事学就是一个研究各种叙事文本的学科，后经典叙事学与众多的学科交叉形成了"叙事学+X"或叫复数叙事学的研究模式。叙事学也从"文学故事"逐渐扩展到电影、图像、戏剧、舞蹈、建筑与城市叙事等，叙事概念拓展到人类学、社会学、地理学、政治经济学等学科，并植根于人类的社会文化生活。

（二）叙事的文化转向与文本语境

"叙事转向"并不是一种自觉的运动，它既没有明确的起点，在各种人文社会科学中发生的时间先后错落；也没有领袖人物，只能说不约而同地暗合。随着文化研究实践的深入，人们越来越注重文学作品深层次文化的分析与阐释。米克·巴尔认为，叙事学是一个有关文本、形象、事象、事件和讲述故事的文化产品的学科，叙事学是对文化作深层次全方位的透视，而不是简单的形式分析工具，在文化研究框架指导下，叙事学应该从文本与读者、主体与对象、作品和分析等方面的关系中突破对叙事文本的解读研究（米克·巴尔，2003）。叙事的人文科学转向在改变叙事学的同时也丰富了文化研究的技术手段。第一，叙事摆脱了文学话语的局限，实现了文化研究在技术方法上的"叙事转向"；第二，叙事研究的"文化转向"始于20世纪80年代以后，学者们开始从叙事的语境因素来考察文化的不同表征，如话语和集体记忆、身份建构、权力与他者、社会与仪式等存在的文化表征关系得以体现。叙事研究的"文化转向"给文本研究提供了深刻的生产和消费历史语境；而文化研究的"叙事转向"则把叙事学研究方法扩展到除文学外的其他文化作品领域，两者的结合使叙事学研究表现出明显的跨学科、跨文类、跨媒介特征。

后经典叙事学在历经近 40 年发展后，逐渐形成自己的研究体系。叙事研究不再以建构叙事语法为主要目标，转而揭示叙事的政治、意识形态等文化内涵。后经典叙事学将文本从狭义的语言学范畴扩展到文化的所有领域。"文本概念包含了服装、饮食、仪式甚至历史等等，原则上所有带有语言符号属性的构成物都是文本"。文本从来都不是自主自发的，文本从来都是从某个语境中产生并且必然会涉及某一语境。由于后经典叙事学认为文本是一个开放的、不断完善的系统，因而对文本意义的解读，语境就尤为重要。语境研究始于人类学，最早系统地提出语境概念的是人类学家马林诺夫斯基，他发现，当地人用一种在主流社会难以理解的方式命名我们熟悉的日常用品，然而，一旦置入当地语境则顺理成章。在城镇规划、设计、建筑学领域，文本（context）也常翻译为文脉，意思是建筑不同尺度的周边环境、时空场所、物质信息等方面的联系结构。建筑本身作为特定历史时期和地域的产物，与同时代的建筑以及当地历史上的建筑构成了特定的上下文，构成的城镇文本也就是一个历时性文本。文脉的概念在不同历史时期具有不同的含义。比如凯文·林奇理解的文脉是路径、地标、边界、节点、区域；罗西认为，文脉是集体记忆，由地标和基质组成。90 年代之后，全球化造成资本、权力等因素的流动和循环，当代城镇文脉已经不再局限于建筑文脉，它是一种包含权利和资本、信息的动态文脉或者说是时代语境，这种语境与建筑信息以及附载于建筑物之上的意义相关联，从而塑造了当代城镇特征。

（三）叙事的空间转向与城市叙事空间

20 世纪后期，人文社会科学界经历了引人注目的"空间转向"，学者们开始将注意力从时间或者历史的单维度思考转移到对空间的关注上来，将空间纳入社会生活和社会关系的研究中。米歇尔·福柯（Michel Foucault）认为，我们身处的空间比时间更会给我们带来时代的焦虑感。列斐伏尔的"社会空间"概念、德塞都的"都市生活实践"和"空间故事"概念、巴什拉对"家屋"等空间进行的现象学场所和原型分析，等等，正是由于这些开创性空间叙事研究出现，促进叙事理论开始朝着关注空间的方向发展。另外，叙事作为一种表达方式，叙事的空间性在历史发展中是一直存在的，叙述需要空间的支撑（龙迪勇，2008）。"由于同时发生的事情太多，我们不得不放弃以时间顺序来组织叙事的主线"，大量事件从横向穿插以致打破了故事时间主线（爱德华·W. 苏贾，

2005）。哲学与文学的"空间转向"也从传统的纸质文本空间向物质环境的实体空间转向，尤其是可以让人感知和身在其中的建筑、城市、景观空间。因此，"空间转向"最终打破了叙事学最初的文学范畴，给传统空间学科如城市规划、建筑环境等学科提供了一种从人文社会科学领域观照空间叙事的可能性视角。

在规划学科引介叙事理论的过程中，叙事理论空间转向的运用不能孤立地从文学、电影等常规叙事学研究基础来开展，还需要结合建筑学、景观学等与城市规划学密切相关的其他学科领域来进行，并获取养分，并且这些领域目前已经开展了一定空间性的叙事研究。露丝·芬尼根认为，"个体的故事不仅反映了城市的现实存在，而且可以给城市建设一整套创造性的公认的叙事资源"。她发掘了大量城市故事，给城市设计者一个了解城市意义、城市文化的方法启示。在建筑空间叙事方面，芭芭拉·莫斯以日常生活叙事、城市叙事、地图叙事的方法建立了一种植入城市环境的新建筑设计方法。在景观空间叙事方面，马修·波提格较早将叙事推广到景观范畴，提出叙事是人们形成与理解经验和景观的一种基本方式。景观不单是承担事件发生而展开的布景，景观本质上也是一种时刻发展着的叙事。

城市叙事空间即城市讲故事的空间，是一种具有易认知性、会讲故事的空间。它会使该区域的人群或外来的观察者对空间中所发生的不同时期的多样性城市事件及其事件空间形成深刻的空间认知意象。城市叙事空间是由城市中各种多样性城市事件空间构成的，城市叙事空间是一个城市，甚至一个街区中故事发生最多、事件最密集、事件印记最深的空间，它具有独特性、原真性和历史性特征。在这个空间内，观察者能通过事件叙事，更好地认知空间的时间层次、历史层次，形成人与空间的互动交流。也可以说，城市叙事空间是每个城市真正的母体空间。它的强叙事性决定了它应该成为城市空间中的标志性空间。

二 佛山城市空间叙事特征

（一）魏晋至宋元时期佛山叙事空间特征

先秦至魏晋时期，是佛山人居聚落的形成和初步发展时期。此时，随着西北江冲积扇面积的进一步扩大和海退的深入，佛山一带逐渐露出少数洲岛高地（台地或岗地），佛山一带的土著居民在这些洲岛高地聚居繁衍，提供了土地和空间发展基础。据考证，最早定居于佛山的土著居民为鸡、田、布、老四个氏族，皆为水上疍民，以捕鱼等水上活动为主业。至唐代初期，佛山洲岛一带应该发展了为数不多的零星分布村落。唐代以后，随着广州对外商贸地位的提升和对外贸易规模的扩大："南土沃实，在任者常致巨富，世云：'广州刺史但经城门一过，便得三千万'也。"① 开元十年（722），市舶使韦某"至于广州，琛账纳贡，宝贝委积"②，广州成为"异域殊乡，往来辐辏，金贝惟错，齿革实繁"之地。③而作为"顺珠江'水路百里即至的'南海县水路交通重心之一的佛山"④，尽管其还不是当时西北江水路航运勾连广州内河港的主要港口，但应该承接了广州商贸的部分业务，佛山石湾一带的陶瓷生产，应进入发展阶段。唐贞元以后，随着"诸蕃君长，远慕望风，宝舶荐臻，倍于恒数"，"梯山航海，岁来中国"。"蕃国岁来互市，奇珠、瑇瑁、异香、文犀，皆浮海舶以来，常贡是供，不敢有加，舶人安焉，商贾以饶。"⑤广州港"日十余艘载皆犀象珠琲，与商贾杂出于境"，以至于广人"多牟利于市"。⑥ 这种官民重商氛围的养成，带动了私人贸易兴盛，也应该促进了与广州城"数十里之遥"，且有着西北江航运之利的佛山堡一带商贸和墟市经济的兴盛。同时，就中外交通的发展轨迹来看，通商贸易和宗教文化传播是两项主要且又紧密联系的内容。宗教传播从来都与商人、商道拓展密切不可分，商人的足迹就是宗教传播的轨迹。广州作为当时中国海外贸易中心之一，其贸易发展的路线——"海上丝绸之路"也就必然成为"佛教东传之路"。萧励《广州绣衣坊纪事》说："（南朝梁）普通年间（520—526 年），外舶靠泊西庙，常年两三艘，转元前，已达十艘，禅商两旺，众口皆碑。""禅商两旺"在广州的形成，无疑带动了周

---

① （南朝）箫子显：《南齐书》卷三二《王琨传》，中华书局 2017 年版，第 581—592 页。

② （唐）于肃：《内给事谏议大夫韦公神道碑》，《全唐文》卷三七一，中华书局 1983 年版，第 1532—1555 页。

③ 李昉等编：佚名《殿中监张公神道碑》，《文苑英华》卷八九九《职官七》，中华书局 1966 年版，第 2129—2145 页。

④ 唐代广州内港水运网络对接西江、北江流域的佛山一带的航运和贸易集散中心，主要在现在的官窑一带，而佛山当时只是其中一条支流的运输分流点。相关研究成果可参阅有关文献。

⑤ （唐）李翱：《检校礼部尚书东海公徐申行状》，《文苑英华》卷九七六，中华书局 1966 年版，第 2215—2224 页。

⑥ （宋）欧阳修、宋祁等编：《新唐书》卷一七《王僭传》，中华书局 1975 年版，第 278—281 页。

边区域的商贸和佛教发展——它直接促进唐代佛山高僧东渡并在塔坡筑堂布经。塔坡岗也由于佛堂修筑和高僧入驻，使塔坡一带商业墟市开始繁盛。并在空间上形成出早期佛山人居聚落空间的结构特征：依托塔坡岗及佛寺，发展出塔坡墟、普君墟等商贸墟市空间，带动周边人居聚落逐渐扩张和发展。

唐末宋初以后，随着朝廷对海舶贸易的鼓励，佛山墟市经济和手工产业（如陶瓷）继续发展，也带动佛山乡村聚落进一步繁盛。至宋末明初，佛山一带的墟市空间已经形成区域市镇规模，这可以从唐宋时期的广州地方民俗活动——广人（粤人）放鸽之会的组织和规模看出："岁五六月，始放鸽。鸽人各以其鸽至，主者验其鸽……每一鸽出金二钱，主者贮以为赏。放之日，主者分其二：一在佛山，曰内主者；一在会场，曰外主者。内主者择其最先归之鸽，以花红缠系鸽颈，而觞鸽人以大白，演伎乐相庆。越数日，分所贮金。"① 佛山当时成为"放鸽之会"的主会场之一，可见其市镇规模。因为这种较大规模的"放鸽会"，应该类似于现今较为大型的民俗赛会，能争取到这样的竞赛类项目的举办，没有一定的市镇规模和人口聚集程度，应该是不可能的。此是其一，其二，宋代佛山栅下村一带，设立有临海炮台，四周围以土垣，内设沥石炮眼二方。宋代佛山也设有市舶提举官。② 市舶提举作为广州市舶司的外放机构，其设立之地，应是对外经贸繁盛之地。其三，相对于唐代的塔坡寺的设立，宋代，代表本土信仰的龙翥祠（祖庙）也得以设立：佛山真武庙始建于何时？向来有两说。一说谓不知何代。宣德四年，唐璧说："庙之创不知何代？以其冠于众庙之始，故名之曰祖庙。"一说谓建于宋元丰年间。景泰四年，广东布政使等官员《谕祭灵应祠祝文》："维神庙食南土，肇宋元丰，捍患御灾，累著民迹。"《粤小记》作者也说："佛山灵应祠，创自宋元丰年间，初名祖堂，又名龙翥祠，屡朝显智，不可胜纪。"陈炎宗说："祠之始建不可考；或云宋元丰时，历元至明皆称祖堂，又称祖庙，以历岁久远，且为诸庙首也。"③ 作为佛山祖堂的龙翥祠的设立，说明随着中原土族移入和定居，佛山建立起了比较完善的地方宗族结构。

---

① 陈徽言：《南越游记》卷一，广东高等教育出版社1990年版。
② 冼宝干：民国《佛山忠义乡志》卷十《风土二》，岳麓书社2017年版，第260—268页。
③ 转引自罗一星《明清佛山经济发展与社会变迁》，广东人民出版社1994年版，第21—22页。

同时，龙翥祠的三月三节诞，其在元时就已经成为区域性重要节俗诞会，正统三年的《庆真堂重修记》载："前元以来，三月三恭遇帝诞，本庙奉醮宴贺，其为会首者，不惟本乡善士，抑有四远之君子相与竭力，以赞其成，是日也，会中执事者动以千计，皆散销金旗花，供具酒食，笙歌喧阗，车马杂逻，看者骈肩累迹，里巷拥塞，无有争竞者。岂非致中和之敦乎？"可见，如果当时佛山仅只是普通意义的传统村落，是无法举办"会中执事动以千人"规模的大型民间诞会。故此，宋元之际，佛山很有可能已然成长为当时岭南地区比较重要的市镇中心，其在空间上主要呈现出依托水系网络而形构市镇空间的特征。当然，由于生产力水平限制，此时期的佛山市镇，仍以较典型的乡村早期墟市空间组合为主。空间结构以水网系统为骨架，市镇空间周边多为农田、水塘和湿地。佛山的市镇叙事空间要素出现并开始逐步增加，其主要要素包括寺庙（塔坡寺、龙翥祠）、水网通道（大塘涌、佛山涌等）、九社（古洛社、宝山社、富里社、弼头社、六村社、细巷社、东头社、万寿社和报恩社）和墟市（三墟）。以寺庙、里社和墟市为主要空间叙事要素的市镇系统有了初步规模。

（二）明清时期佛山城镇叙事空间特征

明清时期，是佛山城镇快速发展时期。随着明初编户里甲制度的推行，佛山堡始编八图八十甲，共有土地二百四十八顷三亩。[①]"佛山其先则分村，其后则分铺"，"但未脱村称"。[②] 明初佛山堡有十五村[③]，这十五个村构成了早期佛山的市镇社区组织。明清时期，佛山有里社九处，"乡之旧社凡九处，称古九社"，包括古洛社、宝山社、富里社、弼头社、六村社、细巷社、东头社、万寿社和报恩社。其范围大概包括龙翥祠东南一线至佛山涌边的地区，占佛山镇的三分之一以上。村落、里社和河涌、水田等共同构成了明代佛山（堡）的城镇空间特征："佛山商旅所聚，庐肆多于农田。然乡中隙地涌水环绕，时资灌溉，春畦碧浪，秋垄

---

① 转引自罗一星的研究结论，参见罗一星《明清佛山经济发展与社会变迁》，广东人民出版社1994年版。

② 罗一星认为，佛山在明代以前，为零散形式的15个自然村落聚居为主。参见罗一星《明清佛山经济发展与社会变迁》，广东人民出版社1994年版。

③ 它们是佛山村、汾水村、村尾村、栅下村、朝市村、禄丰社村、大谐涌村、牛路村、隔塘冈村、观音堂村、细晚市村、石路头村、忠义社村和窖边社村。

黄云，亦居然太平村落也。"景泰以后，随着为抗击黄萧养肆掠而将全镇用木栅划分为24铺御敌的铺户制正式立定。传统的乡村散居状态被新的铺区制取代，佛山也因此形成了全新的社区和市镇结构。明代至清末，以二十四铺拓展而成的二十八铺空间格局，基本奠定传统佛山城镇的空间骨架。佛山自此之后的空间发展，无论是墟市还是城市社区，其在数量上的增减，都是以此基本架构而进行的深耕或局部延伸。

在城镇空间风貌特征方面，入清以后，随着佛山镇经济、产业迅速发展，佛山发展成为岭表地区一大都会。康熙时期，广东布政使郎廷枢记云："四方商贾之至粤者，率以是为归……桡楫交击，争沸喧腾，声越四五里，有为郡会之所不及者。沿岸而上，屋宇森覆，弥望莫极。其中若纵若横，为衢为衍，几以千数，闠阓层列，百货山积。凡希觏之物，会城所未备者，无不取给于此。往来驿络，骈踵摩肩，廛肆居民，楹逾十万，虽曲遂之状无以过也。"① 咸丰年间，《南越游记》的作者陈徽言也说："俗称天下四大镇，粤之佛山与焉。镇属南海，商贾辐辏，百货汇集，夹岸楼阁参差，绵亘数十里。南中富饶繁会之区，无逾此者。"② 但当时佛山整体城镇空间风貌特征，由于缺乏政治和军事的国家正塑力量辅助〔佛山成为国家行政区划体系正式成员（南海县县治治所）是在民国以后〕，故佛山明清以来的城镇发展体系，以自然增长方式为主，其外在表征，体现出浓重的乡村市镇特征：顺治十三年（1656），荷兰贡使率五十条船的船队从广州出发，循北江前往北京朝贡，三月十七日晚夜宿佛山，其随团书记员纽霍夫记载说："如上所述，我们驶离这个城市后，当夜就住宿在著名的乡镇佛山。"③ 法国传教士道塔·塔鲁塔鲁在康熙四十年（1701）写道："我们经过佛山，这是约有一百万人口巨大的聚落。仅仅在河上，与我们较大的船只同样长的船就有五千艘以上。我们的数字中，完全没有计入无数的渔船和横渡的小舟。"④ 法国传教士道·冯塔耐在康熙四十二年（1703）写的第四书简中说："我们到达世界最大的村落佛山。我之所以称之为村落，是由于此地未被城墙围困，亦未有特别

---

① 吴荣光：道光《佛山忠义乡志》卷十二《金石·下》，佛山博物馆藏，1830 年版。
② 陈徽言：《南越游记》卷一，广东高等教育出版社 1990 年版。
③ 转引自罗一星《明清佛山经济发展和社会变迁》，广东人民出版社 1994 年版。
④ ［日］矢泽利彦编译：《耶稣会士中国书简集五·纪行篇》（第四书简），东京平凡社1974 年版。

的长官。然而，在此进行着非常活跃的商业贸易。因为其人口及户数比广州更多，至少可及百万人口吧。日本管区的耶稣会士们在此拥有美丽的教堂和由许多人组成的信仰者集团。"① 商贸繁荣和自然乡村景致，是明清时期佛山的典型城镇发展特色，表现在空间结构发展叙事上则呈现为一个从早期以南部的栅下、白勘头、山紫等为核心支点和主要人居聚居区，以新涌、潘涌、大塘涌和旗带水为城镇空间主要骨架的南部区域，逐步向北部佛山涌主流（汾江）区域（以汾江河和佛山涌整体上形塑的"T"形城镇空间形态和北、中、南三个明显的生产生活集聚区）迁移的过程。其空间叙事的典型要素，包括河涌系统（从早期的南部河涌体系，如潘涌、大塘涌，随着南部区域的逐渐淤积，南部主要勾连外部交通的河涌交通勾连功能也逐步消失，致使南部区域贸易职能逐渐北移，而保留生产方面的职能）、宗教信仰体系（包括祖庙、塔坡寺等其他寺庙）、宗族宗祠（佛山镇内主要大宗强族建立的各种宗祠系统）、墟市（从三墟六市向更加多元和细分的墟市体系演进）、街巷铺户。乾隆年间，佛山全镇有里巷233条，津渡码头11个；道光年间有里巷596条，津渡28个；到宣统年间，有里巷1697条，津渡143个。佛山城区发展为27铺，并形成南部手工业制造区，北部商业中心区和中部工商、民居混合区三大功能区以及各种手工业生产作坊和工厂。这种空间叙事构建要素的主体，尽管在不同时期稍有增减变化，但在总体上，自明清以来至21世纪初期，则大致维持了相对凝固化状态。即使在清末佛山城镇经济产业外溢、城镇综合实力和影响力下降明显的时期，上述空间叙事的主要要素，只表征为一定范围的数量和质量变化，而不存在整体消减的情形。

　　明清时期，佛山城镇叙事空间可视域已经有了明显的集中特征。19世纪的佛山城市空间中，有较为明确的空间分区（南部手工业，中部工商、民居混住和北部商业业态等）、较为丰富的空间节点和聚会场所，这些场所和空间节点不仅具有象征意义，也有丰富的实用价值，其用作强化和操纵城镇社区的纽带，为社区冲突提供了解决的空间，并深刻地影

---

　　① ［日］矢泽利彦编译：《耶稣会士中国书简集五·纪行篇》（第四书简），东京平凡社1974年版。

响佛山城市空间肌理。汾水正埠接官亭、祖庙和义仓①事实上成为佛山
"精神支柱"，它们既是四方民众朝圣的场所，更是佛山城市各大行会和
民众的聚会、议事场所。而义仓和麒麟社也发展成为佛山镇地方自治机
构的集会场所。除了这些表征地方治理和集会的权威场所，佛山的城镇
空间中，还散布着大量的各种世俗化、地方化的聚会空间，比如先锋庙
是卖鞋和卖对联的市场，医灵庙是佛山最大的铁器市场等。这些节点和
集会空间有着比周边其他区域大很多的视域叠加效应。同时，城镇工商
业发展带来城镇街巷空间和铺户制度的全面完善，也带来城镇地名体系
的完善和文化内涵提升，这些区域的名称也开始确定下来，如经营铁器
的铸砝街、铸砝上街、铸犁大街、铸犁横街、铁矢街、铁香炉街、铁门
链街、铁廊街、钟巷、针巷、麻钉墟；作为地方宗教教化中心的祖庙
（北帝诞）、洪圣庙（广利神诞）、天后庙（天妃娘娘诞）等；作为文人
雅集的龙塘诗社等；作为奢靡消费场所的烟馆等；作为综合性商业街的
祖庙大街、格塘大街；作为镇区居住地标的东华里、任围、金鱼塘等。
每个区域在人们心中的认知特色都越来越突出，其所承载的意识形态功
能也基本确定下来，由此形成一些新的可视域群。明清时期，佛山城市
叙事空间结构可概括为"一纵一横、三区多核"，其中，一纵是指佛山镇
以升平街—祖庙街为核心轴的商业文化轴；一横是指北部的交通大动脉
汾江及其两岸形成的商铺、码头、戏院等设施集中带；三区是指南部手
工业生产区、中部工商和生活居住混合区及北部商贸集中区；多核是指
一纵一横三区构造的镇域范围内，分布了多个以不同主题为特色的集中
分布地带，比如祖庙核心片区、东华里核心片区、锦华街片区、栅下片
区等。与宋元以前时期的佛山相比，明清时期的佛山城市叙事空间结构
的非均衡性加强了，各组团和轴线的可视域更加密集。这个时期，工商
业主导代替了原有的文化主导特性。一些以商业为主导功能的可视域群
开始形成。格塘大街、祖庙大街、升平街、汾江河两岸地区等区域在此
时期成为繁华的商业功能区。同时，由于这个时期对于教育的重视，以
教育为主导叙事功能的可视域群开始形成，佛山镇内各大宗族依托各自

---

① 汾水正埠是佛山对外贸易的中转站，也是客旅商人进入佛山的落脚点，建有接官亭，大
小文武官员赴任，下属皆在此迎送。对岸文昌沙、鹰嘴沙设有广州粤海二关税，亭前水分三江，
东通顺德、香山；西通三水、四会，往西北二江；北道省城、石龙。祖庙是佛山及周边城市的宗
教中心；义仓是佛山重要的公共事务空间和群众集会议事场所。

大宗祠及祖庙，发展了一系列面向族人和合镇青年才俊的教育机构。总的来说，明清时期是佛山城市叙事空间的发展时期，许多区域功能一直保留到后世，并一直在加深其在人们心中的叙事印象。

（三）清末民初至20世纪末佛山城市叙事空间特征

由清末民初至20世纪90年代，中国的社会形态跨越了从帝制后期的封建社会、民国时期的半殖民地半封建社会和中华人民共和国成立以来的社会主义社会三种形态，急剧的社会形态变革，对中国社会产生了重大影响，也对佛山地方社会发展、城镇空间结构和格局的演变带来重大影响。

（1）民初至1949年，破败飘零和发展定型的40年。此一时期的佛山城市空间总体上呈现为破败飘零之势。一方面，民初以来，随着佛山镇作为南海县县治驻地及其后的多次行政区划中心地位的确立，事实上加强和促进了佛山镇在珠江三角洲地区的相对重要性①，就街巷和商铺数量发展来看，据道光十年（1830）佛山怡文堂出版的《佛山街略》统计，清代佛山全镇有27铺区，596条街巷，各类码头25个。到民国前期，按民国《佛山忠义乡志》载，佛山镇（不含石湾）内有街道1788条，商店至少3000家，六墟十二市，有18个省在佛山设有商业会馆，并有22家洋商会馆。民国后期随着各种战乱纷扰，佛山城市的街巷商铺数量明显下降。据南海县档案资料1946年统计，佛山有商店2305家，比1934年减少3514家，即1934年佛山商铺达到5819家。可见，即使清末民初以来，佛山城镇在珠江三角洲地区的区域影响力不再有清代前期的那种"岭表都会"地位，但时代进步和地区行政中心地位的确立，还是在整体上促进了佛山城市空间的增长和外延。民初以后，佛山地方政府通过对传统城市空间的东拓和北进，拉伸了城镇总体空间。并通过对原有城镇空间街巷系统马路化改造，实现了从传统城镇空间向现代城市空间转型：分期开辟市街马路。为解决市内地势低洼、涝灾频繁和内街窄陋之患，民初以后，佛山地方政府启动开辟市街马路计划；如1929年南海县就开列了本年度马路修筑计划："拟于本年度计划。先行辟筑六线，计第一线：由缸瓦栏经四约街，至鹰嘴沙接驳中山桥北岸，长约二千五百尺；第二线：由中山桥南岸，经豆豉巷、升平街、筷子街，至筷子正

---

① 这种重要性与清初至清中期佛山鼎盛时期的区域城镇重要性相比是不同的，突出表现在地区行政区划中心地位的确定带来佛山城镇空间规模上的拓展。

街口，长约三千一百尺；第三线：由新涌口，穿越观栏街，出龙船湾，接驳江佛公路，长约三千五百尺；第四线，由正埠经永安街、汾流街、崎岭街，至三角市口，长约三千六百尺；第五线：由筷子街口，经筷子正街，至三角市口，长约一千三百尺；第六线：由潘涌里口，经潘涌大街、公正大街，至公正市，长约二千七百尺。以第一、第二线为第一期，于十九年（1930）三月竣工。第三线为第二期，于十九年六月竣工。第四、第五、第六各线为第三期，则酌量情形，再定竣工期限。"1930—1933年，佛山开辟的马路有中山路、升平路、锦华路、公正路、福贤路、福禄路、永安路、汾宁路、福宁路、大福路、南堤路、庆宁路、莲花路、筷子路、市东上路、市东下路等。筹筑汾河两岸长堤及公众码头①；筹建新涌口文昌沙桥梁；筹建市北公园；建筑消防瞭望台；清挖汾河积淤，疏浚城市下水道工程等。地方政府的努力促进了佛山城镇发展，但由于民国时期是中华民族多灾多难、内忧外患频繁爆发时期，这种大时代的事变和动荡，也对佛山城市和地方的发展产生了巨大影响。比如，持续经年的内战和割据争霸，第二次世界大战时期日军占领对佛山城镇的滋扰和破坏，都给佛山城镇空间的发展造成了消极影响，使佛山城镇空间在民国以往的近四十年时间里，长期处于相对破败和发展停滞状态。

此时期的叙事空间要素呈现出综合化特征，以城市街巷、马路埠头、商业街区和宗教建筑为主。佛山商业文化在陈济棠督粤的"黄金十年"再次进入了鼎盛时期②，城市商业区向北和向东不断拓展。市场空间和宗教场所得到进一步增加，并呈现出宗教建筑与商业区密切结合的态势，宗教建筑不但成为商业区的集聚中心，承载一部分商业叙事意义，还成

---

① 民国时期，佛山修筑和升级的水路交通节点码头包括大基尾码头（大基尾）、大王庙码头（庙右街）、平阳码头（华庆街）、市桥渡头（色馆埠头）（均在东胜街）、洪恩码头（帅府庙）、旧渔栏码头（华康街）、正埠码头（一过文昌沙，一过鹰嘴沙）、白米街码头（白米横街）、镇北街码头（镇北街）、中山桥码头（鹰嘴沙两个，豆豉巷一个）、三界庙码头（北胜街）、三街码头（兴宁街）、怀德码头（新宁街）、直义码头、西竺码头、会龙码头、世辅码头（会龙街）、新涌口码头、太平码头（通津坊）、利步坊码头、盛世坊码头、陈寿山码头（三官坊）、升平码头（升平坊）、丁渡头（升平坊）、义益码头、石埠头（福胜大街）、岩庙码头（聚龙上沙）、叠滘埠头（接驳）、文昌沙光裕码头（兴仁街）、秀实码头（兴仁街）、径引通津（蟠龙街）、二帝庙码头（福兴街）、新埠头（西医院侧）。

② 当然，这种鼎盛和清初时期的"二元鼎立"的城市繁荣不可同论。此一时期的鼎盛，是维持在对广州强烈依附关系之上，民国以来，珠江三角洲地区城市发展，广州"一城独大"，而其他城镇仅能作为"拱月之势"的"众星"而存在和发展。

为众多行业组织公（工）会驻地，比如车衣工会驻禾花庙、铁器公会驻太上庙、机器工会和邮务工会驻盘古庙等。可见，商业发展促使宗教场所的本初功能相对弱化，而行业和商业功能则大大增强。在城市叙事空间视域发展方面，民国时期，佛山城市的空间视域表现为更强的集中性和城市空间结构的"T"形格局，马路修筑带来城市内部空间结构优化调整，满足了现代工商业发展对交通路网的需求。汾江河沿岸码头体系、接官亭、琼花剧院、祖庙、东华里等，都有着明显的可视域分布，其叙事功能也彼此明确——商业区是商铺、码头水埠等集中的地方；休闲文化区是茶馆、酒肆和园林集中的地方；文教生活聚居区是屋宇集中连片区等。与明清时期的佛山相比，民国时期，佛山城市叙事空间结构主要表现为以下三个特征：第一，城市空间主导功能的多元复合化替代了原先的手工业、商业主导，政治、工商业、文教、娱乐、宗教等多元功能区域都有出现，并在整体叙事空间结构中发挥出各自的作用。第二，城市叙事空间的促动因素发生变化。帝制时期的佛山城镇，城镇空间的主要塑造者是地方宗族势力、士绅集团和乔寓阶层及各种民间工商业者，他们先后对佛山城镇的空间结构产生根本性影响，由此形成典型空间象征物如祖庙、义仓、旗带水、汾流古渡（接官亭）等，也一直作为佛山人对于佛山城镇空间感知中心和重要空间参照物。民国以后，随着国家权力机构的全面入驻佛山，以及代表国家权力的行政治理和议事机构在镇域范围的落地，使传统佛山镇核心地标物，如佛山祖庙、义仓等，不再成为城市空间的治理地标，而回归到其在宗教、宗族和文化本源上的地标意义。新的行政治理居所转化为城市空间的核心地标。第三，城市空间的叙事轴线和空间结构逻辑进一步定型和固化。尽管城市空间在整体上呈现出向东向北拓展的趋势，但这种趋势并没有对佛山镇城镇空间结构带来革命性影响，佛山镇域空间结构在总体上表现为定型化和规模固化的特征。

（2）20世纪50—90年代：迟滞的稳定发展阶段。20世纪50—90年代，佛山城镇发展是从中华人民共和国成立初期的重建运动开始的。1950—1957年，佛山通过修复和翻新升平、锦华、南堤路等马路，新建镇北街、普君西等市场，新辟了祖庙公园，并填平了祖庙旁边已淤塞不堪的洛涌，合并慧照街、三官大街、三官庙前、仁寿寺前、西荣街、西胜街、古洛社、泥模岗等，建成祖庙路。新开新堤、文沙、富民等马路，开始对战争时期的破坏进行系统修复和整饬。1957 年，佛山市制定了历史上第一个城市总体规划。1958 年，在全国大跃进风潮之下，佛山城市建设也开始前所未有的"大跃进"运动，至 1965 年，佛山共新建住宅 8 万平方米，开辟了庆宁路东段、亲仁路、水巷路、松风路等。这种"大跃进式"的城市建设，尽管在一定程度上改善了居民的住房环境，新筑了城市道路系统和基础市政设施。但是，由于建设设计、工期要求、建造技术等方面的制约，此一时期的城市建设对佛山老城的传统风貌造成较大破坏，使明清以来保存良好的佛山老城核心区的城市物质空间，受到较大的破坏和损毁。同时，操之过急的城市市政工程和住宅建设，也在整体破坏老城空间肌理和城市结构的同时，出现了一系列质量问题，进而影响到佛山城市的持续良性发展。至 1966 年"文化大革命"爆发前夕，佛山老城区原有街巷空间进一步被新型城市马路系统所优化。1966 年开始的"文化大革命"使佛山建设和规划发展陷入瘫痪。改革开放以来至 20 世纪 90 年代末期，是佛山城市恢复发展、城市产业体系和经济发展融入东亚生产体系的关键时期，此一时期，佛山城市发展侧重于经济产业体系的全面建构，而相对忽略对城市空间发展和体系结构的全面拓展与优化提升。随着经济实力的增强和现代化影响，佛山城市叙事要素开始向多样化、系统化方向发展。一些历史上出现较少的叙事要素开始修建，如城市公园、动物园、博物馆、大学、商城等。这些要素除带来新的城市空间叙事功能外，也承载了一些相对传统和古老的叙事功能，如休闲娱乐、文化教育、商业等，只不过在叙事载体上有所变化。私家园林在公有化及纳入国家文物保护和遗产保护体系之后，开始对外开放，进一步释放出其城市休闲空间的作用。祖庙、仁寿寺等宗教建筑的宗教功能受到某种程度的削弱，取而代之的是宗教建筑旅游观光功能、城市文化地标形象诠释功能得到了进一步巩固和放大。有强烈地方意义的老字号被系统保护和传承保留，并通过现代语境嫁接延续着其在历史文化方面的叙事功能。佛山城市的叙事要素在加入现代文化叙事元素后，出现了新的特征：一是城市传统元素的基本叙事功能得以保存传承；二是新的现代叙事要素开始在整体上形构佛山作为岭南区域中心城市的文化想象和空间地标。

从佛山城市叙事空间可视域分布可以看出，佛山城市现代叙事要素可视域有效地覆盖了整个城市，并在一些重要区域更为突出。这既说明佛山城市现代叙事空间的整体发展特征，也表征现代城市叙事空间要素在空间分布上的不平衡性。传统空间叙事要素如祖庙、仁寿寺、东华里、莲花路、筷子路、锦华路、汾江等地，空间视域保持完整。而新的城市空间叙事客体如城门头下沉广场、兴华商场、百花广场、佛山体育馆、佛山科学技术学院、祖庙博物馆（新华书店）、电视塔、佛山汽车站、佛山火车站等也成为城市空间叙事视域的焦点和中心。佛山城市的现代叙事空间与民国时期及其以前的漫长相比较，其空间叙事特征突出表现为以下四个方面：一是工业制造业和商业业态再次成为城市空间叙事的主导因素。工业制造业成为城市空间叙事重要元素的原因，首先是中华人民共和国成立以后的恢复建设政策指引，尽管地缘原因，佛山所在的广东沿海在 20 世纪 50—70 年代属于国家战备前沿地区，工业生产布局相对有限。但 80 年代以后，开始于珠江三角洲地区的改革开放，却对佛山发展工业制造业带来契机，在港澳资本和其他外来资本支持下，佛山迅速建立起以制造业为主体（包含纺织、塑料、陶瓷、电器照明等产业）的产业体系，这些制造企业的分布，构成佛山城市空间叙事的重点视域体系。其次是佛山作为地级市行政中心，保持和壮大了商贸产业发展态势，新的商贸企业空间布点，如祖庙片区的兴华商场、百花广场、升平路商业中心、东方广场商业中心等，都成为佛山城区空间叙事的主要节点。二是宗教、宗族的空间叙事功能相对弱化，文化旅游功能成为城市空间叙事的新元素。由于意识形态、宗教政策等方面的调整，帝制时期所形成的佛山镇宗族文化和宗教文化空间功能被相对抑制，那些传统的宗教（宗族）文化节点（祖庙、仁寿寺、塔坡寺及各种大宗祠、宗祠等）更多地承接文化旅游发展功能和意义。三是政治空间叙事的中心意义得到凸显，但行政治理机构在空间治理上充分尊重佛山城市长期发展形成的治理文化思想，即遵循"小政府"理念，这也使政府机关的空间叙事表征，并没有成为城市和地方的空间叙事核心。四是传统叙事空间要素和现代空间叙事要素有机结合，融合较好。

（四）21 世纪以来佛山城市叙事空间特征

经过改革开放近 30 年的高速发展，到 21 世纪初佛山建立起比较完整的制造业产业体系，城市综合实力大大增强。[①] 21 世纪以来，随着国际国

①　1990—2019 年，佛山城市 GDP 总量持续位居全国城市前 20 位。

内综合环境变化，佛山城市、产业发展面临新的挑战。突出表现为：①城市空间规模较小，发展受制明显。1992 年的行政区划调整，确立了佛山市辖区为城区和石湾区，顺德、南海、三水、高明等地为佛山代管，这种行政区划体制之下，佛山实际控制的区域只有下属的主城区和石湾区，其空间面积不过 77 平方千米，号称全国最小的地级市，局促狭窄的国土空间，大大制约了佛山市的改革创新。②土地资源有限，土地开发强度大，土地使用效率较低。一方面，佛山城市土地开发强度高达38.18%，超过 30% 的地区土地开发强度警戒线水平，远高于珠江三角洲地区 16.80% 的平均土地开发强度。依赖增量开发的土地发展模式难以为继。另一方面，占全市工业用地 80% 的村级工业园用地效率低下。③城市公共绿地、公共设施服务用地供应不足，城市长期处于粗放型发展状态，无法满足和达到新发展要求。佛山城市绿地比例不到 10%，远远低于国际大都市的水平。粗放型发展模式下，佛山城市土地的浪费也比较严重，荒废、闲置土地所占面积较大。城市综合环境建设严重滞后于经济产业发展水平，连一贯低调的美的集团创始人何享健都公开对媒体发声：政府对企业最大的贡献，便是改良城市面貌，让企业吸引到更多的优秀人才。④根植于珠江三角洲地区早期"三来一补"发展模式的佛山制造业体系，在完成工业化之后，也形成了特定的"自下而上"模式，这种"自下而上"的发展模式，呈现出比较明显的应景性、迟滞性和低端化特征，使佛山城市的产业结构整体相对粗放低端，对城市形象、城市环境的升级形成制约。同时，城市形态与产业业态犬牙交错，部分低端业态占用了大量土地空间。佛山中心城区在过去 30 多年发展了陶瓷、针织、不锈钢等多个传统优势产业。这些传统产业在进入 21 世纪以来的产业结构转型改造中首当其冲。

城市、土地、环境、产业发展问题的涌现，使佛山城市的行政区划调整成为首要问题。2002 年，广东省委宣布由省委常委、原珠海市委书记黄龙云同志执掌佛山，并同时启动佛山行政区划调整工作。2002 年 12 月，国务院对广东省和佛山市的行政区划调整方案做了批复①，佛山由此进入新的发展机遇期，新的行政区划调整，改变了市代管的传统局面，

---

① 2012 年 12 月 8 日，国务院发布《关于同意广东省调整佛山市行政区划的批复》，并同时生效。

佛山市再次进行整合：下属各县级市（顺德市、南海市、三水市、高明市）改市为区［顺德区、南海区、三水区、高明区和禅城区（原佛山市行政区主辖区改为禅城区）］。这种行政区划调整改变了十多年以来佛山"诸侯分立"的尴尬局面，城市规划首次可以从大佛山市角度进行通盘考虑，产业发展"多头共进"的传统局面也由此打破，佛山开始基于全市角度，在产业发展和城镇功能空间配置上进行统一规划。新佛山市被赋予产业强市、文化名城、现代化大城市与富裕和谐佛山这四大历史定位。同时，基于珠江三角洲西岸中心城市和珠江西岸地区经济、产业新增长极的城市定位，佛山试图通过广东省第三大城市的建设和布局，实现其在珠江流域区域生产网络中的核心城市地位。并在整体上增强珠江三角洲地区城市在全国乃至全球地区生产网络中的核心竞争力。与此雄心相伴随，一场规模浩大的"造城"工程由此开始。2003 年 5 月佛山市"两会"期间，佛山市委书记黄龙云提出要在未来十年内，进行组团式城市发展，建设"2 + 5"城市组团。即建设 2 个 100 万人口以上、5 个 30 万—50 万人口的新城区，即中心组团、大良容桂组团、狮山组团、西南组团、西江组团、大沥组团和九江龙江组团。这个历史空前的城市规划构想，总耗资将高达 1929 亿元，其中包括交通干线路网工程、城际快速轨道交通工程、生态环保工程、能源工程、水利工程、现代化组团式城市建设工程、工业园区工程、科教文卫工程、信息化工程和省运会工程在内的十大建设工程。产业发展方面，随着"大佛山市"深入整合和"广东省第三大城市"打造，加上国际金融危机和新的外贸条件，大大改变了传统产业外贸出口市场，并对佛山传统优势产业发展提出新的挑战和要求。佛山加强对以传统劳动密集型产业为主体，技术创新能力不强，缺乏自主品牌和产业集群效应，产品始终处于产业价值链低端，产业发展方式粗放，国际化程度不高，且对资源环境压力较大的纺织服装、陶瓷和金属加工进行产业转移，通过行政主导的方式，实现传统产业向粤西、粤北地区迁移。三次产业方面，第一产业产值持续下降，第二产业发展稳定，城市工业化进入成熟阶段，重点发展战略性新兴产业、高新技术产业和先进制造业，汽车、光电、新材料、新医药和电子信息等产业发展迅速。第三产业继续保持高速增长状态，其年均增长率保持在15% 左右。

　　经济实力的进一步增强、产业和城市的深度整合和广东省第三大城市建设使佛山在国际、国内区域生产网络中的重要性及地位得到提升，佛山城市建设进入加速发展阶段，城市空间叙事也呈现出新的特征。

第一，城市空间发展格局叙事从过往的相对凝滞（行政区划调整之前的小佛山由于空间制约，只能着眼于传统老城区和东平新城的空间发展）转为全面重构城市空间新结构。突出表现为佛山城市空间发展格局突破传统小佛山视野，进入"五区协调，市区扩容，东南联动"的发展阶段，并试图通过"2+5"组团（"十三五"规划提出新的"1+2+5"组团）发展，加强"中心城区"主中心，狮山副中心、大良副中心以及"里水大沥组团+陈村北滘组团+西樵组团+西南组团+高明组团"发展，以实现新佛山城市空间的全新布局，重构佛山城市叙事空间。另外，在城市空间内部发展上，通过行政区划调整，加强传统市区与佛山市中心城区、顺德乐从和陈村等空间地域邻接紧密的区域间的发展互动，促进中心城区扩容和五区联动发展。城市空间发展区域联动方面，东南方面，加强与广州在城市产业、基础设施、环境协调等的全面融合建设，促进"广佛同城"。西向方面，通过产业转移、城市轨道交通和路网发展规划及建设，积极谋求与肇庆在区域城市联动方面实现多方面合作，进而完成城市区域空间叙事重构和优化。同时，进一步加强城市基础设施和交通路网建设与完善。新的行政区划调整和空间梳理，使五区之间的城市道路网络建设和发展实现统一规划，协调发展，建设资金使用更加有效。城区内部，随着城市主干道路，如季华路快速化改造及其与佛山大道、桂澜路等的无缝连接，城区南北向交通动脉梳理顺畅，增加了城市交通连接的通达性和便捷性。

第二，产业空间叙事特征表征为产业高端化和园区化。自20世纪80年代改革开放以来，经过40多年发展，佛山市进入工业化成熟发展阶段，建立以生活消费为主体的制造业产业结构体系。然而，这种制造业发展体系在区域和城市空间分布上，表现为布局相对散乱，随路网拓展而线性延伸布局的产业空间叙事特征。进入21世纪后，随着国内外经济形势的新变化和新发展，佛山相对比较初级、粗放的制造业产业需要进行发展升级和结构转换，才能适应新的国内国际竞争形势。同时，佛山现代服务产业，尤其是都市商贸和新型商业、会展等行业也在第三产业发展浪潮下面临巨大的发展机遇，佛山由此开启了新一轮产业结构调整和空间发展布局优化：在保持工业产业发展和结构调整的同时，市区空间上，针对传统的第二产业、落后低能工业推动商业和贸易化转型。大量低端、低能、高耗的传统产业通过外迁，实现工业用地的商贸化转型或者房地产转型。商贸发展上，传统"三来一补"和"两头在外"产业发展受到严重冲击，也促使佛山针对新的外经贸形势，更加重视内贸及国内商业在城市发展的布局和落户。第三产业和城市商贸产业进入快速调整和提升发展阶段。体现在城市空间发展叙事上，一方面，传统产业和专业集镇的有机结合，佛山五区下辖各镇街纷纷建设以"专业镇"及其衔接专业市场的整合发展，如以石湾和南庄为核心区域的佛山陶瓷产业集群区及陶瓷专业市场区、乐从和龙江沿线的家具及其关联产业与市场区、以容桂和北滘为核心区的顺德家电产业发展及市场区等。另一方面，中心城区表现为以高端化、国际化、综合化为特征的一系列城市商业购物中心脱颖而出，比如岭南天地—百花广场的祖庙片区商业、文化和旅游综合区，东方广场综合商业、旅游发展片区，季华路沿线高端办公、商业发展区，桂澜路沿线的综合商业 MALL 连片区、保利—千灯湖城市商贸和休闲旅游区等。

第三，空间叙事动力机制呈现多元共振的基本特征。此一时期，对佛山城市空间叙事发展起重要作用的因素更趋多元，地方政府试图打造广东第三大城市的雄心，使市级行政力量成为佛山城市空间叙事的核心支撑动力（一改往日佛山"小政府"的发展传统，显现出当代城市和产业发展中地方政府必须具有的更大影响和作为），市区联动、鼓励创新的新发展路径，更好地发挥了佛山五区地方政府在城市发展中的积极作用；同时，佛山发展良好的市场机制，使市场力量成为主导佛山城市空间发展和叙事发生及其优化的重要力量，通过引入高质量的城市更新和建设发展公司（如祖庙—东华里片区改造引入香港瑞安集团对岭南天地片区的成功打造，使佛山城市旧城改造和更新成为国内同类发展的翘楚和标杆），城市新区发展组建各种专门发展机构（市级层面，如佛山新城管理委员会、三龙湾高端创新集聚区管理委员会等；区级层面，如禅城区谋划东平新城、智慧新城发展，南海区主打沥桂新城、千灯湖区域建设，顺德区发力顺德新城、北滘新城建设，三水区聚焦三水新城发展，高明区加大对西江新城谋篇布局）实现五区有序发展和要素集聚。

在更加微观的地方改造和都市发展上，基于企业主体和个人（法人）投资者多元组合投资方式，使佛山城市空间叙事发展呈现出更加精彩和立体的繁荣场景，九鼎地产、招商地产、凯德置地、三盛宏业、中海地产、万科地产、保利地产、深国投地产等国内一些著名地产品牌先后进驻，既丰富了佛山城市发展主体，也建构了城市空间叙事发展的多元特征。

空间叙事发展视域在持续动态创新中，更加开阔和优化。从历史长时间尺度来看，佛山城市中心发展的空间视域经历了祖庙中心时代（明代）、汾江河中心时代（清初至19世纪40年代）、祖庙路中心时代（民国至20世纪80年代）、季华路时代（20世纪80年代至21世纪初期）和东平河—三龙湾时代（2010年至今）。

第四，空间叙事文化表征载体更加多元，突出表现为代表地方政府发展意志的文化叙事载体对城市空间发展叙事主导功能进一步强化，传统文化叙事载体空间文化表征能力向文化旅游倾斜发展趋势明显。

一是表达地方政府城市发展雄心和意图的标志性文化基础设施及文化景观对城市文化空间叙事的中心意义得到逐步强化。以三龙湾高端创新集聚区为佛山市新城市中心，此一区域也成为文化基础设施集聚高地，包括佛山大剧院、佛山国际体育文化馆、世纪莲体育中心、博物馆、图书馆、科学馆等在内的新的城市文化地标："九馆一中心"的集聚发展，使三龙湾片区成为未来佛山文化中心地和佛山城市文化休闲体验新地标。

二是一系列大型、综合和现代气息浓厚的各种节会活动的持续开展，对佛山城市主流文化的弘扬和空间叙事作用明显。佛山主城区持续开展的琼花艺术节、亚洲艺术节、省运会、千灯湖文化艺术节等，对形塑佛山中心城区全新的都市形象，建构体系完善、空间明晰的文化叙事空间等作用明显。以商业载体为主导、持续开展的商圈文化旅游专题节会，更是对禅桂区域商圈培育、商贸文化新生和优化、都市商贸连绵带建设发挥了不可替代的作用，经过持续发展培育，目前佛山禅桂中心区的千灯湖—佛山大道—东方广场—岭南天地—祖庙路沿线，千灯湖—桂澜路—季华路沿线都发展成为佛山城市商圈连绵带，成为佛山城市商业文化视域的中心表达区。

三是传统文化视域的典型构筑物，如祖庙、仁寿寺、梁园、碪岗公园等，其所代表的诸如地方信仰正朔、精神指归、宗教朝觐、民俗引领等文化内涵，在新形势和新要求下，逐渐淡化或者弱化。这些表征传统文化视域的典型代表物，新时期随着城市、产业发展，而附加了新的含义，如旅游文化视域的典型代表物、城市传统文化空间中表征传统文化特征的时代见证物等。可见，对佛山传统文化的代表而言（包括有形的实物形态，如祖庙、梁园等，也包含传统的地方节庆民俗，如北帝诞、行通济等），新的时代背景和发展诉求，使它们承载了以旅游文化产业和行业发展所需要的新内容及新任务。这些新旧形态文化要素，进一步丰富和完善了佛山城市文化空间叙事的主体和视域。

第二章　地方的重塑

段义孚认为，"空间"和"地方"相互依赖而存在，一个"地方"之所以成为"地方"，是因为它在"空间"从一个"地方"向另一个"地方"移动中形成的；对"空间"来说，它要依赖"地方"从此地向彼地移动来实现。从时空演进角度看，人类的审美体验以"地理感"为基础，"地理感"所代表的空间范畴因"人"的能动评价和选择机能而呈现出对环境场域不同的"感的回应"，并烙印上"地方"的理性意义和审美价值。一个"空间"如果有了意义，它即变成"地方"（段义孚，1977）。[①]"空间"与"地方"是人类基于空间审美"地理感"的源泉，当下关于空间研究的主要学派，无论是以韦伯、西美尔、斯宾格勒、芝加哥学派等为代表的文化生态主义学派，还是以段义孚、雷尔夫等为代表的人本主义学派，抑或是以列斐伏尔、卡斯特尔、大卫·哈维等为代表的马克思主义学派空间研究，都认为"空间"是体现和展示自由、开阔与全球化的符号，而"地方"典型展现了有关封闭、宁静与本土化的意义。一个"空间"如果没有个体存在，就不能成为"地方"，故只要个体声称此地为他所属，此"空间"则为所谓的"地方"（通常此空间为个体出生或成长的地方）。这样的空间和环境无论是自认或人造的环境，对个体都有极大的影响。对普通人而言，"身所在处即故乡"，无论居处一隅还是流落他乡，只要能较快地融入所处环境，就实现了把无感情"空间"变成有感情"空间"，也即把"空间"变成了"地方"。

就人类行为而言，所有与人有关的社会活动都产生于空间之中，并通过社会化活动、空间网络状分布形构出特定的地方和地方特征，进而形成差异化的地域特征和城市文化。这也是日常生活中"我是北京人、

---

① Tuan, Yi‐fu, *Space and Place：The Perspective of Experence*, London：Edward Amold, 1977, p. 325.

你是广州人、他是上海人"等城市标签化的原因。城市也因为不同的地方标签而形成不同城市性格和地方特征,这些特征各异的城市地方性,构成城市持续发展繁衍的内在动力。故对城市而言,如何保持独特的文化地域特征,维持城市地方特色,塑造令人印象深刻的城市形象和地方文化符号等,是保持其持续竞争力的首要重任。另外,在全球化、都市化和区域一体化加速发展的当下,地方和地方特征正在加速解构,"无地方化""去地方化"趋势,使不少城市在一定程度上迷失了文化本源根基和地方特色,导致城市地方文化培育和建设发生断层与错位,城市区域竞争力下降,进而影响到城市可持续发展。

全球化和城市区域竞争白热化,城市和地方文化必然要进行整合与调整,以激励地方经济发展、塑造在地认同和增进竞争能力及优势。城市和地方的文化政策及治理方略也要在传承与弘扬传统文化的基础上,创造性地吸收成功地区或城市的"成功"经验。城市一方面需要立足全球化趋势,建构起基于基础设施、城市风貌、建筑美学、景观构筑、空间表达等多重内容复合叠加的共性化现代城市,以便能更加快速、深入地融入全球生产和商贸流通网络。另一方面为保持城市发展在地传承及历史特征,塑造自身与其他竞争性城市的"不同",城市往往需要出奇制胜,形构基于地方特征之上并反映地方本源特征的城市地方意义和在地独特性,以此来凸显"我城"之于"他城"的相互区隔。这种基于城市地方文化历史基础的城市特征塑造,正成为城市形象建构、地方营销的利器。在地文化已然成为城市政治、经济和社会发展的调节器及竞争场域。全球化日益深入影响城市地景、文化、政治、经济结构。全球化带来的弹性积累、后现代性和时空压缩,使地方的重要性得到提升(Harvey,1996)。对佛山来说,城市地方文化中传统的商业特征、自治传统、家族、宗族结构关系等都是其在产业发展竞争、商贸氛围营造、投资争夺和保持城市投融资竞争力的基础。如何保持城市在地独特性,维持持续的文化竞争力,如何基于佛山地方文化传统建构个性化城市文化环境和内容,就成为佛山在激烈的全球竞争中保持发展优势的关键。

第一节　地方与地方语境重建

一　地方与地方感

（一）地方

"地方"并不是一个单纯的地理概念。段义孚认为，"地方"是有意义的空间，只有当某特定个体对一地（特定空间）声称为其所属，该地（空间）才成为"地方"。"地方"研究是地理学讨论的重要议题之一，也是地理学者亟待厘清的课题。早期人文主义地理学者在对空间展开讨论时，特别强调从人类主体出发认知世界的视角来观察"地方"。海德格尔（Martin Heidegger）的著作中就有这样的描述："力量的自足让大地和苍穹、神性和凡人融为一体……让房屋有了秩序……如此，它在同一个屋檐下，替不同世代设计了各自生命旅程的特质，这是从寓居中现行的技艺，依然将工具和框架当作物品来使用，建造了农舍。"① 由此可知，海德格尔所认为的"地方"，在精神层面联结了环境与人类。也就是"真正的存在乃是扎根于地方的存在"②（Cresswell，2004）。在现象学者影响下，人文主义地理学者开始从不同角度思考人类的存在以及空间的本质，并特别区分了"地方"与"空间"。对空间而言，地方更有经验、历史、意义、情感、符号等特征。段义孚（1977）认为，地方是存在于特定地点的一种特殊的物体（一种对象物），它不像一般物品可以搬动或携带，但却是一个"价值的凝聚"，是人们居停的"所在"。当空间开始有所差异而转变成为地方时，人们就开始对此地有了更进一步的了解和赋值。可见，地方是一个对人有意义的区域，并且具有经验与情感分享之功能，这样的经验也会被传承。普雷德（Pred，1983）③ 的研究也特别指出，由空间转变为地方的过程，就是通过居住及常态化活动介入、亲密及无缝化与记忆累积、意义赋予、真实性经验情感与认同的建立，来实现空间

---

① ［德］马丁·海德格尔：《存在于时间》，陈嘉映、王庆节译，商务印书馆 2018 年版，第 326—334 页。

② Cresswell，T.，*Place: A Short Introduction*，Malden: Blackwell，2004，pp. 153 – 158.

③ Pred，A.，"Structuration and Place: On the Becoming of Sense of Place and Structure of Felling"，*Journal for the Theory of Social - Behavior*，Vol. 13，No. 1，March1983，pp. 45 – 68.

向"地方"的转型与发展。同时，普雷德（1986）① 更强调结构对"地方"的影响。他认为，由于生产依靠实践维持，使生活和生产受到结构的深刻影响。而每一种社会制度都无法与日常生活经验相抽离而存在，这样，对"地方"的认识就可以通过生活轨迹、发展计划来观察，即通过观察空间结构历程的连续性、特殊的计划和个人路径之间交互作用的特征而达成。可见，普雷德（1986）② 在认同段义孚（1977）"历史重要性"之外，也强调社会互动对"地方"形成的重要性。认为地方可以在日常生活的展演中呈现出来，他更聚焦于权力、文化、社会阶层与生产等不同结构因素来讨论地方。他认为："地方是一个历史的偶然过程，因此，地方是不可以与日常生活和穿透于地方的结构化历程分割的。地方就等于结构过程，它借由时空的特定活动与权力关系不断地互为彼此。"普雷德（1986）同时认为，全球化发展使地方无法超脱于外，因此，一个城市或地区与其外部世界的联结关系，也在扮演着越来越重要的角色，这使地方在其特殊性塑造过程中，不能再拘泥于过去的视点。梅西（Massey，1994）③ 认为，地方已经不再是过去那种静态的、有界限的概念；而是由错综复杂的社会关系及活动混合而成，"地方"不仅体现在内部的结构关系，也与外部世界紧密关联，地方是动态且在持续变化之中，是时空之下不断被创造与再创造出来的名词。因此，理解"地方"就有必要从过去那种以空间领域为范畴而建立空间感的传统视点中跳出来，转而从人们日常生活的地方需求和全球网络体系视角来重新思考，并据此建构起新的地方社会关系。全球化语境下的"地方"④⑤ 不再仅被"作为静止的容器"，而是应被视为"流动的动力过程"。对地方本土化论述也必须统摄全球流动观与地方精神的协调。进入 21 世纪后，地方研究的热点开始从早期的人地互动、区域特性研究等逐渐地转向和拓展至居民

---

① Pred, A. , *Place*, *Practice and Structure*：*Social and Spatial Transformation in Southern Sweden*, 1750 – 1850, Totowa：Barnes and Noble, 1986, pp. 215 – 220.

② Pred, A. , *Place*, *Practice and Structure*：*Social and Spatial Transformation in Southern Sweden*, 1750 – 1850, Totowa：Barnes and Noble, 1986, pp. 215 – 220.

③ Massey, D. , *Space*, *Place and Gender*, Cambridge：Polity, 1994, pp. 212 – 220.

④ Wolfgang Sachs, One World in Wolfgang Sachs ed. , *The Development*, Vol. 12, No. 5, June2005, pp. 125 – 129.

⑤ Mike Featherstone, *Undoing Culture*：*Globalization*, *Postmodernism and Identity*, London：Sage, 1995, pp. 1 – 14.

地方情怀研究、环境识觉研究、区域开发与政策制定、观光发展等公众意图参考提供依据等更为广泛和精深的领域。格茨（Geertz，2002）"将地方性观点摆在地方的脉络中"，"将研究案例安放在确定性的架构中"。他认为，"地方"是指一种在地的、人对于事实和道德的想象，"地方"必须摆在当地的脉络下才能形成和得出地方性观点。他特别以法律的"地方"特征举例：他认为，英美法系框架下的法律属于地方技艺，它们都是立足地方知识来产生和执行。地方看待"真实"的不同观点，产生了多元性法律。格茨重视行动者的地方认知和习惯运作过程。地方行动者在遭遇外在力量（殖民政策、世界潮流）冲击时，往往会倾向于通过把地方逻辑转换成外在概念的方式，使之能够在地方完成，而地方逻辑也同时产生变化。

地方是人类创造出来的、具有附着感和地方粘连意义的空间体系，它是社会、经济、产业和文化意义在空间的投影，地方不仅是个人存在的立基点、自我实现的场域、在地意义的存储器，也是一个三维实景存在：可观、可赏、可评、可鉴的物理实体景观，以及一套集抽象、主观、体验等象征符号于一体的心理认知结构体系。一旦人与特定空间产生确定的情感联结，该空间就转变为有意义的"地方"。对城市和区域来说，亲身参与、主观介入与日常生活体验是地方构建最为重要的特征。可见，人对地方的认知主要在于形成主体对地方于其自身的一定意义的主观认知，地方则包含有人类超越于空间实体之上、单纯的物质特征，并对这种物质要素进行主观的重新建构与定义，才能成为一种真正的、充满意义和不断变化的社会与文化实体。人们在形成对地方认知过程中，往往主要通过对地方进行能动解构，进而以结构化思维，通过不同的构成部分在整体上形成对地方的体验与认知。塞尔托认为，每个空间都有一个属于其自身且与地方属性相对独特的"空间故事"，人们对地方的认识，主要也在于能够通过对空间故事的叙事，而将地方整合、串联起地方认同共同体所有的个体成员，进而创造出一个统摄文化、社会、地理、心理、空间的完整结构。再经过个体和他人对地方故事的亲身叙述、情感分享以及文化共振，划定出地方认同的共同边界、合理外延和内涵特征，建立集体意识与身份认同。只有经历了上述地方认同的完整过程，人（个体人或群体人）才能找到自己的定位与认同。实际上，一个真实的地方、有意义的地方、具有独特性的地方、令人感动的地方及邻里和谐的地方，都有一段令人沉迷、意义非凡且又回味无穷的地方叙事故事，地方的主要魅力也来自生于斯、长于斯的普罗大众发自内心对其所处环境的赞美、吟咏、回忆与期盼。总之，地方既是个人日常生活语言、社会文化活动、生产生活交流等重要空间宣示点和表达位置点，也是个人建构自我认同、人地实践、文化展演和社会互动，以及进行自我存在描述、体察世界动态的重要空间想象落点。

（二）地方感

地方不仅是地球上特定区域的空间映照，其更应展现人对于生活空间和世界的态度，它往往以"地方情感"的形式表现出来。同时，全球化带来的地方特征丧失、地方身份模糊、"无地方化"等问题，共同推动"地方感"（Sense of Place）提出和研究。"地方感"探讨人赋予特定区域以价值和意义，具有强烈的现实意义，成为应对全球化语境的语汇。从概念涵指的视角来看，"地方感是指人们对特定环境的感知，是人与地方之间情感的依附与满足、身份的构建与认同，是具有文化与社会特征的人地关系，是一个动态过程"。① 对"地方感"的认知经历了一个逐步发展的过程，其最早可追溯至古希腊时期，原指一地的风气和神性。怀特用"敬地情结"（Geopiety）来表示人地互动中对自然的崇敬。段义孚指出，人类在以独特的感官感知和经验学习中来体验与适应环境，并据此形成"地方感"。他的理论侧重于人类感知，强调人地并重，注重情感依附，突出身份依附，是"地方感"的"理论经典"；斯蒂尔指出，地方感是一种归属感；梅西提出了"进步的地方感"理论，认为"地方感"随时间变化而动态调整；雷尔夫（Relph）和马克·奥格（Augé）对"无地方"和"非地方"进行了探索。概括地说，人文主义地理学认为的地方感包含以下特征：①"地方感"是一体且连续的；②地方感经由感官、身体的体验差异而表征出空间感的不同，并影响人的价值取向；③地方感和生活的经验紧紧联结，尤其是地方感与个人居住状况紧密相关；④地方感与时间相关，地方感是建立在个人对地方熟悉程度之上的；⑤地方感为个人主观所建构，其过程往往受到经验、情感、记忆等复杂因素影响。地方感的形成需要建立在对区域熟悉之上，重复规则的生活

---

① Tuan, Yi-fu, *Space and Place: The Perspective of Experence*, London: Edward Amold, 1977, p. 325.

习惯、不经意的时空遭逢，引领着人们在空间相遇驻足。在空间里，人们认识彼此且能友好互动，而这种熟悉性是无意识的、没有经过安排的结果。

地方感的形成除依赖个人主观之外，也与个人成长历史密切关联，且个人意识和社会影响之间表现出强关联特征。地方感的形成并不仅局限于经验和内卷化的历史，而是"由特定地方连接在一起的某种关系所构成"的事实。因此，地方感也应是外向的，其组成的某些部分可能来自"外在"的联结（魏郁祥，1999）。梅西（1994）也提出，以"全球的地方感"来呼应全球和在地相互穿透的世界。其主要概念包括以下四个方面：①地方是动态的，既是形式也是过程；②地方不必有封闭的界限，地方可借由与外界的互动而产生；③地方没有单一独特的认同；④地方的特殊性不断地被再生产，但不完全源自某种长远、内在化的历史。地方的特殊性源自更广大与较为在地的社会关系及独特混合的焦点。因此，地方感研究被放入了一个更广大的观点之中：借由与地方之外的地方（亦即地方之间）相互比较，进而形成地方的特殊性和地方感。这样的观点与过去人文主义地理学者强调地方感是"静态的""源于本真的"的观点有很大的不同。另外，信息革命和通信技术的进步，使地方感的形成不一定要建立在亲身经历的基础之上，电视、电影、艺术、绘画、文学作品、地图，或者民间传说，或者经由他人的经验描述等，都可能产生人对地方的情感体验。地方感则因此被沦为规划者或者地方政府的一种操作工具，导致"地方毁灭"现象的发生。地方感研究也在历经理论转变的同时，其应用层面也逐渐拓展，迁移研究、原住民族群认同研究、地方文化研究、环境规划参考、地方感觉结构等都成为地方感研究的关注领域。

二 地方认同与地方依附

（一）地方认同

所谓"认同"从字面上理解，就是对自我身份感的确认，其表明要探寻出人与其所处环境之间的相互关系，即寻求"我在哪？""我是谁？"等具体答案。地方认同就是个体对其生活空间的"原真性"确认，即明确自身所处地方的基本特性，并能产生有解读感的地方性。人文地理学者讨论的"地方"，重点关注个体在空间中的生活体验和心理感受。段义孚把"地方"表征为个人生活与成长的栖居地和归宿点。他认为，个人在地域空间生活和体验过程，往往是追求自由与持续探险的双重进程。从一定意义上讲，个体一旦脱离"空间"感，则会流于家园消解，成为无根浮萍，进而失去进取心、生活冲劲和激情，陷入无空间感的焦虑和虚无之中，进而出现对"地方"的解读失语；人对"地方"的认知和坚守，大多通过人参与活动过程中赋予空间以价值内涵，进而促进"空间"转化成"地方"，"人将意义灌注到空间中，并且以命名或其他方式附着于上，空间转化成了地方"（段义孚，1977）①，其实质上表征为地方认同的过程。地方认同的强化可以促进物质要素精神化。一旦这些烙印了个体认知、记忆和意义的生活空间被破坏，则会导致附着于特定空间的"过去记忆"遗失，使主体产生失落、不安等心理感受。在一个空间结构体系中，只有准确地找到个体身份所属的空间落点、个体坐标，人作为社会空间个体的自我价值意义才会被充分了解和诠释，地方也才真正被赋予能够定义自我的文化属性。个体对地方的附着和粘连，常常是经过对地方价值意义的反复理解和阐释后才逐渐明晰。这也是海德格尔的"栖居"概念所诠释的个体和地方互动作用机制。人通过栖居行为，实现在某一特定空间的在地化附着，也通过这种附着过程实现其与空间之间不断重复地发生人与地方的动态体验，并产生空间和地方的情感认同与地方解读。段义孚用"恋地情结"（Topophilia）一词来表达人（个体和群体）对长期生活的地方产生、难以割舍的情感记忆。这种情感记忆是多元的：一定地方的人群对地方的感情并不单单是爱慕、欣赏和依恋，而是爱恨交织、毁誉参半等多样化情结并存。比如，对于传统老城区居住空间长时间维护与更新不到位造成的环境破败、居住不适和生活杂乱，以及老城区环境变化带来的负面影响，都会使居住于此的居民产生怨怼和不满。然而，尽管居住环境条件已经不适应现代人的居住方式，但是，人们对他们世代居住地方的记忆和情感眷恋仍根深蒂固，伴随珍贵记忆的还有居民对未来老城区发展愿景的美好期盼。这种对老城区及其建筑空间充满矛盾的爱恨交织，就是根植于居民生活之中的情景体验，感情和含义也更为错综和复杂，而且可能只属于真正生于斯、长于斯的居民。这也是地方认同仅发生在那些与地方关系紧密和附着深入的个人和群体

---

① Tuan, Yi－fu, *Space and Place*: *The Perspective of Experence*, London: Edward Amold, 1977, p. 325.

居民的原因所在。

（二）地方依附

人与自然环境的相互融入和持续互动产生体验，进而形成主体对特定空间的偏好和依附行为。对城市和某特定空间而言，初访者到达后会比较关注该地所提供的生活休闲便利性、自身文化习惯与在地文化之间的融合性等功能。当体验后发现该地具有他地无可替代的功能时，就会产生持续接近该地的需求。这种持续性需求在得到满足后，就会对这个地方产生感情，这种现象称为地方依附。地方依附是个体在与地方互动过程中发展出的特殊情感经历，包含认知、偏好、评价、知识、信念、行为等关系。段义孚（1977）[①]认为，地方感形成地方认同，进而形成地方依附。威廉姆斯等（1992）[②]在野生游憩活动调查中，将地方依附区分为地方依赖与地方认同，他们将地方依赖界定为人们对于地方的评估，认为地方的特殊性、设施独特性与其他形式功能性的相互依赖，能满足游憩者的需求或目标；他们把地方认同解释为人与环境之间的情感联结并产生同化与调适。功能性地方依赖在短时间内容易形成且影响地方认同。地方认同因具备情感依赖需要较长时间培养，对特定"地方"或"空间"的使用频率会影响到地方依赖并造成一定程度的影响，地方依赖程度及使用时间的长短又会进一步影响地方认同。科勒等（2004）[③]指出，公众关系在地方依附中扮演了情感关联和经验分享的作用，地方依附在内涵上应包含公众关系概念。地方依恋是指个体与特定地方之间建立的情感联系，其表达的是一种以个体倾向于持续停留在某地，并感觉舒适与安全的心理状态。地方依恋与空间密切关联，尤其是与地方的物理环境高度相关，具备明确的层级关系特征，良好的物质环境与心理行为体验和感知都会强化依恋程度。许多学者认为，地方依赖应用于表达地方的不可替代性，其强调的是物质空间依恋与情感维度依恋，地方依恋会影响地方认同，甚至是地方认同的主因。

---

① Tuan, Yi - fu, *Space and Place: The Perspective of Experence*, London: Edward Amold, 1977, p. 325.

② Keith Williams Steve Pile, *Introduction Partl The Politics of Place in Michael Keith Steve Pile Place and the Politics of Identity*, London: Routledge, 1992, pp. 1 - 21.

③ Kyle, G. T., Graefe, A. R., Manning, R. and Bacon, J., An Examination of the Relationship between Leisure Activity Involvement and Place Attachment among Hikers along the Appalachian, *Journal of Leisure Research*, Vol. 35, No. 3, 2004, pp. 249 - 273.

地方依附起源于环境心理学研究，其研究对象包括个体对住宅及家的联系，其后地方依附研究视角被延伸、拓展至地方及社区等领域；地方依附主要讨论个体与特定环境的联结关系，当个体开始接触一个地方时，会对该地方产生地方感，但不一定会对该地方产生认同或强烈的依附。持续的地方生活粘连，使个体将自己纳入地方生活的内部，觉得自己属于生活的地方并且该地方对自己具有重要性即是对该地方产生认同。而地方依附一般会被视为一种行为。当个体对地方有强烈认同感，并持续地将自己纳入地方环境的内部空间时，人地之间的依附关系才会建立。地方依附为个体对于特殊地点的解读感，是使用者感觉到自己与地点的结合程度以及环境对使用者所象征的意义和感觉。它通常被概念化为个人对一个特定地方所感受到的价值及认同程度。近年来，地方依附的研究多关注地方依附与游客休憩行为之间的关系。摩尔（1994）发现，使用者的涉入程度、使用频率、距离以及使用者特性会影响地方依附的形成。

第一，目的地吸引力与地方依附。目的地吸引力是目的地所能满足个人的需要或个人知觉到的益处，它由核心属性和附加属性组成。核心属性是指目的地独特的资源要素，包括自然资源和人文资源等，是决定个体选择的必要因素。附加属性是指功能方面的属性，功能性属性会增加人们对目的地核心属性的评价，例如，基础设施、辅助服务和环境管理等。

第二，易达性与地方依附。易达性是指使用特定交通系统从某地抵达他地的便利程度，研究显示，距离因素是影响地方依赖的重要成分。易达性是个体选择到访地的重要指标之一。当拟访问地离居住地近或者有便捷的交通工具可抵达时，该地就容易被选择为访问目的地。

第三，活动涉入与地方依附。涉入的概念最早被应用于消费者行为研究，其强调消费者会依据对产业的涉入程度而作出不同的选择与决定。活动涉入在 20 世纪 80 年代应用于城市文化休闲领域，其反映了"个人投入"一个活动的程度。活动涉入由吸引力、自我表现和生活中心性三个因素构成。吸引力是由活动对自己的重要性和产生的"愉悦性"组成。自我表现是指个体追求自我实现需求而认同此活动，它通过参与式活动传递个人之于他人的印象。中心性是指根据特定的城市休闲或定居行为来安排个人的生活形态。活动涉入可以正向影响地方认同，其主要通过目的地吸引力的中介影响而对地方依附产生间接影响。可见，人们对城市、社区和休闲场所的地方依附，主要是通过沉浸式参与到城市休闲和定居活动中，长期地、经常性地使用城市空间和休闲生活场地，实现个体普遍产生对城市空间的解读感，进而建构他们关于这些地区的印象："我们的地方""他最喜爱的地方"或"独一无二的地方"等。由此就能形成方世巧博士在其田野调研时被访问者所描绘的那种地方情景："感觉这个地方一直围绕在身边，这里给了我生命、给了我生活，我的父母、兄弟、姐妹，我的家庭都在这里，如果离开这里，我可能就一无所有了。小时候我们在山上放牛，和小伙伴们一起摘野果，一起掏蜂窝……那个时候很开心，山上的一切真的很好玩，我在这里就像是个快乐的王子。我对村口的那棵大树最有感情了，我们小时候一到傍晚吃完晚饭，就去那边玩耍，老人们也聚在那里聊家常，那里是村里最热闹的地方。我们这里的人都比较好客，友好热情，如果有一家有客人来，周边的邻居都在一起吃饭喝酒，我们这里的土酒很香，如果是大男子过来做客，我们就和他们喝个痛快，平时我们自己也在一起喝酒，我们这里做农活，有时候需要村里的人帮忙，忙完之后我们就一起吃饭喝酒。那样的生活真的很好。我们现在都很习惯这里了，因为这里有山有水又很安静，没有什么污染，后山的树很多，上面的那个泉口给我提供的饮用水，我们有时候就可以直接拿来喝了。这里的山、水、树我们都很喜欢，我不想这里遭到破坏，这样的环境真的很好，我不想离开这里。"[1]　（方世巧，2014）

（三）地方认同危机与地方语境重建

技术革命、城市现代化、社会生产分工的国际化、专业化，导致全球范围内经济、社会的变革和创新，推动着传统地区快速城市化和区域一体化。经济全球化潮流之下，不同发展水平的国家和地区在参与全球性经济社会发展过程中获得新的身份和地位，突出表现为发展中国家和地区借由技术、产业发展机遇，获得后发追赶优势，传统发达国家和地区，也开始对传统地区和城市的升级转型发展探索。不同城市、地区在全球化价值链中都获得一定的优势及对接"端口"，这在整体上促进了全球范围内不同国家、区域、城市和乡村的大发展、大提升、大转型，也

---

[1]　方世巧：《旅游对少数民族社区文化影响研究》，博士学位论文，广西大学，2013年。

导致具有相似发展轨迹和产业特征的城市之间竞争日益激烈。为维持和保持未来竞争优势，城市和地区纷纷建立起以现代化、全球化和城市化为判断标准的建设发展格局，比如，林立的高层建筑、繁华的商业综合体、熙熙攘攘的消费人群、紧跟潮流和时尚的最新消费模式等充斥于全球都市空间。以宏伟、集群和亮化为特征的地标式工程可以为城市形象凝聚提供直接助力，促进城市和地区在最短的时间内成为国际化大城市，因此，建设城市新地标、打造美丽新景观和风景线等，也成为发展中国家大多数城市的首选。这种根基于现代、新潮、时髦概念之上的城市和区域发展建设，在客观上带来了发展和进步，它在建构全新城市地方特征与文化形象之际，也对城市和地区传统的地方特征与文化传承形成某种程度的抛弃和驱离。"围绕着新的劳动力集聚以及城市需要的新生产和消费中心……旧地方在剧烈变动的外部环境下，必然会贬值、被破坏和开发重建，进而塑造新形象。"① （大卫·哈维，2006） 求新、求大、求洋的总体城市建设指针下，城市传统历史文化区，城市老旧街区、旧街巷等都变成发展的绊脚石，大拆大建在一定时期成为城市发展的总方向，城市老旧社区富集的地方文化特色和人情味被完全漠视，传统城市传承已久、保存良好、地方特色突出、人情味浓郁等宝贵的地方性消失不见。过度"去地方化"、强调现代性重构而进行"无地方化"建设，导致地方的结构和状态发生极大改变，引起变迁和重构，以及对城市传统、传承和历史的地方认同不再。它也在一定意义上导致人们对城市传统和历史认知的消解，使人们对城市的认知出现从"我城"转变为"他城"的观感，地方依赖不再，恋地情结弱化，城市人们之间稳固的地方关系被斩断，地方认同危机浮现。全球化语境下，随着全球化不断地挤压和消解，特定地方的文化边界和文化意义逐渐消亡："随着全球化和地方性两者不断发生博弈，地方的文化认同感必定会受到极大的冲击。由于全球化裹挟的外来力量不断渗透，打破了一贯由地方产生的文化认同感与地方现实之间的联系，同样被打破的还有个人对地方社会的认知和想象与全球化语境下的社会现实的一致性。"（大卫·哈维，2008）② 人们居住的空间

---

① ［英］大卫·哈维：《希望的空间》，南京大学出版社 2006 年版，第 57—65 页。

② ［英］大卫·哈维：《新自由主义化的空间》，（台北）群学出版社 2008 年版，第 125—136 页。

大多是同类型化的复制性空间和批量化生产的快消空间。这种复制性空间导致个体无法感受到所处特定地方的特色性信息，并产生"地方的终结"。

另外，全球化带来城市"极化"发展，要求城市和区域在促进发展过程中，必须建立自身发展的独特性以区别于其他地方，并且保持竞争力。为维持竞争力，以全球化为导向的城市发展，更多地采取"消费奇观的制造、地方意象的推介、文化资本与象征资本的再定义，利用乡土传统表演来吸引消费者，这些都在地方之间的竞争中被大量应用"（大卫·哈维，2010）① 的形式，也就是说，主要采取外向拓展方式对城市的独特性进行培育和打造，而较少基于传统地方历史挖掘和文化复兴的方式来建构（这种建构思路和模式也自有其合理性，总体现代化、全球化指针下，过于拘泥于传统和地方，根本就不足以建构和支撑大、新、洋的城市发展景观体系。同时，在资本力量挟裹之下，短、平、快的地方特征挖掘和整理思路也充斥于城市特色打造的全过程，这也使真正的地方特征无法持续、动态地进行建构和打造）。如此一来，那些具有优秀地方记忆传承、良好文化传统延续、地方社区认同感友善、地方历史文化解读感清晰的传统居住区、街区和城区，那些优良的传统生活方式、悠久的地方文化记忆、丰富的非物质文化遗产以及其他地方性文化遗产等，一方面，成为城市建构竞争体系时首选的凭依资本；另一方面，这种地方文化、历史遗产和地方记忆的建构，也是政府、资本等强势力量主动遴选后的结果，地方政府和资本往往会根据他们对城市发展所认知的竞争力体系建设需要，主动附加或去除传统城市的"地方文化"，使附加后的"地方文化"与传统的"地方本真"之间出现认知错位，它在导致城市大量"面子工程"的同时，也往往使那些真正富有活力的传统生活空间丧失，创造城市特色并传承城市活力的城市原住民被漠视和驱离，取而代之的是丧失文化底蕴的仿古街区。地方认同与地方本真之间走向背离，人城之间也处于认同危机之中。

然而，无论是立足何种发展标尺（全球化、现代化、城市化），还是立身于何种空间尺度（全球领域的宏观尺度、国家领域的中观尺度和城市本身的微观尺度），地方语境的保持都是必需且必要的。真实的全球化

---

① ［英］大卫·哈维：《新自由主义简史》，上海译文出版社 2010 年版，第217—235 页。

并不是一个完全的去地方化过程，而是地方性应该如何顺应全球化带来新的内外部关系变化，重新定义并产生新意义、新价值、新方向和新体系的过程。"认同危机会引发人们精神的不安状态，人们在无根的空间中迷失方向；但是，认同危机肯定不是一种简单的断裂、认同感的消散，而应该是代表着新认同的发生。"（埃里克森，2003）[①] 全球化的影响在于通过交通技术改进，缩短了交通时距，产生"时空压缩"，这种"时空压缩"使传统交通沟通方式下相隔"遥远"的区域和城市，具有即时交流的可能，由此导致异域空间的同域化。而地方发挥的角色往往是在异域空间同域化带来的人力、财力、物力等资源流动加速和增量扩大时，仍能保留一块动荡喧嚣全球化浪潮中的清净之地。因此，如何寻求全球化过程中的宁静、安详和认同感，便成为重新发现城市和区域地方特色的真正价值与意义。如何通过传承地方传统文化、挖掘地方文化遗产、展现地方特色来保存全球化浪潮下城市和区域原有的地方特色、文化底蕴，也成为当前城市形象形塑、目的地营造的急迫问题。对上述问题的回答就必须将城市放在全球化与地方化、城市特色与文化精神、地方认同与遗产存续、社会构成及其结构变化等大语境下进行研究。并以此为基础，从多个层面来突破。从根本意义上说，对一个城市来说，其城镇特色形成是在一定的时空环境中，经由不同历史条件下的技术沉积和作用，以系统化的自然利用和改造而创造出来的不同于其他城镇的物质、精神外显形式；是城市不断演变过程中逐步积淀和发展起来的历史文化基因的集合体，是最能代表成长特色、风土和人情的精华所在，展现的是最为丰厚和精彩的城镇价值、意义及内涵，绝对不能简单粗暴地、随意地模仿或替换。"人们不是简单地给自己圈出一个空间范围，他们总是利用一种地方意识来定义自身，这才是问题的核心……地方不单单是地球上的一系列地点，每个地方都代表着一套文化体系。地方不但反映出你住在哪儿、从哪来，还代表着你是谁……地方给了人们一个系物桩，拴住的是这个地方的人与时间连续体之间的共同经历。随着时间的堆积，空间成了地方，它们有着过去和将来，把人们捆在它的周围。"[②] （迈克·克

---

① ［美］埃里克森：《心理社会发展理论》，华东师范大学出版社 2003 年版，第 231—243 页。

② ［英］迈克·克朗：《文化地理学》，南京大学出版社 2005 年版，第 47—54 页。

朗，2005）可见，全球化冲击下，地方语境的回归和重建，无论是对经济全球化的全面呼应，还是重新焕发城市传统地方文化特性，都是必要、必需且急迫的工作。

第二节　佛山城市的地方特征

客观上说，对城市来说，其作为一个"地方"，不能被简单地认为是一个纯粹的客体，它应是主体主观对象的客体。一个城市被当作"地方"，它就一定会存在城市被主体（人）以情感注入，且被当作一个有意义、具有意向性或感觉价值的空间实体，这些实体空间才能成为城市真正的"地方"意义和价值所在。"地方"是集个人意识和情感附着于一体的能动空间，它具有让个体能够区别"此地"与"他地"的不同，是人类情感依附的焦点和意义中心。因而"地方"是一个有意义的区位——城市或者乡村。"地方"包含着认同的意涵，它是斯土斯民依据区域（城市和乡村）在地活动的真实经验逐步构筑而成的。只有经过直接、真实、深层体验的"地方"，以及具有地方认同感的"地方"，才是"真实的地方"。这个"真实的地方"体现为一种具有直接附着性和粘贴性的在地经验，它真实、直接和持续存在，且不被社会趋势或流行时尚所扭曲。那些由行政区划、权力分割、社会知识、心理定式或媒体偏好等外部性所刻意强加而成的地方，只能被视为是一个形式上的地方，其地方特征和地方认同受限明显且在地粘贴性不高。

佛山作为中国改革开放先行地区的重要城市之一，其城市（镇）"地方"特征极为个性化：如佛山城市的草根性和平民化导致城市"地方"特征是"三无"（"无名分、无级别、无优惠"：其一，佛山不是直辖市，也不是省会城市，它无名分；其二，佛山只是一个地级市，不是副省级城市、省级城市，它无级别；其三，佛山不是特区，没有太多政策优惠，它无优惠）和"五不是"（第一，佛山不是经济特区，没有特区政策；第二，佛山不是省会城市，不具中心城市地位；第三，佛山不是计划单列城市，较少得到国家资源；第四，佛山不是全国"较大的市"，没有地方立法权；第五，佛山不是沿海港口城市，没有发展大工业所需要的天然大港口）（谢长青，2018）。同时，即使城市发展存在诸多的先天不足，但佛山城市自其起源以来，只要国家处于相对良性的对外沟通状态，佛山城市（镇）在国家的区域版图中，一定会有着比较重要的社会经济地位，无论是明代中期以来的"省佛并称"，还是迄今为止的南部中国重要产业和商贸发达城市，都是如此。就现阶段来说，单从城市综合实力和GDP 水平来说，按 2015 年统计口径计算，佛山的地区生产总值在全国重要城市发展序列中（包括直辖市、省会城市等 338 个大中城市）名列十五位左右，在广东省 21 个地级市中稳居第三位。佛山人均 GDP 接近17500 美元，不仅高于北京、上海等一线城市人均 GDP 水平，也远超世界银行有关高收入经济体水平的衡量标准。城镇化水平方面，自 2003 年佛山五区合并以后，佛山城市化进程加速，至 2015 年，佛山城镇化率达到 95%，在全国居于前列。按城市经济产出指标重点单位面积产出水平衡量（将城市 GDP 总量除以城市总面积），佛山每平方千米经济总值为2.1 亿元，在全国所有重要城市中排名第六。佛山还是名闻天下的制造业大市，2015 年佛山工业总产值近 2 万亿元，排在全国第六位、广东省第二位，仅次于深圳市，超过广州市。佛山市这样鲜明的城市地方特征，其滋生源头为何，又具有哪些可言可传的真实地方特征，即为本节重点讨论的话题。

一　作为地方的佛山发展源流

一个城市作为"地方"被定义或指认，并非全部源自其本身的内部历史过程，更重要的是来自它与其他地方的互动，并由此建立起来的种种关系网络。对造就城市地方特色的因素而言，城市本身的在地特质是基础，但更为重要的是这个城市在与其他地方的互动中造就出来的特色。因此，人们对地方的想象应该是开放动态的，也就是说，我们对城市地方性的通读和理解，应该建立在一种通过与外界复杂权力联结和利益交换的视角来定义地方，并以此来了解地方的实际特质。对城市空间的"地方"意义表现来说，由于每个空间都有一个在地所属独特的"空间故事"，我们要了解城市的地方特征，就应该通过空间故事的叙事，整合、串联起城市空间上的在地共同体所有成员，来创造出一个统摄文化、社会、心理、民俗、空间等多元领域的整体结构。再经由城市中的个体与他人对地方故事的情感分享、认知定义来划定出共同的边界，建立集体意识与身份认同，个人也通过这个过程找到自己的定位与认同。实际上，对特定城市来说，只要它是一个有意义的地方、真实的地方、令人感动的地方、具有独特性的地方，都会保有和赋存一段令人迷恋且又回味无穷的在地叙事故事，而地方的无限魅力也正是来自斯民发自内心深处对斯土在地式的吟咏、互动交织和回忆与盼望。

佛山城市地方特征的形成和传承，也大致经历了同样的发展历程：一方面，由佛山城市在自身发展过程逐渐积淀形成的社会、文化、心理、民俗特质而构成；另一方面，则更多源自这个城市（镇）——"我城"在与区域（全球）内其他城市关于物质、资金、人口、信息等方面的交流互动中逐渐积淀而成。从城市地方性的发展缘起及迁演流变来看，决定佛山城市地方性形成的主要影响因素包括环境条件、历史渊源、社会基础、城市格局和产业演变等。现任佛山市文联主席、著名诗人张况先生在其名作《佛山赋》中就清晰地吟咏了佛山之所以成为佛山的地方性来源："五岭佛山，声名远扬。肇迹于晋，得名于唐。东襟羊城福祉，西拔鼎湖天光。南倚中江锦屏，北开清韶玉嶂。"（张况，《佛山赋》）佛山这种东襟广州，西通粤西、广西，南倚中山、江门，北靠清远、韶关的区域发展态势，使其在地理空间上，既通达八方，又中心突出，成为岭南商业文化重镇、产业发展中心和文化荟萃之地。

（一）环境条件

环境条件是佛山城镇地方性形成的客观基础。

1. 区位交通条件优越

从区位来看，佛山地处珠江三角洲中部，距离广州 25 千米左右，珠江流域的主要支流——东江、西江和北江都在流经佛山后汇入广州，然后通达入海。在河流水网交通勾连方面，佛山地处西北江干流通往广州的航运要冲，其"上溯浈水，可达神京，通陕洛以及荆楚吴越。西接肇梧，通川广云贵。下连顺（德）新（会），通江（门）澳（门）；东达番禺、东莞，通石龙、惠州"。① 在传统非机器动力时代，东江在东莞的石龙、石碣通过珠江三角洲水网系统将东江流域（梅州、河源、潮汕、福建等地）的各种客货从东江进入北江然后转运到佛山，再经由佛山对内（通过西江、北江及其陆路运输系统）运往内地的湖南、江西等长江中上游地区和广西、贵州和云南等西南地区，其更远流通的地区甚至到达中

---

① 陈炎宗：乾隆《佛山忠义乡志》卷十，朱相朋《建茶亭记》，佛山博物馆 1952 年版，第 232—241 页。

国西北地区的山西、陕西、内蒙古等地，形成了非机器动力时代国内主要物资和贸易流通网络之一。对外贸商品则主要依靠三条商路运送：第一条是江西至广州路线，即在江西集中了湖北武汉一带和安徽、浙江、福建等省份的外贸商品，经赣江，越大庚岭到达广州。第二条是湖南至广州路线，即在湖南湘潭集中了湖北武汉以上的长江上游的外贸商品，经南岭入粤，首先集中于佛山及其周边区域，然后通过佛山发达的手工业和铸冶业等产业进行二次加工和分装，再输送至广州的外贸港口，输送到东亚、东南亚以及其他地区。由此形成非机动动力时代，中国对外贸易体系的主要商品和货物流通网络系统之一。第三条主要是通过西江水道，以西江沿途的南盘江、北盘江、红水河、柳江、郁江、黔江、浔江、桂江等支流组合的流域交通网络体系，带动西江流域腹地各省（云南、贵州、广西、广东）的物资通过佛山、广州的贸易桥头堡，向东南亚、西欧、北美地区流通。区位条件的便利性，是佛山城镇自开市（早期的草市，到墟市，到坐商，再到贸易集市）以来，逐渐建构其对外贸易交通要冲和重要外贸城市（镇）地方特征的核心支撑。

2. 自然条件得天独厚

一是气候宜人，四季如春，各种动植物资源丰富多源。佛山地处亚热带地区，雨热资源同期且丰富，降水量充足，具有很好的发展农业生产的条件。

二是土地资源肥沃。西江、北江流经佛山的同时，也带来了充裕肥沃的土地，珠江水系每年挟带将近 9000 万吨天然有机肥泥至珠江三角洲地区，其中尤以西江挟裹的沙量最大，其年均输沙量将近 7500 万吨，占珠江流域总输沙量的 90%。珠江三角洲自明代以来逐步形成的大片沙田，正是依赖于冲积泥沙沉积形成的，连片沙田成为珠江三角洲地区发展农业、种植业和关联产业的重要基础资源，成为佛山物产丰富、土地肥沃地方特征形成的最佳支撑条件。

（二）历史背景

佛山"肇迹于晋，得名于唐"，发展历史悠久，文化底蕴深厚，是国家历史文化名城。现有考古资料证明，佛山的人类历史起源于现禅城区澜石街道区域，距今 4500—5500 年前，当时佛山市海岸滨线大致在九江—灶岗—西樵山东—大岸—务岗—寨边—河宕—深村—梁边—奇槎—雅瑶—坦边—颍水一线，佛山（禅城）、南海、三水等地位于此海岸滨线以北，故留存了较多新时期中晚期的贝丘遗址，昭示了当时这里的滨海环境和人居遗迹。佛山一带的古代先民早在新石器时期就开始在此海岸滨线以北的高岗、台地等处择地而居，并开展以渔猎为主的生产活动。同时，随着西江河流的航运能力提升、河流输沙沉积导致的佛山地区一带沙地出露带来了农业耕作的土地资源增加，对外地移民产生强烈的吸引力，故百越先民沿西江、北江而来，在这里繁衍生息，以渔耕和制陶开创原始文明。同时，古代岭南由于距离帝国朝廷中枢体系比较遥远，加上气候湿热带来的瘟疫病瘴，属于人类生活不适宜地区之一，很长一段时间内，佛山所在的珠江三角洲及岭南地区，都是充军流放犯罪之人的地方，导致其相对隔离的区域地方特征。同时，相对偏远的地理位置，也是中华帝国时期面临大灾大难式治理难题时（比如军事冲突、战争爆发、流行疫病、政治治理结构重构等），岭南珠江三角洲一带就会成为中原移民的理想逃难地（如西晋时期的永嘉之难、唐末安史之难和宋末靖康之难等）。这些乱世的中原逃难移民，对佛山珠江三角洲地区（乃至岭南地区）的区域开发和经济社会发展，带来了重大促进。

悠久的历史，孕育了独具魅力的岭南传统文化。佛山素有陶艺之乡、粤剧之乡、武术之乡、广纱中心、岭南成药之乡、南方铸造中心、民间艺术之乡等美誉。佛山制陶艺术源远流长，有 700 多年的历史，自古有"石湾瓦，甲天下"的美誉。建于明代正德年间的南风古灶，是世界现存最古老的柴烧龙窑，被誉为"陶瓷活化石"。佛山也是粤剧发源地。诞生了粤剧艺人的代称——"红船子弟"和粤剧最早的戏行组织——琼花会馆。民间自发组织的粤剧演唱"私伙局"是佛山文化的一大特色，至今长盛不衰。每年举办一次的琼花粤剧艺术节，使佛山呈现"红船泊晚沙、万人看琼花"的盛况。佛山还是"岭南成药之乡"。古方正药的历史有400 余年，其产品种类齐全，大致分为膏、丹、丸、散、茶、油和酒七大类，是工匠、居家、旅行必备的中成药，涌现出了"黄祥华"如意油、"冯了性"药酒、"源吉林"甘和茶等一批老字号名药。佛山传承悠久的历史文化，对建构和强化佛山"历史文化名城"的地方印象作用巨大。

（三）社会基础

自秦代中国统一以来，佛山历来为外来人口的输入地，这既说明珠江三角洲地区发展潜力巨大，也说明佛山一带的珠江三角洲地区社会环境和谐，是帝制时期重要的"人口蓄水池"和"发展后花园"。秦代，为征伐当时岭南的地方割据武装，始皇帝发动大规模人口移民。两汉时期，基于相似的理由，汉帝国也多次以征伐的名义，实现对岭南地区的驻军和移民。这些中原移民的到来，不仅增加了佛山一带珠江三角洲地区的人口和劳动力，还带来了先进的生产工具和生产发展方式，这些都为珠江三角洲地区的农业发展和土地垦殖活动提供了人力基础。明代以后，随着珠江冲积平原的进一步扩张和气候、环境的变迁，珠江三角洲地区发展出比较成熟的稻作农业体系，形成了基塘农业形式。明代以果基鱼塘为主；明末清初，果基鱼塘向桑基鱼塘过渡，清代桑基鱼塘成为占优势的基塘类型。

农业生产体系及其技术的进一步成熟，为人口和聚落进一步发展提供了食物保障，珠江三角洲地区人口增多，村镇聚落也多有发展。明代嘉靖以后，随着葡萄牙对澳门的实际占有及其与中国王朝内部开展的商贸往来，广州独特的外贸港地位使广州成为当时明朝对外交流和贸易往来的主要窗口之一，这种中国和东亚、东南亚、非洲、欧洲乃至美洲的贸易网络的形成，使珠江三角洲地区传统的稻作农业渐次发展成为桑基农业，桑基农业等产业形式的变迁，手工业、铸冶业等行业开始出现，使珠江三角洲地区村镇内部开始形成一定的生产分工，并进而促进市镇的形成和壮大。同时，土地快速开发也为佛山社会快速发展提供了直接支撑。宋代以后，随着西江、北江三角洲淤积范围的进一步扩大，加上气候变化导致的海岸线后退，沙田出露成为当时的常态，这促进了当地富户、佃农和外来人群对土地的投入和争夺，客观上促进了佛山地区人居聚落的发展和优化。外来移民在加强对出露沙田农业化改造的同时，为提高土地生产率，佛山一带乡民还开展大规模的人工堤围建设，它一方面护卫了珠江三角洲地区人民生活家园不受洪涝灾害侵扰，更培育形成珠江三角洲平原地区独特的农业生产演化体系。

来源广泛、综合素质较高的外来移民人口，对促进佛山地区多种姓混居、地方宗族体系建设维持、家国同构观念的培育和养成等都产生了积极的促进作用。在这些综合因素影响下，使佛山一带的城镇乡村，在社会文化层面具有比较典型且突出的"政教畅达、文风显扬、敬祖事宗、邻睦和谐"的地方特色。

（四）城市格局

乾隆《佛山忠义乡志》记载："乡之成聚相传肇于汴宋"。由此可知，佛山最早的聚落成形，可追溯至两宋时期，其主要原因在于：两宋期间（尤其是靖康之耻带来的国难期）的北方战乱，使大批北方移民翻越大庚岭，经过南雄珠玑巷迁移至珠江三角洲一带，成为佛山一带聚落发展成形的早期支撑人群。这些北方移民定居后，通过其携带的中原和江南先进生产技术，开始筑圩浚田，兴修水利，经过筚路蓝缕式的开拓和劳作，把佛山一带改造成为丰产适宜的农业耕作区。通过他们的定居和筑居，带动佛山一带乡村聚落的发展、繁衍。乡村聚落和墟市的结合与壮大，加上对中原神明的偶像崇拜，以及关联神明崇拜体系的建立（供奉佛像、北帝、社神等），形成早期佛山的人文社区（九社），并通过游神祭祀活动，实现佛山聚落早期的八图定籍，使宋代南迁氏族事实上成为佛山本土认可的主体居民。其客观上实现主客合流，也通过新生图籍人群的加入，壮大了本地社群力量，并为佛山本地社区在景泰年间抗击"黄萧养犯佛"取得最终胜利奠定了社群基础。针对黄萧养贼兵的围攻行动，当时佛山堡乡老民众坚决抵抗，并在四面环水、无城墙险峻可守的困难局面下，通过沿河涌建栅栏——"以栅为城，周十许里"；分铺防守——"内分35铺，铺铺相连，每铺三百余人，立长一人，合共精壮一万余人"等方式，成功抵御了黄萧养贼兵犯境。佛山堡通过成功地抵抗外部围攻，形成了其城市格局的基本架构，即无城墙、依河而生、商贸空间为主体等。

佛山城镇的街巷里坊皆表现出特色明显的商贸特征。从民国冼宝干编撰的《佛山忠义乡志》记载来看，清末民初，佛山镇铺28个，街巷1565条，其中，天文类街巷35条，包括天华里、日华里、日月巷、吉星里、庆云里、景星里、天渠坊、德星里、天佑里、日兴里、胜地里、冲天坊、祥云里、拱日里、恩星里、恩光里、天成街、天庆街、通云直街、聚星里、朝阳街、彩阳堂大街、迎云大街等，占全部街巷总数的2.2%；地理类街巷里坊138条，包括汾江河、古洛水、亚婆滘、庆源坊、中华巷、忠义巷、灰沙巷、沙堆巷、江边巷、普源街、聚源里、沙涌坊、沙滘大街、锦澜里、观澜街、瀛洲街、文塔海口、会源坊、塘边坊、水便涌边街、通济桥、郡邑乡贤、忠义大道、大塘涌街、潘涌大街等，占全部街巷总数的8.8%；方向类街巷里坊243条，包括庙巷上、庙巷下、直街、北边巷、上巷街、大桥头、细桥头、东头、大井头、口头巷、东林拥翠、石街头、大塘头、大塘尾、大塘前、深冷基、南济大街、南济后街、左涌边街、右涌边街、万寿上街、万寿下街、上巷、牛栏头、大元巷、南兴里、东星里、细巷上街、细巷下街、高巷上街、高巷下街、高贤里、高明里、深巷大街、道院上街、道院下街、大瓮巷、绿荫深处、南阳巷、陇西里、省元巷上街、庙左巷、大巷口、新安大街、新安直街、新安正街、明心大街、明心正街等，占全部街巷总数的 15.5%；数量类街巷里坊 56 条，包括二帝庙、二洞、二步涌、两耳巷、双门底街、孖祠堂、孖庙巷、又毓巷、三角地、三元里、三宅巷、三门楼、三念巷、三多里、三多巷、三间巷、三多堂街、三友巷、三元上街、三洞、三丫路、四方塘、四圣庙街、四奶巷、四间巷、五行里、五福巷、五有巷、五曲坊、六村正街、六止巷、七坑瓦、八间楼、九如坊、九巷、九江基、九曲巷、万福里、万庆坊、万元巷、万安桥、万福后街、万字塘边等，占全部街巷里坊的 3.6%；颜色类街巷里坊 30 条，包括朱紫里、黄坎涌口、白礒头、黑巷（光明巷）、青气巷、朱霞里、青云街、青云巷、青石桥、乌烟巷、锦里、青龙巷、白云坊、青云大街、青云正街、白米街、白米巷、锦衣里、迎紫里、装色巷、绿荫深处、东林拥翠、甘紫坊、锦豪里、黄伞大街、金水街、金华里、金兴里、金基街等，占全部街巷里坊总数的 1.9%；教化宫室类街巷里坊 155 条，包括居仁里、居安里、同善堂、崇俭居、桐荫居、毓兰居、宅贤里、宅仁里、会真堂街、赐第巷、忠义里、流芳祠道、太史第、部曹第、将军第、斋堂巷、道姑园、进士里、解元巷、天官坊、地官里、秋官坊、司马坊、霍家祠道、博陵、江夏祠道、太原坊、平阳里等，占全部街巷里坊的 9.9%；其他包括氏族类街巷里坊 41 条，包括冼巷、区巷、唐巷、周巷、马巷、高巷、彭巷、蔡巷、邓巷、梁巷、郭巷、叶巷、庞巷、箫巷、卢巷等，占全部街巷里坊的 2.6%；行业类街巷里坊 68 条，包括筷子街、绒线街、金线街、皮箱街、通花街、衫街、凿石街、风箱巷、买箩巷、蓑衣巷、京果街、铁矢街、钉履廊、竹栏、果栏街、藕栏街、缸瓦栏、牛肉巷、虾米巷、糖房、果房、花衫街、拆船栏、咸鱼街、当铺巷、扫把地、晒布地、盐仓街等，占全部街巷里坊的 4.3%；器皿类街巷里坊 25 条，包括珠玉巷、番塔巷、宝塔坊、金叶里、石鼓巷、石琴巷、玉书里、福闸重兴、高闸门、大闸门、石闸门街、石柱街、景福门、太平门等，占全部街巷里坊总量的 1.6%；动植物类街巷里坊 138 条，包括茶基、榄核地、杏园坊、桂园、菠萝园、义榕坊、攀桂巷、莲塘坊、莲花地、水松地、水松基、青龙坊、青龙巷、聚龙巷、聚龙里、见龙坊、见龙里、龙里、接龙大街、登龙里、堆龙巷、福龙里、龙环里、龙庆里、辅龙里、龙船涌等，占全部街巷里坊总数的 8.8%。

另有三墟［普君墟（前名塔坡墟）、大墟（前名表冈墟）、盘古墟，清代增普君新墟、麻钉墟、鸡墟］、六市［早市（前名冈心烟市）、朝市（前名朱紫市）、晚市、三元市、公正市、官厅市］。

清代增镇北市、三角市（筷子市）、圭市、安宁市、石角市、猪仔市、禄丰社市、大基尾市、细桥头市、村尾市等，以及九头（东头、牛栏、大基、石路、西边、白坎、弼头、大桥头、城门头）、八尾（大基尾、桥路尾、涌基尾、大塘尾、潘涌尾、螺涌尾、村尾、坎尾）、八景（明代前八景为古刹钟声、海口浴月、石云晚唱、庙前鹊歌、罗汉朝佛、白马扬波、明灯古迹、莺冈远眺；清代后八景为东林拥翠、塔坡牧唱、冈心烟市、孤村铸炼、汾江古渡、南浦客舟、村尾垂虹、庆真楼观）、十四沙（聚龙沙、太平沙、上沙、鹰嘴沙、文昌沙、兴隆沙、菜地沙、低沙、鲤鱼沙、隔沙、鸭沙、南沙、白鹭沙、茉莉沙）、舍人十三街［舍人大街、舍人上街、舍人前街、舍人后街、舍人横街、舍人直街、舍人正街、新街、福仁里、贵华坊、集贤坊、浅巷、黑巷（光明巷）］等。

从佛山城市这种街巷里坊地名体系中随处可见的商贸、产业关联特征，可见产业发展对营造佛山城市商贸产业特色的地方性意义和作用巨大。

（五）产业演变

佛山自古以制造业闻名。佛山制陶业可追溯到新石器时代，当时的佛山先民就可以烧制用于生活的陶器、陶罐。冶铸业是古代佛山镇实力最强、影响最大、利润最高、大家族最多的一个行业，佛山冶铸业可上溯至秦汉时期。唐宋年间，佛山的铸冶、制陶等手工业、商业贸易和产业文化就已比较繁荣。明代佛山冶铸业从业者已出现细巷李氏、佛山霍氏、石头霍氏、石湾霍氏、金鱼塘陈氏、江夏黄氏、鹤园冼氏和纲华陈氏等大家族。这些家族主事者相互间密切合作，分工细致，形成了一个既相互竞争又密切协同合作的产业发展格局，企业主们对冶铸产业链进行行业细分，各自耕耘其中的细分领域，立足专业化分工，相互补充、互为依靠。产业和产品发展持续坚持以民生日用为导向，形成了佛山特色明显的、以陶瓷、纺织、铸造和医药四大行业为主体、海内外通达的产业结构体系。仍以冼志为例，冼宝干民国《佛山忠义乡志》中关于佛山工商行业类的记载中，手工业门类中有衣服类32种，包括机房土布、布箭、顾绣、绒线、头绳、栏杆、丝绒、麻线、红布、制帽、唐鞋、革履、布袜、毡料、成衣、车衣、新衣、染房、晒布、绸缎染色、复染、自制颜料、洋染料、棉胎等；居住类行业门类25种，包括泥水、打石、蚝灰炉、油漆、大料、搭棚、天窗、机器等；饮食类行业门类包括舂米、面粉、糕份、酱料、榨油、猪羔、蒸酒、酒饼、饼食、豆腐、腐乳、茶果等；五金行业门类24种，包括赤金、打叶、一字铜、打铜、铸铜器、铜线、纽扣、金花、铸镀、铸砧、机器铁胚、车磨铁器、铁砖、铁线、铁钉、土针、拆铁、打铜、打锡、白铁、锡箔、铜锁等；其他如竹木类32种、纸类24种、文具类6种、杂物类27种、杂工类9种等。

商业门类计有按押、平码、钱庄、五金、铜器、旧铁、新钉、杉业、杉禄、集木、柴栏、煤炭、苎麻、山货、竹器、葵蓬、白米、江米、油豆、茶纸、京布、兴宁布帮、布庄、绸缎、新衣、故衣、青靛、牛皮、南洋染料、土洋面、海味、京果、猪栏、牛栏、鸡鸭栏、鱼栏、咸鱼栏、果栏、西土药材、食盐、蛋、槟榔、参茸、花纱、砂纸颜料、品料颜料、草席蒲包、水草草席、金银首饰、银业、银器、砖瓦、陶器、缸瓦、渡船、福建纸庄、南北纸庄、洋货、土纸、火水（煤油）镜器、南北杂货、洋货、烟叶、茶叶、福建条丝烟、爆竹、铸造、保险、租赁、杂架收买、旅店、田料、玉器、黑白铅、五金、桂圆、赌具、报社、电器、化妆品、运输汽车、公共汽车等。可见，自明代至民国时期佛山的工商业繁盛，为佛山城市工商业重地的地方性建构提供了直接支撑。

二　佛山城市的地方特征

由于"地方"是人类经过情感、认知等倾向加工后所创造出来的意义空间，其不是单要素存在，而是空间的复杂叠合体。对城市（镇）来说，"地方"不仅是个人存在的立足点、自我实现的特定领域、意义的仓储，同时也是一个具体的、可见的物理景观，以及一套抽象的象征符号体系。个人认识城市的窗口，就是通过主动地接触、了解和探寻发现而实现。人们对地方的探寻过程，会产生个人与城市空间的情感联结，并深度建立人和城市之间关于空间的认识及情感记忆，表现为把空间变成一个有意义的"地方"的过程。地方是人与城镇外在世界具体关系的呈现，是通过反复不断的社会实践建构而成。佛山城市的地方形成过程中，也经历这样漫长、持续的建构过程，并动态地形成当前我们关于佛山城市地方特征的基本认知，其主要特点表现为：一是"先"，即敢想敢干，敢为天下先；二是"容"，即开放包容，有容乃大；三是"文"，即重文崇礼，厚重少文；四是"实"，即低调务实，实在实干。

（一）先：敢为人先

自古以来，广东人就有充分利用自身濒临南海、地接外洋的优势，"靠海吃海"，外向拓展。作为广东三大民系主力之一——广府民系的重要代表，佛山人以解放思想、更新观念为先导，敢闯敢干，奋勇创新，创造了许多"中国第一"。如中国第一家机器缫丝厂（陈启沅）、中国第一台照相机（邹伯奇）、第一个铁道工程师（詹天佑）；制造业产品生产领域更是一路辉煌：电风扇产量世界第一、铝型材产量世界第一（全国产量占比超过1/3）、陶瓷产量世界第一、冰箱产量世界第一、酱油产量世界第一、微波炉产量世界第一、热水器产量世界第一、空调产量世界第一、消毒碗柜产量世界第一，等等（见表2-1）。近代以来，广东作为推动中国历史演进的主要区域文化力量之一，从来就离不开佛山人的身影：戴鸿慈、张荫桓、李可琼兄弟、陈启沅、吴趼人、叶问、康有为、梁启超、陈铁军、李小龙、黄飞鸿都是其中的佼佼者。他们代表的是"开放和创新"的佛山文化，"敢饮头啖汤"更成为新时期佛山人精神的形象描述。

表2-1　　1980年以来佛山城市发展中的"全国第一"和其他突出成绩

阶段	佛山的"全国第一"	其他突出成绩
20世纪80年代	1981年，全国各地农村储蓄余额前20名，佛山市荣获四个"第一"：县级第一，所、社平洲第一，站级黄岐第一，站人均储蓄黄岐第一 1983年，顺德桂洲公社被评为"全国最富裕公社" 1985年，全国最早推行招股集资的地区；佛山乐园建成国内最大的彩色音乐喷泉 1987年，佛山市电热电器厂试产出全国第一台平衡式燃气快速热水器；顺德杏坛康宝电器厂试制出世界上第一台消毒碗柜 1988年，顺德空调设备厂为国内首家生产分体式空调机厂家	

续表

阶段	佛山的"全国第一"	其他突出成绩
20世纪90年代	1993年，顺德、南海两地在全国财政收入超亿元县中分别排名第一、第二名；美的集团成为全国第一家在乡镇企业基础上改造而成向社会发行股票的公司 1994年，全国财政收入前100名乡镇中，佛山占20名，位居全国地级市之首 1996年，全国城市实施最低生活保障制度中，佛山市的最低生活标准居全国第一。顺德科龙公司成为国内第一家在香港发行股票的乡镇企业 1997年，佛山生产出中国第一台广播电视数字接收器 1999年，佛山鹰牌陶瓷控股公司成为国内首家在新加坡上市的乡镇企业	1994年，中国历史文化名城 1996年，联合国人类住区优秀范例 1998年，全国城市环境综合整治优秀城市 1999年，国家园林城市
21世纪初	2001年，佛山生产出全国第一台冷凝式燃气热水器 2006年，佛山市广东联邦家私集团成为首批获得"中国名牌"称号的家具企业 2007年，志高空调成为业内唯一获得联合国"全球绿色环保节能空调"称号 2008年，佛山市正典生物技术有限公司成为亚洲首家球虫活疫苗生产企业；三水西南街道成为国内首个"中国饮料名镇"	2000年，中国优秀旅游城市 2002年，全国社区建设示范区、全国龙舟运动之乡 2003年，中国龙狮之乡 2004年，佛山市政府荣获"全国地级市电子政务应用调查最高奖"、全国唯一获得"武术之城"称号的城市 2007年，国家卫生城市 2009年，中国龙舟龙狮运动名城
20世纪20年代	2012年，广东雅洁五金有限公司成为国内能够生产抗菌五金产品第一人 2015年，佛山市获批全国唯一制造业转型升级综合改革试点城市 2016年，美的集团成为国内首家跻身世界五百强的家电企业 2017年，佛山600万元资产家庭数量超7万户，千万资产家庭超3万户，居全国地级市第一名 2018年，佛山国际体育文化演艺中心投入使用，成为国内首个民营企业全资建设的NBA级别体育文化演艺中心	2011年，国家环境保护模范城市、全国数字城市建设示范市、中国粤菜名城 2012年，全国绿化模范城市 2014年，世界美食之都（顺德） 2015年，全国文明城市（目前国家层面综合评价最高的城市性荣誉）、全国信息消费示范城市、中国城市可持续发展范例奖 2016年，中国全面小康特别贡献城市 2017年，国家森林城市 2011—2018年连续八年荣获"全国地级市政府网站绩效评估第一名"

佛山所在的广府文化区谚语："行船争解缆，买卖占先行"；"执输行头，惨过败家"；"扒得快，好世界"；"卖得快，好世界"；"行得快，好世界"。说的就是做任何行业，只有跑在第一才能抢到先机。如果在竞争发展中行慢一步，就会丧失掉先发的各种优势，所以，佛山人从来就是勇立潮头、跑在最前头。这种城市文化精神传承与佛山地处岭南区域，尤其是珠江三角洲核心区的自然条件密不可分。

第一，地理原因。岭南气候、饮食、生活与五岭之外的中原大为迥异，古代岭南更是环境恶劣的烟瘴之地、罪犯流寇流放之地，这造就了成长于本地的人，一方面，天高皇帝远，宗族大于朝廷，宗法大于法律，政治影响较小，人们普遍"无法无天"；另一方面，也更需要具备自我独特的谋生能力和拼闯干劲。

第二，历史原因。佛山所在的广东是中国大陆最南端，几百年前就有西洋人来到这里，这里从来都是"走出去"的最前线，无论是下南洋还是改革开放，这里都有冲出国门、走向世界的历史传统，当地父老乡亲带着族牌坐在颠簸船上于黑暗中偷渡到北美的加州、澳洲，或者远渡重洋去欧洲，由此养成佛山人眼光朝外，勇于闯荡的心理特质。

第三，风气原因。地近大海、远洋谋生的民族性格中，使佛山本地的经商氛围浓郁，即使在封建社会，在中原地区强调"农本商末"之时，佛山及其附近地区的宗族文化传承中，一直坚持"士农工商"兼顾的"四业皆本"立世传家，故自古至今，佛山人重视商业传承，已经成为其文化基因的组成部分。对佛山人来说，高考是人生大事，必须高度重视，尽力而为；但在强调高考重要性的同时，他们也从来不会单向地强调高考是人生唯一出路，佛山人更强调多种出路的可能性，并特别重视经营工商业对家庭发展、家族繁衍的重要性，这种传承已久的城市文化性格，使佛山的民营经济特别发达，佛山人从事工商业，从来都是不等不靠不要，而是眼光朝外，瞄准市场，然后发功于内，勤勉践行。改革开放以来，佛山民营企业起步早，通过自力更生，使佛山企业家抓住先行一步的机遇。佛山民营经济对佛山地区生产总值的贡献，在20世纪80年代末就已占1/3，20世纪、21世纪之交已经是半壁江山，目前已经接近2/3。2015年年末，佛山市共有市场主体48.32万户，其中个体工商户29万余户，企业近20万户。企业中，民营企业19万余户，所占比例在95%以上，国有企业不到0.5%，港澳台及外资企业不超过4%。2015年，佛山地区生产总值 8003.92 亿元，其中，民营企业贡献 5063.56 亿元，占全市生产总值的 63.4%。佛山全市实现规模以上工业总产值 1.98 万亿元，其中民营企业贡献 70.4%。

佛山人的敢为人先，为人之所能为，为人之所不敢为，还可以从佛山城市的建筑构件和表现手法上窥见一斑。在佛山祖庙供奉北帝的大殿神像前，摆放着一个木雕神案，神案上的木雕分两层，其上面一层是以佛山本地木雕工艺技术雕刻着中国历史文化传统的经典场景：荆轲刺秦王；其下面一层则雕刻着数个洋人（胡人）跪地求饶（或躺或坐或卧）的场景，该场景主要反映鸦片战争后，西方世界在坚船利炮的辅助下，开启了轰开中华大地的历史故事，作为富于反叛和抵抗主义精神的佛山人，尽管他们对现实世界中的坚船利炮无计可施，但是，通过对祖庙修葺的过程中，以修造北帝大殿神案的木雕画对洋人进行的反击，间接地表达了当时佛山人不满西方人入侵，但又受制于当时环境的复杂心情。这种艺术表现方式，在佛山当地祖庙、宗祠的建筑中，也多有表现。比如，通过建筑主梁柱的承压石上放置类似洋人的小人的形式，表达修建者对西方人入侵的不满和反抗态度。同时，改革开放以来，佛山人在城市的建设和发展方面，也通过敢闯敢干、真抓实干的精神，获得无数荣誉（见表 2-2）。

表 2-2 　　　近年来佛山城市建设领域取得的部分成就和荣誉

获奖项目	获奖名称
佛山市粤剧博物馆	荣获 2005 年"联合国亚太地区文化遗产保护奖"
金属图书馆、童装专业图书馆	金属图书馆 2005 年在澜石国际金属交易中心开馆；2006 年，国内首个童装专业公共图书馆在佛山环市开馆
1989 年广佛高速公路通车	广东省第一条、全国第二条高速公路
2010 年广佛地铁开通	国内首条城际全地下轨道交通线，国内首个开通地铁地级市
三山国际生态休闲水城	2008 年中国最具投资价值创意新城
佛山岭南天地总体规划设计方案	全美区域与城市设计等三项大奖
佛山新城（中德工业服务区）	中欧绿色和智慧城市卓越奖
千灯湖公园	2015 年全球城市开敞空间奖第一名
丽日豪庭（楼盘）	国家建设部颁发的"全国人居经典环境金奖"

续表

获奖项目	获奖名称
丽日玫瑰·名城、天湖郦都	中国国际花园社区奖
佛山图书馆	2018 年荣获"绿色图书馆大奖"
2014 年全国 50 个重点城市排名	佛山荣登中国最具浪漫气质的城市
2017 年全国城市对人口的吸引力	佛山位列全国大中城市的第九位

（二）容：开放包容

所谓开放包容，就是既要能够放下历史包袱和过往荣耀，更要有"心包宇内，盟广八方，观览天下，胸纳万物"的世界眼光和战略思维，具备兼收并蓄、博采众长的气度和涵养。能够集天下可用之力而齐往，聚天下可用英才而共赴。开放促进交流，是社会文明不断发展的源泉。"要发展壮大，必须主动顺应经济全球化潮流，坚持对外开放，充分运用人类社会创造的先进科学技术成果和有益管理经验。"① 包容促进互鉴，是社会文明创新发展的基础。要用包容的态度，"乐见他人成绩"，欣赏他人的创新成果。对一个国家（城市）来说，是否具有根本竞争力，不在于自身拥有资源的多寡（尽管在不同的历史时期，资源禀赋的差异化的确在一定程度上影响了城市发展的步伐），而在于能否汇聚全球性资源。佛山地近广州，从来都是随广州对外通商而舞动，形成了良好的对外通商文化传统和城市精神，故这里的人因对外贸易的兴盛而开眼看世界，见多识广、心态开放、包容平等成为佛山城市的根本"地方性"。从自然环境看，佛山的北面是巍峨雄伟的五岭山脉，在地理空间上将中原地区和岭南相互隔开，秦汉以来，中原地区的历次战乱期间，都会有大量的北方人南迁，这些移民在带来先进技术和劳动力的同时，更促进了佛山社会经济和城市的发展和繁荣，并给佛山地方文化烙印上深深的移民文化符号。这种"移民文化符号"和传统中国人文化心理中的"安土重迁"观念，迥然相异，从而使"移民"的主体文化身份有了更多的渴望自主意识和防范风险意识，这些移民群体相互之间也更能增进认同，彼此谅解，容易沟通，展现出较强的互谅互助、和谐相处的包容气质。

---

① 2016 年 1 月 18 日，习近平在"省部级主要领导干部学习贯彻党的十八届五中全会精神专题研讨班"上的讲话。

同时，历史上长期缺乏官方机构驻扎的佛山，形成了其独特的草根社会地方传统。在佛山，人们相互之间没有权威和非权威、当官和百姓之间的明显界限，大家都是百姓，都是烟火人家的普通分子，所以，不管是通过自身努力跻身政府部门的公务员，还是通过不断打拼，打下一片江山的民营企业业主，也还是坚守于生产线上的普通工人和街头保安，大家都没有太多关于身份、阶级、阶层之间差距的刻意比较和疏离，佛山人关于工作、事业最常见的说法就是"都是打一份工"，这种隔绝阶层自我膨胀或卑微，以生活、生存为基础视角的工作、生活态度，养成了佛山人充满生活情趣，关注吃喝、美食，重视宗族、家族、亲族的关系和亲情，温和知礼，性格随和的特征；也养成了佛山人容易接受新事物、新观念，不排外、不欺生的城市地方品质。

探讨佛山城市的开放包容特征，我们还可以通过城市对外来人口（移民人口和外来务工）友好程度这个指标来进行衡量。对一个城市来说，支撑城市发展的内生力量中，人口资源不可或缺，移民资源往往是城市发展的强大动力，一个城市能否吸引和容纳足够多的外来移民与务工人员，往往是其开放度和包容度的体现，更是一个城市社会自我更新能力是否足够强大的体现。因此，目前通行的各种城市开放程度、包容程度测评和排行榜中，其最重要的一个衡量指标就是考察城市在吸引和容纳外来人员、在广纳四方豪杰方面的能力情况，这也是我们判断一个城市开放程度和包容能力的核心标准。2016 年 6 月，标准排名机构发布的"2015 年中国 50 个重点城市包容度排名"中，佛山排在第三位，被评为"中国强势包容城市"。2017 年 11 月，百度地图发布的《2017 年第三季度中国城市研究报告》显示，在全国人口吸引力排行榜中，佛山排在第九位。

表 2 - 3　　　　　2015 年中国重点城市包容度排行前 10 名

包容度排名	城市	常住人口（万）	本地户籍人口（万）	净流入人口（万）	净流入人口占常住人口比重（%）
1	东莞	834.31	191.39	642.92	77.06
2	深圳	1077.89	332.21	745.68	69.18
3	佛山	735.06	385.61	349.45	47.54
4	厦门	381.00	203.44	177.56	46.60

续表

包容度排名	城市	常住人口（万）	本地户籍人口（万）	净流入人口（万）	净流入人口占常住人口比重（％）
5	上海	2425.68	1429.26	996.42	41.06
6	北京	2151.60	1333.40	818.21	38.03
7	苏州	1060.40	661.08	399.32	37.66
8	广州	1308.05	842.42	465.63	35.60
9	天津	1516.81	1016.88	500.15	32.97
10	珠海	161.42	110.22	51.20	31.72

注：发榜机构：标准排名参见 www.biaozhun007.com。

资料来源：表中资料均来自各城市 2014 年国民经济和社会发展统计公报。

通过标准排名机构发布的这个榜单，我们很容易观察到，国内主要城市的对外开放度和包容度，珠江三角洲地区主要城市（东莞、深圳、佛山、广州、珠海）的整体外向度和包容性非常高。一方面，在于珠江三角洲地区作为国内改革开放的先行区域，经过 40 多年的建设和发展，已经建立经济规模庞大、产业结构相对完整的发展系统，这个发展系统本身就要有大量的人才资源来支撑其运行发展，所以，对外来人口的吸引作用较强；另一方面珠江三角洲地区主要城市的社会经济发展体系是一种以民营经济为主导的特征，也使其天然具有广纳四海英才的需求，它的民本特征，使其对人才的出身、地位、身份等都相对忽视，进而更关注人才本身的能力发展。这种对人才的天然亲和力也使珠江三角洲地区成为改革开放以来我国区域发展中的持续人才流入地区。佛山作为珠江三角洲地区重要城市，广东省第三大城市，其在人才的吸纳、引进方面也体现了相似的特点，展现很强的开放性和包容性特征。

同时，在城市发展和建筑设计的先导性探索上，佛山人历来走在先锋实验的潮头：清代至民国时期，商业发展推动城市建筑的创新和发展，带动了佛山当地建筑与西方建筑设计的结合。比如，简氏别墅（简氏别墅是佛山市现存规模最大的民初西洋式风格建筑群）、嫁娶屋〔明清时期，佛山工商业发达、人口密集且以中下层商民为主，使当时佛山镇内的土地价格高昂、居住成本极高，绝大多数人家的房屋极为拥挤，无法进行大型的聚会和宴请活动。同时受当时相对豪奢消费理念所影响，佛山镇民的婚嫁喜事注重形式，喜欢排场和热闹，但苦于无从铺张，佛山镇民、街坊便建造了专门以婚嫁主题为导向的喜庆场所（满足宴请和程序组织的多重功能），方便街坊和民众在有需要时，可以通过租借形式，来组织操办喜事]、梁园（广东四大名园之一，园内碧水、绿树、小桥、石山、曲廊、漏窗等与亭台楼榭相互交融，其宅第、祠堂、园林浑然一体，以淡雅胜，是清代岭南文人园林的典型代表）、吴家大院（吴家大院建筑风格中西合璧，极具时代特色和印记，是佛山地区现存较为完整的清末民初古建筑群，也是九江镇现存最大的华侨物业。吴家大院现存 6 栋镬耳大屋，4 栋西式洋楼，还有集岭南传统特色和欧陆艺术风格于一体的园林建筑）和碧江金楼［原是碧江村望族苏家的藏书阁，清代道光年间，在朝为官的苏丕文（曾任兵部职方司官员晋赠荣禄大夫即从一品）］荣归故里，开始大兴土木，营造岭南豪宅——职方第，附建书楼——赋鹤楼。碧江金楼即为藏书阁，其屏门、门坊、檐板、厅壁、天花藻井的木质雕饰均以真金镶贴，金碧辉煌。最精华处不仅在于炫目夺眼的黄金装饰，更有匠心独运的木雕工艺让人叹为观止，满洲窗等都是不同文化交互融合的产物。

（三）文：崇文重礼

崇文重礼是佛山城市精神的核心特质，崇文既说明佛山有深厚的文化底蕴，也说明佛山自古至今就有倡导文教、重视文化传承的城市基因。佛山文化传承悠久，文化源远流长可以从佛山得名的文化历程看出，佛山"肇迹于晋，得名于唐"，其起源之说一般都指向东晋罽宾国僧人的航海东来——高僧自西天来，经由广州至西江、北江交汇的"海洲之岛"季华乡结寮讲经，宣传佛教。其后初来僧人弟子三藏法师达毗耶舍尊者，也西渡东来，再续传法香火，并建塔坡寺。唐贞观二年（628），佛山海洲居民在本岛塔坡岗辟地建屋，掘得铜佛三尊和圆顶石碑一块，碑上有"塔坡寺佛"四个字，并有联云："胜地骤开，一千年前，青山我是佛；莲花极顶，五百载后，说法起何人。"乡人据此深信此乃佛家之山，遂立石碑以纪念之，佛山之名也由此开始。可见佛山的得名是在一个因海路贸易开展促进东西方文化交流下的见证物，是地缘文化互动中的表征实体。一般来说，地理大发现之前的佛教东传，不能将其简单地视为一个宗教事件，它更是东西方贸易沟通中的历史见证物，是大历史下的文化传播事件。随同佛教而来的是来自西方世界的优秀文化如印度文化、波斯文化、中亚文化和希腊文化等，它演化和促成的"海上丝绸之路"，使西方国家的物产、珍宝、绘画、音乐、雕塑、美术、工艺、科技、思想、话语、逻辑等，都借着通商大船而飞渡重洋，进入广州，涌入佛山。此种情形下，佛山城市的视觉、眼界、知性、文藻、胸襟不再局限于"海洲孤岛"的"小我""小地方"文化，而成为东西文明交汇的时代亮点。此后，历唐、宋、元、明、清多朝，佛山及其周边地区的文教功名，雄踞岭表地区。从表2-4中可以看出，唐代至清代期间，广州府以佛山为中心的南海、顺德两地，历代乡贡、进士数量占比高达46.4%，如果再加上番禺（广州府的核心区域），即帝制时期常论的"南番顺"地区，则其历代的乡贡、进士数量占整个广州府总量的66.7%。表2-5统计的是唐代至清代末期整个帝制时期广东地区考取状元、榜眼和探花的数量情况，从表中我们可以清楚地看到，即使在代表封建社会最高水平人才［科举体制下的最优秀人才（状元、榜眼和探花）］的数量统计方面，佛山及其周边地区（南番顺地区）人才数量占整个广东省的66.66%。如果再算上汉军旗广东驻防（军队体系及其家属子女构成的庞大人群中考取状元、榜眼和探花者）（汉军旗广东驻防一般以驻防广州府的主要地区），则以南番顺地区为核心的高层次人才产出，所占比例远远超过全广东地区的2/3。

表2-4　　　　广州府历代乡贡、进士地域分布简表　　　　单位：人、%

地区	唐	宋	元	明	清	小计	比例
番禺	7	76	11	93	73	260	20.3
佛山市	10	96	6	146	99	357	27.8
顺德	—	20	7	99	112	238	18.6
三水	—	13	—	4	12	29	2.3
高明	—	—	—	1	—	1	0.1
东莞	1	65	—	81	46	193	15.0
新会	—	3	3	45	34	85	6.6
从化	—	1	—	4	2	7	0.5
增城	—	10	1	10	5	26	2.0
新安	—	—	—	—	7	8	0.6
香山	—	7	3	15	27	52	4.1
花县	—	2	3	—	4	9	0.7

续表

地区	唐	宋	元	明	清	小计	比例
新宁	—	—	—	—	3	3	0.2
龙门	—	7	1	—	1	9	0.7
清远	—	—	—	4	1	5	0.4
始兴	1	—	—	—	—	1	0.1
总计	19	300	35	503	426	1283	100

资料来源：转引自陈恩维《论佛山在广府文化中的地位》，《佛山科学技术学院学报》（社会科学版）2010 年第 1 期。

表 2 - 5　　　　　　　广东历代状元、榜眼、探花分布简表　　　单位：人、%

地区	状元		榜眼		探花	
	人数	比例	人数	比例	人数	比例
番禺（广州）	1	11.1	1	12.5	3	33.33
佛山（佛山市、顺德）	5	55.6	3	37.5	3	33.33
潮州	1	11.1	—	—	—	—
封川	1	11.1	—	—	—	—
吴川	1	11.1	—	—	—	—
海阳	—	—	1	12.5	1	11.11
东莞	—	—	1	12.5	1	11.11
清远	—	—	1	12.5	—	—
定安	—	—	—	—	1	11.11
汉军旗广东驻防	—	—	1	12.5	—	—
合计	9	100	8	100	9	100

注：因计算过程中采用四舍五入，故本项中的单项百分比之和有时不等于100%。全书同。

资料来源：转引自陈恩维《论佛山在广府文化中的地位》，《佛山科学技术学院学报》（社会科学版）2010 年第 1 期。

　　我们还可以从帝制时期代表文教发展水平的地方书院的发展情况看出佛山文风厚重、崇文重教的城市特性。刘伯骥先生的《广东书院制度沿革》①详细介绍了广东书院的起源、变迁、分布，以及院舍、行政组织、经费、师生、课程与训导等情况，并深入分析了广东书院制度对学

————————

① 刘伯骥：《广东书院制度沿革》，商务印书馆 1938 年版，第 135—142 页。

制、学术、政治、文化等方面的影响和作用。宋代佛山的书院较多，宋代广东有书院 26 所，其中佛山有 6 所；明代以后，随着宋明理学 600 年昌盛发展，国内先后经历了从武夷山到庐山再到南海西樵山的理学正朔演化历程，明代广东理学名儒陈白沙、湛若水、方献夫、霍韬等，都先后在西樵山上创建了大科书院、石泉书院、四峰书院、云谷书院等，并共同促进了西樵山"理学名山"盛誉的形成。明代著名学者方豪称赞道："西樵者，天下之西樵，天下后世之西樵，非岭南之西樵也。"至清代，随着佛山镇工商业鼎盛发展，佛山书院发展也进入鼎盛时期，书院建设如雨后春笋般在佛山及其周边地区迅速发展。在西樵山，在大科书院、石泉书院、四峰书院、云谷书院之后，三湖书院、云溪书院和云瀛书院等书院群相继建成。形成以三湖书院为代表、在地乡绅贤达为主创办的书院群体，也是当时岭南地区的文教中心，并孕育出思想家康有为、梁启超等。在佛山镇内，以文昌书院、明心书院、佛山书院（汾江义学）为代表，佛镇各大族世家纷纷建立各自的宗祠书塾。明代至清末，主导佛山镇城市、产业和社会发展的各种力量（从早期的八图定制的乡老宗族到明代中叶以后的士大夫主理，再到明末以后的乔寓兴起）都先后兴建各级书院和学堂，并带动佛山镇文风绵延、教化悠长的地方文化特色建设。清末随着东西方交融互动的深入，中国人开眼看世界，西方现代教育逐渐兴起，佛山也出现打破旧有格局的学堂。1919 年，佛山镇民间工商业者合力捐资创办佛山第一所新式学堂——节芳学校，学校对外免费招生，后来改名为经纬中学（即如今佛山三中初中部所在地）。不仅如此，20 世纪初期，佛山也开始女校建设，建成包括汾仪女子学校、乐育女子学校、季华女子学校等。

重礼好义。佛山人重礼好义城市地方特征的形成，一方面，在于早期佛山地处海洲之岛，生活环境相对恶劣，且对外交通不便，使生活居住于此的先民们必须相互扶持，相互帮助，由此养成了友善乡邻的地方文化基础。另一方面，宋代以后，随着围海造田和沙田的不断出露、广州对外贸易深入发展等，佛山墟市空间和集贸经济开始提速发展，并带动居民聚居区进一步扩展。到明代，佛山事实上已成长为珠江三角洲中部地区除广州外一个重要的商业墟市中心。地区工商业发展和城镇雏形规模化，带动地方文教发展，并在明代中期形成了"南海士大夫集团"，以方献夫、梁储、霍韬、庞嵩、庞尚鹏等为核心成员，在朝在野推动着礼制体制的改革发展，并开启佛山及其周边珠江三角洲地区的宗族礼教建设，逐步养成了广佛一带重礼好义地方文化特征。广府文化中的"重礼"，是与以西樵为中心的"阳明心学"广东化（岭南化）同步推进的，这种"重礼好义"，少了中国北方文化中关于礼仪的烦琐形式，而更主张从思维意识和思想认知层面，强化和宗族、宗亲、祖先之间的尊重和礼敬，故在广府文化中，你很容易在城乡地区看到举村喜气洋洋的合围开台吃饭；而较少看到男女老少合围一起磕头礼拜长辈。这也深刻地反映出了佛山文教重礼比较务实、实在的地方特色。

（四）实：低调务实

佛山人个性谨慎低调，佛山城市不浮夸，少宣传。在各个城市纷纷立体多样化营销的当下，佛山也较少主动宣讲推销自己。佛山人的低调在网络中往往成为段子手的写作素材，知乎上（地球知识局出品）一篇点击量超过 100 万次（截至 2020 年 7 月 14 日 14 点 17 分，点击量为1021867次）的文章——《佛山是一座怎样的城市？》介绍了佛山的低调：第一，有钱。无论是城镇居民可支配收入还是农村居民可支配收入，佛山都在全国均值的两倍以上。第二，隐形富豪多。600 万资产家庭统计排名中，佛山居全国第九位。千万资产高净值家庭排名中，佛山位居天津之上。第三，佛山本地土豪的标配是"土豪穿裤衩，老板背腰包"。佛山人对时尚的态度是"穿着最简单的衣服，代工着最讲究的品牌，大概就是佛山人的时尚态度了"。第四，佛山人很少炫富。佛山富人区别于国内沪苏杭、京津卫和成渝地区富豪的标志在于："你想象中的中国土豪大部分都是爱搞搞收藏，信个神拜个佛，没事总爱度假，有时就去搞搞登山，喜欢的都是跑步、高尔夫和游泳，这种既私密又高端的项目。但在佛山，本地的富豪大多是挖池子养锦鲤，条条珍品精贵，红木家具随便摆，少于六位数算我输，喝几万块一饼的普洱，配几千块一两的陈皮，花最多的钱，捯饬最接地气的项目，用最'土味'的审美建设最美丽的社会主义分红村。有钱人和普通人，在佛山从来都没有明显的阶层划分，不管有钱没钱，佛山人总是能让自己过得很舒服。"①

对佛山低调内敛城市性格的解读，我们选择了 2019 年国内城市 GDP

---

① 《佛山是一座怎样的城市？》，https：//www. zhihu. com/question/40112673？utm_source = wechat_session&utm_medium = social&s_r = 0。

排名前 30 位城市中与佛山城市性质比较相近（GDP 排名接近的地级市，网络搜索中以"中国最低调城市"的形式出现频率较高）的 5 个城市（苏州、无锡、佛山、南通、烟台）进行城市热点的百度搜索，搜索结果显示，5 个城市中，苏州城市的搜索量一骑绝尘，佛山忝列第四，其城市的网络声量仅高于烟台（全时段中的某些特定时段还被烟台超过，说明烟台城市还有大事件营销，佛山则自始至终没有任何大事件、大活动来增进城市声量），可见佛山的"中国最低调城市"真正是"实至名归"。有意思的是，在以"中国最低调的城市"为关键词进行网络搜索时，搜索量较大的城市有"杭州、苏州、宁波、泉州、南通、郑州、潮汕等"，而佛山在全网的上述关键词搜索中，始终不见，由此看来，佛山真的是太低调了，低调得都懒得说自己低调了。

得天独厚的地理位置与自然条件，造就了佛山人经世致用的价值取向和"不唯上、不唯书、只唯实"的发展传统。佛山人务实、实在，不空谈、不虚幻。"少说多干、敢想敢干、不说苦干、真抓实干、注重实干"是新时期佛山城市的内核要义。观念务实、干事踏实、讲究现实、实业优先、看重实利也成为佛山城市的形象和名片。对佛山来说，务实体现出的精神内涵主要有三个方面。

一是实事求是。佛山人讲究现实，注重实利，凡事不张扬，多干少说或只干不说。作为中国改革开放最早的地区和城市，佛山市率先开展体制机制改革的探索实践，建立起相对完备的社会主义市场经济体系。佛山地方政府实事求是，以民为本，大力推动经济发展和社会事业的改革创新，遇到发展难题，总是以低调务实的态度不争论、不观望，争抢先机。并积极放权，引导市场主体大胆开展创新。在竞争性领域发展市场，在关系全局的市政服务、民生服务领域以国资为主导，积极建立社会主义市场经济的基本规范。

二是善于变通。佛山人因为务实，所以，凡事不钻牛角尖，"遇着红灯绕着走"，不固执己见，善于变通，不耽误发展时间，信奉"不管黑猫白猫，抓住老鼠就是好猫"。

三是注重实业。明清以来，佛山就是"四大聚"之一，手工业、商业十分繁荣，是近代民族工业的摇篮，佛山人特别注重发展实业，喜欢自主创业，并最早接受市场经济的平等自由观念，注重公平交易。佛山人对实业的情有独钟可以从统计数据得到体现：2018 年，佛山市实现规模以上工业总产值2.16万亿元，在中国大中城市排第六位。佛山工业体系涵盖了几乎所有制造业行业，装备制造、家电、陶瓷建材、纺织服装、食品饮料等传统行业优势突出，汽车和新能源汽车、光电、新材料等新兴产业蓬勃发展，各主要行业在本地的产业配套率高达90%以上。全国每消费10块瓷砖，就有6块是佛山的品牌；全国每消费100台家电产品，就有15台是佛山企业生产的；每消耗100吨铝型材，就有35吨来自佛山；每消费100吨不锈钢产品，就有35吨在佛山加工。另外，在城市和地区的三次产业占比中，佛山始终坚持制造业立市、发展实体经济的发展导向，在全国乃至全球一片"提升第三产业比重，促进制造业向服务业转型"的浪潮中，佛山始终"咬定青山不放松"，坚持发展以民生事业为主轴的现代制造业，使佛山城市的发展建立在良好的城市产业支撑之上（见图2-1）。从产业发展结构来看，2019年，佛山三次产业的比例关系为1.5%、56.2%和42.3%，第二产业占比接近六成；而在第二产业中，工业占比更是超过96%，这样的产业结构，在全国所有的"万亿俱乐部"城市中极为罕见（见图2-1）。此外，佛山规模以上工业增加值能占广东全省的14.2%，足见其实体经济实力之雄厚。

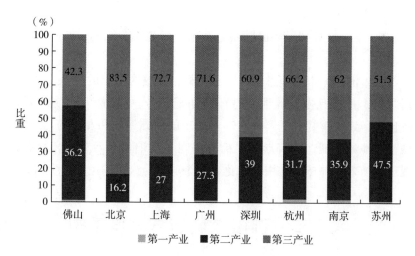

图2-1 2019年佛山与国内主要城市的三次产业占比比较

佛山的务实还表现在城市的经济体系是建立在民本基础之上，以民营经济为主导。2019年，佛山民营经济增加值为6748.3亿元，占全市国内生产总值的62.8%，其中，顺德、南海两区的民营经济占比更是接近和超过了70％。民营企业方面，到2018年年底，佛山共有民营企业26.1万户，占全市企业总数的90.4％，是中国首屈一指的民营经济大市。佛山发达的民营经济不仅解决了430多万户籍人口的就业问题，还吸纳了350多万来此谋生的外来人口，它既造就了一大批富有阶层，也庇护了一个层次丰富的平民和草根阶层。也正因为如此，佛山的整体失业率常年显著低于全国整体水平（见图2-2），居民收入也相对更高。

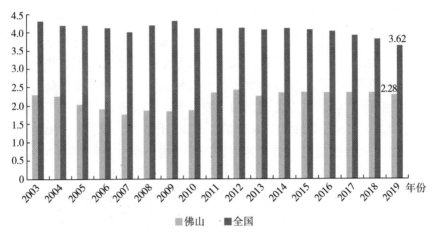

图2-2　佛山城镇登记失业率与全国均值的比较

可见，佛山城市的地方特征是深深根植于这个城市的"人"的生产、生活之中，并具有强烈的地域特征和印记符号。佛山人的"敢为人先、开放包容、崇文重礼和低调务实"与城市的地方建设和发展的深度结合，在城市的地方特征、建筑形制、街巷空间和在地遗存等方面，都有持续的展现和植入，并持续作用和强化着这个城市与人民的生产、生活。

第三节　佛山老城地方语境重塑

在全球化浪潮下，城市的空间营建日益同质化，当下当你徜徉在深圳、广州、东莞、珠海的中心城区，你会严重感到某种似曾相识的场景不断出现在不同城市的生产、生活空间之中——街道立面、建筑外观、空间构型等。这种发展雷同使我们不能清晰地感受城市的特色和不同，并使旅行者在流连城市时产生认知茫然。这样的后果对传承悠久的城市，比如，对佛山老城中心区来说，是它的地方特色和独特文化印记消失了——佛山不再是那个极具身份感的佛山。这使我们不得不反思全球空间日渐同质化的当下，如何有效地抗拒空间同质化问题？如何有机地保持传承悠久城市地区的独特性和连续性？如何在具体做法上实现城市和人之间建立基于空间和场所意义上的对话、融合？特别是在面对物换星移的流动性挑战时，如何发展出一套独特的经验、想象和认同，以创造和保有特色与地方感？如何才能让城市地方真正"属于人的地方"，建构属于我城独有的神圣空间或极具象征意义的空间？上述问题是本节讨论的中心话题。

一 佛山老城地方语境存续难题

（一）去地方化还是地方固化？

全球化、城市化要求城市和地区在一体化（市场一体化、基础设施的一体化、服务一体化等）标尺下协同行动，这就使城市的建设和发展越来越趋同。在这种趋势下，城市和地区在长期发展中形成的地方独特性会出现系统解构和分崩离析——城市地方特征及意义，在时代发展主题面前，不断地被重构、更新。从发展的视角来看，我们也承认，没有一成不变的城市、地方和地方感。一个城市的地方观念、文化传承，既包括通过特定地方结构表现出来的社会活动和制度，也包括因这些社会活动和制度的出现、形成而产生的地方感知、意义、特征和事件。在技术、观念、思想等方面，地方感的形成不能独立于城市社会的整体秩序之外。城市的地方感和地方意义会随着空间变迁、环境演变、时间发展而不断地调整和变异。故此，对城市文化传承和地方感的坚持，要开合有致，不弃不废，既要接受全球化趋势的客观现实和发展必然性，正确认识城市老旧社区的发展更新和传统文化及地方意义活化更新的作用与意义，又不能完全置城市化和全球化发展现实于不顾，自我沉迷和欣赏，掉入狭隘的地方保护立场，人为地阻隔必要的改造更新和发展优化，以致彻底断绝更新、优化之路。

佛山城镇建基于晋唐之间，历经宋、元、明、清诸朝而迈入现代社会，民国以来，尽管内忧外患不断，但作为主城区的佛山老城片区，一直保持着一定程度上的稳固和发展，城市的环境风貌、街巷空间、建筑形式、地方文化等历经战火、运动、改造的诸多纷扰，而保持着某种

"不动如山"的宁静。进入 21 世纪以后，全球化、国际化、城市化、产业高级化等风潮先后而至，加上佛山自身在经历 40 年发展后，城市和产业"下一步如何走"现实地摆在人们面前，佛山老城区需要对今后发展方向进行定位和选择。同时，由于历史、现实的复杂原因，佛山老城区的土地、物业、单位等权属复杂，业主多元，加上各级管理主体面对发展各有定位，各有盘算，使老城区在改造驱动中存在多元化的声音表达。

从地方政府的视角来看，对老城区的改造，整体上需要服从佛山城市发展的未来定位和方向，即要站在更长远的视角，改变其单纯的城镇概念，从打造广东省第三大城市和珠江西岸地区制造业中心城市的目标出发，对老城区的发展进行系统设计和规划。

从发展资本的视角来看，资本逐利的天性也存有其部分合理性，但一味地强调以盈利为目标，忽略城市发展传统的资本化运营，也会导致佛山城市的地方特征、地方文化受到冲击，这种以忽视佛山历史文化名城地方特征、意义和文化传统的快速、推倒式改造和更新，争议声众。自 2007 年开启老城区改造更新以来，房地产商主导的实际开发更新进程，也确实经历了各种纷争不断的历程。各种改造更新，戴着"文化重建、地方重构、风貌恢复"的"帽子"，吹着各种"调调"，但以单纯经济利益为导向，以房地产开发商为主导的老城改造，产生了大量无法进入保护名录单位的优秀建筑，纪念地标和街区被拆除一空，如汾宁路，从开始的汾宁古道改造，到最终的几近铲平重建；东华里片区的石巷、居仁里、纪纲街等街区消失不再，都是这种模式下的"牺牲品"。

从原生居民视角来看，生活在老城区的居民群体，也站在各自利益角度，对老城区发展更新，指点谋划。这些声音中，比较极端且有一定市场的观点就是"绝对的保护主义"，即对佛山历史文化名城片区的老城区改造，一定要将佛山历史文化名城核心区的建筑、街巷、空间和实物存在等当作老祖宗的遗存，轻易不得碰触和改动。佛山本地社会和网络中曾有一股相对比较高的声音在呼吁对老城区的发展采取"不改变风貌结构原貌，一砖一瓦皆是祖宗遗存，不能轻易动作"的声音，尤其某些网络意见领袖，以狭隘的地方保护主义立场，观察和审视佛山老城区改造，并轻易下结论认为，当时正在进行的改造是"失败大于成功"的结论。"岭南天地"是大拆大建的向外吹嘘（本土街坊不买账）"样板"——消灭了多数历史街区，赶走了全部原居民，仅留文物单位比较集中的一条街，仅有"黄祥华如意油老铺"得到活化。"汾宁路装饰外立面（原计划的用户修复内部）思路不错，但改名'古道'是造假（是30年代开的马路），铺石板、不许车辆通过的做法是错误的（交通要道啊）。"（佛山禅师、佛山通济论坛）这种以顽固坚守地方意义为指归的狭隘地方保护主义观点，罔顾城市和地方的可持续发展必须首先将城市和地方置于地方生产网络之下，保持城市在区域和全球意义上的相对活力及竞争力，才能真正做到城市的自我延续和发展。即使基于比较的视角来考察各地城市发展历史，我们也很容易发现，那种以"绝对保护"为名义，强调"城市老旧社区的一切都不可妄动"的观点，在现实世界是完全行不通的。那些不能进行任何意义更新和发展的社（片）区，最终都步入街区停滞发展、建筑荒废、活力不再的困境之中。所以，将老城区一砖一瓦视如"命根"和祖宗"遗宝"的狭隘本地主义，最终不是在保护城市老区，而只会使其走上荒凉、破败的不归路。

（二）再"地方化"之路在何方？

万物都有表里，光看好或坏的一面，容易形成偏颇。时代变迁下，城市总是在不断地适应和砥砺前行。没有一成不变的城市面貌和街区风物，改变是常态，不变是相对的。对佛山这样自其创兴之初就一直与区域（全球）商贸和产业发展息息相关的城市来说，其发展的根基还在于佛山较好地将自己打造成为中国内地商贸网络和内陆地区与东南亚乃至亚非大陆商贸往来网络的核心节点。正因为商贸体系和网络的支持，才使得佛山在那时进入快速发展阶段。当前，佛山城市发展也进入了类似区域生产网络体系中，佛山在过去30年的产业积累和商贸发展中，建构起较好的产业生产机制和产品体系，这样的产业生产机制和产品流通、贸易，是以佛山本地市场很好地接轨了全球和区域生产网络为前提，佛山的城市更新，如不考虑城市产业和市场发展的全球化特征，而坚持狭隘的地方主义观点，将必然使它的发展脱离于全球城市发展的网络，并使佛山城市发展失去业态和产业方面的基础支撑。可见，任何顽固坚持狭隘"地方固化"的观点或者眼光完全向外，而罔顾佛山城市发展实际，忽视佛山城市历史文化地方特征的盲目"去地方化"都是不可取的。大变局之下，我们深知，改变是必需的，但如何去变？如何在坚持保有传统城市地方精神指归和发展基础的同时，理性地对接城市发展的宏观趋势和未来需求？立足城市地方特征本质的"再地方化"，可能至为重要。

所谓"再地方化"，是指城市（地方）立足自身发展现状和未来趋势，对城市（地方）自历史以来形成的地方感、地方观念等进行动态优化调整，以达到改善城市（地方）形象，适应未来发展需求，促进城市可持续发展的过程。我们认为，佛山城市的"再地方化"，必须立足于城市产业发展和市场网络的有效建构，同时适当地坚守城市本身在长期发展中形成的地方基础文化特征和意义。唯有如此，老城区的更新和改造才不至于失去根基支撑。对地方感的维护当然必须坚持，这是体现佛山城市发展历史和城市文化的核心要义。而更重要的是，应该基于全球化发展的宏观趋势和佛山城市产业发展、经济、社会和文化的新特征，创造性地对佛山地方意义和特征进行重构与组合，使城市发展在核心要义环节始终保持健康的内在活力。

"城市发展不可能一成不变地保留原来的建筑，特别是地少人多的中国。古旧建筑在建成之初，同样也是新建筑，所以，为了保留而保留作用并不大。关键在于规划，规划得好，变废为宝，规划不好，变宝为废。以东华里为例，许多老街坊认为变成岭南天地并不好，但如果退一步想，一个城市的文化底蕴如果不做包装和展示，又有多少人知道呢？不展示出来，就算再有文化，在他人眼中也是没文化。也许岭南天地的规划不算最完美的，但最起码游客来了佛山之后，知道佛山原来除了祖庙，还有黄祥华如意油老铺、南洋兄弟烟草创始人的故居，也知道享誉海内外的余仁生出自佛山等。如果一成不变地保留原来街道，这些文化古迹只会永远隐藏在旧街里。除了老街坊和少数文化爱好者，根本不会有人知道这些地方，就算经过了，也不会有多少印象。所以，对旧建筑的去留，重点在于规划，有条件地保留远比一成不变地保留要好。至于有些人口口声声不想搬，除部分是对旧屋有感情之外，更多的只是为了把自己利益最大化而已。现在看看，意大利那些伟大的文艺复兴时期的建筑，在当年有哪一栋不是新建筑？所以，只要规划得好，适当地保留有价值的旧建筑，让新旧建筑更好地融合，才有利于佛山的发展。"（佛山通济论坛）佛山城市地方传统的坚守和重塑，其出路既不在于顽固地坚持"老城区不可改造论"，也不在于要完全摒弃城市发展基础，而全盘照搬他地的城市营建、改造更新的做法和设计，对佛山老城区"再地方化"的重点，就在于要始终把维持城市活力为目标，主动实现本地特征与区域、全球含义的有机对接，才能真正保持佛山传统城市的生命活力。

二　佛山老城地方语境重塑思路

（一）坚持以"微更新"促进地方语境重塑

"微"是指空间的微型化，通过详细的社会空间调研，将整个老城核心区、遗产社区化整为零，分成由街巷、院落、建筑构成的微型化空间基本单元，所谓"微更新"，其本质含义是指对城市老旧社区（或者老城区）的更新改造更新中，力求采取贴近空间、建筑本真面貌，在较小范围和较小尺度上组织、开展和实施相对灵活、周期较短且成本较低的发展模式。从传统意义上说，佛山老城区的空间范围、横跨尺度都相对有限，在制造产业逐渐外迁的背景下，这里基本已经成为在地居民的日常生活场所，多样化的生活需求不断地雕刻着佛山老城区的功能空间构成。漫长历史过程中积淀形成的日常生活逻辑已经深入渗透到佛山老城空间的一寸一分、片砖半瓦之中，这些街巷里坊、砖瓦墙石和人间烟火一起，逐渐构成了佛山老城区互为见证、相互补充、多元复杂的功能架构和地方特征。要开展佛山老城区的更新改造，要实现佛山老城区的地方优化调整，首先就必须尊重历史过程中形成的各种物质要素和人为要素组成的城市空间与地方语境的特性，理顺这些要素之间的结构关系，再进行提升优化或换代更新。这种尊重历史、关照传统、凝视地方的处理手法，在本质上就是城市改造的微更新。佛山老城区在业态外迁、城市破败等多种因素作用下，城市建成环境和遗产持续衰败，如商业陈旧单一、空间破败荒芜、人口大量外迁等，老城区传承良好的原生多样性也不复存在。要在这样的客观环境下，发动针对城市、遗产、社区的全方位更新改造，微改造更新必须发挥关键支撑作用。要在现有每个街区、地块的现状基础上，研究如何修补。利用微更新作为宏大叙事的相反一面，更贴近居民生活需求来主动施为，做出成效。在发展理念和手法上，采取自下而上的推动方式，鼓励社会公众主动参与其中，强化对佛山老城区的整体肌理、特色风貌的全面把握与掌控；加强对城市发展内在逻辑和秩序的认识，针对特定地方因城施策，以求营造出有解读感和地方特色的文化及空间形态。

同时，在佛山老城区的改造规模和手段上，要大力推行以渐进式工作方式，形成小规模渐进性更新，保持改造的传统街区在建筑设施、景观要素、空间分布、美好生活等方面的动态协调，保持传统老城区建成物和历史文化遗产的整体性，避免对老城区核心文化遗产分布区展开大幅度的、有较大不可知性的改造和修缮。由于微改造要求的更新改造尺度不大，它就能相对显著地降低对老城区景观、街巷、建筑和遗产实体等的功能性、生命力影响。微改造还可以针对老城区各要素存在的问题进行合适处理，延续老城区传统街区的本真风貌和原有的多样包容功能；同时，由于微改造涉及的对象相对较少，一般只涉及单体建筑和小规模建筑群，这些都只是老城区传统遗产构筑物共同体的一个组成部分，对它展开的更新改造就可以更加相对容易地尊重原生物态环境、适应本真街区的动态需求，也可以进一步促进更新对象与保存对象之间的风貌融合，进而塑造出年代感、风貌感、文化氛围、风格气质更为多元包容、和谐有序、持续发展的传统老城街区。

专题一：田子坊微改造

田子坊历史街区，是一个典型的微改造案例。作为位于上海泰康路的城市街区，其容纳着上海传统的里弄住宅、弄堂工厂、花园住宅等多种复杂的传统建筑形式。而历史发展大潮之下，田子坊慢慢地成为老城区的一部分，工厂关停空置，人口老化，街区残旧都相当明显。1998 年前后，田子坊片区的改造呼声日盛，在充分征询专家意见的基础上，街道部门提出结合现存空置厂房来组织田子坊片区空间的功能置换与文创发展。在经过两个阶段的发展改造后，田子坊片区被成功地改造成为一个集"居改非"、新文创等于一体的多功能、多样化活力社区。田子坊街区原有的丰富的市井生活和文创艺术、娱乐体验、商业休闲等现代功能相结合，发展了独具特色的兼容性生活方式和新形态。这也是田子坊魅力和引力的源泉所在。

（二）以"微社区"建设扎牢地方语境重建的"桩脚"

习近平总书记指出，城市规划和建设要高度重视历史文化保护，不急功近利，不大拆大建，让城市留下记忆，让人们记住乡愁。城市更新改造中的"微社区"建设导向，主要是从改造着眼的空间范围、区域尺度上而言的，"微社区"改造强调的是把工作重心落脚到社区发展、遗产活化和地方保护的最基层单位，即社区层面的基本工作单元上。一般来说，在"微社区"内部空间，能够形成满足日常交往需求，形成小规模的社区组织。微社区在人地关系层面充分继承了"小规模渐进式"的空间保护更新模式，通过尊重日常生活的理念，实现保护更新的"精细化"，并满足和提供社会空间层面更新发展的保障。简·雅各布斯基于其对历史城市老旧社区街道日常生活的深刻观察，提出了"街道眼"概念。她发现，城市老旧社区街道中居民之间拥有的熟识关系让他们共同生活的街道更加安全，因为非当地居民会作为陌生人，街区居民和街区店家会自然地通过眼睛进行加倍关注，从而形成了一种居民自发的监督机制。

佛山老城区作为一个地方性空间，它具有强烈且紧密关联的"人地关系"特征，街巷空间如何形构、建筑地方特色如何呈现、街区生活如何展现、邻里关系如何互动、历史文化如何保有、文化遗产如何活化等，都需要结合到具体的空间场景之中才能真切体现。微社区中往往还包括多样的本地生活、人口流动和人际交往，这些都是老城区地方语境重建时必须全面兼顾和思考的。对佛山老城区的微观空间来说，往往是由数条传统街区构成的，其构成法则是：最基层的多条巷道或院落相互围合，构成基础空间单元，多个基础空间单元通过不同的街巷组合，构成街坊，街坊才是社区意义上邻里交互活动的真正空间节点。传统社会形态下，人们的空间交往一般以步行距离进行衡量，大量的日常活动，如购买日常生活必需品的柴米油盐、家长里短的亲戚走访，都必须控制在一个半天之内，甚至三个小时的步行空间范围。步行状态下，如果距离超过半天，就意味着外出就必须住宿，或者全天都必须处于不停止的运动状态中，这对普通人来说，肯定是无法接受的，所以，我们衡量传统社会形态下的人们交往空间，都是以2—4个小时的步行距离为参照，日常购物空间则为0.5—1个小时的步行距离为宜。因此，微空间概念下，我们改造佛山老城区传统空间的尺度，也多以街坊邻里构成的有效社区交往空间为起点来展开。

从人类交往的角度来看，人们的社交过程，既存在东西方文化风俗的不同和差异，更存在普遍意义上的社会学规律。现有的社会学相关理论研究成果显示，人们在交往活动中的交往行为，通常都具有人数上限的制约，一般而言，交往人群数量越少，交往信息的表达和接收就更准确，交往人数超过一定数量（300人）的社交行为，社交主体与主体之间的紧密关系就会弱化到有效信息接收困难的境地。故我们对佛山老城区的传统社区，比如对祖庙—东华里片区（岭南天地）历史街区进行微社区视角的改造，就要充分重视对街区内居民的主要认知空间，街区居民社会交往活动的主要街巷空间范围，展开相应的改造更新和优化提升。在具体的发展思路上，可以通过每个微社区至少保有一条主巷作为街巷空间的核心社会交往空间（此时还要考虑街巷区域的实际范围），以该主巷作为街巷空间单元内各种社会交往活动发生的原点。并确保不割裂主巷社交空间，不破坏主巷主体功能。实际改造中，对佛山老城区街巷空间的微社区的划分，也要在划界过程中尽量考虑与现状用地的行政区划、产权解读、自然边界和道路的一致性。确保同一微社区内的建筑在品质、质量、特色、风貌、基础条件等方面处于较为相似的状态。对于微社区内部街区空间的改造更新，要预留足够的发展出入口，一般保持每个微社区出入口数量在1—2个，以便进行规划、施工、安全、防灾等方面的综合管控。同时，对佛山老城区的微更新改造，一定要强调规划先行、规划定盘、规划引领的复合功能，充分重视更新规划制定中，街区原住民集中和适度分解街区社会生活特征为若干微型街坊单元，再将其分别与日常生活共同体进行有机对应，并在工程层面强化精细化而有针对性的更新。

（三）实行社区层面"自我造血式"改造投入

"推倒式"重建在老城区改造和地方语境重建中，对老城区的最大伤害就是推倒后不可再来的"往日印记丧失"，这种城市地方记忆的丧失，是以投资者强势作用下，追求快速、高额利润所致。故老城区改造中，除了地方政府的发展导向会导致"传统的地方"向"新型的地方"转型中产生地方记忆断裂的危机外（此种局面下，政府往往会成为众矢之的），来自资本方面的病态和极大化利润追求，往往也成为诟病对象。因此，经由较长一段时间对资本无条件欢呼后，当前老城区改造中，尤其是传统历史文化名城老城区、历史文化街区核心区等的改造，开始表现出审慎地选择投资方的导向，佛山历史文化名城祖庙—岭南天地的改造，就经历了这样一个过程。2007年，围绕祖庙—东华里片区的改造更新，佛山市政府，先后接洽了三家房地产开发公司，其中来自国内某城市的一家著名地产公司，在与佛山市政府有关部门协商合作时，态度、方案等都存在明显瑕疵，故尽管这家公司动用了一些力量，但最终项目还是交由了在国内老城区改造更新中有成功范例、操作更规范、对历史地区改造更有情怀的一家中国香港公司，事实证明，佛山市政府的这个选择是正确的。但该开发案中，还是出现针对非文物保护单位，但对佛山传统城市地方性传承有重大意义的普通建筑进行大面积拆除的情况。这也进一步说明，即使在中国香港这家公司的"情感和使命"意识下，佛山历史文化名城老城区的改造更新和地方性维护、传承，还是出现"生命不可承受之重"的情况，资本赤裸裸地追求高收益、高回报、高效益的本性也"一览无余"。如何规避强势资本在老城区改造更新中的破坏作用？目前一种通行的做法是，从根本上拒绝大资本介入老城区改造更新和地方重建工作。转而推行一种以"社区能力"为牵引的"小步、快走"老城区改造之路。

专栏二：永庆坊微改造

永庆坊（即广州西关——"未识广州，先闻西关"此一民谚的指称地）地处广州西南，曾经是明清至民国时期广州最繁华的核心区域。进入 21 世纪，随着广州城市中心逐渐东移，地处广州城西的永庆坊逐渐衰落，街巷、建筑、管网年久失修，民生凋敝。永庆坊改造成为当务之急，对永庆坊的改造既是城市更新急务，更是民生改善急需。然而，围绕永庆坊的改造，不同主体意见纷纷，争议不断，至 2016 年，政府对永庆坊一期工程提出"微改造"理念，就是不搞大拆大建，下"绣花功夫"对老旧建筑进行修复活化。至 2018 年改造一期开放时，永庆坊已经吸引近 60 家时尚餐饮、精品民宿、文化创意、文化传媒等企业，成为广州市知名的特色创意创客聚集区。2018 年 10 月，习近平总书记视察永庆坊，在称赞了永庆坊改造模式的同时，指出："城市规划和建设要高度重视历史文化保护，不急功近利，不大拆大建。要突出地方特色，注重人居环境改善，更多采用'微改造'这种'绣花功夫'，注重文明传承、文化延续。"

其具体做法主要体现在积极引导参与主体从早期的"资本冲动"式

改造，转轨到促进街区利益共同体加强沟通协调，并鼓励力所能及的、可控的效益、小的投资方式，实现老城区改造和地方语境重建在经济效益、社会和环境效益的兼顾。在发展重心方面，优先开展老城区公共空间的环境再造和功能优化，深入挖掘老城区社会历史和文化价值，通过促进老城区公共空间的整体提升，实现文化地方的重建和再造，并彰显、激发老城区活力，促进社区活化。以社区群体力所能及的投资方式，进行社区的综合改造和地方更新，有利于适当降低更新建设的成本。同时，该模式下的改造更新，特别强调和鼓励对地方传统与文化的新功能植入和替换，以达到满足社会各阶层人群不同需求的目的，实现地方文化、社会、经济等层面的自主性发展。基于改造社区众人可接受的方式，筹措改造资金，核心优势在于规模的可控性，对资金量需求较少，一次投入建设的量也较少，即使出现改造重建的冲突和问题，拆除重来的成本也不高。这就为吸引中小企业和私人业主投资参与，尤其是那些文化遗产保有丰富的街区满足多样性日常生活需要和服务需求的小型经济体有机会参与老城区更新提供了机会和可能，并使其功能得到有效发挥和扩大。近年来，流行于互联网的众筹经济，为传统城市的改造投资提供了一种新的更新动力或运作模式。

（四）以公共设施优先发展为保障

对老城区来说，城市衰败导致的人口外流、街区破败、管线裸露、基础设施老化陈旧是主要问题，其中最为突出的是街区环境衰败和基础设施供应能力不足。要实现和促进老城区改造更新和地方语境重建，就必须抓住老城区改造中的"牛鼻子"，着重从环境提升和基础设施保障力恢复等方面入手实施。老城区多数设施不完善，且改造空间不足，通过公共设施的发展来实现设施功能"毛细化"是必要的途径。具体来说，需要在以下三个方面开展工作。

1. 促进公共空间环境改良提升

老城区保护更新和地方语境重建，需要把街道、绿地和广场等公共空间和文化设施作为重要规划内容，满足居民的公共文化生活需求，进而显著提升改造区域居民的社会文化和生活品质。通常而言，老城区更新改造的公共空间一般分为仪式性、消费性和生活性公共空间。仪式性公共空间是为了成为"城市名片"而设计的，因此，对它的优化提升，要着重突出其对城市文化品质的仪式性指引能力建设。消费性公共空间附属于各种商业综合体之上，这些商业综合体一般都经由特定的投资主体建设而来，投资者发展这些商业设施的目的是聚集人气、吸引消费人流，其服务对象是那些有条件参与到消费中的顾客群体，而对那些经济条件有限的居民形成一定的排斥和区隔。当然，现阶段文旅商融合发展的总体趋势下，经由投资者建设的各种商业综合体也不再只吸引商业消费人群，而是广泛吸纳一切民众和消费者（街头游荡者除外，这也只是隐性条件，而没有任何明文上的说明和规定）。希望多业态经营的总体形势下，前来光顾的消费者总能产生一定的消费，即使入场民众不产生有效消费，但能够集聚人气，产生兴旺现象，也是投资商家所乐见的。故此，传统商业投资语境下建构的商业消费空间，是有权限的，它的空间公共性并不完整，不能发挥促进居民社会交往、满足居民公共生活需要的空间职能，需要通过一定的矫正形式对这样的消费空间进行引导和修正。

2. 突出生活性公共空间建设的意义

基于社区公共圈层共同投资的形式，建立的社区消费空间，可以强调生活性公共空间，从公共空间的尺度延续、场所营造、功能保障等方面建立面向居民生活的微公共空间和文化消费场所。此种模式下的公共空间建设强调对生活性社会文化环境和公共空间的塑造。生活性公共空间由于经由时间的变迁逐渐形成，因而具有一定的记忆场所属性，应以微型化进行特色塑造，营造真正符合居民日常生活休闲和交往要求的生活性公共空间。因此，生活性公共空间塑造要求以贴近日常生活为最基本依据，尊重居民日常生活中的生活行为方式和地方风俗等，珍视居民与场所空间内在的互动关系，解读居民在空间使用中对空间的重塑过程，为居民开展活动提供相应的设施支持。街旁绿地和小尺度广场比大规模公共空间更能满足居民就近进行日常休闲活动的需求，能够作为街区客厅，塑造居民对街区的集体地方认同。另外，这种对尺度规模要求不大的空间，在形式上往往灵活多样，丰富自由。生活性公共空间占地不大的特点，使其更容易进行针灸式的空间修复和植入，对街区历史肌理和格局的影响及破坏较小，也更具可操作性和可实施性。只要结合老城区居民的活动需求，对历史街区内大量废弃或者被忽略的消极、零散的空间环境景观进行适当梳理和品质提升，植入新的功能活动，打造精致的小尺度公共空间，就能把原本消极和衰败的老城区空间元素重新整合，完善街区日常生活空间服务体系，给城市老城区注入新的活力。

3. 突出公共服务设施发展的毛细化与特色化

老城区作为居民日常生活的主要承载空间，是居民日常社交、休闲和消费等的主要发生地和展演地，对它建设发展，要求一定的效率与实用，并且较多关注生活多方面的发展配套。一般而言，老城区由于管理不善、规划缺失，除具备居住功能外，具有内部空间环境陈旧、配套设施较为缺乏、其他服务职能丧失殆尽的共性特征。然而，诸如街区内部学校、医院、公共图书馆等配套教育设施，会长期陪伴着社区居民，组成居民的共同记忆。这些共同记忆在老城区改造中，必须坚持留存。要创造条件，在既有基础上开展职能延续与更新，保留延续珍贵的场所精神；街区老字号、传统手工作坊甚至是夫妻店、小卖部等给街区居民提供长期日常生活服务，已经融入了居民生活之中，成为居民生活记忆的承载物，也是居民情感的解读地，是地方生活文化的组成部分，老城区的更新改造中，也应对这些商铺进行适当扶持与有效保护；现代化带来传统生活方式深刻的转变，随之产生的新生活需求也日新月异，老城区原有的设施与功能空间已经无法满足居民对这些新功能要求，因此，保护更新也是一个完善现代社会生活所需配套设施的过程，需要增加如小型停车设施、交通疏散设施、场所等。同时，要针对老城区特殊的人口构成，增加配套医疗、无障碍户外活动场所等。

三 佛山老城地方语境重塑途径

（一）以"新场所"营建促进地方语境重塑

"场所"最初指代非常具体的空间，当一定空间与特定的人物、时间和事件共生时，真正的场所就得以产生："当空间和时间元素、人的行为和事件结合在一起的时候，空间变成了场所。"拉夫尔（Edward Relph）认为从空间到场所的主因在于身体的空间流动，空间流动形成有意义的生活体验，对这些体验的经验性累积就产生了空间认同，并导致场所的出现。因此，场所是在时间尺度上集合了经验、事件和未来的特定空间。段义孚（Tuan）认为，场所是一种主观经验的建构，与人类的居住和日常生活行为相联系。成功的场所应包括物质空间、感觉经验和活动三个基本要素。同时，场所的形成需要被认同，当我们选定一个场所时，就选择了自己与这个世界相处的方式。比如，北方人喜欢四季分明的气候，富于变化的诗意环境；而南方人则更喜欢四季如春的舒适恬淡；出生在乡村的人，他们可能会更留恋邻里长短、鸡犬相闻的田园环境，沉醉于田野的老牛、匆匆的行人、村头的小桥、潺潺的流水和夕阳晚照下的炊烟。这种主体对客观世界的认同感、识别感和依赖感的形成，主要是人驻足空间过程中，主体的身体与空间环境中的特定事物之间产生关系，进而获得身体的体验感、存在感和对空间的解读感。人类建造空间、构筑场所，并非仅为达成商业、利益、功能等目的，而是追求一个不断实现艺术创造、实现人类对美好生活向往的目标。场所和场所精神塑造是我们达成此意义的一种手段、方式和基本条件。同时，场所具有内容性，它是一个包含不同具体对象的、具有延伸性和包容性的空间载体。场所的形成在于人与人、人与空间互动的"在场效应性"，它既是物质存在的实体空间，也包含有意识形态、思想道德、宗教指归的多元内涵。场所理论是将对人与空间的关系、需求，空间中文化、社会和自然因素载入空间载体之中并进行系统研究的理论。它通过对影响空间组成的诸多要素进行分析，把握空间形态及其内在含义，进而起到功能重建、记忆延续、特色优化、审美提升及创造不同的作用。

专栏三：北京大栅栏的"微胡同"和"胡同泡泡"项目

大栅栏杨梅竹斜街53号"微胡同"实验项目改造出一个30平方米的小旅社，设计师希望通过对微型胡同空间住宅的建造尝试，给公众以更多的生活空间想象，并在北京极为紧凑的胡同空间中探索和创造超小规模社会住房的可能性。

MAD建筑事务所的胡同泡泡作为一种植入胡同的微功能空间，较好地体现了功能与环境的统一。针对居住环境差、缺乏现代配套设施、引起大量原住民搬迁，进而导致四合院文化缺失、影响胡同整体风貌的问题，MAD提出的"胡同泡泡"策略，零星地在胡同街区中设置"胡同泡泡"以提高四合院的生活环境质量，提供不同的公共服务。MAD从生活层面入手，寻求对现实的优化，通过插入小体量元素如磁石一般来改善生活环境，激发邻里活力，同时小尺度也没有破坏胡同肌理，与老建筑融合协调。充满现代气息的高反射钢表面映衬着古老的四合院建筑、古树与天空，同时鸡蛋状形态也减小了体量的插入感，反射出的变形景观与现实的四合院相映成趣，泡泡室内的布局也富有特色，体现了"留白"这一中国文化特有的韵味。

对佛山老城区的地方意义重塑和场所进行新空间意义的营建，可以从以下三个方面来推动和落实。

1. 要促进对传统场所整合重塑

要按照一定原则，把佛山老城区传统日常生活空间营建为基于现代城市发展和传统地方文脉有机结合的、具有可持续发展意义的精神场所。加强对佛山老城区传统场所整合，把有利于佛山老城区传统场所"营建"的若干因素有机地组合在一起，形成一个地方和场所相互联系、相互渗透的新整体。整合的目的就是把佛山老城区传统物质空间升华为基于地方语境重塑的理想空间及精神场所，改善和创造人们的活动环境，增置产业业态，使新造空间富有人情味。

2. 要促进空间要素再融合

针对老城区历史积累和形成的各种实体要素及非物质文化要素，要以提高市民在空间中的参与性、主动介入性和空间获得感为导向，对特定空间（如微社区尺度）在视野可及的范围内，开展面向场地结构空间和地方文化意义续存、优化的多种要素融合，打造和形塑一个设施升级、空间可感、场所适宜、地方续存的场所，使社区民众在参与场所空间各种活动时，能够体会到场地、空间、环境和文化的变化与提升。

3. 要促进场所重构和创新

对老城社区来说，天长日久和缺乏系统维护修整的情况下，会存在物质空间破败不堪且无法有效规划修复的部分，对这些地段和区域，就要采取以地方重构和拆旧建新的形式进行系统改造。历史城区的改造更新，我们强调微改造、突出修旧如旧，但并不是说，每一个地块、每一个空间区位，都必须基于原状的基础来做"微创"手术恢复，而是必须根据实际情况，区别对待，杜绝对传统场所的成片推倒重建。而要根据场所发展设想和地方意象培优的指向性，对环境中的元素进行取舍、重构、改造，最终形成一个新的场所空间。同时，重构和改造的场所空间应该基于一定的自然条件、社会环境、地方特征、时代背景、文化意蕴、场所信息及面向城市生产生活需要的特定人群进行创意发展和规划预设，从而反映出改造地段在场所指向、文化指针和地方指代等方面所要表达的意向。

贝聿铭先生在苏州博物馆的设计构思中，就完美地展现了如何通过对环境元素的重构和创新，实现对改造对象的创意提升：通过对代表苏杭典型地域特色的白墙、灰瓦建筑及特色院落进行重构和改进，并以江南风格的山水园林进行空间对接和过渡，实现了博物馆空间和太平天国忠王府传统建筑空间的一体化与呼应化；他也通过这样的再造和重构手段，新筑了一个集现代化建筑、古建筑与创新山水于一体的场所空间，并系统地表现了地方意象的文化指向和时代特征。

(二) 以"意象集成"优化地方语境重塑

场所营建过程中，要根据老城区地方意象的历史特征、发展过程、内容符号和未来定义，突出加强老城区综合地方意象，通过意象集成，实现场所物质要素和非物质文化思想要素的集成与培优。

1. 对地方意象要进行一定的取舍

历史城市在漫长的发展进程中，其地方意义的形成根基深厚，内涵丰富。客观地说，一个城市的地方意象，文化语境体系中，有些无法对接当代城市发展中在全球化、城市化、一体化等方面的诉求。对这些意象内容，在城市更新的地方再造和意象整合中，一定要做必要的取舍，不能秉持"祖宗成法不可动"的僵化思维，要有历史视野，更要有未来洞见，对接时代要求来去莠存良。在佛山历史文化名城老城核心区的地方再造中，也需要适当地摒弃传统重商主义的某些不良观念，比如，狭隘效益观、商民思维等。在具体的场景营建中，加强对环境具体要素进行取舍和安排，从而使物质空间具有独特场所精神，满足人们日常生活和精神需要。强调和突出自然元素意象营造的科学意义，改善身体与城市环境的亲和关系，通过对自然元素的取舍来达到场所意象建设目的。如通过改造园林建筑和风景的开敞关系，使山水、山色成为空间重要组成部分，增加山水风光的季节性特色，营建空间感知随着季节变化而构筑出新的独特场所空间。空间要向自然开放，要促进人、空间、自然更好地发生联系。

2. 突出光对场所营造的作用

佛山老城区空间再造和地方语境重建的根本，就是要创设和提升地方性指归，而空间的终极意义就是场所精神。佛山历史街区的场所意象营建，要重视自然光影的效果，突出光在场所营造中的重要作用，光（自然光、人造光）是营建场所意象最生动、最活跃的自然要素之一，所以，对光的应用和取舍十分重要。因为光影的变化会塑造不同的场所氛围，也使建筑形象更加丰富，诱发更多的场所感知活动。佛山历史文化名城老城区的场所精神创设和地方语境重构中，一定要在岭南传统空间营造和建筑设计中加强对自然光的利用，并大力促进对人工光的设计和突出，实现基于三维立体层面，促进对光在瞬时和延时不同层面的完美利用，创设美丽新社区。

3. 强化场所和空间再造中的"意向集成"

意向集成主要在于通过营造一个真实有效的场景，使其空间具有"置身其中"的意义场所，例如，唐代诗人韦庄写的《思帝乡·春日游》："春日游，杏花吹满头。陌上谁家年少，足风流。妾拟将身嫁与，一生休。纵被无情弃，不能羞。"这首词通过描写一个天真烂漫的少女热情大胆地追求爱情的故事，生动、形象地向我们展现了一幅古代"游春"场景，并借由少女心思和少女情怀，延伸出一个少女慕情郎"思春"语境。"春日游，杏花吹满头"，点明了季节和故事发生地，一位如花似玉的美少女，在和煦春光中，漫步在花径，微风吹来枝头落英缤纷，飘洒在少女头顶。仅用八个字就勾勒出一幅春意盎然、色彩绚丽的少女春游图。"陌上谁家年少，足风流"，是写少女所见，一位少年公子也在风和日丽之时，漫步游春。翩翩少年的英姿使少女一见钟情。"妾拟将身嫁与，一生休。纵被无情弃，不能羞。"这是写少女的心理活动。生动地描写了少女心动少年，拟将身心付与之的心态过程。这首词以率真的语言，描写少女内心的情感；同时以白描手法和淡雅语言，描写出少女的美丽形象、坦率性格，更把迷人的春天展现在读者面前，为读者生动地勾画了立体的少男少女春游偶遇、心生爱慕的场景和画面。使读者能发挥其想象空间，体会少年（少男少女）思维直接、言随心动的奇妙意境。我们对场所意象空间的营造中，也需要对多种感觉意象进行综合集成，这样才能构建出一个真实的生活场景。"任何有意义的建筑活动都是多重感知的，通过眼睛、耳朵、鼻子、皮肤、舌头、骨骼和肌肉来衡量的。"①

（三）促进老城区综合功能全面提升

1. 要创新构建老城区地域新特色

任何城市都具有自身的地域特征，一个地区的地域特征，总是成长于具体的环境之中，受到所在地特定地貌、环境条件和所处地段地理要素所制约。我们强调地域特征构建创新，就是要强化对佛山老城区特定的风土人情、土地材料、生活方式、建筑特色等要素进行系统思考。"场所精神的保护，意味着在城市物质开发中，要加入历史文化的属性，发掘城市的文化特色，并物化为具体的空间形态和建筑的类型语言，运用到具体的实际操作中，注重对城市历史文化的发扬。"要深入思考城市社区的自身生长环境，尊重城市社区的特定自然和文化。"为了了解过去，我们依赖于某些形式的文献，以最广泛的意义来运用术语，依赖于契约、账簿、一栋建筑、绘画、照片、一位健在的证人，当然还有早期的历史记录，他们自身也依赖于某些书面的证据，就建筑而言，我们必须研究依赖于，尽管不是唯一的、视觉方面的证据。"② 在对佛山老城区地域特色的创新设计中，要杜绝陷入两种极端（一种是夸大并沉迷于当代技术的表现，另一种就是强调怀旧情绪，一味复古），而创设出城市整体特色、文化和地方意义的完美结合。

2. 要创新老城区新功能建构

对佛山老城区的改造更新，应是一个结合空间发展、地域特色、功能诉求等方面做系统平衡和取舍的产物，它不是一个仅关注纯粹技术性领域发展（基础设施建设）更新，而应包含诸如空间设计、区域规划、城市可持续发展和创造城市空间新鲜活力的活动场所。对于佛山老城区的功能建构，"它一方面受其必须在某个整体空间关系中占据的位置所规定，另一方面也同样受其应当服务的目的所规定"。③ 要加强对原有的社区和空间的重新定义、设计和改造，带动对建筑和生活方式的新诠释，

① ［芬兰］尤哈尼·帕拉斯玛：《感官性极少主义》，方海译，中国建筑工业出版社2002年版，第191页。

② ［美］布劳恩：《建筑的思考：设计的过程和预期洞察力》，徐伟译，中国建筑工业出版社2007年版，第84页。

③ ［德］汉斯·格奥尔·加达默尔：《真理与方法》，洪鼎汉译，上海译文出版社2004年版，第119页。

促进"空间的再现"和"再现的空间"的创新发展。

3. 促进城市地方记忆延续

好的空间场所构建、地方语境塑造与综合环境构建，其发展目的不是仅仅为了满足日常功能需求，承担已经拥有的用途特征，其更需要在新的探索中充当导向和促进作用。"凡是能被称为体验的东西，都是在回忆中建立起来的。……但是在另一方面，体验概念中也存在生命和概念的对立，体验具有一种摆脱其意义的一切意向的显著的直接性，所有被经历的东西都是自我经历物，而且一同组成该经历物的意义，即所有被经历的东西都属于这个自我的统一体，因而包含了一种不可调换、不可替代的与这个生命整体的关联。"① 可见地方记忆的延续和重构对佛山老城区改造重建是多么重要。而当下的全球化和城市化进程却逐渐模糊和消弭了人们关于城市和地方的本初含义，曾经的地方意义和场所映像，隶属于过去的那些关于城市和社区发展的历史、文化、感触、地景、建筑等在全球化、现代化、高端化等多项诉求中支离破碎，新的城市割裂了传统和过去，使人们对原本存在于斯的那些文化记忆和地方回忆在慢慢地忘却。城市不是为某个人、某个特定的阶层或某个特定类属的人群而建造的，城市的更新、建设和发展要面对多元主体及多种人群，众多不同身份、背景、性格、职业、收入、阶层的人群都是这个城市的主体，他们都有权利获得和接受这个城市提供的服务及馈赠。对城市来说，不同的人及其生活群体依赖的元素认同感、文化解读感以及他们喜欢的空间形态千差万别，因此，城市更新改造的发展方向和设计思路应尽量创造一个丰富表达共同场所精神的社区、城市和区域特征，在这个共同的社区、城市和区域中，不同的空间体验者都会从其中发现自己认同的感性材料，延续他们内心的人文记忆。

4. 加强老城区改造中的审美培育和体验创设

所谓体验，即行为、身体、时间、过程及仪式化等作为人可以知觉的符号，凭文化的记忆去理解的空间。扎哈·哈迪德在她的作品探索中大胆应用了各种方向的斜线，使其设计在每一次移动的体验中均可看到建筑的不同形象变化，以此来证明时间和空间的意志力量的意义，这种

---

① ［德］汉斯·格奥尔·加达默尔：《真理与方法——哲学诠释的基本特征》，上海译文出版社 1999 年版，第 86 页。

意义就成了一种存在意义，是体验与阅读努力的结果。人通过感觉，主要是视觉和触觉，联想在寻求中发现客观境遇，在连续不断地从各种外部对象中寻觅新形式及其意义。对建筑的阅读过程是一种体验，它是随行为活动的进行而得到的反馈，老城区和那些废旧的厂房车间，由于它们可以为人们提供一种关于过去的历史和地方印象的记忆，这些记忆随着时间的迁延，渐渐地被人们所不熟悉或者被淡化遗忘，但它们却又是本地、本区在时代变化中的特殊体验，这样的特殊体验和地方记忆，随着改造更新的地方化呈现、历史场景的恢复，而使这些改造后的景观和建筑给予人以历史、文化和地方意义层面的亲切感与不舍，从而广泛地受到大家的喜爱。

当然，对城市历史文化、地方意义和场所精神的发掘、组织，也不能只停留于基于建筑表象或者城市实体形态方面的外在表达，仅仅保留旧建筑的外皮或片段化的手法都是表面化的，都不足以深刻地体现和反映出城市更新中的文化设计和地方关怀。只有把人的体验和旧建筑完美结合，才能真正挖掘出它的内在价值。

在佛山老城区的改造设计中，建筑被理解成为一种含有精神的情感体验"场所"，灰墙、砖雕、铺地、切面等语言被用来阐释空间建筑，通过协调周围城市肌理构成并与反射着人和周围环境的人文元素一起，传达出置于其中的"在场性"意境，从古典词汇到现代建筑运动的遗产中借用来的建筑元素，以及当地石材、砖、钢木结构，玻璃等被有形地拼贴到一起，表现空间构造形式，使更新街区带有和谐的情调，它消除着当代建筑的包装化痕迹，使不同元素在清晰的逻辑演绎过程中呈现自身特色和相互关系。

5. 促进创造不同

在所有艺术创作中，个性特征是显而易见的。"风格会通过不断地包容和排斥来不断运转，这就意味着接受某些形式而拒绝另一些形式。"[①]然而，避免复制，杜绝把设计问题简单化为选择题，成为独特场所精神表达的核心问题。城市更新和设计中应尽量避免使用自己的视觉语言和典型风格元素，在更新街区外墙、道路主要覆面材料和基本色调的选择

---

① ［美］布劳恩：《建筑的思考：设计的过程和预期洞察力》，徐伟译，中国建筑工业出版社 2007 年版，第 100 页。

上，我们可以凭借"地方性"元素中固有的内涵和形式来排除各种可能性，进而做出最接近地方语言的选择。布劳恩说，建筑是以思想观念为基础的对空间和材料的深思熟虑的处理，通过排除，我们拒绝了包容各种风格的可能性，而通过包容，我们解决了一系列受到技术限制的实现形式和途径；人的生命依赖于各种场所，而场所的各种不同的意义释读也便成为生命的具体体验方式，如何通过场所意义转化成为人与环境的体验内容，并最终转化为个人的精神感悟，是在设计过程中始终关注的问题。

对佛山历史文化名城老城区的更新改造而言，在实现场所意义和环境体验的完美结合并创造不同的进程中，必须关注以下问题：①文化主题的提炼和表达；②老城区场所特征的明晰和提升；③基于地方文化意义和场所精神表达的设计可识别性，使老城区的主要视觉元素在有机组合下形成一个令人愉悦的可回忆和可品味的环境模式；④通过场地规划和建筑设计使场所的设计表述出地方的文化地理含义，反映佛山地方性和城市人文风貌和场所意义的独特性。"真正有实质意义和创新意义的行动必须扎根我们自身的文化沉淀，以优秀传统文化为基因，以当代文化精神为元素。"① 基于地域独特性的精神要义和文化精髓为营养，才能塑造出不同特色而又映射出鲜明时代特征和地方性的老城区更新空间。

（四）建构多元开放的更新改造格局

1. 建构多元价值容异格局

一直以来，我们对历史文化名城及其街区的价值认识与文物、遗产、传统建筑等的管理都存在范围过窄、惠及面小等问题，这就不可避免地造成老城社区、街区及其建筑在缺乏合理保护的情况下，逐渐地被消耗和蚕食。比如对不同时期出现过的不符合街区传统风貌的"异类"建筑，目前多不见融入保护体系之中。近年来，随着对传统建筑、历史遗产等的认识加深和保护意识增强，政府和投资主体对老城区更新中涉及的不同类型建筑，开始采取抢救性保护措施，我们应该认识到，随着对保护理论和认知的不断深入，维护社区"活力"、促进社区"可持续"发展，正越来越成为老城区保护更新的核心。并采取更为宽容的态度对待异类建筑，全面挖掘其新的价值。"价值容异"就是强调对多样复杂、差别矛

① 马钦忠：《公共艺术基本理论》，天津大学出版社 2008 年版，第 24—25 页。

盾的要素和元素维持更为宽泛的包容性。比如奇特怪异建筑、特殊和惯习空间、非正规场所等。老城区被认为是一个有特殊意义场域的关键因素，就在于这些惯习能不断地浸染和同化主体日常生活行为。在佛山老城区的更新过程中，如果缺乏对本地居民惯习的充分考虑和尊重，对承载惯习的场所进行肆意的毁弃和破坏，那么，即使更新改造产生再大的经济效益，它也无法被认为是一个具有社会价值和传统意义的场域，新制造的空间和地方语境也缺乏真正的内涵和社会意义。

2. 建构适度的肌理容变弹性机制

城市肌理是由城市自然系统与体现城市历史传统、经济文化的人工系统相互融合、长期作用形成的空间特质，是城市、自然环境与人共同构筑的整体。"肌理容变"是指在老城区改造更新中，要包容随时间流逝而带来的空间肌理变化，包括在宏大叙事、政治正确和静态史观中通常被判定为错误或不应存在的空间形态和建筑组合形式，包容琐碎、低微、细小的在地线索对老城区肌理的不断"打磨"。老城区的空间肌理一般都具有历时拼贴与内生演化的特征，在它们从原型肌理向类型肌理渐次转型、演变的过程中，会逐渐地衍生出大量似是而非的肌理类型，并导致历史文化名城老城区的建成环境产生空间肌理的多样性和复杂性。由于空间肌理作为遗产空间内在逻辑的外在形式，它有典型的存在必要性和保护合理性：①显性图形特征会直接表达遗产要素的空间尺度、组织关系和形态特征；②肌理组织的渐进式调整或突发性嬗变，暗示了自然、社会、政治、经济等力量在城市空间上产生的作用，它也成为我们通过肌理去认识城市文脉的线索。在保护实践中，我们要对遗产空间肌理的变化进行理性的类型分析，区分原型、类型等不同的肌理。按照现有的保护规划法规，对保护原型必须纳入重点保护对象，而对类型单元则以保留整治或者拆除重建为主。现阶段发展的现实就体现在大量的类型单元处在或"拆"或"留"之中，但也往往因为对"类型"的认识不足，使"可拆可留"被简化为"大拆大建"。使老城区大量的传统肌理被破坏殆尽，那些法律明确规定需要重点保护的建筑也因此失去了周边文化环境。这种情况大量出现在商业资本主导老城区改造的进程中。

城市肌理的类型变化是一个从量到质的变化过程。通过对肌理演化过程的剖析，能够更进一步确定改造区域各组成街区肌理中各种现存建筑的价值和意义，进而使保护可以在更宽泛的面上来推进和实施，而不只是对重点保护建筑的重视，并以最小的干预作用于若干肌理单元内部，避免大面积拆建改造。

3. 建构更为宽容的"风貌容拙"机制

城市是人的城市，我们建造城市，最终目的是满足人民对城市生活的追求，满足人民对美好生活向往的追求，这种城市生活和美好生活的尺度，应该是相对宽泛和多尺度的。城市应该对多种生活方式、多种存在形式保持必要的宽容，不能过于追求对单一审美，比如，规整、整齐、宁静、标准化等。我们要有对多种人群和生活方式，包括某种程度上的"乱糟糟、闹哄哄"社区环境的容忍程度，要有一个可以原真性地展示城市过去、现在和未来可能性的场景及空间。"风貌容拙"是指包容那些以经典建筑学标准，被视作"丑陋"的在地现实，包容拙朴平凡的在地生活，不以激动人心的非凡奇观作为目标，而以包容普通人日常生活为目的。中国古典美学有追求"古拙"之传统，如书法有清代书法家傅山所言"宁拙毋巧"，讲究自然朴实的美。书法家推崇"大巧似拙"，其目的在于追求字体内涵的灵动和意趣的挥洒。古拙美是更深层次的美感，可以说古拙美是精神上的美。老城区的改造更新，也应该建构更为宽容的审美标尺，快速工业化和城镇化导致人与环境的分离甚至对立，也使更多的人认识到这种关系的不可持续性，回归传统、崇尚自然成为当下人们的强烈诉求。有了对崇尚自然、怀旧寻根等现象的哲学认知后，就容易理解越来越多的人开始主动探寻历史的遗迹。从"日常生活视野"切入，采用一种自下而上的方法研究老城区包容不同空间的层积并置，并从细节出发阐释城镇生活的多样性和生活空间的复杂性，珍视自主发展形成的混合状态，才能放弃"宏大叙事"和精英角色，避免自上而下的宏大理性规划造成限制人的行为和生活的单向度操作。只有这样，老城区才真正能够存续其文化价值。因此，我们应注重老城区更新中不同的体量、形式、色彩、材质等风貌要素，在与街区原初风格发生冲突时，包容其地方性的多元风格构成，使老城区具有场所精神。"任何环境都会充满居民行为留下的种种痕迹，这是他们所做一切的无声见证：踩旧的踏步、泥泞的小路、墙上的画线与擦痕、小品陈设、晾在绳上的衣服、垃圾角内的废物、侧石旁的大车、入口踏步的花。……总体设计师要学会阅读这些标志，就像狩猎者识别森林动物的足迹一样。"居民在城市老城区中留下的生活痕迹，是老城区居民的深厚情感寄托和生活记忆，是地方得以确立和识别的深层因素，这甚至比独特的典型地域建筑风貌意义更大。老城区依托居民日常生活中留下的痕迹，不断演变为具有精神意义的场所空间，释放着居民对老城区爱恨难离的真挚情感，因此，只有回到包容多样日常生活的地方语境中，城市老城区才能找到真正的意义存续路径。

第三章　遗产的传承

习近平总书记指出："历史文化是城市的灵魂，要像爱惜自己的生命一样保护好城市历史文化遗产。要本着对历史负责、对人民负责的精神，传承历史文脉，处理好城市改造开发和历史文化遗产保护利用的关系，切实做到在保护中发展、在发展中保护。"[①] 可见，历史文化遗产的保护和传承，对一个城市而言，是何等的重要和必要。同时，他还指出："一个城市的历史遗迹、文化古迹、人文底蕴，是城市生命的一部分。文化底蕴毁掉了，城市建得再新再好，也是缺乏生命力的。要把老城区改造提升同保护历史遗迹、保存历史文脉统一起来，既要改善人居环境，又要保护历史文化底蕴，让历史文化和现代生活融为一体。老北京的一个显著特色就是胡同，要注意保留胡同特色，让城市留住记忆，让人们记住乡愁。"[②] 文化遗产不仅关乎城市历史，更是城市地方特征维系、城市生命力永葆的基底和核心，对历史文化名城来说，维系好这个城市之根，维护好城市文化和地方传承的外化物质遗产，是事关城市可持续发展的关键所在。

佛山是中国第三批历史文化名城成员，在其肇迹晋唐发展至今的漫长岁月中，遗存了大量文化、历史文物，蕴含有丰富多元的文化地理信息和要素，对这些物质和非物质文化遗产的系统保护，不仅让生活在这个城市的人们可以更好地了解它的历史、它的过去，促进美好生活的满足，更能绵延这个城市的发展之根。然而，现代化、全球化、去地方化等冲击之下，佛山城市的地方历史、文化记忆、历史传承也正在全面承受不可承受之重的毁弃、破坏和遗失。对佛山历史文化遗产的保护、传承和动态活化利用，也成为当下城市发展中迫在眉睫且时不我待的一项

---

① 习近平总书记在首都北京考察工作时的讲话，2014 年 2 月 25 日。
② 习近平总书记在首都北京考察工作时的讲话，2014 年 2 月 25 日。

中心工作。对佛山市文化遗产保护问题，该坚持何种发展理念和思路，秉承何种保护、发展、活化的原则和方法，保护实践中该做什么、如何去做等问题，就是本章讨论的核心话题。

第一节 遗产与遗产保护

一 文化遗产

文化遗产是具有重要历史、艺术、科学等价值的人类文明遗存和见证，是人类物质文化遗产的载体。从概念上讲，文化遗产是指在历史、艺术或科学等领域具有突出普遍价值的建筑物、碑刻壁画，具有考古性质的铭文、窟洞以及联合体；在建筑式样、区域分布或与环境协调方面，具有突出普遍价值的单立或连接的建筑群；从历史、审美、人种学或人类学角度看具有突出普遍价值的人类工程或自然与人联合工程以及考古地址等地方。包括有形和无形文化遗产两个方面。有形文化遗产，即传统意义上的"文化遗产"，根据《保护世界文化和自然遗产公约》（以下简称《世界遗产公约》）的定义，包括历史文物、历史建筑、人类文化遗址。无形文化遗产，根据联合国教科文组织《保护非物质文化遗产公约》的定义，是指被各群体、团体，或个人视为文化遗产的各种实践、表演、表现形式，知识和技能及其有关的工具、实物、工艺品和文化场所。当然，不同国家对文化遗产内容的规定有所差异，各国也以不同的态度去理解文化遗产，并以不同的方式进行保护。我国文化遗产主要由物质文化遗产和非物质文化遗产构成，其中物质文化遗产又分为可移动文物和不可移动文物两种类型，包括古遗址、古墓葬、古建筑群、石窟寺、石刻、壁画、近现代中药史迹及代表性建筑等不可移动文物，历史上各时代的重要实物、艺术品、文献、手稿、图书资料等可移动文物，以及在建筑式样、分布特征或环境景色结合方面具有突出普遍价值的历史文化名城（历史文化名镇、名村和历史文化街区）。非物质文化遗产包括口头传诵、传统表演艺术、民俗活动和礼仪与节庆，有关自然界和宇宙的民间传统知识和实践、传统手工艺技能等以及与上述传统文化表现形式相关的文化空间。从类型上说，文化遗产所包括的内容和类型丰富多样，包括已定级的文物保护单位、未定级的不可移动文物、优秀近现代建筑、工业遗产、文化风貌保护区、非物质文化遗产等。

对文化遗产的分类情况大致可以用图3-1来表示。

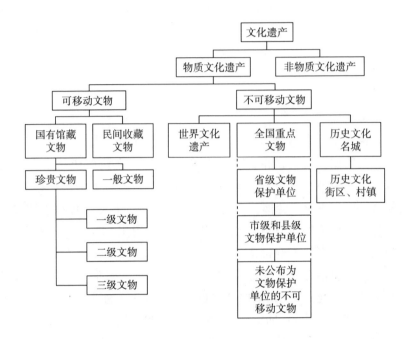

图3-1　文化遗产分类示意

文物保护单位是我国不可移动文物体系核定的最高保护级别。《中华人民共和国文物保护法》（以下简称《文物保护法》）对文物保护单位的定义、内容等有明确规定。文物保护单位是指由各级人民政府依法确定的、具有重要价值的地面、地下不可移动文物的总称。根据其价值，一般分为国家级、省级、县（市）级三个级别，分别由国务院、省、县（市）人民政府公布。根据文物类型，一般可分为古遗址、古墓葬、古建筑、石窟寺及石刻、近现代重要史迹及代表性建筑等。《文物保护法》第十五条规定："各级文物保护单位，分别由省、自治区、直辖市人民政府和市、县级人民政府划定必要的保护范围，作出标志说明，建立记录档案，并区别情况分别设置专门机构或者专人负责管理。"目前，针对物质要素体系，尤其是以城乡体系中建成性构筑物为遗产标的的文化遗产保护体系，其中之一是我国自己的保护体系，即以文物保护单位、历史街区和历史文化名城三个保护层级为核心的保护框架体系已经建成，由于保护工作的复杂性和曲折性，我国文化遗产保护经历了一个从侧重单体文物上升到整体保护历史文化名城、再到重视对局部地区——历史街区保护的过程，时间跨度长，延续程度高。其二是以联合国教科文组织和世界遗产委员会的世界遗产（有突出意义和普遍价值的文物及自然景观）保护体系，其在类型上分为自然遗产、文化遗产、自然与文化双遗产、文化景观以及人类口述和非物质文化遗产代表作五种类型。该体系从20世纪80年代后半期开始启动申报，其后迅速被接受和普及，目前已经发展成为国内重点遗产项目申报的一个保护体系。上述两个体系有一个共通点，即都是保护具有一定规模、保存完整、具有典型代表性和价值突出的遗产，在保护核心指向上，尤其要求历史价值足够丰富，强调原真性和完整性对遗产价值的支撑作用。需要指出的是，当前围绕文化遗产和世界遗产体系的评价标准，往往都相对忽视城市动态历史发展过程。这一点将成为文化遗产未来发展的重点关注领域。

对佛山这样一个传承悠久的历史文化名城来说，我们讨论其文化遗产，当然可以从较为宽泛的层面（包含物质文化遗产和非物质文化遗产两方面）来深入讨论，鉴于目前围绕历史文化名城、历史文化街区等的保护、开发和活化利用，都较为集中在物质文化遗产领域，故本书讨论佛山历史文化名城保护中的文化遗产，重点在物质文化遗产领域，特别是以历史建筑、优秀近现代建筑、保护建筑、街巷空间及其附着物等有形载体。这些往往通过地方立法形式赋予了法定保护身份。[①] 同时，我们也应该清醒地看到，佛山历史文化名城保护发展中，除少数有着法定身份的建筑遗产被采取一定保护措施外，历史文化名城老城区保护区范围中还存在着较多的、尚未纳入保护体系之中（保护标准尺度问题，价值问题等）且缺乏必要的保护法定身份的普通城镇建筑类遗产，其存续状态令人担忧。为将佛山历史文化名城老城区大量的非文物保护单位的各类建筑实体纳入讨论范围之中，本书将遗产概念延伸到非法定领域，将这些不在保护名录中的大量普通遗产都纳入本书讨论的遗产保护范畴之中，并突出和强调对佛山历史文化名城中的城镇景观、空间环境、街巷肌理以及其他物质和非物质文化遗产的系统性保护及其讨论。因此，本书提到的以历史城镇物质性构筑物为主体组成的文化遗产，是指自城镇

---

① 《佛山市历史文化街区和历史建筑保护条例》和《佛山市西樵山保护管理规定》。

环境建成以来，始终发展并作为承载城市居民和外来客商的日常生产及生活，具有较高完整性、规模较大和历史积淀较为悠久的物质环境，比如文化名城、历史城镇、文化小镇、历史街区、历史文化风貌区、历史性城乡景观等。同时本书所说的以历史文化名城建成环境为主体的文化遗产，其在内涵上包括城市发展传承过程中的产业文化遗产（如各种农业、手工业、商业等）类型，生产型文化遗产和生活型文化遗产。

二 发展历程

与中国改革开放发展相伴随，中国的区域开发和城乡建设也呈现出一片繁盛景象，这种区域和城市环境、基础设施等的发展提升，大大改善了城乡人民生活品质。与此同时，以城乡空间发展和历史文化设施改造更新为主题的活动，也成为历史文化遗产保护体系中的重要组成部分，得到高度重视。然而，需要指出的是，随着经济社会发展、现代化进步和城镇化进程的深入，老城区仍有大量历史建成要素因为历史原因而更加破败、毁弃，无法适应城市化和现代化需求，被时代所抛弃。城市发展中的社会经济要求与历史建成环境保护之间的矛盾日益深化。历史文化城市社区中那些文化遗产载体和环境不断恶化，最终因失去生活居住的吸引力而全面破败消亡——有较强经济实力的原住民迁出，老城区的传统居住空间被以较低的价格租赁给外来低收入人员，原住民中那些能力较差、实力不足的人也只能继续"坚守"，使这些曾经在历史时期闪耀过光芒的明星社区，在时代变迁大潮中逐渐沉沦成为低下生活水平和低收入人群的集聚区。另外，城市在全球化、现代化和城镇化浪潮下，为实现快速赶超、跨越式发展等宏大目标，制订了以更加现代化、高档化为追求的城市发展规划和建设方案，这对历史文化名城传统社区的发展，造成了无法挽回的遗弃、破坏和损毁，大量连片历史建成环境被彻底清除。一份来自全国人大的专题调研报告（2012年）的统计数据就说明了现实的严峻性：改革开放以来，中国累计减少的4万余处不可移动文物中，50%以上是由于城市房地产发展中"推倒式重建"所造成的。

在文化遗产保护实践中，近年来，围绕着老城区物质性要素及城市建成环境的保护与利用问题，国内进行了大量的实践探索，相关成果也颇为丰盛，对老城区的保护发展工作也提供了较好的实践指导。比如通过功能置换方式，实现老城区物质要素和建成环境的全面复兴；通过对老城区物质要素环境及街区功能改善，实现保护与开发双赢等，都是相关探索的积极成果。佛山岭南天地、浙江乌镇、武汉汉街、重庆一河两岸、西安大唐不夜城等城市连片区的系统整理发展，带来的社会经济全面发展，都对老城区的连片改造和城市社区文化遗产系统保护提供了参照和指引。

进入 21 世纪后，中国历史文化名城、历史文化街区、文化遗产等的保护工作取得较大成绩。诸如遗产线路、遗产廊道、大遗址保护、世界遗产申报等都大大拓展了人们的认识及实践，针对不同遗产保护的实践也趋于多样。

（1）从认识论视角来看，对文化遗产保护的关注角度从偏重于面向历史名城老城区的物质要素和物质环境方面的改造更新以及功能优化提升，更加关注城市"人"的优化提升，更加关注"人"和"生活形态"的遗存赋存，并从时间发展层面形成历史城市保护和历史文化空间中的连续信息传承和保存。

（2）加强对多学科领域知识的复合集成，形成综合开放的历史城市文化遗产保护理论支撑体系。以往的物质要素改造更新建设实践中，往往关注物质要素的改善、提升和优化发展本身，而缺乏基于更为宽泛的视野去审视城市的过往、历史、社会、文化、民俗、地方等多种作用对改造发展产生的影响，这在一定程度上造成文化遗产保护发展中出现"头疼医头，脚疼医脚"的现象，进而影响到保护发展效果。因此，新时代的文化遗产保护，要广泛吸收文化、哲学、史学、旅游学、人类学、民俗学等相关学科研究成果，加强梳理和整合，提高改造更新的全时段效果。

（3）加强对文化遗产保护开发利用的可持续利用机制建构。现有文化遗产和历史街区保护的相关理论虽然试图以发展的持续性为目标，但是在发展的科学机制层面，依然无法建立系统有效的解释及实施机制。由于社会经济发展阶段、理论认知等的局限，保护实践也相应地停留在保护、发展、利用等关系协调上，而没有对文化遗产永续和可持续利用形成共性的体系性认知框架，造成实践改造发展中的底线失守，可见文化遗产保护永续利用机制的建构，对历史名城老城区的文化遗产保护和活化利用，至为关键。

学术研究方面，文化遗产保护研究在经历长期发展与演进后，主要取得以下成就：

（1）学者拓宽了文化遗产保护的对象。一是从文化遗产到历史地段，到历史城市，保护领域更加丰富。二是保护的对象从人工环境到自然环境，再到城市文化，保护对象更加立体多元，保护措施更加丰富具体。三是从文化遗产自身的保护到与城市发展和城市规划的结合更加紧密，手段措施更加丰富多元。四是保护的话语逻辑从前期高度重视那些对国家民族话语支配下的珍贵文物古迹，延伸拓展到对广域范围内的城镇、街区等地方性集体记忆的系统保护。其在拆解传统保护体系的权威性话语系统之外，更给遗产保护利用，增加了更深刻和多样化的内涵与价值。学者认知上，更为重视和强调"不存在遗产这么一种事物"论调，认为遗产只是一种话语建构，强调城市文化遗产中的"普世价值"。同时，学者强调指出，特定遗产对象和社会群体，往往也能叙述出不同的记忆或者故事，并赋予建筑遗产不同的联系和意义，建立社群不同的身份认同。

（2）在复杂巨系统理论指导下，确立立体复合的文化遗产保护存续框架，形成综合性系统研究体系。为应对遗产保护存续中面临的多层面问题交织带来保护工作的复杂化、共识叠加、平衡困难及利益主体间矛盾冲突激化致使难以协调等问题，学者们研究建构立体复合的文化遗产保护存续框架，形成综合性研究体系。一些学者基于多学科交叉思考文化遗产保护中的复杂问题，系统地对历史文化名城的文化遗产和物质性建成环境保护的多个层面进行阐述，为建立历史文化名城遗产保护理论体系、提升保护管理水平做出基础性贡献（吴良镛、张松等）。

（3）针对文化遗产保护典型问题的专项研究更为丰富。研究者从多学科知识出发，针对某一专项问题进行探讨，如遗产价值评估研究与遗产资源保护技术、政策法规研究等专项研究，形成核心目标明确而外延广泛的研究局面（李将、单霁翔、张杰、田莉等）。如日常生活与文化遗产的关联性研究兴起于20世纪90年代，并随着历史街区保护工作的大量开展，使学者开始关注历史文化名城和特定地方对生活方式的保护，包括对历史文化名城改造更新中的建成环境改变导致的生活真实性丧失问题、日常城市遗产保护与关注、历史叙事空间化与日常生活之间的关系等。杨宇振教授指出，作为空间的当代社会实践，历史叙事空间化是寻求垄断地租的当代现实，建筑的社会生产营造出记忆、失忆与伪忆之间的张力结构，建筑师和规划师应该批判性地开展思考，并且主动进行专业性语言的创新应用，生产出具有当代意味的、激发思辨的空间，只有这样，才能尽可能地接近客观的历史发展，批判性地保存真实的历史记忆，日常生活才能走出被历史叙事不断异化的窠臼，进而在日常生活中寻找真正的价值以及更多可能（杨宇振，2015）。可见，对日常生活的关注和研究，有效地填补了传统研究中对文化遗产的认知局限，并从社会学、文化学等多角度开展遗产保护实践的批判性建构。

（4）促进文化遗产保护研究的文化叙事转变。在近年来学术研究的空间转向和文化转向风潮引导下，历史文化名城的文化遗产保护，也开展文化转向的思考和探索，学者通过文化叙事的转变，将文化遗产保护和城市建成环境作为既传承重大城镇历史事件留下的宝贵遗产，也将其作为传承地方日常生活小事件的持续空间场景，分析地方文化和城市地方发展传续的一般肌理。此种研究框架中，对城市历史文化遗产的保护与更新，不再仅仅只是一种物质要素的更新、改造和提升，它更关注城市生活的主体——"人"在城市历史场景和地方空间的行动逻辑与心灵感受等非物质性关照，从而整体上形成"日常生活关照＋城市叙事空间"的文化遗产和历史文化名城建成环境存续基础。

可见，目前文化遗产保护研究，把对历史文化名城的文化遗产和物质要素及环境的保护置于更为广泛的学科视野中，使历史文化名城的文化遗产保护和建成环境空间维持，能够在多学科的知识体系中寻找答案。当然，我们也特别指出，由于研究对象的复杂性、多元性和研究认知的局限性等制约，目前对于文化遗产保护的研究，在问题关联、视野关照和理论整合等方面仍需加强。特别是面向综合性研究导向下的遗产价值评价、遗产多元存续、复杂保护机制等，不同研究之间需要继续加强和保持更为有机的配合关系。同时亟待立足规划、建筑等学科基础，大力引介人文社会科学，特别是社会学、文化研究、人类学、叙事理论等，开展融会贯通的策略体系研究。

三　发展特征

（一）从精英审美到功能化导向的早期文化遗产认知发展脉络

实际上，早在19世纪中期，随着欧美国家（尤其是欧洲国家）的技术与经济进步，带动了文化遗产保护理论的发展，至20世纪中期，欧美国家文化遗产保护理论及其实践完成了第一阶段的积累和探索。此一时期，对文化遗产保护理念的认知和实践，突出表现为以建筑师、设计师等主体审美视角为原点的价值认定和以文化遗产保护专家对于历史信息的真实性认知之间，关于文化遗产（文物古迹）的价值认知、认定及其保护手段之间的矛盾和冲突，并以前者的全面退却（过度依赖建筑师审美的价值观被全面摒弃），而接受和尊重文化遗产蕴含有多种来源历史文化信息的价值观逐渐成为主要的保护理念。如《雅典宪章》就明确记载要摒弃"风格性修复"的方式，重视加强每一处历史建筑风格的延续和凸显，并以此为基础促进和强化对纪念物的保护工作；尊重并尽量不改变历史文物的位置以及其周围景观环境；允许在文化遗产保护实践中加强现代建造技术的使用，但必须以尽量隐藏并不对文化遗产外观造成破坏为前提等。此一时期的文化遗产保护实践基本是在欧洲少数精英知识阶层的作用下进行推动的。而从勒—杜克发动"风格性修复运动"开始，欧洲逐渐开始反思"风格性修复活动"会对历史建筑所包含的真实文化内涵产生冲击和破坏的事实，进而更加关注文化遗产修复中的真实性存续问题。客观地说，这一时期围绕着文化遗产保护，局限性非常突出。如保护范围有限、保护对象仅关注文物、对文化遗产价值的认知形而上而没有从多样性角度进行认识等。而《威尼斯宪章》以及后续文件关于文化遗产保护的理念，倡导最大化留存附着于文化遗产之上的真实历史信息，保护其作为历史存在物的客观见证价值。自此以后，文化遗产历史信息真实性被作为保护理论的出发点，进而构建出一整套理论原则，特别是"道德守则"的提出①，对文化遗产保护理念的完善起到了良好促进作用。虽然《威尼斯宪章》标志着文化（建筑）遗产保护开始进入寻求科学保护历史遗产路径的新阶段，但在内容上仍然侧重于文物修复技术领域，并持续延续精英思维和艺术指向。《威尼斯宪章》的提出，并不是为了厘清城市历史建筑保护与社会发展的关系，而仍然是以文化遗产的单体和遗产局部保护为主，它自然无法也不能回应保护和社会发展的再利用问题。

20世纪70年代以后，严重的资源和生态危机唤起人们的环保意识，人们开始重新评价和保护城市历史环境，欧美国家持续出台特定政策以扶持文化遗产的保护和再利用工作，其目的是通过对建筑遗产的再利用，

---

① 如规定文化遗产保护修复过程中如果造成历史信息被丢失、混淆，导致改造单位丧失掉其历史实物的见证功能就是不道德的行为。而出于谋求利润回报，无底线地刻意造假就更是对文物的犯罪等。

促进老城区的社会复兴与经济发展，取代原先那种被认为是巨大浪费的推倒式重建方式。城市发展观念上出现比较大的改变，即由之前对城市彻底的开发转变为文化遗产的保护和适当的更新利用设计，更加关注场所感、历史文化与空间的关联性等城市无形的情感和文化内涵。城市更新在内容侧重上，也由对贫民窟的清理和改造转变成着力提升社区环境质量和恢复社区活力；在文化遗产保护和城市更新方面，也从仅仅关注单一的物质空间整治、转型演变为全面关注老城区的社会、经济、物质环境问题，并在更新手法上实现由推倒式重建转变为小规模渐进式持续发展。对文化遗产的保护工作开始与人民群众的日常生活深度结合，成为社会复兴的重要手段，建筑遗产再利用也发展成为普通民众日常活动的重要承载空间。在文化创意产业发展驱动下，文化遗产的再利用迈入更为丰富和充满活力的空间艺术发展潮流。在发展原动力上，立足于经济发展的主导作用，实现文化与资本的融合和共生，促进了文化遗产保护理论实践进入繁荣期。新的保护区域和空间被持续提出，从《内罗毕建议》中的历史地区概念到《马丘比丘宪章》中的城市独特性保护，再到《巴拉宪章（保护具有文化意义地方的宪章）》提出的"地方［指场所、地区、土地、景观、建筑物（群）或其他作品，同时可能包括构成元素、内容、空间和景致］、构件（指构成'地方'的一些物质性材料）、文化意义（指某种特殊空间形态或要素附着美学、历史、科学或社会价值）"等，都是这种趋势的见证和成果。特别是《巴拉宪章》，其对文化遗产的保护和改造提出的一些指导原则，至今仍在遵循和实践。①

（二）20 世纪末以来更加重视环境多样性和日常生活文化延续

进入 20 世纪末以来，随着多元文化思想观的全球普及，文化遗产保护领域也进一步多元化、多极化和多样性。非西方社会文化遗产保护学者开始基于自身文化背景，从多元视角出发，揭示本土文化的传统与发展，为本民族争取文化传承的话语权，同时对欧洲主导的保护观进行质疑。如《奈良真实性宣言》（以下简称《奈良宣言》）在重申文化遗产"原真性"和"多样性"的同时，指出文化的多样性是人类最为宝贵的精神财富，不同的文化遗产跨时空存在于这个美丽星球之上，也应该得到

---

① 如《巴拉宪章》提出的，当改造只对一个地方的文化意义有非常小的影响时，改造才可以进行。《巴拉宪章》认为，文化意义延续是改造利用的前提。

世界各地的各种文化和信仰的尊重。同时，对原真性的保护方式也应该是多样的。东方传统下的文化遗产在保护思路、手段、方法等方面，都应该和西方石材建筑有所不同。这样，东西方文化遗产保护的思路应该存在差异化，促使人们认识到承认文化背景或"环境"的多样性对文化遗产保护的重要影响。2005 年提出的《西安宣言》进一步指出了环境及其影响对文化遗产的重要作用，因此，要明确认识到文化遗产周边环境的重要价值，同时，对环境本身，我们也要清醒地认识到它是作为文化遗产的价值和特征存在的要素，包含着物质实体、视觉感受、与自然环境的彼此作用等多种含义；有关环境的理解、记录和阐述，对任何建筑、遗址或城市（地区）的价值评估都非常关键，要结合各个学科的综合知识、收集多种渠道的信息，才能全面地分析、更充分地理解环境。《西安宣言》进一步深化了环境对文化遗产重要程度的认识。可见，自 20 世纪下半叶起，我们对文化遗产对象的认识，开始从单一要素逐步深化融入城镇的经济、文化、社会等各项发展要素，并从精英主义观走向大众日常生活的功能使用和情感体验保护观。文化遗产保护的技术方法也在不断进步，形成了全球尺度的、更为宽泛意义上的保护理念。

进入 21 世纪以来，"文化"成为文化遗产保护的主线和核心内容。文化遗产保护回归到文化概念本位，研究更是拓展到人类学及其他跨学科领域，主要包括以下两个方面。

1. 更为关注日常文化中的活态遗产

活态遗产是指在历史进程被创造出来，历经多个创造者的共同创造和使用，至今仍在持续发挥作用的历史遗址、文化传统或者有核心社区生活在其中或附近的遗产地。人类对活态遗产的关注，主要源自后工业时代对工业化和经济全球化的再审视。人们更加关注自己身边的生活环境以及那些难以存续、受工业化影响较大的传统文化发展和续存问题。通过历史认识世界，我们可以发现，文化是以一种活态有机的形式存在。由此人们更关注文化遗产的活态价值，强调它的活态性能够有机地促进文化遗产使用功能延续。活态遗产重视诸如历史传统、文化传承、生活方式延续等非物质文化价值，对非物质文化遗产的探索也拓展了其内涵和外延。活态遗产可以涵盖普通市民日常生活空间与身边风景，它可以是具有地方特色的街巷立面、传统民居、堂屋天井、商店铺面、村头广场、休憩条凳等。比如，上海的小弄堂、民国风，深圳的红花、绿树、大道，成都的小酒馆、小酒吧、小夜宵摊点，重庆的火锅店等，或因巷曲弄深而闻名，成为当地普通市民的生活百态图；或者红花遍道，绿树成荫，现代气息的大道反映出改革创新的丰硕成果。这些街区生活百态，里巷人家，反映的就是生于斯长于斯的市民、商人、工商业者生活图景，是社区空间和生活图谱的当然焦点，是社区公认的重要文化遗产，但是，它非完全物质形态，也无法进入重要认知之列，所以，也就没法进行保护。但它又是如此重要，缺其一角，我们就无法完整地观察和回看城市的曾经与现状，因此，它必要也应该成为文化遗产的当然组分。如果我们将被纳入文化遗产保护体系之中的存在物称为"骨架"，那么那些不在文化遗产保护之内却代表了日常生活空间真切存在又不可或缺的生活原真存在，就是"血肉"，骨架和血肉分离，两者自然不可善终，只有"骨肉相连"，才能完整地形成和建立文化遗产保护的体制机制。

2. 更为关注城市成长过程中对历史文化景观的保护和呈现

2011 年，联合国教科文组织提出，要在全球尺度上进行历史城市的保护续存工作，要将历史城市的保护工作纳入城市发展政策之中。同时将城市理解为由文化与自然的价值和属性所组成的历史层积[①]，这样，它就超越了历史中心区、历史城镇、历史街区、聚集区等概念，而从更广范围的城镇文化和自然地理背景、历史或当代的建成环境、用地性质和空间组织、公用基础设施、公共空间、感觉体验与视觉联系、社会文化实践和价值体系、经济发展及多样的非物质文化遗产等多个方面来看待城市历史文化遗产的特殊价值。城市是自然、文化和经济发展在时空演进与主体实践过程的结果，它涵盖诸如城市特色、非物质文化、价值观念、本土化建筑实践和资源的知识等内容，核心要点在于提升文化遗产应对外部发展变化的能力。传统文化遗产保护理念和观念中，我们往往会把文化遗产保护和城市建设对立起来。这显然是有瑕疵的，城市不仅仅是各种物质实体要素的堆砌和营建，还承载着人们的日常生活礼仪和

----

① 2011 年，联合国教科文组织（UNESCO）通过对 20 世纪 60 年代以来世界遗产保护纲领性文件的系统总结，颁布了《关于城市历史景观的建议书》（Recommendation on the Historic Urban Landscape），认为城市历史景观（HUL）是自然与人文要素在广泛社会、经济、历史背景深刻影响和交织作用下历史层积（historic layering）的产物。这种"层积性"既体现于景观物态表征与文化内涵的系统维度，也体现于历史演进过程的时空维度，其对于深入挖掘、理解城市景观形态生成与组织运转机制，解决传统历史城镇保护方法聚焦物质空间、束缚发展变化等问题具有启示价值。

社会经济活动等，多样性城市活动的相互作用，才能产生出新的观念和行动。对人类来说，创造城市，就在于要满足人们对美好生活的追求，城市应该被再次创造才能吸引人们来此生活、工作并满足其对休闲和文化的追求。可见，城市历史景观是从"文化景观"视角来认知城市中的文化遗产的，它是一种活态存在。我们对文化遗产的认知，也不应再局限于狭义城市文化遗产保护范畴，而是将历史层积形成的所有城市文化遗产环境都作为城市遗产进行保护，因此，整体来说，历史与当下的城市建成环境都属于文化遗产的保护范围，应从有机整体视角去解读和剖析。对它的保护不能以简单粗暴方式来进行和实现，而应根据城市特色和价值所在，通过系统规划设计，以控制城市变化的速度、内容和规模来促进全面保护更新。

（三）文化遗产保护方式相对消极、静态，衍生出不少实践问题

1. 静态、消极的保护方式导致文化遗产损毁较多，实效较差

传统思路上，我们对文化遗产的保护，主要通过划定文化遗产保护区域范围、限制特定城市空间（尤其是与文化遗产集中区毗连的空间）上的建筑高度、体量、风貌等方式来实现保护，将文化遗产保护规划等同于以文物古迹、风景名胜区和环境等为关注点的专项规划，缺乏全方位、多视点、共时态的保护规划方法和视野。由于传统相对消极的静态保护，主要依赖政府行政主导和控制，这在强调政府应该适当自我约束管治的新形势下，传统文化遗产保护无法真正落实。最终造成文化遗产地区保护目标无法实现，使保护地区那些原本有较高价值的文化遗产和文化资源逐渐灭失，这显然不利于城市社会、环境和文化遗产的可持续发展。

2. 文化遗产经营过度商业化

对历史城市来说，城市文化遗产集中区域往往是城市地方特征最为突出之地，也是城镇风貌最佳展示区，具有丰富的文化特色，是城市物质赋存和精神建设的集中展示区，体现了"我城"区别于"他城"的在地特征和文化属性。对文化遗产进行全面保护，可以促进城镇物质环境得到改善提升，并全面提升城镇的综合竞争力，因此，保护城市文化遗产能有效提高城镇竞争力，最终实现城市经营目标。然而，一段时间以来，我们对历史文化名城的经营，过分突出经济效益，而相对忽略对城市社会文化资源和遗产的保护、修复和持续利用，商业化印记过于突出，

从而导致改造提升出现城市文化遗产破坏和毁弃现象。当前文化遗产保护更新的主要问题是要解决开发、经营管理中的过度"商业化、效益化"，要看到过度的商业开发会对历史环境及原有生活模式产生极大的破坏。上海、北京、福州、南京都存在传统街巷空间通过整体改造，转型为以商业旅游和创意产业集聚为主体的商业旅游区，但是，这样的商业旅游区，由于开发过于侧重经济效益、商业化特征过于明显等，而在持续发展经营中，传统街区风光不再，人流不再，景气不再，对这样的发展模式，需要做全面深入的反思。

3. 街区发展失衡

街区发展失衡突出表现在发展的两极化，一极是商业资本在效益驱动下，对城市文化遗产富集地段进行全面商业开发，由于监管失位、能力不足等原因，这种开发建设往往被异化为综合商业街区开发，城市文化富集区本来的地方意味、文化特征、遗产赋存等消失不见。佛山升平里片区（国瑞升平里）的改造中，就出现过这种情形，围绕锦华路的文化遗产保护，最终导致祖庙街道和开发商的数名官员、干部被问责。另一极表现在对那些破败而尚未表现出开发价值的片区，由于资本、政府等主体的不重视，导致衰败更甚，成为城市中低收入人群的汇聚区，进而带来各种问题。如人口密度过大、人均公共空间和居民居住空间萎缩、乱搭乱建、邻里矛盾、街区基础设施老化、缺少维护保养、市政配套严重不足、不能满足生活需要等，使城市内部不同街区之间功能异化严重，产生新的发展不平衡。

（四）拟像同化和空间复制导致保护表层化与浅层化

拟像是指进入后工业化时代以后，人们对城市的想象和认同出现新的诉求及表达方式，主要通过大规模复制、真实度极高却无本源和所指的符号、图像或者形象，来展示自己对城市发展的欲求、想法和指向。而复制这些符号、状态、场景和图像的过程被称为拟真。拟像精确地还原、逼真地重现了真实，它表达了人们对城市的真实情感的投影和想象。同时，这种精准的还原超越本源与摹本的对立关系，让复刻的摹本与客观真实高度相似，展现后现代社会关于城市本真和想象之间的同构及虚幻。另外，拟像可以按照自己的"拟真"逻辑创造出一个极其真实的虚拟现实，也就是超真实。这种超越真实场景之上的城市拟像图景，以虚幻的真实表达城市、人和景观之间的复杂结构关系。

　　"在磁器口，景区入口的新建牌坊、添加穿斗与坡屋顶建筑符号的现代住宅、麻花糍粑等传统饮食、糖人画、体量巨大的桥墩、穿梭在其中比肩接踵的游客""提供了场面壮观的影像、光怪陆离的商品陈列、含混不清的边界，以及夹杂着各种声音、动机、影像、人群、动物与物品的庞大而混乱的场景已经成为激情、欲望与缠绵悱恻怀旧之情的源泉。它们以一种转换了的形式，变成艺术、文学和大众娱乐消遣的中心主题"。这种对城市空间发展的拟像化，导致文化遗产的保护，似乎成为一个充满着光怪陆离和荒诞不经的抄袭品。"如今的磁器口，其主干道及周边区域各种类型的符号泛滥，最突出的例子是人们拙劣地模仿和拼贴传统穿斗住宅的建筑符号。"（杨宇振，2014）

　　杨宇振教授所描绘的重庆磁器口古镇改造和更新，正是目前国内历史城镇改造中的写照。为契合不同城市人群的需求，人们对城镇进行各种拟像和装饰，促使历史城市的当下地方记忆与传统地方特征之间建立联系，以展示和营造出某种虚幻的怀旧时尚，商业化街区再次被打造成怀旧时尚的消费场所，以满足大众消费需要。开发商往往通过对历史文化名城地方符号进行夸张的再造和建设，打造出对标特定需求的空间符号与消费点，使其变成商业化的历史文化遗产。这种在历史街区内部植入商业消费空间的方式，往往造成地方与记忆产生的本源经验意义荡然无存，使历史城镇的改造空间变成可以随意拆解、重新组合与拼贴的符号。"拟像化"映照出在快速城市化、经济一体化和全球化趋势下，城市空间不再只局限于组织人们日常生活，更是被制造成超现实的虚拟符号空间，以迎合城市快速嵌入全球体系，展示城市全球化雄心的追求和想象。文化遗产在图像盛宴与狂欢之下蜕变成资本和符号共谋的产物，演变成当代中国的奇观城市。空间与本地的客观现实联系中断，被生产成用于消费的、以文化形式展现的、遍地存在的各种拟像，使人们不知不觉地沉浸在城市虚幻狂欢的审美幻觉中。

　　另外，由于对历史文化名城的文化遗产价值了解有限，认识不全，加上不合理的商业化开发等，造成历史名城文化遗产和街区的真实性与环境完整性遭到破坏，使历史街区商业化改造面临巨大风险。这种以街区复制为基本特征的历史文化名城文化遗产改造更新，人们称之为"造假古董"的空间复制，国内很多城市先后开展"宋街""唐镇""汉街"等仿制建设，使真正有价值的历史文化遗产沦为"假古董"。其不但没起到保护作用，反而对历史街区的原真性造成破坏。历史文化街区在"旧貌换新颜"时，那些表征着真正城市印记的传统建筑却遭到清场，原有的一以贯之、延续不断的空间韵味被一次性毁失，历史文脉被生硬地割断，使文化遗产街区遭到"灭顶之灾"。同时，为打造全新地标，改造往往会对当地居民进行压迫式动迁，使老城街区丧失原有的生活气息及文化底蕴，进一步导致传统民居被现代商业街、文化、旅游和休闲等商业化经营建筑所取代，街区特有风貌消失殆尽。一份来自中国城市规划设计研究院的调查结果显示：我国目前约有 1/4 的历史文化名城存在大规模"拆旧建新"或"拆真建假"现象，其中有十余座城市对古城进行整体更新复建（如大同），使传承良好的历史文化名城被人为地割裂掉历史和传统。这种拆旧建新的旧城改造，往往又以空间的简单复制为特征，尽管它在理论上存在一定的支撑（主要是列菲伏尔的空间生产理论和哈维的资本循环理论），尤其是哈维认为，作为消费场所的空间，本质上和我们日常所见的商品一样，都是按照资本主义社会再生产方式被制造出来的，以满足人们对生产、生活需求。然而，空间生产过程中有着自己的发展特征，突出表现在：随着时空距离缩短，文化在全球化生产过程中表现为以入侵城市空间的方式来呈现。这种典型的城市空间制造和文化表现模式，在全球化下，被快速复制照搬到世界其他城市之中，尤其以政府的强力推动和促成为特征，并大多表征在老城区的改造更新中。中国各级地方政府，在发展的总指针下，于公（发展经济、建设城市、改善市民生活条件等）于私（快速积累政绩、提升个人名望等）都在尽快缩短改造建设的时间周期，城市文化遗产核心区的旧城改造，不再是"绣花功夫"的实践场，而是"短平快"项目的"试验田"。这就大量造成了将当地不同历史时期、建筑风格及环境特性进行拼贴混搭来拟像化的改造路径，使改造片区形态混杂、色彩纷杂，中不中、古不古、洋不洋的改造怪胎，以喜闻乐见的形式，盛行在中华大地。近年来，随着理论指导倾向于"修旧如旧"，我们对老城区更新改造，才逐渐转变为以整治为主、新建为辅，倡导修旧如故、修新如旧的手法，街区风貌在一定程度上得以维持和修复提升。但这个修旧如旧的改造过程，由于改造标的多为政府的重点项目和面子工程，存在较为严格的时间、阶段要求——时间紧、施工急、任务重、要求高，因此，大量采用标准化处理方法来进行城市空间的改造更新，对城市在地文化，尤其是原住民日常生活文化空间传承要么置之不理，要么关注不够，要么改造异化，导致改造出来的街区空间成为规整合一的标准城市现代商业旅游空间，传统上那种因原居民长期积淀、世代发展而形成的自发在地空间，被标准化的现代城市空间所取代，城市地方性急剧消失。以图像和符号拼贴技术为支撑而生产的城镇遗产正在转变为一种标准化的商业文化旅游空间。当图像和符号堆砌超过阈值时，民众对城市的感知就会变得趋同与麻木。历史街区难逃千街一面的命运，成为被现代化事物紧密包围的孤岛，充斥着功利性极强、缺乏深度的旅游文化和商业地景。

（五）城市文化遗产空间改造的绅士化现象严重

绅士化也称为贵族化或缙绅化或中产阶层化，是指一个旧区从原本聚集低收入人群，到重建后地价及租金上升，引来较高收入人群迁入并取代原有低收入群，并最终导致地区社会文化特征改变的过程。绅士化不单是人的流动，它更是资本流动的结果。通常对绅士化进行解释的是租隙（也就是资本流动）理论，该观点认为，租隙引发绅士化现象，城市扩张会促进潜在地租增长。然而，建筑物日益破败使实际地租逐渐减少，进而导致两种地租之间的差距拉大。此时老城区的物权所有者就会减少投资和修缮建筑的次数，导致老旧建筑衰败和租隙扩张加速，当租隙大到临界值时，外来资本就会流入待改造更新的老城区，重建、改造和更新等利益驱动型行为就会产生。租隙理论清晰地阐明了房屋衰败、资本流入再投资、土地使用性质的转变、社区原居民外迁的现象与本质问题，它反复被用来解释持续的绅士化现象。第二次世界大战以后的老城区改造中，绅士化和城市复兴常常是同步进行的。伴随着城市发展对人口吸引，老城区面临着改善环境以促进业态更新、文化重建和消费繁荣，人们就会不断地改造生活环境，而老城区改造后，对城市高收入群体的吸引力增加，绅士化现象由此出现并随着环境风貌的进一步提升而加速。从绅士化产生的成因来看，中国的特殊国情和体制机制，对中国特色的绅士化形成有重大影响。

（1）中国的老城区改造中，经历计划经济到市场经济的快速变革，而市场经济快速发展中，地方政府主导城市发展过程，也参与到绅士化过程之中，诸如土地政策、房地产发展、老城区更新等变成政府参与绅士化进程直接有力的举措。政府和开发商共同推动着绅士化发展进程。在某种程度上说，地方政府参与老城区改造的过程，也是一个从中牟取政府财政收入的行为，这在事实上构成了权力（地方政府）与资本（投资商、开发商）的"共谋"。

（2）地方政府在老城区和城市文化遗产集聚区的改造更新并导致绅士化现象中发挥了决定性作用。地方政府，通过政策制定和修订，土地确权和调规以及相关税收补贴政策的推出等推动了老城区改造的绅士化发展。资本在追求利益最大化时，开发商很难会对地块内的历史街区进行修复整治，他们更愿意拆除旧建筑，然后新建仿古建筑，这样就破坏了历史文化街区的文化原真性。

（3）引起社会不公，影响社会稳定。在资本、权力等多重因素作用下，老城区改造和城市文化遗产的修缮更新，逐渐演变为城市有钱又闲阶层赏玩文化遗产、占据优质文化休闲空间的过程，这不但带来城市社会阶层之间的两极分化，更加速了空间置换现象，使社会矛盾进一步加深。大规模老城区更新改造中，时常伴随有明显的社会不公问题，加深了开发商、政府和居民之间的矛盾，由此产生社会不稳定。

（4）造成空间隔离，影响阶层融合。从历史角度来看，城市文化遗产相对富集区，既是文化资源比较丰富、城市地方传承悠久、地方传统积淀深厚的地区，但在城市物质形体方面，也常常是建筑质量差、设施不足、条件落后、破败衰老的区域，较差的环境使这里成为贫穷人口、外来务工的低收入人群的聚居地，其事实上也承载了城市弱势群体在城市中心区居住生活的重要社会功能。然而，以快速实现城市街区景观、环境的现代化改造为导向的文化遗产保护更新模式，在造成"见物不见人"的同时，更是强化了对弱势群体的驱离和隔绝，新造空间和旧有空间之间相互隔离，促使阶层固化，加剧了贫富差距和社会隔离。它不但损害了老城区原有的社会网络系统，使老城区的复杂、多元化空间形态转变为只有单一阶层的单调社区，也造成了社会隔离。如佛山"岭南天地"的人均消费大大超过普通市民的承受能力，业态也以高档国际品牌店居多，居住区以独立院景为主，使改造后的文化遗产空间成为专门为富裕人群服务的小众领域，当地的原住民被城市精英阶层所替换，原本的生活空间也逐步转变为消费空间，历史元素成了消费主义所崇尚的形式符号。

（六）消费狂欢导致文化遗产日常生活异化

当下的消费社会是人类文明进入一定阶段后的生存方式。休闲、消费实际上已经体现在我们的生活中，几乎成为我们所有人的生存方式。就我国的情况来说，改革开放后，我国市场经济快速发展，人民的财富增长和积累也逐渐深厚，这显然会使消费和内在需求不断增长。在城市，伴随着城市土地、住房、社保、教育政策调整，住房、教育等问题成为新热点，受消费文化影响，城市空间逐渐转变为一种消费商品，具有强烈的消费主义特征。

此种风潮下，老城区改造也就成为顺应消费主义对历史文化遗产进行空间生产的过程。历史文化遗产空间在设计之下，成为文化消费空间，并打造、形构和创造出一种可意象性的城市景象，传达出特定的价值和目标，形成宣示作用，从而完成符号拼贴与空间想象化过程，文化遗产空间的消费化再造也就全面完成。老城区中那些代表传统地方意味的符号体系被代表着新消费主义特征的元素和符号所代替。街区成为吸引消费者前来消费的符号，而街区本真性、地方历史文化传承等变得不再重要，重要的是它的表征与人们印象中的符号系统的契合性，这更加剧了将古建筑拆除以新建仿古街、发展商业旅游的现象。同时，后现代社会背景下，文化和商品经由消费主义和消费运动而结成同盟。对老城区来讲，文化遗产被异化为一系列的消费符号，而失去其本真含义，文化被彻底商品化；文化遗产在成为商品的同时，也给这些商品赋予了相应的文化价值，使人们能够在颇具文化氛围的环境中消费。这样，既能够迎合大众的怀旧心情，又能够满足大众的猎奇心理。这也是国内历史文化名城、历史街区、文化名镇等改造，逐渐商业街化的重要原因之一。

同时，消费主义主导下，对老城区文化遗产的改造更新中，由于过于迎合消费者需求而导致传统城镇日常生活空间出现异化和失序。主导城市空间更新的资本通过将自己的意志和意识形态强加到老城区的改造过程，形成对老城区空间在空间符号的集聚和幻想，并且逐渐融入日常生活空间格局中，最终改变传统城市空间的地方历史记忆和日常生活场所符号。这在营造虚假"地方"的同时，也为从未体验过当地生活的外地游客构建了一个新鲜、异质的符号空间，并固化原住民原生生活场景为游客镜头捕捉和体验消费的场所，使老城区原生居民本土文化气息浓厚的生活空间被异化为商业资本掌控的消费场所。功能置换后的老城区日常生活空间被外来资本商业化和商品化，在披上亮丽的衣裳后成为全球化商品的本土空间载体。如著名的凤凰、丽江、阳朔等，无节制的商业化和旅游文化功能嫁接，使这些以灵动幻彩闻名的古镇变成贩卖毫无地域性的旅游产品与肤浅酒吧的商业娱乐场所，文化遗产的文化叙事在消费主义的控制下走向异化。过度商业化使老城区的文化遗产从以满足局地小众的日常生活文化旨趣走向商业化发展异端，绅士化使文化遗产从日常生活实践向以满足个别阶层的身份固化和地位超然为导向，标准化使文化遗产从日常生活的空间分布走向规整合一的机器化生产文明范式。主体构成失范、时间结构失配、人和时空的结构关系失序、空间组织失位等使文化遗产的日常生活走向全面异化。

第二节　佛山文化遗产

一　佛山文化遗产基本特征

（一）文物保护单位较为丰富

从文物古迹的特色来看，佛山古代文物丰富多样，广府特色鲜明。距今约4000年的河宕贝丘遗址，位于佛山市禅城区石湾镇雾岗路河宕乡河南村旧墟，是一个土墩型新石器时代晚期的遗址，对研究佛山地区人类起源和迁演发展具有重要作用和意义。塔坡佛山石榜及祖庙建筑群，是佛山地方记忆的标志物，也是昭示佛山地方精神内在旨归的见证物，是佛山历史文化名城的精华所在。佛山儒道释佛诸家并存，道家圣地如佛山祖庙、三水胥江祖庙等；佛教寺院众多，著名的寺庙有仁寿寺、庆云寺等。其他亭台楼阁分布较广，著名者如岭南四大园林中的清晖园、梁园，都是岭南风格传统园林的翘楚。民间建筑具有浓郁的地方特色，佛山东华里、三水大旗头村等为代表的单门独院式的粤中民居声誉名动一时；石湾南风古灶、高灶自明代至今延续使用，时间之长，为国内罕见。

佛山近现代文物丰厚。广东是近现代革命的策源地和根据地，是开风气之先的地方，佛山作为粤中要地，其民风引领广东发展。黄飞鸿、康有为、梁启超作为佛山培养的近代英杰，其学习活动，留下了大量的文物遗迹和活动遗址。康有为故居与万木草堂、梁启超故居、佛山天地会红巾军起义、维新运动、辛亥革命和新民主主义革命运动、抗日战争和国共内战，都留下了较多的红色革命遗址和故居。同时，佛山地处珠江入海口附近，历来与广州同气连枝，互动联络紧密，在漫长的对外交通、交流过程中，佛山作为中外文化交流的窗口之一，涌现了一批思想家和实业家。如佛山五状元，即简文会、张镇孙、伦文叙、黄士俊和梁耀枢。明代佛山士大夫集团，如梁储、方献夫、庞嵩、霍韬、庞尚鹏、李待问等；清代的骆秉章、陈启沅、詹天佑等，都留存了大量的故居、遗址。还有较多的近代工业、农业产业遗址，反映了中外文化交流和资本主义实业的重要史迹。同时，佛山作为开风气之先之地，在海外有大量的华侨乡亲，也留存有较多华侨建筑，旅居世界各地的华侨汲取居住国的建筑特色，结合我国传统建筑风格，创造出丰富多样的建筑遗存。佛山简氏别墅等就是华侨建筑中的杰出代表。截至 2019 年，佛山市五区的文物统计情况如图 3-2 所示，广东省 21 个地市的文物统计情况如图 3-3 所示。

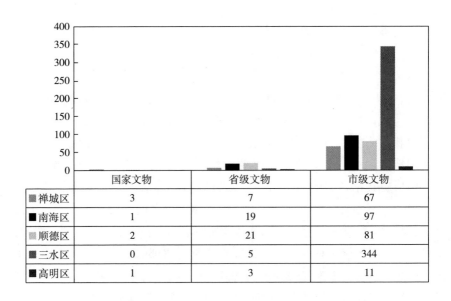

	国家文物	省级文物	市级文物
■禅城区	3	7	67
■南海区	1	19	97
■顺德区	2	21	81
■三水区	0	5	344
■高明区	1	3	11

图 3-2　佛山市五区的文物统计情况（截至 2019 年）

从数量统计的角度来看，佛山市现有佛山祖庙等 7 处全国重点文物保护单位，河宕贝丘遗址等 44 处广东省级文物保护单位；大雾岗遗址等 260 处市级文物保护单位；共计 311 处。在历史城区 2.2 平方千米范围内，有全国重点文物保护单位 2 处（佛山祖庙、东华里古建筑群）；省级文物保护单位 3 处；市级文物保护单位和核定的不可移动文物 36 处；总计 41 处。未公布为文物保护单位的古遗址、古墓葬、古建筑、近现代重要史迹及代表性建筑、石刻等不可移动文物存量丰富，需要做进一步全面深入普查。

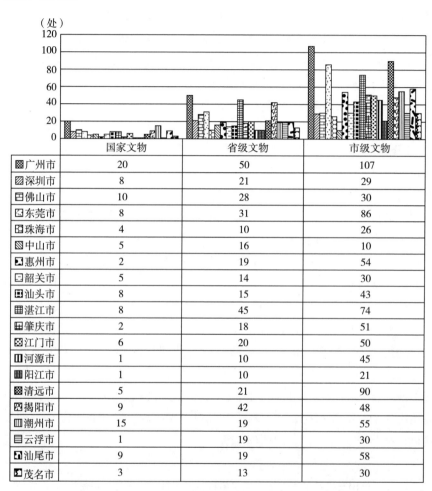

	国家文物	省级文物	市级文物
广州市	20	50	107
深圳市	8	21	29
佛山市	10	28	30
东莞市	8	31	86
珠海市	4	10	26
中山市	5	16	10
惠州市	2	19	54
韶关市	5	14	30
汕头市	8	15	43
湛江市	8	45	74
肇庆市	2	18	51
江门市	6	20	50
河源市	1	10	45
阳江市	1	10	21
清远市	5	21	90
揭阳市	9	42	48
潮州市	15	19	55
云浮市	1	19	30
汕尾市	9	19	58
茂名市	3	13	30

图 3 - 3　广东省 21 个地市的文物统计情况（截至 2019 年）

另外，从佛山历史文物和同期广东省各地市的文物数量分布比较，我们可以清楚地看到，佛山历史文物的总量在广东省居于前列。其中，国家文物保护单位数量方面，佛山（10 处）在全省 21 个地市中居第三位，处在广州（20 处）和潮州（15 处）之后；省级文化保护单位的数量方面，佛山（28 处），居全省 21 个地市第五位，位于广州（50 处）、湛江（45 处）、揭阳（42 处）和东莞（31 处）之后；市级文物保护单位方面，佛山（30 处）在全省 21 个地市中排名相对靠后，位于广州（107处）、清远（90 处）、东莞（86 处）、湛江（74 处）、汕尾（58 处）、潮州（55 处）、惠州（54 处）、肇庆（51 处）、揭阳（48 处）、河源（45处）和汕头（43 处）之后，与韶关、云浮、茂名同列。可见，在市级文物认定方面，佛山相对滞后，这说明佛山低等级文物保护单位和未定级文物，尚需做进一步的深入普查调研工作。

（二）佛山的名城、名村、街巷风貌资源较为丰富

佛山是中国第三批国家级历史文化名城，现有中国历史文化名镇 1家，即南海区西樵镇；中国历史文化名村 3 家，即三水区大旗头村、顺德区碧江村和南海区松塘村；广东省历史文化名镇 2 家，即顺德区龙江镇和南海区西樵镇；广东省历史文化名村 6 个，即南海区简村、百西村头村、烟桥村、仙岗村、南沙棋盘村和璜溪村；中国传统村落 4 个，即三水区大旗头村、顺德区碧江村、佛山市松塘村和茶基村等；广东省传统村落 11 个，其中佛山市占 10 个，它们分别是简村、百西村、棋盘村、和平村、烟桥村、汤南村、孔西村、江头村、仙岗村（见表 3 -1）；佛山市特色古村落共 30 个，其中禅城区 4 个，即莲塘村、紫南村委村头村、罗格村委孔家村、湾华村；南海区共 10 个，即上金瓯松塘村、百西村头村、烟南村委烟桥村、汤村村委汤南村、共同社区孔西村、赤山村、叠南村委江头村、平东村、仙岗村、简村；顺德区共 9 个，即简村、碧江村、沙滘村、豹浦村、上村、沙头社区、龙眼村、马东村、林头社区；高明区 4 个，即深水村、陆家村、阮涌村、塱锦村；三水区共 4 个，即长岐村、祠巷村、岗头村、独树岗村等。

表 3 -1　佛山市省级及以上历史文化名村、传统村落和历史文化名镇

类型	所属区	名称	同时具备其他称号
中国历史文化名镇（1 个）	南海区	西樵镇	广东省历史文化名镇
中国历史文化名村（3 个）	三水区	大旗头	中国传统村落
	顺德区	碧江村	中国传统村落，佛山市特色村落
	南海区	松塘村	中国传统村落，佛山市特色村落

续表

类型	所属区	名称	同时具备其他称号
广东省历史文化名镇（2个）	顺德区	龙江镇	—
	南海区	西樵镇	中国历史文化名镇
广东省历史文化名村（6个）	南海区	简村	广东省传统村落、佛山市特色古村落
		百西村头村	广东省传统村落、佛山市特色古村落
		烟桥村	广东省传统村落、佛山市特色古村落
		仙岗村	广东省传统村落、佛山市特色古村落
		南沙棋盘村	广东省传统村落
		璜溪村	广东省传统村落
中国传统村落（4个）	三水区	大旗头村	中国历史文化名村
	顺德区	碧江村	中国历史文化名村
	南海区	松塘村	中国历史文化名村、佛山特色古村落
		茶基村	—
广东省传统村落（11个）	南海区	简村	广东省传统村落、佛山市特色古村落
		百西村	广东省传统村落、佛山市特色古村落
		棋盘村	广东省传统村落
		和平村	—
		烟桥村	广东省历史文化名村、佛山市特色古村落
		汤南村	佛山市特色古村落
		孔西村	佛山市特色古村落
		江头村	佛山市特色古村落
		仙岗村	广东省历史文化名村、佛山市特色古村落
	三水区	璜溪村	广东省历史文化名村
		梅花村	—

同时，在历史文化名城、名镇、名村的省内同类城市（21个地市）比较中，国家历史文化名城，广东省共有8个，其中，广州为副省级城市，雷州为县级市，其余6个（潮州、佛山、梅州、中山、惠州、肇庆）为地级市。历史文化名镇广东省共有15个，其中梅州市4个（大埔县百侯镇、大埔县茶阳镇、大埔县三河镇和梅县松口镇），珠海市2个（珠海市唐家湾镇、珠海市斗门区斗门镇）、湛江市1个（吴川市吴阳镇）、江门市1个（开平市赤坎镇）、汕尾市1个（陆丰市碣石镇）、揭阳市1个

（普宁市洪阳镇）、东莞市1个（东莞市石龙镇）、惠州市1个（惠州市惠阳区秋长镇）、中山市1个（中山市黄圃镇）和佛山市1个（佛山市西樵镇）。可见，佛山市历史文化名镇的创建申报，需要大力加强。

（3）历史文化名村方面，国家级名村方面，佛山市（3个）居21个地市第二位，仅次于江门市；省级历史文化名村，佛山市（7个）位居21个地市第一位。国家级、省级历史文化名村数量都高于广州（见图3-4）。

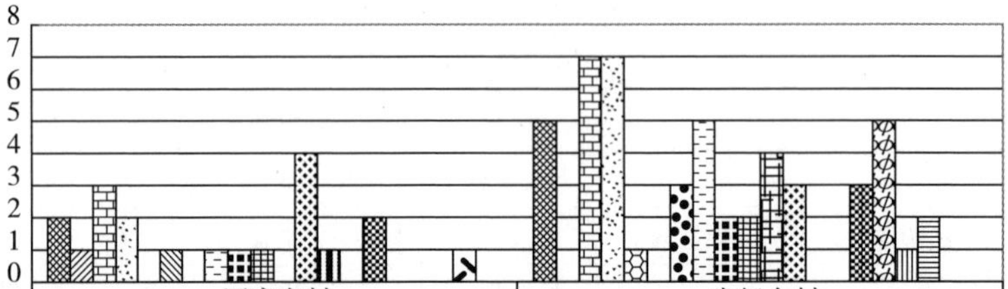

	国家名村	省级名村
广州市	2	5
深圳市	1	0
佛山市	3	7
东莞市	2	7
珠海市	0	1
中山市	1	0
惠州市	0	3
韶关市	1	5
汕头市	1	2
湛江市	1	2
肇庆市	0	4
江门市	4	3
河源市	1	0
阳江市	0	0
清远市	2	3
揭阳市	0	5
潮州市	0	1
云浮市	0	2
汕尾市	1	0
茂名市	0	0

图3-4 广东省21个地市的历史文化名村统计情况（截至2019年）

历史文化名城保护方面，近年来，佛山市保护成效显著，如划定佛山历史文化名城核心保护区的范围，即以护红路、高基街（红路直街口至松风路）、南堤路（松风路口至人民桥）、新堤路以南；建新路（祖庙路至卫宁路）、卫国路（卫宁路至普君西路）、普君西路以北；松风路

（南堤路至高基街）、红路直街、护红巷、祖庙路、卫宁路以东；市东上路、市东下路、普君北路以西。总面积2.2平方千米的范围为佛山历史文化名城核心保护区域。在保护结构方面，确立佛山历史城区以南北向传统空间发展轴为历史文化轴，以品字街、梁园、莲花南、任围、祖庙—东华里、新安街6个历史文化街区为保护重点，涵盖祖庙、东华里、梁园、简氏别墅、兆祥黄公祠等重要文物古迹的保护范围。在历史文化轴沿线注重历史风貌的保护，形成贯穿历史城区的历史文化带。并划定11处历史地段①和20处历史文化街区。② 同时，对佛山市第一批历史建筑共115处依法进行保护，其中包括祠堂书院、宅第民居、更楼炮楼、亭台楼阙、礼堂会堂、店铺作坊、工业建筑、桥涵码头、水利设施、庙宇寺观、碑刻和其他12种类型。

（三）佛山城市和产业文化遗产及资源丰富

1. 佛山城市历史悠久，是岭南文化中心

佛山作为岭南地区重要的区域活动中心之一，地处珠江三角洲核心区，物华天宝、人杰地灵，是岭南三大区域文化之一的广府文化中心，保存的历史文化遗产颇为丰厚。佛山自古以来产业文化高度发达，是我国古代特殊职能城镇（如陶瓷和冶炼）的典型代表。佛山手工制造产业传承悠久、业态发达，其铸造、陶瓷、纺织等产业均具有规模大、品种多、技术先进等特点，是中国同类产业生产制造和贸易的基地与中心。佛山铸造业始于西汉，崛起于明代。唐代就有大规模的陶瓷烧造产业分布，明代的佛山冶铁业，无论是从兴盛时间、总体规模、产品种类还是市场范围来看，在岭南都居于首位。明清时期，佛山陶瓷业进入全盛时期，石湾镇鼎盛时有陶窑107个，陶工达6万之众，成为中国最大的陶瓷产区之一。产业发展至今，佛山的陶瓷、钢铁板材生产加工、电器、家

---

① 即仙岗历史地段、贤僚历史地段、九江涌历史地段、松塘历史地段、清晖园华盖里历史地段、路洲塘边历史地段、上地历史地段、逢简巨济桥历史地段、大旗头历史地段、深水历史地段和朗锦历史地段。

② 即品字街历史文化街区、梁园历史文化街区、莲花南历史文化街区、任围历史文化街区、祖庙—东华里历史文化街区、新安街历史文化街区、霍氏大宗祠历史文化街区、南风古灶历史文化街区、小塘黎边历史文化街区、烟桥历史文化街区、西樵白云洞历史文化街区、碧江村心街历史文化街区、碧江泰兴街历史文化街区、逢简塘头街历史文化街区、逢简村根大历史文化街区、沙溶西村低地历史文化街区、沙溶牧伯里历史文化街区、昌教黎氏家庙历史文化街区、石龙里历史文化街区和大良旧城历史文化街区。

具等产业已发展成为全球产业，在世界享有较大的影响力和知名度。

2. 佛山是工商业城镇的代表

明清以来，在当时国家贸易制度和交通运输条件下，佛山成为中国其他地区物产以广州为外贸输出中转站点的关键节点，广州主要连接海外市场，而佛山则联系国内市场，它们功能各异，自成一体但又互相联系、互相配合。国内货物经由西江、北江水运网络，在佛山汇集，再经过初步的分包和加工后，运至广州，发往海外各国。而国外舶来之货在广州通关后，也多经由佛山进行二次分装，发往中国内地各省。佛山因此发展了门类齐全、涵盖完整的城市工商业，坐商、行商、墟市体系。佛山古镇除铸造、陶瓷、纺织和制药四大行业外，还有染色纸、五金加工、金属制箔、木版年画、竹木藤器、爆竹、漆器、乐器、文具、纸伞、皮革、牙刷、迷信用品、食品酿造及民间手工艺等300多个行业，上万种产品。明清时期，佛山和广州一道，构成岭南地区的两个中心市场，其城市综合地位，古有广佛并称，足见佛山城市往日之荣光。

3. 佛山是岭南水乡和基塘农业的典型代表

佛山地处西江下游区域，每年从上游冲积而来的大量泥沙在佛山水域一带沉积，这些沉沙有机物含量富足，历史上被称为"西江麸"。宽阔的河道、密集的沙洲、富足的沙田等，为佛山地区社会经济发展提供了坚实的物质支撑，促进了珠江三角洲地区农业经济大发展。农业发展又促进了市场贸易空间的进步和墟市空间体系的演进，带动市镇和村落聚居地的出现，最终形成珠江三角洲地区特殊的水乡特色和基塘农业发展模式。典型的水乡景色、长期形成的桑基鱼塘、果基鱼塘、蔗基鱼塘等土地利用方式和文化地理景观成为佛山及其周边地区乡土文化景观的特色。

（四）历史文化制度资源比较丰富

作为历史上少有的以工商贸易发展立市城镇，佛山自聚落成形以来，就以广通天下财为宗旨，城市以自由的集市空间为主。同时，在国家治理体系的图谱中，佛山自古少有官方机构进驻，由此养成了佛山良好的自治传统，至民国初立之前，佛山未曾设置过县衙及以上的政权机关。自明至清，佛山的镇务机要，一直由大魁堂、义仓值事、二十七铺保正组成一套完整的民间治理系统来发挥作用，由此养成了传承良好的镇事自决传统和习惯。同时，佛山文风昌盛，科举鼎甲，历来为珠江三角洲地区之翘楚，西樵山书院文化浓郁，更是岭南高扬"阳明心学"及其地方化的高教中心。明代，南海士大夫集团的形成，正是西樵山书院培育教化的结果。

佛山的学堂书院、家族礼仪等制度体系建设起步早，留存丰富，发展至今，连续性强；同时，与这些文教礼仪相伴随的书院、学堂、宗祠、家庙遗存极为丰富。作为宋明理学岭南传承和高扬之地，以霍韬、方献夫等人为主要成员的"南海士大夫集团"，在当时朝廷力挺大礼仪，在自己家乡极力践行宗祠家庙发展，使明清时期珠江三角洲南海、番禺、顺德一带，家庙祠堂盛行，"顺德的祠堂、南海的庙"的说法由此而来。佛山的祠堂家庙几经时代和岁月洗礼，至今在城乡之间依然留存甚多，如松塘村、银河苏村、璜溪村、西樵简村、烟桥古村、罗格古村、孔西村、棋盘村、仙岗村、黎边村等，至今仍有大量保存完好的祠堂遗迹。

（五）非物质文化遗产门类广、品类多、水平高

非物质文化遗产是佛山城市历史文化价值的重要体现。佛山市现有国家级非物质文化遗产 13 项，包括剪纸（广东剪纸）、佛山木版年画、石湾陶塑技艺、狮舞（广东醒狮）、龙舟说唱、彩扎（佛山狮头）、香云纱染整技艺、庙会（佛山祖庙庙会）、十番音乐（佛山十番）、龙舞（人龙舞）、灯彩（佛山彩灯）、中秋节（佛山秋色）、锣鼓艺术（八音锣鼓）等；省级非物质文化遗产 34 项，包括粤剧、剪纸（关东剪纸）、佛山木版年画、石湾陶塑技艺、狮舞（广东醒狮）、龙舟说唱（顺德）、中秋节（佛山秋色）、庙会（佛山祖庙庙会）、十番音乐（佛山十番）、龙舞（人龙舞）、灯彩（佛山彩灯）、彩扎（佛山狮头）、香云纱染整技艺、八音锣鼓（顺德）、粤曲星腔、佛山木雕、佛山春节习俗、行通济、乐安花灯会、石湾玉冰烧酒酿制技艺、九江双蒸酒酿制技艺、官窑生菜会、陈村花会、高明花鼓调、藤编（大沥、里水）、石湾龙窑营造与烧制技艺、金箔锻造技艺、中医养生（源吉林甘和茶）、蔡李佛拳、咏春拳、赛龙舟（九江传统老龙）、中医传统制剂方法（冯了性风湿跌打药酒）、端午节（盐步老龙礼俗）、粤绣（广绣）等。市级非物质文化遗产共 69 项，分区分布上，国家级非物质文化遗产方面，禅城区 8 项，南海区 2 项，顺德区 4 项，高明区和三水区缺失；省级非物质文化遗产传承方面，禅城区 11 项和佛山市（南海区）持平（11 项），顺德区 9 项，三水区 2 项，高明区 1 项；市级非物质文化遗产，禅城区 27 项，南海区 21 项，顺德区 4

项，三水区 12 项，高明区 5 项（见图 3 - 5）。非物质文化遗产的分布在五区极为不均，禅城区作为佛山市中心城区，也是长期以来佛山政治、经济、社会、文化发展的集中地，故其非物质文化遗产相当丰富，表现出种类多、质量好、水平高的特征。

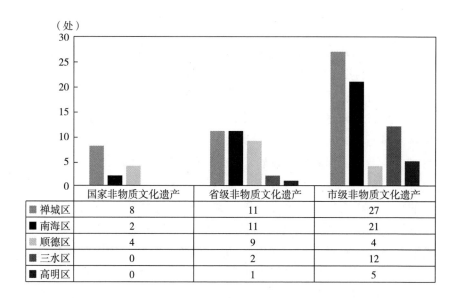

（处）

	国家非物质文化遗产	省级非物质文化遗产	市级非物质文化遗产
禅城区	8	11	27
南海区	2	11	21
顺德区	4	9	4
三水区	0	2	12
高明区	0	1	5

图 3 - 5　佛山五区非物质文化遗产统计情况（截至 2019 年）

从佛山非物质文化遗产与广东省其他地市之间的比较来看，国家级非物质文化遗产方面，佛山（10 处）居全省第三位，居广州（20 处）、潮州（15 处）之后；省级非物质文化遗产方面，佛山 28 处，居全省第六位，前 5 位城市分别是广州（50 处）、揭阳（42 处）、清远（34 处）、湛江（33 处）、东莞（31 处）；市级非物质文化遗产方面，佛山优势明显，总数 111 处，居全省 21 个地市的第三位，其中东莞以 146 处排第一位，揭阳 114 处排第二位。

可见，城市、产业、文教、制度、机制等方面，佛山传承都极为悠久，也留存了大量的物质文化遗产和非物质文化遗产。对佛山历史文化遗产进行全面深入完整的保护，是一项功在当代、利在千秋、荫及子孙的伟大事业。佛山的历史文化遗产资源是中华民族文明、岭南文化传承和珠江三角洲地区人类生活史及其遗存中的宝贵财富，是我们进行全面深入的爱国主义教育最为生动和形象的素材。切实挖掘佛山历史文化遗产的综合价值，发挥各类历史文化遗产的作用，对于加快建设佛山"更具品质的文化导向型城市"，为经济社会更上一层楼，奠定坚实的文化基础和良好的文化氛围。

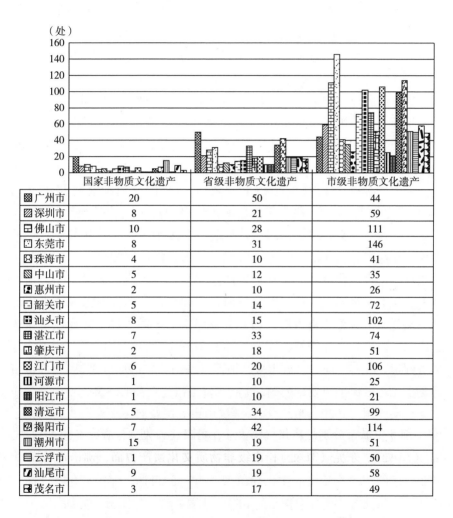

	国家非物质文化遗产	省级非物质文化遗产	市级非物质文化遗产
▩ 广州市	20	50	44
▨ 深圳市	8	21	59
⊟ 佛山市	10	28	111
▢ 东莞市	8	31	146
▨ 珠海市	4	10	41
▨ 中山市	5	12	35
▣ 惠州市	2	10	26
⊟ 韶关市	5	14	72
⊞ 汕头市	8	15	102
⊞ 湛江市	7	33	74
⊞ 肇庆市	2	18	51
▨ 江门市	6	20	106
Ⅲ 河源市	1	10	25
▥ 阳江市	1	10	21
▩ 清远市	5	34	99
▨ 揭阳市	7	42	114
⊞ 潮州市	15	19	51
⊟ 云浮市	1	19	50
▨ 汕尾市	9	19	58
⊟ 茂名市	3	17	49

图 3−6　广东省 21 个地市非物质文化遗产统计（截至 2019 年）

二　佛山文化遗产保护成就

文化遗产是一个国家、民族、城市和地区传承历史文化、维系城市（地方）精神气质不可或缺的珍贵资源。对城市文化遗产进行保护、促进优秀传统文化传承发展，可以增进不同地区、城市之间的团结协作，促进国家、民族文化交流和合作。我国于 2005 年开始正式设立"文化遗产日"（每年 6 月的第二个星期六），2017 年，经国务院批准，将"文化遗产日"更名为"文化和自然遗产日"。"文化和自然遗产日"的设立，充分体现了中国政府对文化遗产保护的重视和战略远见，也有利于广大人民认识到文化遗产的重要性，增强全社会及各族人民对文化遗产的保护意识。佛山作为"肇迹于晋，得名于唐"的岭南中心城市，城镇发展史超过 1500 年，即使从明代中叶正式的市镇出现算起，也长达近 600 年，这样的中国历史文化名城，当然留存了丰富的各种文物史料。同时，佛山还是历史上少有的无正式官方署衙驻扎的城镇，其城市发展过程中，留存了大量以民用、民生、民间为内容的文物古迹和建城遗址等。至 2018 年，佛山市共有全国重点文物保护单位 7 个、省级 50 个、市级 286 个。全市共公布不可移动文物 1378 处，国有博物馆拥有可移动文物 43000 余件/套。同时，历史文化名城整体保护利用体系初步形成。政府加大资金投入，文物保护修缮成效显著，立足于区域一体化整体保护的世界文化遗产，如珠江三角洲地区特有的水利灌溉工程即桑园围水利灌溉工程正在进行世界灌溉工程遗址的申报与创建。立足区域范围之内的地下、水下文物调查、普查和保护取得丰硕成果。加强对市域范围内的历史文化遗产资源普查力度，加大文物建筑的修缮力度，文物建筑年久失修的局面得到极大缓解，同时带动其他资金超百亿元，使文物周边环境得到很大改善。同时，近年来，根据《佛山市城市总体规划》《佛山市历史文化名城保护规划》（修订版）、《佛山市建设高质量文化导向型名城三年行动计划（2020—2022 年）》《佛山市人民政府关于推进"博物馆之城"建设的实施意见》和《佛山市文化遗产事业发展规划》确定的目标，围绕文化遗产事业发展和文化遗产博物行业发展提升以及佛山建设宜居宜业宜游的"更具品质的文化导向型城市"的目标，保护文化遗产的真实性、完整性等方面都取得新的成绩。主要体现在以下五个方面。

（一）制定科学的文化遗产发展和名城保护规划

中华人民共和国成立以来，佛山市围绕着历史文化名城、历史文化名镇、历史文化名村、特色传统村落、最美乡村、历史文化街区、历史城市风貌区、历史文物、保护建筑等不同层级、不同系统、不同风貌和内容的文化遗产保护体系建设，制定文化遗产保护规划。

1. 制定文化遗产保护规划

紧密对接国家和省的保护法规（如《文物保护法》《城乡规划法》等），加强对市域体系文化遗产的系统梳理、普查和整理工作；同时，加强规划制定和执行，先后在城市发展规划、产业发展规划、基础设施布局规划等专项规划中，出台文化遗产关联保护规划。通过制定系统的历史文化名城、名镇、名村、街区、城市红线、城市紫线等专项规划，明确历史文化遗产，尤其是建成文化遗产，如各种实体性的建筑、碑刻、亭台楼阁、桥梁涵洞、水利工程和水利设施等的统计、分类、建档入库管理工作。随着文化遗产保护体系、城市和乡村保护发展的法律法规不断完善和多年的探索实践，佛山市已经建成了体系比较完备、内容全面完整、结构涵盖齐全的具有保护价值建筑、文物保护单位、历史文化街区、历史文化名城（名镇、名村体系）等多层次、多主题、多内容的文化遗产保护体系。初步形成老城整体保护规划多主题、多内容、多体系的方案。

2. 开展各种专项文化遗产的普查、规划、管理工作

佛山市陆续开展多次专题文化遗产的调研和普查，集中策划和开展各种专项，如古代灌溉水利工程系统，以佛山桑园围水利灌溉工程的系统排查和整理工作，以珠江三角洲地区产业、城市、聚落发展为专题的各种主题文化遗产保护、调研工作，如广府文化遗产保护工作、珠江三角洲地区基塘农业整体申报世界文化遗产的资源情况调查研究，并构思其保护发展的规划和行动方案。西江、北江商路——"海上丝绸之路"沿途水文历史资源、传统文化资源等的调查及其规划编制工作；基塘农业发展模式、世界文化遗产申报前期调研及其预备性工作调研和前期规划编制工作等。开展各种专项文化遗产的发展调研和整理工作。珠江三角洲地区农业文化遗产、基塘农业特色遗产资源等调研等。围绕非物质文化资源的普查、调研和归档整理，开展佛山市非物质文化遗产普查、可移动文物普查等重大文物保护项目，出台专项发展规划和保护方案。

3. 确立分级保护制度

各区人民政府核定公布了文物保护单位、历史文化名城、村镇、街区；大部分文物保护单位划定了保护范围和建设控制地带，建立了记录档案，部分文物保护单位编制了专门保护规划；形成较为完善的文物修缮工程管理制度，其中祖庙—东华里国家重点文物保护单位，结合历史

街区的更新改造，成为比较经典的历史街区、文物保护区融合发展成功案例；在对外开放和发展旅游事业中，许多文物古迹和革命旧址发展成为社会效益和经济效益相得益彰的爱国主义教育基地及文化旅游场所，在物质文明和精神文明建设中发挥了重要作用。建立历史文化遗产保护基本制度。开展多次全市文物普查，初步摸清全市历史文化资源情况，为历史文化资源保护与利用奠定坚实基础。

（二）建立文物保护管理制度和监测体系

围绕城市发展规划和功能定位，加强文物保护顶层设计和统筹规划。

1. 文物保护成效显著

完成和推进佛山祖庙、梁园、仁寿寺等近百余处文物保护单位的修缮工程，先后启动孔庙片区景观提升、梁园及周边环境改造提升、康园改造、仁寿寺扩建等工程。南海区、顺德区、高明区被评为全国文物工作先进县（区）。积极推动老城整体保护，加大老城文物保护力度，相继启动祖庙—东华里片区、仁寿寺片区、莲花南片区、升平路片区、大良老城、碧江村核心区等近百项文物保护单位修缮工程，推进名人商号、街巷和宗祠、会馆、名人故居等历史建筑的保护利用。推进历史风貌区的申报、保护、维护和修缮工作，已基本完成佛山市级及以上重点文物保护单位保护范围及建设控制地带修订工作，五区在库文物保护单位的保护修缮及保护长效机制建成，统筹规划、科学保护佛山地方文化，尤其是反映佛山地方特征的城镇风貌、基础格局、风水地貌等保持、维护和优化工作，西北江航道、商路水域历史文物和文化资源的普查、勘测、登记、入库等工作。加强重点文物保护单位、历史文化遗产及其周边环境维修和提升。

2. 积极推动城市中轴线风貌区保护

中心城区立足禅城，以主要区域的核心高点为点轴支撑点，加强城市文脉和历史文化廊道建设，先后开展了石湾中国陶谷片区、祖庙—东华里片区、礌岗公园—千灯湖等城市文脉轴线上的重要遗产点的维修保护、腾退开放、展示利用工作。同时全面提升中轴线文化遗产点的保护管理水平，扩大公共文化场所，逐步改善中轴线文化遗产风貌，提升市民慢行休闲环境。

3. 文物保护的保障工作成效显著

近年来，佛山市级财政拨付文物保护事业经费超过 20 亿元，项目近百个，涵盖历史文化名城与古迹修缮、安技防经费项目、博物馆项目、文物保护项目和其他项目等。文物修缮工作硕果累累。"十三五"以来，佛山继续加强文物保护和考古工作投入力度，加强实施祖庙、梁园片区、老城区核心片区、顺德大良核心片区等文化遗产和文物古迹集中区的维修保养工作，加大革命文物保护力度。先后开展了革命题材和抗战文物专项保护工程，顺利完成佛山革命活动有较大影响的文物和文化遗产的修缮任务；开展陈铁军故居、大旗头古村和简氏别墅等近现代有代表性建筑的维护修缮工作。

4. 文物保护工作纳入法制化、标准化轨道

佛山自获得地方立法权以来，通过的首部地方性法规就是《佛山市历史文化街区保护条例》，随后围绕文物保护和文化遗产管理，出台了相应的地方法规，颁布实施了文物相关地方性法规、政府规章多部，地方标准多项。

5. 文物队伍不断壮大，业务素质不断提高

全市现有专题文物博物馆机构近十个，文物从业人员中，高级职称人员占35%，中级职称人员占60%。为提升行业从业者职业素质，持续组织了行业从业人员参加省市各级组织的各种专项培训和课程。通过培训，提高了文博队伍管理和专业人员的整体水平，为佛山市文博事业的发展奠定了良好基础。

6. 考古工作成果丰硕，对待交流合作频繁

积极配合基本建设开展考古调查与勘探工作，取得一系列成果。全市文博单位积极开展文物对外交流，交流规模和范围不断扩大，内容丰富，形式多样，达到弘扬中华民族优秀传统文化、促进经济发展的目的。尤其是利用粤港之间的特殊关系，开展多场次赴香港文化艺术展。

（三）博物馆及公共文化服务建设成效显著

1. 博物馆建设和公共文化服务水平显著提升

博物馆事业快速发展，全市规划及在建博物馆（纪念馆、名人故居）近30家、美术馆（艺术馆）近20家，免费开放的博物馆、纪念馆近20家。贯彻以组团方式推动佛山市博物馆、美术馆、艺术馆集聚化发展，重点发展七大系列场馆，建设中心城区博物馆群（含三龙湾）、环千灯湖片区博物馆群、环西樵山片区博物馆群、环佛山高新区（南海园）博物馆群和大良—龙江片区博物馆群五大集群，同时构建"博物馆+"格局，

鼓励博物馆主动创新，初步建设形成区域发展格局。启动国家三级博物馆建设，现有佛山市祖庙博物馆、禅城区博物馆、广东石湾陶瓷博物馆、广东岭南酒文化博物馆、佛山市禅城区知隐博物馆、佛山同庆石湾公仔博物馆、刘传纪念馆、廖锦涛故居等27家博物馆、艺术馆及名人纪念馆。佛山市各类主题博物馆10家。同时，各种主题特色突出、展品丰富的博物馆，随着策展水平的不断提升，成为市民休闲打卡、感受地方文化特色的一种生活方式，深受民众欢迎。

2. 构建市区镇三级博物馆、文化馆体系

随着佛山市顺德区博物馆被评为国家二级博物馆，佛山市祖庙博物馆和佛山市博物馆被评为国家三级博物馆。三馆在国家级博物馆序列中又迈进一步，标志着佛山博物馆之城建设取得新的阶段性成果。鼓励博物馆、文化馆开展主题突出、特色鲜明的展览活动。迄今为止，佛山五区博物馆策展的总量达到近200场次、活动逾千次，年服务观众超过500万人次。利用和市区近30所高等院校和中小学建立的"馆校合作"基地，佛山市各级各类博物馆每年通过接待学生到馆参观、校园讲座和巡展、志愿者招募培训以及相关专业项目合作等形式，为本地青少年学生搭建一个了解佛山传统文化、志愿服务回馈社会的平台。

3. 博物馆行业跨区域协同创新工作进一步加强

佛山市和广东省、各地级市之间的博物馆、文化馆体系开展丰富多彩的跨区域联动；佛山五区层面，各区根据发展特色，开展专题展览的合作开放，实现优势互补，合作共赢。

4. 建立开放多元的博物馆发展体系

充分吸纳社会资源和力量，完成南风古灶·高灶陶窑、东岳庙文物、丰宁寺—莲峰书院修缮、塔坡庙等文物修缮工程；启动佛山祖庙功能及景观提升、梁园及周边环境改造提升、仁寿寺扩建、莲升片区重点地块文物保护和活化利用等工程。新增陈铁军故居、李广海医馆旧址两处文物开放景点，南风古灶、祖庙博物馆成功创建国家4A级景区；建立区、镇街和村居三级文物监管机制，完成《简氏别墅文物保护规划》等文物保护规划编制。

（四）开展形式多样的非物质文化遗产传承保护工作

1. 非物质文化遗产传承成绩斐然

孕育并延续了大量风格独特、丰富多彩、蕴含岭南文化精髓的非物质文化遗产。全市共有非物质文化遗产代表性项目国家级 14 项、省级 43 项、市级 79 项；代表性传承人国家级 11 人、省级 47 人、市级 132 人；国家级非物质文化遗产生产性保护示范基地 1 个、省级 6 个；省级非物质文化遗产传承基地 6 个、市级 20 个，市级非物质文化遗产传习所 4 个；省级非物质文化遗产研究基地 1 个。

2. 非物质文化遗产传承有效推进

基本建立非物质文化遗产三级管理网络，成立区非物质文化遗产保护中心机构，制定出台了《佛山市非物质文化遗产保护专项资金资助办法》。启动市、区非物质文化遗产展览中心建设，"佛山市非物质文化遗产"网站、禅博微信公众号上线。积极开展佛山名镇民俗文化研究。积极落实"传统工艺振兴计划"，启动以"非遗新时代"为主题的"佛山非遗传承人对话系列活动"，为非物质文化遗产创造性转化与创新性发展探索路径。目前，非物质文化遗产工作站建设取得良好成绩，举办系列传统技艺培训班，提高传承人群的专业技术能力和可持续发展能力，使传统工艺保护传承工作踏上一个新台阶。

3. 开展非物质文化遗产宣传及对外交流活动

积极参加国家、省组织开展的非物质文化遗产文化活动，连续多年组织石湾陶塑技艺等非物质文化遗产项目参加中国（深圳）国际文化产业博览交易会；组织各非物质文化遗产项目传承人开展现场展演展示，真正让非物质文化遗产项目贴近市民生活。此外，每年根据不同主题，通过线上线下相结合的方式，组织策划文化和自然遗产日活动，让广大市民积极参与并了解非物质文化遗产内涵，扩大非物质文化遗产的影响力和受众面。深入推进非物质文化遗产"进校园"活动。通过成立"剧团"、开展"课题"、开发"校本课程"等途径，把传统陶艺、剪纸、粤剧等非物质文化遗产传承贯穿到教育教学过程中，以点带面，辐射全市。佛山鸿胜馆 1999 年开始在学校开展蔡李佛拳教学，2014 年以来，一直坚持在深村小学、城南小学、第二十七小学、白燕小学、第十中学、佛山科技学院等学校开展教学活动，教学人数超过 1 万人次；蔡李佛拳连续六年举办近千场大小活动，包括蔡李佛功夫大会演、"小小武术家"夏令营及蔡李佛功夫赛等。其中，蔡李佛功夫佛山锦标赛已成为佛山市功夫品牌赛事和鸿胜蔡李佛的交流盛会，参赛运动员包括来自佛山、广州、江门、云浮、香港、澳门等地选手。少林南家拳也进入人民路小学开展教学活动，鹰爪拳则在怡东小学开展教学活动。通过与高校联手合作，制订人才培养方案，打造一条非物质文化遗产人才输送的稳定渠道。如美陶厂大力推进与高等院校的"产学研"合作项目，与广东文艺职业学院、华南理工大学等一批省内高校合作，有针对性地培养陶艺创作人才，鼓励中青年陶艺家向石湾陶艺传承人拜师学艺，系统地学习传承人的技艺手法。

4. 开展非物质文化遗产活动对外宣传

粤剧华光诞活动不仅是佛山市博物馆的品牌活动之一，同时是全球粤剧艺人寻根的文化盛会。通过举办华光诞活动，每年都吸引包括美国、澳洲、新加坡、法国、荷兰、英国、马来西亚、泰国等十几个国家的海外华侨以及港澳地区同胞和区内小学生近千人前来参与华光诞活动，并登台献艺，切实对粤剧文化艺术起到了保护、传承和推广作用。

5. 出台扶持政策，加大传承保护力度

出台《佛山市非物质文化遗产专项资金管理办法》。2019 年佛山市及下属五区非物质文化遗产保护专项资金共核准 1118 万元。规范行业管理工作，在非物质文化遗产资金管理、非物质文化遗产传承人申报、组织专家进行文物保护鉴定等方面做了大量的工作。

（五）建立比较完整的文化遗产保护体制机制

1. 保护机制不断完善，保护制度执行有力

佛山市以《文物保护法》《城乡规划法》《非物质文化遗产保护法》《历史文化名城名镇名村保护条例》和《文物保护法实施条例》等法律规范为基础，积极促进佛山历史文化发展体系和文化遗产的大保护、全保护及持续保护。同时，密切结合佛山本地实际，制定出台和完善佛山地方性历史文化名城、名镇、名村保护法规。① 迄今为止，佛山已出台和制定历史文化名城、名镇和名村规划近 50 个，出台有关具体保护性规范近十个。各区和各镇街、村，都全面加强了历史文化名镇、名村的保护管理工作。在区级层面，各区都统筹成立了名城办、名镇办、名村办的常设或专设机构，加大政府统筹、规划引领和综合协调力度，提高了各级

---

① 佛山市自有地方立法权以来，制定了第一部地方性法规即为佛山历史文化街区保护方面的法规——《佛山市历史文化街区保护条例》，迄今为止，佛山市共出台了与历史文化遗产保护有关的地方性法规超过 5 部。

政府的统筹能力和效率。

2. 提炼形成佛山特色的模式经验和保护利用方法

在协调保护和发展关系方面，形成以龙头开发商操盘，政府宏观调控，开发商接地气，地方政府讲正气的岭南天地发展经验；文创产业植入名村社区，同创同进、共融共生的顺德黄连村经验；以文旅产业置入为牵引，大力推动村居环境美化、优化的逢简经验；村落文风倡导总领，连片设置展示空间以强化认知，附以环境再造，村居美化的松塘经验等，成为佛山历史文化遗产保护的旗帜和名片。

3. 保护向立体全面拖进，保护内容不断丰富

通过系统的普查、挖掘和整理，大量城乡历史文化遗产被发现，并通过各种保护名录单位的纳入，实现了城市、城镇、村居和单体遗产从散装的自我发展，转轨到有相对比较严格的管理体系，保护制度，法律规范进行约束、牵引和指导的有序保护之路。

4. 保护成效不断显现

通过系统、完善的名城、名镇、名村、街区和文物（古建）保护工作，带动文化遗产资源的发掘和保护，并通过系统、完善的制度建设和规范化管理，促进佛山文化遗产保护成效不断显现。

三　佛山文化遗产保护存在的问题

（一）对文化遗产保护的认识和实践都需要优化提升

1. 保护意识有待全面提高

一些文化遗产点（名村、文物所在村居）对加强历史文化遗产保护工作的重要意义认识不够，往往从直接经济效益角度看待对文化遗产的保护，导致出现部分村民（居民）对自己的祖居、祖屋被列入历史文化遗产名录不欢迎，极端者甚至出现在挂牌当晚即用推土机把自家祖屋推平的过激行为。对这些村民来说，他们认为，一旦自己的祖屋被认定为历史文化遗产后，祖屋上所附加的土地、屋宇的价值会大打折扣，所以不欢迎自家房子成为文物或文化遗产。同时，村委会或者基层政府管理者，也没有站在文化自信、文化培基的高度来认识历史文化名镇名村保护工作，没有充分认识到历史文化资源的不可再生性，对实体性文化遗产的不可再生性认识不足，放任开发商或村民对保护建筑采取非法措施，致使出现不可挽回的损失。部分村居没有认识到文化遗产保护工作是一项涉及民生、安全、环境品质、社会治理等复杂系统工程，要素投入严

重不足。

2. 大拆大建依然严重

对历史文化集中区、名镇名村核心区域的改造和发展，简单套用大拆快建的新城建设方法，通过搬空核心区大部分居民、异地安置等方法来降低村居、街区的发展成本，结果使建设地区风貌不再，地方特征不再，失去了保护意义和价值。同时，部分名村，尚处于初级开发状态，村级平台积累不足、历史欠账多，致使保护投入严重不足。

3. 重视单体，忽略整体

只重视对历史文物、单体建筑保护，忽略对文化保护单位周边环境保护，文物古迹成了"盆景"。有的地方只重视对重要价值遗存保护，忽略对一般文化价值建筑、普通构筑物的保留利用。

4. 展示利用见物不见人、重物质轻人文的倾向严重

对历史街区、名镇名村的改造，只重视对物质环境的保护活化，如佛山市住建局主导的佛山美丽村居活化中，其改造验收的整个标准，全部关注在物质环境层面的改造，而对更重要的"人"即村民的发展情况，没有做任何评估和要求。再有就是对大量存在的历史遗存既没有很好地利用，又不能很好地保护，导致长期放空闲置，致使一些基础条件较好、保护成本不高的遗产，在长期缺乏有效管理的条件下，逐渐崩坏。同时，镇、村专业保护人才缺乏，缺乏串联历史信息、讲述遗产故事的能力，群众难以在日常生活中感知遗产的文化底蕴和历史记忆。

（二）统筹发展能力不足，建设性破坏尤其严重

1. 规划不足

在旧城改造、遗产活化中，一是文化遗产保护缺乏规划，地方领导规划意识不够。不重视规划的引领作用，只重视领导意志，由于中国特定的行政管理机制和发展考评机制的作用，使长官意志往往无法长期贯彻，无法做到"不换频道，不换跑道"，因此就是一任领导，一个思路，换了领导，再换思路，导致文化遗产保护出现随便化、碎片化。二是有规划不落实。把规划当摆设，其实还是领导说了算，贪大求洋，不顾实际，没有很好地进行文化遗产改造和发展的社会风险与综合影响度评估，对地方历史、文化体察不够，只要现代化，不要地方文化，使那些代表城镇地方文脉和意义的重要物证（比如古建筑群、名人旧居），在求大、求洋的指引下风雨飘摇或者永远消失。历史风貌被破坏殆尽，历史街区

弄得面目全非，导致代表地方发展见证的物质遗存、精神遗产的载体越来越少。三是缺乏专业指导。一些地方政府为了"出奇制胜"，随意曲解历史，如争夺武大郎故乡、争夺西门庆故居之流，这样完全违背发展规律，将历史街区传统民居用仿古建筑替代，实在有违文化遗产保护的初衷。

2. 保护法规与规划滞后，没能"一盘棋"走到底

一是法规相对滞后。现有的法规大多以规范历史文化名城保护规划的编制和实施为主，对文化遗产保护缺乏有效的管理手段，导致破坏文化遗产行为得不到及时有效的处罚。

二是行政执法过程，出现无法可依、可循的困境。文化遗产保护规划普遍是静态的、消极的，以划定保护范围、限制建筑高度、体量甚至建筑风格、形式为主要内容，而没有作为城市发展总体规划的有机组成部分，没有在城市发展总体规划、具体的城市设计中充分注意保护文化遗产的特色，注意对城市地方性、地方特征和地方意义的维持和高扬。

3. 建设性破坏较为严重

在基础设施建设、村居风貌改造提升、促进和带动村落文旅经济发展的过程中，许多传统村落、历史街区的传统风貌特征遭到破坏，甚至消亡，使名镇、名村和文化遗产实体等失去了存在和发展的根基。

4. 重建设，轻保护，破坏文物的事件屡有发生

对文物保护工作的重要性认识不足，对贯彻执行法律法规只停留在口头上，重视经济利益，轻视文物保护。基本建设过程中以权代法、以言代法的行为屡有发生，破坏文物的现象仍相当严重。一些建设单位，未经批准，在文物单位保护范围和建设控制地带内私搭乱建，导致文物环境风貌受到不同程度的破坏。文物保管条件落后，文物安全形势严峻。文博单位文物库房面积普遍不足，技术防范设施达标率低，先进设备配备率较低。

（三）资金缺乏，监督缺位

1. 资金缺乏，无法支撑发展要求

一些名村发展起步迟，发展相对落后，缺乏名村和文化遗产单体建筑保护的资金支撑，只好招商引资，但对外来资本又缺乏严格审核，以及有效的制衡手段，导致资本进来后，推倒式重建时有发生。资金缺乏，一是表现在"难以为继"。一些历史文化街区经过一定的维修和整治，但

后续保护因资金短缺而难以为继。二是表现在历史环境亟待改善。目前佛山的历史文化名村分布在南海区北部的赤山、仙岗等，高明区的深水村、陆家村、阮涌村、朗锦村，三水区的长岐村、岗头村、独树岗村和祠巷村等，这些名村目前大多经济发展相对落后。村委自我"造血"功能弱，无法承担大规模的村居改造和修建活动，致使部分传统民居在长年失修后，逐渐废弃崩坏。有些村居的给排水基础设施发展滞后，不能满足村民日常生活需要，给改善和整治环境带来了困难，也存在一些安全隐患。同时文物保护"五纳入"措施不落实，文物保护经费严重不足。对按法律规定的保护费用比例留成，有些地方执行不力，导致一些古遗址、古建筑等得不到有效保护，社会上的珍贵文物得不到及时征集，对文化遗产的抢救征集、文物保护的科研活动、抢救性考古发掘等专项经费相对有限，无法有效支撑工作的实际开展。

2. 监督机制需进一步健全

监督管理有待加强。一是要加强规划编制的监督，对未规划即进行保护维修工作的，要坚决叫停，并实施一定的处罚。二是对有规划不执行，阳奉阴违的，也要加大查处力度，追究领导责任。三是对实施规划不力的，要有相应的处罚措施，加强规划，实施保障。

3. 历史文化资源信息档案亟待建立

不少历史文化村镇对自身拥有的历史文化资源底数不清，对资源的种类、数量、年代、工艺、材料等基本信息没有建立档案，导致在保护管理中缺乏科学依据，影响历史建筑的挂牌保护和宣传展示工作，不利于公众参与和社会监督，妨碍了历史文化资源的合理利用，需要尽快补充建设。要尽快完成基于市层面的历史文化资源信息档案库建设和应用。

（四）机构职能弱化，人员不足

文化遗产保护机构职能弱化，机构改革压缩了文物保护部门的编制和人员，致使专业工作人员和行政管理人员都相对不足。同时，当前文博行业的从业人员因为待遇、专业前景等原因，正规专业出身的学生，愿意从事本行业的较少，致使文博队伍人员整体素质不高，专业人才缺乏。尤其是从事文物维修设计、养护的专业技术人员匮乏，也缺乏文物科研、展览陈列设计等方面的专业人员，机构改革导致人员调动频繁，在很大程度上影响甚至降低了佛山市文物保护事业的工作水平。

（五）非物质文化遗产保护传承断代严重

1. 非物质文化遗产技艺传承空间不断萎缩

随着城市化和现代化进程加快，佛山市及下属各区的文化生态面貌发生了巨大变化。现代化生产方式冲击下，以传统手工生产为传承主体的佛山非物质文化遗产技艺传承受到越来越大的冲击，失去了原有的生存空间和市场空间。一些如龙舟说唱、南音、粤讴等依靠口授和面授传承的传统技艺濒临消亡。部分仍勉力维持的项目虽通过自身的不断改良和提升，但仍无法与现代技术工艺竞争，原有的市场空间逐渐被挤占、萎缩，如佛山木版年画、佛山木雕等项目。

2. 非物质文化遗产传承人青黄不接

每一个非物质文化遗产项目传承发展的背后，都离不开传承人代际传递。师傅虽然倾囊相授，但是，徒弟难见出路而缺乏毅力，造成人才断档，技艺失传。还有一部分传承人年老体衰、疾病缠身导致传承保护的能力不足，这些都严重影响非物质文化遗产项目的有效传承发展。当前佛山的国字号非物质文化遗产传承中都存在上述问题。

3. 非物质文化遗产开发的文创企业发展遇到"瓶颈"

佛山市文创行业的企业规模普遍偏小，产业化规模和集约化程度不高，经济承受力相对有限。加上政策规定，"企业以各种方式取得区政府各项扶持资金，原则上不得超过其年度对地方经济贡献"，一定程度上限制了对文创企业的扶持力度。此外，用地成本较高、上下游产业配套不齐等因素，造成文化创意企业发展信心不足，外地文化创意企业进驻意愿不高。

第三节 传承：保护与活化

一 佛山文化遗产传承基本思路

在国际竞争加剧、中国发展增速放缓和后疫情时代，佛山文化遗产保护和发展，必然要直面发展的新趋势、新机遇，应对新矛盾和新问题，从更加理性、持续和动态创新的视角，坚持新发展理念，引领文化遗产保护和传承。具体来说，在保护活化发展实践中，坚持做到以下三个方面。

（一）用"五位一体"思维，积极推进文化遗产的保护工作，将文化遗产保护工作充分融入党和国家全面发展社会主义的伟大事业之中，与时俱进，开拓创新，才能促进文化遗产保护事业全面发展，实现佛山经济社会全面高质量发展

党的十九大报告提出，坚持以人民为中心的发展思想，明确新时代我国社会主要矛盾是人民日益增长的美好生活需要和不平衡不充分的发展之间的矛盾，并提出中国经济社会的全面发展，已经从高速增长阶段转向高质量发展阶段。以五大发展理念为指导，针对发展不平衡不充分问题，更好地满足人民日益增长美好生活需要的社会经济全面发展就是经济高质量发展。以文化遗产保护的活化，引导社会资源向未开发区、落后社区、贫困街区和相对偏远村居投入，促进这些街区、社区、村居文化遗产的深入全面普查，并根据其发展的资源支撑，实现保护和活化利用；以整体提升其物质基础条件和基础环境，促进村民、居民意识创新；以新发展理念为指导解决发展不平衡不充分问题，进而满足人民日益增长美好生活的需要，推进佛山全面高质量发展。

（二）坚持法律底线，强化党的领导

文化遗产保护是佛山经济社会全面高质量发展的重要组成部分，文化遗产保护事业的发展与佛山的全面高质量发展紧密相连。

一是要加强对文化遗产的基础普查工作。摸清底子，明确路子，才能真正促进佛山文化遗产保护的持续发展。这其中，只有坚持和贯彻《文物保护法》及文化遗产保护的相关法律制度，完善文化遗产保护法律规范和制度体系，才能确保佛山市各类文化遗产得到有效保护。

二是要始终坚持依法行政，依法管理，执法必严，违法必究。市、区、镇街各级政府要深入学习领会和贯彻习近平总书记关于文化遗产保护的重要论述，深化思想认识，坚持文化遗产管理和保护的依法行政思维，提高文化遗产保护的治理能力，推动文化遗产保护工作不断取得新成效。

三是要强化和突出党对文化遗产保护的核心领导，坚持人民政府在文化遗产保护中的主体责任和作用。只有坚持党和政府的正确领导，全力争取各级领导对文化遗产保护的重视和支持，才能把更多人力、物力用于文化遗产保护事业。

四是要在政府的有力领导下，建立和完善好以国家保护为主、全社

会参与的文化遗产保护机制，才能有效遏制破坏文化遗产行为发生。文化遗产保护工作涉及面广，仅靠文物及文化保护部门的力量远远不够，要真正做好文化遗产保护工作，就必须建立有效的合作机制，加强财政、城建、自然资源、公安、海关和工商等相关部门的合作，其他各级人大、政协、新闻媒体和社会力量要切实发挥监督、指导作用。

（三）要发挥科学技术、人才的作用

文化遗产保护是一项需要较高科技水平的工作。保护实践中，我们一定要相信科学，尊重科学，只有将科学技术工作与烦琐的文化遗产保护工作深度结合，才能提高效能，节约资源，保证文化遗产保护工作的高质量、高水平。

一是在历史文化名城、名镇、名村、街区，特色传统村落、特色风貌区等的评审、规划、展览、设计工作中，相关的文化遗产保护工程方案、保护规划思路和方案、文化馆和博物馆陈列方案、考古发掘和大遗址保护方案、遗产廊道保护和连片区发展规划、文物安全技术防范方案等编制与评审，以及建立文化遗产保护单位"四有"档案、文化遗产及藏品的档案管理等工作中，都必须聘请有关专家充分论证，严格把关。这样才能保证工作质量。否则就会造成巨大的资金浪费，甚至导致文化遗产连片保护区的本体和环境风貌受到破坏，造成无法挽回的严重后果。

二是要坚持做好文化遗产保护的基础工作，扎实普查，认真整理建档，以最新的数字化方法，对文化遗产进行全方位、广尺度的数字化、电子化处理，并利用当前先进的计算机技术、先进的信息展示技术，加强对文化遗产的动态化呈现，将普查、保管、保护、活化利用完美地结合起来，以促进文化遗产保护事业稳步发展。开展文化遗产的基础普查和登记报备工作，建立规范的文物保护单位"四有"档案和博物馆藏品档案是一项系统性的基础工程，是文物部门主动工作、开拓创新的体现。只有通过普查，摸清各地区现存文物古迹的数量、分布、时代、面积、保存状况、环境状况、文物价值、开发利用价值和馆藏文物的数量、级别、品类、价值和保存状况等，才能为做好历史文化资源保护、规划和利用奠定坚实基础。

三是要合理利用文化遗产资源，充分发挥文化遗产资源的教育功能。通过完善的博物馆、纪念馆设施，把各级文化遗产保护单位和博物馆、纪念馆建设成为爱国主义教育基地和文化旅游的重要场所，实现文化遗产保护—利用—再保护—再利用的良性循环。

四是要培养和造就一支高素质的佛山市文化遗产保护专业技术人员队伍，充分调动文化遗产保护工作者的积极性和主动性，以保障文化遗产保护事业持续发展。

二 佛山文化遗产保护活化对策

（一）加强规划引领，促进体制机制建设

规划是城市发展建设和市容市貌改善提升的抓手，也是推进历史文化名城提质升级的基础性和先导性工作。佛山历史文化名城的改造更新和持续发展，需要加强和深化城市规划、保护规划和更新规划等的引领与先导作用，融入"以人为本、尊重历史、传承文化"等理念，加大规划投入，引入高水平团队开展城市发展和历史文化名城更新规划的总规、控规、城市设计、专项规划工作，提升总体水平。求"真"、求"精"，把工匠精神始终贯穿到城市发展规划和历史文化名城保护、历史街区改造等规划的全过程，确保规划涉及的每个方案、每栋建筑、每个街区、社区、村居、每条道路、每块绿地、公园和城市地方特征等都能出精品、出样板、出模式。注重"美""特""新""奇"的共存共融，相互和谐，做足"地方特征和文化特色"文章，避免千城一面、万楼一貌。

一是要以项目促进和工程投资带动城市更新、旧城改造和遗产保护，以项目落地牵动城市的总规、控规、城市设计、专项规划的编制和实施，突出项目抓手功能，能牵引，能带动，能提升。

二是要注重城市规划和改造方案的重点突进功能，通过以点突面、聚点成线、以线带面等方式，打造亮点，谋划高潮，推动老城区更新和遗产保护上水平、上台阶。

三是要突出岭南天地、佛山创意产业园、中国陶谷、国瑞升平等重点建成改造区域的示范带动效应，通过树标杆、培标兵、立旗帜等形成示范带动。

佛山历史文化名城改造和文化遗产保护，要做好"以脉通城、以气润城、以文化城、以业兴城"四篇文章。

一是要做活"以脉通城"这篇文章。结合佛山历史文化名城的核心地脉、文脉、山川水系形制，产业发展源起、迁演，加强地方文脉主干培育，以文脉通城脉，以城脉养地脉，以地脉旺人脉，强化环境治理攻坚战，通过山水城居的系统梳理，加强山水畅通，推进海绵城市建设，

强化城市老城区旧村旧厂综合治理，打造有灵气、有活力、有人气的动感城市大文脉及其关联景观体系，实现"山有翠绿、水含清波、岸夹风情、景美人好"的老城核心区持续提升。

二是要做好"以气润城"这篇文章。以创建国家全域旅游示范区、促进和培育珠江三角洲地区人居环境和产业发展世界遗产地为抓手，养正气、蕴仙气、优文气，着力推进环境美景工作再造，深化美丽富饶新佛山建设。

三是要做足"以文化城"这篇文章。讲好佛山故事，厚植佛山文脉，用好历史文化传承悠久、资源底蕴厚重这一财富，注重突出广府地域特色和产城人一体化发展的历史传承，延续佛山城市文化精神和历史文脉，彰显佛山城市地方独特魅力，把悠久的历史文化、厚重的产业文化、深入血脉的商业文化和独具特色的地方治理文化元素植入城市规划和发展建设之中，让城市有特色、有故事、有说道、有品位、底蕴足、沉淀够。

四是要做好"以业兴城"这篇文章。要继续促进佛山城市的制造业优先发展，深化产业结构优化调整，去粗存精，整体提升佛山产业的高级化、科技化、生活化导向，围绕城市规划、产业布局和城市定位，进一步强化产业文化发展来支撑佛山中国制造业中心城市、珠江西岸地区产业龙头城市的布局和发展。要提升各项规划水平，坚持以系统全面的规划引领城市发展，突出和打造佛山特色，让佛山城市形象和文化印记"可识别、可阅读、可欣赏"。要继续深化和抓好佛山老城区的旧城改造，增进群众福祉，使人民群众共享发展改革成果。抓好城市"双修"，推进历史文化街区和风貌区的改造提升，精心打造特色街区风貌，不断提升和完善城市综合功能。要强化文化基础设施和公共设施建设，不断完善各类公共服务能力。要促进和加强环境生态保护，推动佛山绿色生态文明建设和城市绿色发展。以"河畅、水净、岸绿、景美"为目标，加快实施河湖塘沟一体改造、推动水体净化美化、城市绿化提升等工程。推动大文旅、大健康、大休闲产业发展。

大力推进文化遗产保护管理体制机制改革，充分调动全市、全民、全社会参与文物保护的积极性，加强文化遗产保护部门自身能力建设，提高综合管理水平。

一是完善省、市、县（区）多级文化遗产管理机构。建立广泛的群众性文化遗产保护组织，引导城乡居民自觉保护文化遗产；建立以政府部门保护为主、全社会广泛参与的文化遗产保护机制；建立以政府投入为主，鼓励全社会积极参与的多元投融资机制。

二是要加强和完善历史文化名城（保护区）保护的法规体系，丰富和提升佛山历史文化名城、名镇、名村、街区、建筑、文物、非物质文化遗产等管理、监督、保护制度体系。

三是探索多元筹融资渠道，增加文化遗产保护投入。除依赖省市区财政和村居自有资金外，要利用贷款、发行债券等多种融资方式，争取更多的文化遗产保护资金投入。

四是要放宽政策，鼓励社会力量参与。出台具体支持民间资本介入文化遗产保护的政策措施，如税收减免、资金补助、优惠贷款和建立周转基金等经济激励政策，拓宽保护资金渠道，创造条件，鼓励民间资金投入到历史文化名城保护工作中，创新文化遗产管理体制机制，用好、用活政策制度。

五是要做好文化遗产保护利用和活化的专项人才发展规划、培养、使用、配置与管理工作，建立和培养一支学历、层次、梯度和门类结构合理，专业能力强，适应范围广的文化遗产专业队伍。引进高水平专业人才，培养中青年业务专才，不断提高行政人员的执政能力和专业人员的业务水平。

（二）继续推动、加强对文化遗产的保护利用

1. 大力推进文化遗产保护活化利用

一是进一步落实和完善文化遗产保护制度。认真做好文化遗产，包括历史文化名镇、名村、街区、文物等的申报组织、核定公布，开展历史文化遗产信息普查，提升优化文化遗产保护规划，规范文化遗产及文物藏品档案建设，做好馆藏文物鉴定、加强文化遗产安全防范等工作。

二是整合全市各区各级各类博物馆的陈列展览资源，降低展览运作成本，支撑博物馆之城建设。通过扶大造强，打造代表佛山最高水平、具有国家级品牌影响力的博物馆体系。以面向人民对美好生活追求为目标，丰富提升文化遗产和博物馆建设规划，解决基层博物馆"门庭冷落"的利用不足问题。

三是加强与粤港澳大湾区城市文化遗产保护活化利用、交流与合作，发挥优势，促进互补，促进佛山市和大湾区其他城市之间的交流合作，共同打造声誉卓著的大湾区文化遗产保护品牌，积极参与"粤港澳大湾

区文物大展"规划建设，积极参与湾区一体的国际博物馆日活动。要通过创新思维，引进新理念，尝试新模式，主动开展多种形式、多渠道和全方位的泛珠三角文化遗产保护利用合作，开创历史文化资源合作的新领域。

四是大力推进文化遗产信息化建设，提高信息通信技术在文化遗产保护活化利用中的作用，加大"互联网＋"、5G 技术、AR/VR 等最新科技在文化遗产保护中的应用。要对文化遗产保护中具有迫切性和普遍性的科技难题，如考古发掘现场有机物提取和保护技术、土质遗址保护、石质文物保护、潮湿环境下木构建筑防虫和防霉技术等有组织、有重点、有计划地进行科技攻关。实现文化遗产资源数字化、文化遗产管理和信息传播网络化。

2. 加强文化遗产保护宣传和活化利用

发挥文化遗产在弘扬城市地方精神宣传教育、爱国爱家等社会主义核心思想观念普及中的作用，坚持把文化遗产保护和活化利用的社会效益放在首位，争取社会效益、经济效益和精神文明建设的最佳结合。

一是妥善处理文化遗产保护与城市发展、文化遗产保护开发、文旅产业发展、文化遗产活化利用和满足人民对美好生活向往的关系。

二是防止和杜绝改变文化遗产保护的体制机制，破坏历史文化资源。围绕佛山"博物馆之城"建设，积极促进发展特色博物馆，鼓励发展专题行业博物馆和以私人投资营运为主的各种特色博物馆，建设具有佛山地方特点和文化传统相协同的博物馆体系，对有代表性的博物馆、专题纪念馆和重点文化遗产单位的活化利用进行研究，建立有效、动态、高能的博物馆发展机制。

三是力争建成一批综合效益突出、在国家层面具有重大指标意义的爱国主义教育基地。强化精品意识，加强博物馆精品工程建设，使佛山成为为人民群众提供优秀陈列和展览的博物展览高地。

四是充分挖掘佛山各种历史文化资源的潜在价值，抓住其资源特色和地方文化优势，以重点文化遗产地为中心，建设一批展示性强、参与程度高、特色突出、文旅综合价值大的核心景区，打造产业融合突出、产品体系多样、全时段高声誉的文旅融合创新品牌，形成一镇一品、一区一特色的文化遗产旅游化发展格局。

3. 推进各类型文化遗产的保护利用和活化工作

一是加强不可移动文物保护。加强对重点文物保护单位的日常巡查、监测；注重日常维护和岁修，减少大修，防止不当维修。实施危急文物抢救保护工程，对存在重大险情的文物保护单位和尚未核定公布为文物保护单位的不可移动文物给予重点关注，建立财政专项经费，给予重点经费支持。加强和重视对红色革命遗址、各种抗战遗迹等单位认定和维修保护。重视水下文物勘查、保护。

二是加强可移动文物保护。开展馆藏文物修复保护，积极推进珍贵文物保护修复工作，及时修复濒危珍贵文物，优先保护材质脆弱珍贵文物。开展对佛山市自中华人民共和国成立以来经济社会发展变迁物证征藏工作。

三是加强历史文化名城（镇、村、街区）、传统村落整体格局和历史风貌的保护，不断改善其基础设施、提升其环境质量，严禁拆真建假、拆旧建新等破坏性建设。严格审批涉及各级文物保护单位建设控制地带和地下文物埋藏区的建设项目。

四是加强文化遗产保护管理和评估。加强联动广州、中山、江门，开展珠江三角洲核心区［传统的南（海）、番（禺）、顺（德）、香（山）（现在的中山市）、江（门）等地］整体申报世界文化遗产（即珠江三角洲地区人居聚落和产业文化世界遗产地）的可行性和可能性研究，加快推进珠江三角洲地区人类活动和文化景观申报世界文化遗产的前期准备工作，争取早日被确定为我国申报世界文化遗产的年度项目并成功入选。

五是实施文化遗产平安工程，完善文化遗产建筑消防设施和防盗防破坏设施，完善文物收藏单位的技术防范设施和制度建设，提高抗安全风险能力。

六是加强文化遗产服务体系建设。发挥文化遗产在传播优秀传统文化、引领社会文明风尚和社会主义核心价值观建设中的作用。鼓励博物馆和中小学校在博物馆组织"第二课堂"和社会实践活动；支持文物考古单位、影视拍摄机构及有关组织举办考古夏令营、考古探秘、考古题材微电影拍摄、考古发掘报道等活动。

七是提升博物馆展览和服务水平。实施博物馆展陈水平提升计划，不断提升各级博物馆展陈质量，提高藏品展出效率。开展智慧博物馆建设，利用科技手段，增强展览效果，增强展览的互动性和观众参与性。

（三）实施重大重点文化遗产保护活化工程

1. 大力推进重大文物保护工程项目和文化遗产示范单位建设

立足三龙湾创新集聚区建设和佛山市千灯湖高新产业集聚区建设，重点促进三龙湾"九馆一中心"的高标化、人气化建设，以佛山市中心场馆的系统建设，整体促进禅城区公共文化核心区发展。大力抓好红色旅游经典景区建设，围绕陈铁军红色革命文化，打造铁军红色革命文化遗址和事迹展示场馆，促进东江游击队在佛山各区的红色根据地、联络点的系统修复、提升工作，完善红色文化旅游设施，将其建成粤港澳大湾区有卓著声誉的爱国主义教育基地。积极探索文化遗产保护与利用新模式，总结和推广成功的文化遗产保护经验。

2. 继续推动佛山历史文化名城老城核心区的全面提升和优化更新

加强祖庙—岭南天地片区二期、三期工程的改造提升，加强改造区域内国家重点文物保护单位——东华里的改造监督，加强对东华里片区街区原貌掌控和全面升级，修旧如旧，严禁建设性破坏和工程性破坏等破坏行为，对产生损毁的建设单位和个体要严格追究法律责任。继续促进莲升片区、国瑞升平里、东方新天地、筷子路片区等文化遗产系统保护，加强对街区、社区改造更新中城市地方特征的维持和优化，杜绝以新换旧，禁止以发展的名义，破坏改造区域长久以来形成的商业氛围、和谐气氛。继续推进东华里古建筑群、簪园、区家庄、石路巷古民居群、花王庙等文物保护单位的修缮工作，以及琼花会馆复建工程建设和梁园及周边环境改造提升工程，达到以点带面的保护和传承社会效果。加强对佛山五区其他核心区，如大良老城、三水河口镇、西南镇、各特色典型村居的历史文化资源和历史文化风貌区优化提升。

3. 开展重点红色革命党史文物保护展示工程打造建设

以中国共产党的发展历程为主线，以中国共产党成立100周年为时间节点，系统开展百年党史文物、文献、档案、史料调查征集，结合佛山实际，开展系统的佛山地区革命时期、中华人民共和国成立时期和改革开放时期等不同时期内反映百年党史的重大事件遗迹、重要会议遗址、重要机构旧址、重要人物旧居的保护提升工程。构建革命文物集中连片区，按照空间集聚、活动连片、重点突出、统筹谋划、集中规划的原则，建设革命文物保护利用片区，推进革命文物的整体规划、连片保护、统筹展示、示范引领。对佛山地区内可以见证近代以来中国人民抵御外来侵略、维护国家主权、捍卫民族独立、争取人民自由和中国共产党领导中国人民进行社会主义革命、建设、改革的遗址遗迹、纪念设施、文物藏品进行排查梳理，提升革命文物保护利用水平。

4. 开展重大历史事件、重点历史人物普查挖掘

加强对明清以来佛山在中国人民抵抗殖民者入侵，争取国家民族自主、自治和自由过程中的典型人物、经典事迹和历史事件进行全面整理和普查，立足明代的西樵山书院文化及其后形成的"南海士大夫集团"中的典型人物，开展系统整理、挖掘，建设专业场馆进行展览和介绍。对清代佛山的各类著名人物，比如官宦巨匠、名儒大绅、实业家、大商人等进行系统整理，讲好佛山人、佛山事和佛山地方文化故事。

（四）加强和促进非物质文化遗产的保护

1. 夯实非物质文化遗产保护工作基础

立足佛山全域，开展非物质文化遗产资源全面普查，对有代表性的项目（尤其是国家级非物质文化遗产项目）制定非物质文化遗产传承发展规划。继续坚持推进"佛山文化记忆工程"，促进非物质文化遗产资源系统入库，并实现记录成果活化利用。建立非物质文化遗产资源数据库和各级非物质文化遗产专家库，支持非物质文化遗产学科和专业建设，促进系统的佛山非物质文化遗产理论研究，加大理论研究成果转化力度。按照"见人见物见生活"的工作理念，深入实施佛山非物质文化遗产和传统工艺振兴计划，强化保护为"用"观念，采取保护与利用并举的工作思路和举措，既促进佛山文化遗产的持续有效保护，又强化文化创意产业的发展转化，创新非物质文化遗产的体现形态和表达方式，提升佛山非物质文化遗产传承的创新能力。加强非物质文化遗产保护的基础环境建设，推进保护的体制机制和法律制度建设。

2. 规范非物质文化遗产保护管理工作

继续推进和完善佛山非物质文化遗产保护名录项目申报评审制度，优化非物质文化遗产专家库，改善和提升非物质文化遗产专家遴选及管理办法。建立系统全面的佛山非物质文化遗产保护和传承管理规划系统，制定非物质文化遗产项目保护规划和代表性非物质文化遗产项目的保护计划，建立非物质文化遗产保护名录资源库，制定项目及代表性传承人认定与管理办法，建立非物质文化遗产保护工作考评制度。进一步强化

对非物质文化遗产管理工作的领导，理顺非物质文化遗产管理机制，优化管理体制，培养一支精干、专业、敬业、积极进取的非物质文化遗产保护干部队伍。建立系统完整的从业人员培训、进修工作机制，加强对行业从业人员的专业培训，采用最新保护理念和技术，加强非物质文化遗产的产业化、活化能力培训，既养队伍，又促发展。加强对非物质文化遗产项目保护的日常管理工作，建立合理的工作机制和项目促进办法，进一步全面优化佛山市非物质文化遗产的传承、保护、产业化、活化等工作。

3. 壮大非物质文化遗产传承人队伍

建立系统完善的非物质文化遗产传承人研习计划，深入实施佛山非物质文化遗产传承人研修研习培训计划，帮助传承人深化对传承发展的非物质文化遗产项目的认识，提高再创造能力，促进非物质文化遗产可持续发展。通过对非物质文化遗产传承人研修研习培训的系统组织，促进传承人队伍建设，支持代表性传承人、民间工艺大师利用文化阵地和非物质文化遗产传习所开展常态化的传承人培训。推进职业教育与非物质文化遗产传承融合发展，加大优秀中青年传承人在各级非物质文化遗产项目代表性传承人中的比例。积极开展传统表演艺术类非物质文化遗产项目传承人群的研习培训，探索并扩大其他门类非物质文化遗产项目传承人群的研习培训工作，形成覆盖全面的研习培训工作体系。

4. 促进非物质文化遗产与社会经济发展全面融合

推动非物质文化遗产保护传承与发展都市旅游业、现代服务业、文化创意业、乡村文化振兴相结合，深入挖掘佛山地方文化内涵，将佛山特色的非物质文化遗产资源转化为具有典型佛山地方特色的优质产品和服务。支持非物质文化遗产文化创意产业园区、非物质文化遗产主题街区、特色社区、特色村居建设。推动非物质文化遗产资源旅游化、文化 ＋ 发展，培育一批具有独立知识产权的佛山非物质文化遗产衍生品商标如佛山狮舞、佛山功夫、佛山龙舟等。围绕观光、文化、乡村、生态、休闲等主题旅游形式，开发特色非物质文化遗产旅游线路及非物质文化遗产产品，提升食、住、行、游、购、娱各个旅游环节的佛山非物质文化遗产和传统工艺文化内涵。把非物质文化遗产保护传承与发展现代服务业、乡村文化振兴相结合。继续积极挖掘传统民俗节庆活动文化内涵，以国家级、省级非物质文化遗产项目为重点，持续打造北帝诞、行通济、佛山秋色、官窑生菜会、赤山跳火光等具有地方特色和民族特色的文化旅游品牌。打造以非物质文化遗产木版年画、扎作技艺、佛山剪纸、陶艺等为主要特色的街区社区。发挥粤剧、粤（佛）酒、粤菜、粤（佛）药文化价值，推动佛山打造世界美食之都，推进佛山地方名特小吃保护传承和品质提升。

5. 推进振兴传统工艺，建立佛山传统工艺振兴目录

培育和公布一批佛山特色传承（陶艺、剪纸、扎作、龙狮、功夫等）民间工艺大师，建立工艺美术大师荣典制度，设立传统工艺大师工作室，鼓励传统工艺高技能人才开展技术培训、技能创新。建立传统工艺师徒制度，鼓励高校、企业和机构在佛山设立传统工艺工作站，搭建创意设计、工艺提升和推广销售平台。重视传统非物质文化遗产、传统工艺和现代社会无缝链接，丰富传统工艺设计与制作水平，培育中国工匠和知名品牌，促进传统非物质文化遗产和传统工艺在当代生活中的广泛应用。

6. 推动整体保护，加大文化遗产展示传播

加强分类保护，推动佛山非物质文化遗产和传统的整体保护，振兴传统工艺，支持拥有较强设计能力的高校、企业和相关单位，在佛山市设立传统工艺工作站，帮助当地传统工艺企业和从业者解决工艺难题，提高产品品质，培育品牌。研究探索口头传统和表演艺术类项目保护传承的政策措施，加大对基层传统戏剧表演团体的支持力度。启动实施非物质文化遗产记录工程，对65周岁以上国家级代表性传承人开展全面记录。对非物质文化遗产及其孕育发展的环境进行区域性整体保护，设立必要的生态文化示范区。积极参与各种交流与合作，深化与我国港澳台地区交流合作。进一步加强对非物质文化遗产资源的挖掘整理，为文化旅游创意产业发展注入更加优质、更富吸引力的文化内容。不断创新非物质文化遗产传播方式，加强对非物质文化遗产的宣传、传播和普及。在重要时间节点、传统节日，开展非物质文化遗产主题传播活动。推动文旅深度融合，创新宣传传播渠道，组织好非物质文化遗产宣传展示活动。加强新闻推广宣传，推动主流媒体加大非物质文化遗产宣传传播力度，发挥微信、短视频、直播、快手等新媒体优势，创新传播渠道，丰富传播手段，积极开展非物质文化遗产保护利用国际交流与合作。

（五）促进文化遗产活化利用，守护岭南文脉

1. 加大文化遗产活化利用力度，探索传统工艺传承新路子

广泛推动文化遗产活化及开展文化创意结合的创新发展。推动佛山老城区核心区更新改造与文化遗产创新发展的有机结合，重点发展以适安里古民居群作为试验区，引入非物质文化遗产项目进驻展演，围绕民俗开展非物质文化遗产保护和传承宣传展示活动，为非物质文化遗产传承探索新出路，使保护传承与文化产业相促进，活化利用与文旅发展相结合，形成动静结合、良性互动的"文商旅融合"的氛围。设立重点融合发展和创新发展试验区、示范区，建立相应的扶持鼓励政策制度。

2. 强化学术交流，推动科研发展和引领作用

鼓励积极建设文化遗产发展和研学交流基地，开发特色研学课程，实现文化遗产与旅游休闲教育的深入融合，打造一流研学场所，围绕岭南传统文化传承、艺术展陈等领域与有关院校开展全方位、深层次的政产学研合作，加强与国内高校，尤其是广州、佛山本土高校之间的持续密切合作，推动中山大学、华南理工大学、暨南大学、佛山科学技术学院在不同层次、不同领域上开展广泛交流合作和专项保护活化研究。推动广州美术学院在梁园共同建设广州美术学院创作和实习平台。推进佛山古镇历史风貌展示馆建设，加大非物质文化遗产项目物品的征集工作，不断丰富和充实展览内容与形式，结合 VR、AR 等新技术，建成现代化的"非遗大观园"。

3. 强化文化遗产传承教育

加强与各级教育部门、各个大中专、中小学、幼儿园联系和互动，建立文化遗产进校园教育传承体系。面向大众传习非物质文化遗产项目，继续在禅城区中小学逐步开展"非遗进校园"活动，结合学校教育传承优秀历史文化。深入组织开展文化遗产保护宣传工作，开展多种形式的"非遗进社区"系列活动，鼓励民众参与非物质文化遗产主题的民俗文化活动；借力"国际博物馆日""中国文化和自然遗产日"以及传统节日等，开展线下线上各类宣传及推广活动，增强岭南历史文化的凝聚力、渗透力和影响力。

4. 推动文化遗产保护活化与文商旅产业发展进一步融合

进一步完善文化遗产传承和文化创新政策。重点拓展文商旅融合的宽度和深度。宽度方面，将文化、遗产、旅游、体育、金融、文创等纳

入融合领域，拓宽文商旅融合发展范畴。深度方面，推进非物质文化遗产项目进美食集聚区、旅游景区常态化建设。结合民俗文化活动，积极开展非物质文化遗产主题文化活动，并重点开展"旅游文化周""陶艺建陶设计周""粤菜师傅工程"等活动，促进文商旅进一步融合发展。以重点项目带动扩大文商旅产业集聚规模，拓宽文化旅游产业消费空间，促进传统文化资源向特色旅游产品转化。进一步拓展文化旅游内涵，在旅游创意引领产业发展上，注重引导新兴业态，支持发展创意产业。

6. 推进优秀传统文化的创造性转化和创新性发展

通过产业化、市场化手段，推动佛山功夫、粤剧等非物质文化遗产项目更好地传承和发展，着重推动佛山功夫普及化、产业化、品牌化发展，把佛山功夫打造成为国际知名、影响广泛的城市名片。继续推进琼花会馆复建工程和粤剧文化园工程建设，彰显佛山作为粤剧发祥地的辉煌。为禅城建设高质量文化导向型名城提供重要支撑。

（六）促进和加强文化基础设施建设

1. 继续推进"博物馆之城"建设

一是高水平推进市级综合博物馆建设。按国家一级馆标准，加快筹建佛山市博物馆新馆，高标准开展展厅及库房的设计建设，力争成为省内博物馆的样板工程，打造"博物馆之城"的核心、岭南文化源流保藏展示中心。

二是提升区级综合博物馆硬件设施。依据博物馆发展趋势，以各级公共财政为基础，完善各区级博物馆的硬件建设，创造多元、丰富的观展方式，营造舒适、安全的参观环境。

三是筹建古遗址博物馆。依托河宕贝丘遗址和古椰贝丘遗址两个具有重大考古价值的古代遗址，整合市内同类型考古遗存资料及实物，建设主题色彩浓厚、展示方式新颖的贝丘遗址博物馆。

四是加强西樵山遗址的研究、规划及保护工作。重点推动石燕岩水下考古遗址申报全国重点文物保护单位，并提炼西樵山遗址的石器制作元素，建设石器博物馆。

五是依据《文化佛山三年行动计划》《佛山市人民政府关于推进"博物馆之城"建设的实施意见》，依托佛山市文化遗产资源、产业资源和历史名人等优势，做好统筹规划，制定相关政策，加强扶持引导，充分调动社会力量和资源，深入推进博物馆"进老城""进校园""进企业"行动，建设专题博物馆群。

2. 大力发展名人故居及革命文化系列场馆

一是用好名人故居资源。依托康有为故居、陈铁军故居、三谭①故居、简氏别墅等保存条件较好的名人故居，通过功能调整、扩充范围、丰富内涵等方式，融入传统文化展演、史料实物展示等元素，将名人故居打造成名人纪念馆或镇（街道）博物馆。

二是提升各类革命遗迹。做好各类革命纪念碑、烈士陵园的保养修缮工作，加强周边环境整治，增设革命史和爱国主义教育功能区，连片打造革命遗迹公园和展区。实施革命纪念馆提升工程，完善纪念馆硬件设施，提高内部策展水平并着重补充革命实物展品，适当运用声光电等方式，丰富展示手段，争创一批全国及省级爱国主义教育基地。

3. 大力发展佛山产业系列场馆

一是发挥佛山制造业深厚底蕴，加强具有文化遗产价值的近现代工业厂房建筑、生产设备等实物资料的保护和利用，鼓励建立家电、陶瓷、成药、纺织、家居、珠宝玉器、工业设计、五金铸造、花卉栽培等企业博物馆及行业博物馆，鼓励利用清末和民国时期工业矿业遗迹以及旧厂区、旧工业区设立工业遗址博物馆，展示佛山市工业文明发展脉络及辉煌成就。

二是推动现有及新增企业博物馆按行业类型抱团发展，集聚形成能反映本地支柱或特色制造业全貌的行业博物馆。

三是围绕企业博物馆及行业博物馆配套发展工业设计、文化创意、旅游休闲等商业服务，让产业专题馆成为"佛山制造"的橱窗与注脚。

四是大力发展非物质文化遗产民俗系列场馆。利用传统工艺的丰厚资源，依托佛山丰富的非物质文化遗产资源，结合传统工艺振兴计划的实施，以政府划地建馆、非物质文化遗产传承人或单位提供展品或动态展示的形式合作创办"佛山民间工艺博物馆"或"佛山民间工艺博物馆群"，馆舍可选址空置历史建筑、"三旧"建筑、创业园区或基层文化场馆。

五是发掘民风民俗，丰富主题展馆。引导相关行业协会及民间社团创立武术、粤剧、粤曲、饮食、婚俗等行业主题博物馆。

---

① 三谭是指谭平山、谭植棠和谭天度。

六是大力发展特色收藏系列场馆。鼓励社会各界结合佛山历代人文乡土气息和生活气息，依托自身特色收藏，设立一批奇石、金石古玩、奇艺、古家具、宗教画、特色园艺等主题博物馆。

七是大力发展岭南艺术系列场馆。筹划选址新建"佛山市美术馆"，以精品工程树立市内美术馆、艺术馆建设运营标杆。依托佛山作为岭南艺术发源地的地位，兴办一批以岭南画派和岭南书法作品为主要展示内容的美术馆。鼓励各界与省内外艺术院校合作，建立一批当代雕塑艺术馆和陶塑艺术馆等。加快推进佛山市博物馆新馆、康园、顺德华侨历史博物馆等场馆筹建。重点筹划"佛山市美术馆""佛山民间工艺博物馆""佛山纺织博物馆""佛山铸造博物馆""佛山中成药博物馆"，以及各类遗址博物馆与革命纪念馆建设。

4. 实施场馆提升工程

着力提升各类场馆的软硬件，增强其功能承载力、服务供给力和社会影响力。进一步提高佛山市各类博物馆、名人故居和纪念馆、古村落展馆等场馆的设施建设水平，重点推进梁园及周边环境改造提升工程、三水区博物馆改造提升工程。鼓励各非国有博物馆进行改造提升，尤其鼓励名企大企将自身的企业博物馆或企业展馆升级改造成行业博物馆，支持已有场馆向特色专题馆转型。鼓励各非国有美术馆、艺术馆增设公众服务区域，增强社会服务功能。引导各馆转变发展方式，找准内增长动力，推动各场馆内涵式发展。树立博物馆集聚发展理念，对市内场馆进行科学性、整体性规划，逐步实现组团式规划、集约化建设。

第四章 文化的融聚

习近平总书记指出："文化是一个国家、一个民族的灵魂。""没有高度的文化自信，没有文化的繁荣兴盛，就没有中华民族伟大复兴。"要"推动文化事业和文化产业发展"。可见，文化建设、文化自信、文化繁荣和文化产业事业发展，对新世纪、新时代中国社会的持续发展，对全国各族人民追求美好生活实现，具有重要的基础意义和导向作用。作为新时代的纲领性文件，党的十九大报告也对中国国家文化建设进行详细的表述和阐释，对文化发展的各项具体工作也进行了全面深入部署。这些表述、解读和部署，全面、准确和深刻地阐明了我们应该如何看待文化和文化建设，应该以怎样的立场、态度定位和把脉文化发展，应该用何种具体可行的思路和举措发展文化、推进文化建设等重大问题，成为全国各地区和城市推动文化发展及繁荣兴盛的依据和准则。

佛山承改革先机，沐开放春风，四十年来，城市、经济、社会、产业快速发展，成为中国南方地区重要的经济产业中心城市之一；同时，佛山人杰地灵、历史悠久，遗存了大量关于生产、生活的物质与非物质文化遗产；佛山有丰富的自然文化瑰宝和人文活动痕迹。一直以来，广东省、佛山市各级政府和民间力量也对历史文化遗迹、自然珍贵物产、文物传说等进行系统的整理、归置和保护；围绕城市文化发展，积极促进文化建设、产业文化和公共文化事业保障与服务提升。然而，与佛山城市、经济和产业发展不相匹配的是，佛山城市文化、产业文化和公共文化事业供应等长期滞后于城市综合实力提升，导致佛山成为国内 GDP过万亿城市群中较没有"存在感"的城市。文化发展滞后也严重影响到人才引进、技术更新和重大发展平台落户，成为新时代佛山实现社会经济高质量发展的"拦路虎"和"挡道石"。

无论是新形势下高质量发展的时代呼唤，还是佛山城市确保可持续前行的内在要求，都需要佛山市加强和促进文化建设，增进城市文化自信，宣传城市文化形象，打造既符合城市远端建设需求又能促进产业体系转型提升、满足人民群众对美好生活追求需要的城市文化产业和文化事业。本章着眼于佛山城市文化发展、保护城市文化遗产、促进城市文化建设和产业、事业全面提升，构思佛山城市文化的融合和集聚发展的未来之路、可行之途。

第一节　新时代文化发展

一　文化与文化发展命题

（一）文化及文化发展

对于何为文化？人们众说纷纭，有专门研究显示，国内外关于文化的概念定义，有300多个。国内正式辞书收录关于文化的定义也多达数种，比较常见的有：①《辞海》对文化的定义为：文化"一是谓文治教化也；二是指人类社会由野蛮而至文明其努力所得之成绩表现于各方面者为科学、艺术、宗教、道德、法律、风俗、习惯等，其综合体则谓之文化"。②《中国大百科全书》对文化的定义为：文化"一是文化有广义和狭义之分，广义的文化包括人类物质生产和精神生产的能力、物质和精神的全部。狭义的文化指精神生产能力和精神产品，包括一切社会意识形态；二是人类在社会实践过程中所获得的能力和创造的成果"。③《现代汉语词典》对文化的定义为：文化"一是指运用文字的能力及一般知识。二是指同一个历史时期的遗迹、遗物的综合体。是同一种文化的特征，如仰韶文化、龙山文化。三是人类在社会历史发展过程中所创造的物质财富和精神财富的总和"。目前，人类学（民族学）领域关于文化的定义比较经典。① 从内在特征来看，文化具有历史和地域上的差异，文化对人类社会的发展演进至关重要，它包括各种专业的文化体育活动、休闲娱乐项目和不同的人类生活方式等。人类经济社会的进步、城市发展和全球一体化、人类文明冲突的显在化、创意经济的兴起等，

---

① 英国人类学家泰勒在1871年发表的《原始文化》一书中，给文化下了一个经典的定义："文化，或文明，就其广泛的民族学意义来说，是包括全部知识、信仰、艺术、道德、法律、风俗以及作为社会成员的人所掌握和接受的任何其他的才能和习惯的复合体。"

都促进人们对"文化"认识的加深，文化在人类社会发展中的作用正日渐成为一个重要且具有全球意义的政治和政策问题。

文化发展作为一个国家和地区发展战略或发展理念的提出，与全球化的推进及其理论演进密不可分。经济全球化趋势下，使世界范围内人类社会全方位交往、沟通和相互依赖更加深入、全面，全球经济社会生态系统的相互影响，更促使不同国家、社会、族群成为同一个地球下的命运共同体。使经济全球化向更为广泛、深入的政治全球化、文化全球化拓展，全球主义、建构主义等多元概念也纷纷出现，全球化成为席卷人类社会生活发展的时代浪潮。全球化带来的文化全球化，促使发展的"文化转向"，使文化发展成为国家、地区和城市在发展布局上的一种重要战略导向和政策选择。并以 1998 年年初联合国教科文组织发布的《文化政策促进发展行动计划》为象征，此后文化发展可以促进人类繁荣的综合认知（比如，文化繁荣与可持续发展相互依存；个人发展的标志在于社会和文化的充分发展；国家和政府有义务创造一个有助于所有人享受和参与社区文化生活的环境等）得到全面普及并反映到政策的具体制定和推行中，文化发展政策成为城市和地区政策制定者必须面对和思考的必然议题。

（二）文化发展的中国命题

作为具有五千年文明史的古老国家，中国不同历史时期的统治阶级，都极为重视文化发展和建设。中华人民共和国成立以来，围绕红色政权维持和社会主义思想文化体系建构，党和国家开展了深入细致的文化建设、培育工作。改革开放以后，尤其是党的十七大以来，"提高国家文化软实力"成为我国旨在推动社会主义文化大发展、大繁荣的重要战略命题，显示了党和政府文化建设工作在新时期、新阶段下的延续、推进和发展。党的十八大报告提出，"培养高度的文化自觉和文化自信，扎实推进社会主义文化强国建设"。党的十九大报告指出，"发展文化事业和文化产业，是丰富人民精神文化生活，保证人民文化权益的必然要求，也是激发全民族文化创新创造活力，推动文化繁荣兴盛的应有之义"，要"满足人民过上美好生活的新期待，必须提供丰富的精神食粮"，并对推动文化事业和文化产业发展做出重大部署。不同时期党和国家领导人都对中国文化发展和建设提出了系统的思路和指导，邓小平同志曾指出："现在我们要特别注意建设物质文明。与此同时，还要建设社会主义的精神文明""不加强精神文明的建设，物质文明的建设也要受破坏，走弯路。"他把重视和加强社会主义文化建设视为对经济建设的一种必要思想保障和精神推动力量。江泽民同志也曾说过："有中国特色社会主义的文化，是凝聚和激励全国各族人民的重要力量，是综合国力的重要标志。"强调文化作为综合国力的组成部分，突出文化对于经济、社会建设的支撑推动作用。胡锦涛同志曾指出："要精心打造中华民族文化品牌，提高我国文化产业国际竞争力，推动中华文化走向世界。""深入推进文化体制改革，促进文化事业全面繁荣和文化产业快速发展，关系全面建设小康社会奋斗目标的实现，关系中国特色社会主义事业总体布局，关系中华民族伟大复兴。"习近平总书记对文化思想建设和文化发展做过系统的指示。这些指示充分体现了党和政府在文化发展导向上，坚持以人民为中心的发展思想，是当代我国文化发展的国家命题，也是我国文化发展战略实现文化发展依靠人民、为了人民、成果由人民共享思想的集中体现。

二　新时代文化发展内涵及特征

（一）新时代文化发展内涵

自从党的十一届六中全会提出我国社会的主要矛盾为"人民日益增长的物质文化需求与落后的社会生产之间的矛盾"以来，经过改革开放四十多年洗礼，我国社会发展的主要矛盾和人民的主体需求，也从对"物质文化需求"转变为对"美好生活需要"的满足和完善上。"人民日益增长的美好生活需要和不平衡不充分发展之间的矛盾"已经成为新时代中国社会发展的主要矛盾。习近平总书记在中国共产党第十九次全国代表大会报告中指出："我国稳定解决了十几亿人的温饱问题，总体上实现小康，不久将全面建成小康社会，人民美好生活需要日益广泛，不仅对物质文化生活提出了更高要求……社会生产能力在很多方面进入世界前列，更加突出的问题是发展不平衡不充分，这已经成为满足人民日益增长的美好生活需要的主要制约因素。"人民对美好生活需要的领域也在拓展和提升：除必须始终满足人民物质文化生活需要之外，还包含着更为广泛的政治、社会、生态文明等需要，人民也在持续期待生活"美好度"不断提升，生活获得感、幸福感、安全感不断增强。

新时代中国社会主要矛盾的变化是事关全局的发展转变。它意味着我国生产关系的状况与内涵、生产力的水平与性质以及上层建筑的地位、特征和任务，都要发生相应的变化；意味着人民的需要在内容、层次、进展、方向等方面都已经发生深刻的变化。我国社会主要矛盾的变化，更决定了新时代改革开放的脚步、方向和路径，要进行全面、系统、科学的安排，作全方位的转变和调整，从而实现新时代中国社会全面发展行稳致远。我国社会发展主要矛盾的新性质、新状况和新特点，也要求我们从以解决落后的社会生产力为主要任务，转变到以解决不平衡不充分发展为主要任务；从以满足人民对物质文化需要为目标，转变到以满足人民对美好生活向往的需要为目标。它要求我们在贯彻新发展理念中，着力解决发展不平衡不充分问题，依靠协调发展解决发展不平衡问题，依靠绿色发展解决人与自然和谐问题。同时，人民对美好生活需要的增长不仅有数量的要求，更有质量、品位、层次的要求；要解决这些新时代多元化的发展要求，解决新时代发展的核心矛盾，就必须推动高质量发展，要通过高质量发展，实现城市和乡村的产业体系更加丰富完善，社会生产组织方式更加网络化、体系化和智能化，社会创新能力、需求水平、品牌影响力、技术领先力、产品竞争力不断增强，服务质量不断提高，从而更好地满足人民群众个性化、多样化不断升级的需求。

文化领域在这一新变化下也面临着新的发展要求。首先，进入新时代，文化发展必须顺应时代要求作出转变和调整。要从改革开放以来文化建设的"文以载道，以文化人"的时代使命，向"凸显文化自信，提升文化实力"的新时代文化建设目标迈进，以坚定的文化自信，推动社会文化繁荣昌盛。同时，时代进步和社会发展，决定文化在国民经济和社会发展中的重要性提升，"文化建设是社会发展的灵魂"也成为中国社会的长远发展布局重心。其次，进入新时代，在经济产业发展增速全面趋缓的客观局面下，文化、旅游、体育、创意等产业必须承担更大使命，成为国家和地区产业优化调整中的新增长点、发力区；过去十年来，中国不同省市和地区的文化、旅游、体育和创意产业，正逐渐成为发展的龙头和支柱产业便是这种转变的最好佐证。最后，新时代要求我们对文化产业的发展定位，也要从十七大报告的"文化大发展大繁荣，文化产业占国民经济比重明显提高"、十八大报告的"建设文化强国，推动文化产业成为国民经济支柱性产业"向十九大报告的"文化是灵魂，坚定文化自信"进行转变，这一转变使我国文化产业发展地位的重要性逐年提升，公共文化事业和文化惠民政策不断普及，文化发展的顶层设计逐渐完善。也使我国文化产业发展呈现"千帆竞发、百舸争流"的良好态势。文化事业不断进步，文化惠民不断普及，基本公共文化服务标准化、均等化建设得到加强，公共文化服务效能显著提高，国家文化软实力不断增强，文化体制改革取得突破性进展，文化自信得到彰显，中华文化的世界话语权与影响力提升。新时代的文化发展正逐渐成为中国国家和社会发展的促动因素、象征标志。

（二）新时代文化发展特点

新时代背景下，文化领域在这一新变化下也面临着新的发展要求。作为国民经济支柱性产业的文化产业未来必将成为经济发展新的增长极，公共文化事业和社会主义文艺建设，将成为提高国家文化软实力、增强中华文化竞争力的重要依据。因此，新时代背景下，我国文化建设必将表现出以下特征：

1. 文化事业将保持持续健康发展

习近平总书记指出："推动文化发展，要深化文化体制改革，完善文化管理体制，完善公共文化服务体系，深入实施文化惠民工程，丰富群众性文化活动。加强文物保护利用和文化遗产保护传承。健全现代文化产业体系和市场体系，完善文化经济政策，培育新型文化业态。广泛开展全民健身活动，加快推进体育强国建设，讲好中国故事，展现真实、立体、全面的中国，提高国家文化软实力。"① 可见，实现文化事业的持续健康发展，是文化健康有序发展的基石，也是激发文化市场活力、推动文化事业振兴、实现文化生态繁荣的前提。同时，要实现文化事业发展，就要着力完善公共文化服务体系，加强公共文化基础设施建设，深入实施文化惠民工程，健全文化基础设施，优化文化网络体系建设，创新运行方式，提高服务水平。丰富群众性文化活动，要大力发展公共文化服务体系，推动文化惠民不断发展与完善，加大文化精准扶贫，以满足基层人民的文化需求。

2. 文化产业将实现以转型升级为特征的大发展

一是努力促进文化产业发展，增加优质文化产品有效供给，优化调整和完善文化产业结构，提高文化产业发展质量，增进文化产业发展福祉，推动文化产业结构优化提升，激活文化供给增长内生动力，促进文

---

① 参见 2017 年 10 月 18 日习近平总书记在中国共产党第十九次全国代表大会上的报告。

化新型业态不断融合、演绎、更迭、创新。

二是进一步激发文化市场发展活力，引导文化企业树立以质量为准绳，以更新提升为目标，持续提供高质量文化产品供给能力和供给水平。

三是着力建立健全文化产业发展体系，深入实施"互联网＋""产业＋""文化＋"专项发展行动，持续优化文化旅游创意产品的供给结构，满足人民对文化产品的多样化、多层次、多方面需求；大力培育壮大市场主体，完善文化投融资体系，完善文化市场准入机制，加强对文化资本市场的监管和引导，提高文化产业规模化、集约化、专业化水平；支持文化产业培育新型文化业态，推动文化与科技、旅游、金融等相关领域深度融合。

四是坚持创新驱动，推动国家数字化技术与文旅产业融合发展。数字创意产业已经成为我国战略性新兴产业，数字经济不断更新迭代之下，以创意、高新技术为特征的文化产业新业态将是未来文化发展的重中之重。为实现文旅产业的数字化发展，必须大力增加文化科技创新投入。

五是加强文化、旅游、创意、科技创新载体和平台建设投入，加大对高校和其他文化研究机构应用型研究项目的支持力度。充分释放以高校和科研院所为主体的知识创新体系所蕴藏的巨大潜力，推动科学研究、实验开发、推广应用联动发展，实现创新驱动发展。

六是加强对知识产权的执法力度，营造支持、鼓励、培育、服务、配套文化科技创新的法制环境，为数字文化创意产业的发展提供强有力保障和良好的环境。

3. 国家文化软实力大幅提升，文化产品走出去更为多元宽广

文化产品进行全球范围的辐射和衍生，文化产品走向世界是国家文化软实力的重要体现，必须持续坚持市场导向，以全球化、国际化、动态化发展视野来组织生产。一是区分不同地区社会文化民族的差异性，坚持目标导向，有针对性地提供差异化文化产品和文化服务。将多种要素和制约条件综合考虑，贯穿于文化产品生产过程中，构建适销对路的文化产品贸易渠道。二是着力促进中外交流，兼收并蓄，推进国际传播能力建设，讲好中国故事，提高国家文化软实力。

4. 发展文化精品将成为文化产品开发的主流趋势

优秀文化产品集中反映国家和民族的文化原创能力，是衡量和检验文化建设及发展的核心标尺。文化精品不仅能够传承和弘扬中华优秀传

统文化，更能增强文化的自信、自觉。文化精品更是传播中国声音、推动文化"走出去"的重要工具。要充分考虑文化需求转型升级的复杂性，抓住主流趋势，多出精品，提供多元化产品体系。只有不断繁荣文化生产，生产脍炙人口的文化精品，才是解决新时代我国文化发展主要矛盾的重要途径。

5. 文化体制机制更加成熟合理

文化体制发展是我国社会主义文化发展的重要组成部分，是决定社会主义文化发展方向的核心引领和支撑基础，是实现文化开放发展、提升文化软实力的重要力量。多年来，我国文化体制机制的改革创新，有力地保障了社会主义文化事业的跨越式发展。新时代背景下，我国改革开放和发展动能也面临新机遇、新问题、新挑战和新要求，新时代文化体制改革只有进行时，没有完成时。文化体制机制仍需创新，文化体制改革仍需深入。要继续完善文化管理体制，通过创新文化管理机制，完善文化运行体制机制、加快转变政府职能，统筹"放管服"之间的关系，建设服务型政府；要建立健全现代文化市场体系，发挥市场在资源配置中的决定性作用，通过"完善文化发展政策、培育新型文化业态"来激发国家文化创造力。

第二节　融合、集聚与高质量发展

一　融合与产业融合

从辞源本义来说，"融合"与"融和"相类，其物理学含义是指"熔成或如熔化那样融成一体"。心理学对"融合"的解释，重点突出其"是不同个体或不同群体在一定的碰撞或接触之后，认知、情感或态度倾向融为一体的过程和状态"。《现代汉语词典》把融合解释为"几种不同的事物合成一体"。可见，融合不是简单的数（多）个事物进行堆积和相加，其除整体体现了"事物由低到高、由落后到先进"的动态过程之外，更强调和注重数个事物堆积在一起后产生的类似于化学性质变化和聚变，即几件事相加后产生质的变化。如媒体融合，其实质指的是传统媒体向现代媒体、传统介质向现代介质、单一渠道向多重渠道的转变和跃升。这种转变和跃升中，除数量的累积之外，更显示了内容和形式的复合交互发展创新。在社会生产和社会发展领域，我们讨论的融合实质上是分工的结果，社会分工导致领域、行业和专业门类的出现，形成工业社会发展的基础；进入新时代，随着文化经济的深入发展，要求不同门类的专业分工进行跨行业、跨部门、跨领域的基于技术、制程等方面的协同合作，由此导致融合的出现，所以说，融合是分工基础上的结合。共产主义理论奠基人马克思在《资本论》中也洞见了社会生产分工和融合发展的内在特征，他既深刻地剖析了随着分工的深化，社会生产会不断地衍生出新的独立行业，同时也深邃地观察到分工的深化会导致一定条件下发展趋于收敛，导致门类生产和发展上的结合，这从源头上指出了融合的思想源流——分工驱使产业不断细分，而产业的逐渐增多总是始终伴随着相应的反向运动，即把那些基于发展技术、生产组织需求而门类化的产业再次合并到一起，并在产业、技术和组织上形成新的结构、机理和产品系统，形成新的融合体系。故此，我们讨论的（产业）融合，不是一个物理运行机制，而是伴随着组织运作中的化学反应过程，它不是对几个产业简单相加的全面描述，而是对通过相互作用、相互渗透，逐渐融为一体，并显现出新的产业属性和新的产业形态的系统分析。

产业融合是在经济全球化、高新技术迅速发展的大背景下，产业提高生产率和竞争力的一种发展模式与产业组织形式。产业融合是指多个不同的产业相互之间或同一产业领域的不同阶段、不同行业或者生产过程互为交叉、相互渗透，并最终发展成为一个新的整体和新的产业的动态发展过程。产业融合是一个动态且不间断的发展演替过程，主要通过技术创新手段实现质变并逐渐演进、渗透、交叉而形成。它通过企业的跨行业和跨地域发展而发展出新的业态。其一般表现为产业渗透、产业延伸和产业重组三种形式。

我们对产业融合的概念进行学术梳理可以发现，其最早可以追溯至美国学者卢森伯格提出的新兴产业衍生过程与机理所表现出的复杂关系：在美国机械工业早期演进中，技术进步促进了生产信息的交互和创新能力等不断加强，使产业融合呈现出加速发展趋势，并不断衍生出新兴行业和领域，这种技术进步和生产过程优化也成为新兴产业产生与快速壮大的基本方式。从概念意义来看，我们说的产业融合，主要是不同产业间为不断适应社会分工精细化、社会生产力高级化以及在产业组织变革驱动下，而发生的产业边界收缩、伸展、模糊甚至是消失，或者产业边界跨界等产业行为。这些行为能够使产业边界发生不间断的调整、优化，进而形成新兴产业业态的产业经济现象。

第一，技术创新是产业融合的内在支撑和发展驱动力，通过技术创新，替代性或关联性的技术、工艺和产品开始出现并对传统工艺、生产要素进行替代，这些先进技术、工艺、流程和产品等又通过渗透、扩散，融合到有关具体的产业之中，从而改变原有产业产品或服务的技术路线，改变原有产业的生产效率和成本，为新兴产业出现和产业融合，提供足够的动力支撑和发展整合力。

第二，技术创新整体改变了市场对消费理念、产品质量、外观设计和功能性质的需求特征，形成和衍生出新的市场需求，从而为产业融合提供市场空间。

第三，从产业融合的企业内生动力来看，追求范围经济和规模效益、实现产业协同合作、优化和改良发展竞争等现实需求，也成为产业融合促进的动力。在竞争环境中，企业总是始终持续谋求发展扩张，不断进行技术创新，始终坚持和探索如何更好地满足消费者需求以实现利润最大化和保持长期竞争优势。当技术发展到能够提供多样化的满足需求的手段后，企业便会立足于竞争之上而推动发展合作，进而使产业融合成为可能、可行和必需。作为一种社会发展进程中的新经济现象，产业融合是市场经济运行机制作用下，叠加了信息技术变革及其他发展要素综合作用的必然产物。马克思、马歇尔等人就曾论及产业分工及协作融合的问题。马克思的《资本论》对社会生产的分工问题进行过专题研究，提出，分工在一定条件下会趋于收敛，基于分工基础之上的结合，其实质就是融合："一方面工场手工业在生产过程中引进了分工，或者进一步发展了分工，另一方面它又把过去分开的手工业结合在一起。""正如工场手工业部分由不同手工业结合而成一样，工场手工业又能发展为不同的工场手工业的结合。例如，英国的大玻璃工场自己制造土制坩埚，因为产品的优劣主要取决于坩埚的质量。在这里，制造生产资料的工场手工业同制造产品的工场手工业联合起来了。反过来，制造产品的工场手工业，也可以同那些又把它的产品当作原料的工场手工业，或者同那些把它的产品与自己的产品结合成一体的工场手工业联合起来。例如，我们看到制造燧石玻璃①的工场手工业同磨玻璃业和铸铜业（为各种玻璃制品镶嵌金属）结合在一起。在这种场合，不同结合的工场手工业成了一个总工场手工业，在空间上多少分离的部门，同时又是各有分工的、互不依赖的生产过程。结合的工场手工业虽有某些优点，但它不能在自己的基础上达到真正技术上的统一。这种统一只有在工场手工业转化为机器生产时才能产生。"② 马歇尔在《经济学原理》中指出："那些完成一个表的各部分并把它们装配在一起的工人，必须具有高度的专门技能；但在制表厂中所用的机器，大部分与其他任何轻金属工业所用的机器……当分工的精细不断增大时，名义不同的各种行业之间的分界线，有许多正在缩小，而且不难越过。"③ 可见，马歇尔已经观察到产业融合的出现和发展特征。对产业融合来说，推动产业融合的主体，主要是企业，产业融合的客体是具体推动的融合对象，包括技术、产品和市场。

文旅产业融合是指文化产业与旅游、商业、创意等产业及其他产业或者文化、商贸、旅游、创意等产业内部不同行业或领域之间发生的渗透、融合、延伸，甚至重组直至形成新的产业形式的过程。文化、旅游、商业等产业之间存在发展融合的天然条件，它们既能相互替代又互为补充，要充分发挥和利用好文化、旅游等产业的动态创新和发展提升机制，赋予商贸发展、旅游休闲以文化发展属性与创意设计功能，形成不同产业发展和成长的渗透、交叉和综合价值最大化。在文旅融合发展领域，文化、旅游、商业、智慧技术等的融合主要体现为以下四个方面。一是加强文化、旅游、商业消费场所的文化场景化再造，在旅游景点、景区、场所，商贸综合体内外部空间开展以历史文化、地方文化和特定主题文化的装饰、内外置、场景再造。二是实现"互联网＋"、5G 技术、物联网、通信信息交互等与文化旅游商业产品的融合，以游客体验和消费者满意为视点，立足顾客体验关怀，开展文旅领域的数字化、技术化、场景化再造和深入融合。三是加强动态化文化活动场景的设计和打造，尤

---

① 燧石玻璃是一种光学玻璃，以高透明度和高折射率闻名。燧石玻璃起源于 17 世纪，当时把粉末状燧石用作为一种添加剂，用于提高吹制玻璃的质量。它也是 1820—1865 年间英国和美国制造的某些类型的压制玻璃餐具的名称。现代工业中，燧石玻璃主要用于制造光学镜片。正宗的燧石玻璃可能非常昂贵。

② ［德］马克思：《资本论》（第一卷），人民出版社 2018 年版，第 365—368 页。

③ ［美］马歇尔：《经济学原理》，朱志泰、陈良璧译，商务印书馆 2019 年版，第 344—350 页。

其是立足于演艺、展演类活动的设计、包装和全流程组织。加强文娱演艺、主题展演，尤其是结合地方文化记忆的大型实景舞台剧对旅游产品重构提升的促进作用，整体推进地方文化旅游产品建设，通过重点文旅演艺项目的建设，全面提升地方文化旅游综合形象。要结合地方实际，开展功夫美食、传统地方记忆、地方歌舞、杂技、马戏等形式的文娱表演项目，增加产品内容，提升产品档次，壮大城市文旅形象品牌。四是加强文化影视产业的发展力度，要以更大的气度、步伐、思路、措施，建设和形成影视制作与文创设计，拓展现有文化旅游产业链体系。从产业发展的导入端口开始，站在文化影视产业助力城市文化发展全面提升的高度，大力开展影视产业链的引入、布局和建设，以实现多元产业形态的协同发展，实现核心文化旅游产业集群向消费者端口和方向前移。开发系统多样的文化旅游创意产品体系，以能真正展示城市（景区）综合形象和发展实力。

在发展模式上，文旅融合发展模式一般可分为以下三种类型。

（1）渗透延伸型融合模式。渗透延伸型融合模式是指通过特定的发展手段和技术处理方法，把多种文化元素（历史、地方、特色等）糅合植入旅游产品之中，并以文旅产品（项目）发展方式展现给旅游者和其他产业对应的消费者。同时，这种文旅之间的发展是相互连通的，比如针对影视基地、动漫基地以旅游元素植入和功能重组等。

（2）重组型融合模式。重组型融合模式一般较多"发生在具有紧密关联的不同产业之间，使原本各自独立的产品或服务在某一共同利益的刺激下，通过重新组合的方式融为一体的整合过程"。通常以两种形式表达出来：一是发展组织形式重组。多通过大型节会、专题展览、赛事赛会、文艺演出等方式来实现传统产业发展与新兴发展方式之间的融合提升。通过各种大型事件的组织，吸引巨量的人流、物流与信息流，促进要素流在活动举办地的高度集聚和流动，带动、带活举办地的旅游经济。如世界小姐选美活动、珠海航展、足球联赛等。二是通过文化企业与旅游企业之间的兼并、重组，形成文化与旅游发展业态的融合和杂糅。实践中，一般以影视、演艺、动漫、电竞、5G和数字技术的相互结合，形成新的文化旅游发展项目和产品体系，最终成为以文化传播、旅游休闲、文化娱乐为企业主要业务群落的提升型企业集群。

（3）一体化融合模式。一体化融合模式是指文化、旅游、商业、创意等产业通过一体化规划，实现发展目标、战略定位、产品发展、服务优化、市场拓展等方面的一体化，进而形成"你中有我，我中有你"的深度融合发展。在一体化发展中，国内做得比较成功的典型代表有曲江新区、华侨城集团、宋城演艺等。

　　二　集聚与产业集聚

　　集聚的本义是会合、聚会，目前在产业发展领域使用的"集聚"多从集群等概念衍生而来。由于当前对产业集聚现象进行研究的学科较多（包含产业经济学、区域经济学、经济地理学、管理学、社会学等），各学科对集聚关注的视点和重心各有差异且融合不够，故基于产业发展的集聚概念表述和范畴涵盖等的研究，仍比较散乱，缺乏统一的概念与研究范式。产业经济学、区域经济学一般多用"产业集聚"来描述；管理学则多以"产业簇群（产业群簇）""产业群""产业集群"等概念来描述产业集聚现象；经济地理学则更多强调区域的重要性，多从"（新）产业区""产业综合体""区域创新系统""区域集群"等进行认知和论述。各学科所用名词略有差异，但关注重点都在产业（企业）在特定区域的集聚现象，包括在特定区域集中形成网络和群落。当然，由于学科理论知识体系的差异，不同学科在对象指向上有一些不同：管理学和经济地理学更加关注微观层面企业的"空间扎堆"，研究视角多从区域和空间向地方社会制度、文化、技术创新与区域网络等进行延伸和解释；产业经济学和区域经济学则更加抽象，其研究视角大多讨论集聚经济的内在机制，更多地从企业间的物质联系、企业的成本与收益等方面展开讨论。围绕集聚的讨论多关注集聚产生的效应、优势等方面。集聚效应是指多个产业和经济活动在空间上集中后产生的经济效果和向心力，促使城市发展集聚效应，并引动产业和经济活动在空间上集中后产生的经济效果以及吸引经济活动向一定地区靠近的向心力。集聚优势多指由于某一区域内同一行业的产业链相对密集与完整，使企业之间、投入产出不同环节之间，形成相互融合，紧密合作，并促进区域产业链整体升级，发挥更高的群聚效应。当前，产业集聚已经成为经济活动的重要现实。"当今世界经济地图上布满了被称为集群的区域"，产业集聚以其相对灵活的自组织模式，推动区域经济发展、产业发展优化和劳动力区域合理流动，是21世纪全球经济社会一体化趋势下的区域经济增长"发动机"。

　　集聚区是某一产业中相互关联的企业集聚在一起的空间载体。集聚区的概念由"产业集聚"理论发展而来。在产业发展过程中，一些产业在地理空间上的地理集中便逐渐形成了产业集聚区。可见，产业集聚区是指政府统一规划、企业相对比较集中、实现资源集约利用、提高整体效益的区域。它是以若干特色主导产业为支撑、产业集聚特征明显、产业结构合理、吸纳就业充分、产业和城市融合发展良好、以经济功能为主的功能区。主要包括经济技术开发区、高新技术产业开发区、工业园区、现代服务业园区、科技创新园区、加工贸易园区、高效农业园区等。一般而言，产业集聚区具有以下特征：一是合理规划，特色鲜明，拥有一定的产业规模；二是规范的管理与运营机制、完备的基础设施和生产环境；三是完善的公共服务支撑体系、良好的发展前景等条件。随着集聚区概念发展，集聚区范围愈加广泛，不再局限在生产领域，城市集聚区、旅游集聚区、文化集聚区等概念应运而生。此时的聚集区更强调空间上的集中过程，是从区位角度反映某事物的空间分布态势，它容纳了某事物从分散到集中的空间转变全过程。文化产业集聚区是一定数量文化创意企业高度集中、具备一定产业规模和自主创意研发能力、具有专门的服务机构和公共服务平台、能够提供相应的基础设施保障和公共服务的区域。它是城市特定空间内因文化产业和文化设施高度集中而带来的高频率文化实践和更新，是推动城市创造、创新，城市精神和企业家精神涌现的地方。文化集聚区概念源于"文化区"，"文化区"的初衷是为了打造创意城市，城市管理者积极采用的空间政策。后工业化时代，伴随着城市转型，知识经济日益居于中心地位，"创意"成为解决后工业城市问题的一剂良方，因此，"创意城市"成为全球城市的重点发展方向和竞逐目标。文化创意产业与文化创意相关的空间政策成为城市发展的策略重点。在文化区的理论和实践当中，文化创意产业集聚区、创意产业园、文化区、文化中心、艺术区等概念相继出现。而文化集聚区则是这些概念的延伸和拓展，它既突出了文化的生产属性，强调文化集聚区内部产业的关联网络，又兼有服务性特点，能提供各种文化消费服务，如文化主题公园等。文化集聚区更突出了地方空间的特征，有利于在城市竞争中建立比较优势，实现地方特色，提升城市吸引力，强调对城市经济社会发展的意义。高品质现代化文化集聚区是指以满足市民多样化文化需求和精神享受为导向，以丰富优质的文化资源为基础，结合现代高新科技进行全方位展示、体验、展演，在城市一定空间内高度集中多种高品质公共文化、休闲文化和其他主题文化而带来高效、高质和高频的文化实践和更新区域，它是城市文化创意、休闲创新与生活创造相结合的城市精神和企业家精神交织的空间和区域。从定义来看，高品质现代化文化集聚区的概念，重在高品质、现代化和文化集聚区三个关键词的理解和诠释，它们的组合关系及其内涵要义的充分表达，对科学理解这一概念至为关键。

高品质现代化文化集聚区在功能意义上可以促进以下六个方面的改进和提升。

（1）实现城市文化强引领。高品质现代化文化集聚区对文化的引领作用，一是在以世界眼光谋划文化工作。"以世界眼光、国际标准，立足本土优势"，积极谋划，实现文化产业和文化事业的跨越式发展。二是体现在以体制创新为突破口，激发文化创意发展活力。积极强化文化行政部门的政策调节、市场监管和服务功能。三是能够发挥政府对城市和产业文化发展的主导及培育作用，构建富有活力的文化产业集群。

（2）塑造城市人文高品格。高品质现代化文化集聚区塑造城市人文品格，主要通过以下三种方式达成：一是明确城市定位，展示城市形象。城市形象承载了城市大量的文化信息，是城市文化品格的重要载体。用好文化符号、城市符号，深入挖掘和展现城市内涵；真正塑造出具有城市特色的文化品牌，促进城市文化建设。二是提升市民综合素质。文化集聚发展，可以引导市民在参与创建中提升道德境界和文明素养。同时，文化集聚区建设，能够加强思想道德建设，提高市民的道德水平，树立正确的道德观和义利观。提倡社会文明风尚，提高市民的身体素质和心理健康水平，培育市民的现代人意识、文明素养和文明礼仪。三是打造城市文化个性。文化是一个民族凝聚力和创新力的源头，也是一座城市最鲜明的气质和品格。每一座城市都应该有自身独特的文化要素，理解城市文化，关注城市文化，才能展现一个城市文化的内在品格。

（3）提供高效能文化服务。高品质现代化文化集聚区建设，可以建立覆盖城乡、结构合理、功能健全、实用高效的公共文化设施网络。实现资源共享，联合服务，使公共文化设施整体效益得到发挥。通过完善的公共文化服务人才、资金和技术保障体系以及公共文化产品服务供给体系实现公共文化服务的有效保障。高品质现代化文化集聚区发展，还能够建立比较完善的公共文化服务组织支撑体系，实现文化服务的优质增效。

（4）享受高品质文化生活。高品质现代化文化集聚区发展，可以不断完善公共文化服务体系建设，创新文化发展方式，大力推进公共文化服务标准化、均等化，坚持把加快文化体育事业发展作为高质量发展、打造高品质生活的重要支撑点和出发点，实现让人民群众享受高质量文化生活的目标。

（5）开展高层次文化体验。高品质现代化文化集聚区建设，是以多元的现代高端文化和雅俗共赏的传统文化组合发展的形式实现创新发展，人民群众通过阅读、了解、观赏这些高端文化项目和特色文化类型，极大地增强文化体验和文化采风，从而进一步促进集聚区文化整合，促进融合的深入发展。

（6）展现城市文化现代化。现代化文化集聚区的核心要义就是要体现文化的内涵现代化、形象现代化、载体现代化、主体现代化、沟通现代化和功能现代化。追求开放包容、与时俱进、兼收并蓄，更加强调前瞻性、进取性、开放性、外向性、功能性和实用性。从文化集聚区的现代化特征来看，文化集聚区建设要彰显现代气息，充满民主氛围，具有旺盛生命力。能适应现代生活需要，满足现代人的品位，运用现代科技，超越传统文化束缚。

从集聚区和文化集聚区的学术研究脉络来看，近20年来，国内学界对于文化集聚区的研究主要集中于人文地理学、城市规划领域，侧重于地域性的文化区划。在国家政策方面，文化区划概念对应的是20世纪80年代开始的历史文化名城保护工作，即历史文化保护从单个文物古迹点保护发展到城市整体保护。20世纪90年代初，国家进一步明确"历史文化保护区"的概念，确立"点—区—城"三个层次的历史文化保护体系。进入21世纪后，各种以文化为名的发展区层出不穷，如文化创意区、文化旅游区、文化商务区等，其渊源来自20世纪90年代初，国家提出加快发展包括文化生产和服务在内的第三产业。2000年，《中共中央关于制定国民经济和社会发展第十个五年计划的建议》正式提出了"文化产业"的概念。2003年，文化部在《关于支持和促进文化产业发展的若干意见》中将"文化产业"定义为从事文化产品生产和提供文化服务的经营性行业，以区别于非经营性的"文化事业"。以经营性为标志的"文化产业"概念正式进入国家经济社会发展规划，文化区的定位也悄然发生变化，文化保护逐渐淡化，以文化促发展成为主流话语。而文化创意集聚区的研究始于 21 世纪前后，其概念源自对产业集聚的研究。创意产业集聚区的研究伊始是由一些经济学家从产业集聚经济学角度着手的，着重从创意产业集聚的组织属性、集聚形成、演进机制、组织网络、创新优势等角度进行研究。创意产业概念最早由英国提出，空间集聚区也最早出现在英国。20 世纪 80 年代，伦敦、伯明翰、曼彻斯特等一些大城市在产业转型过程中，昔日繁荣的制造业由兴盛走向衰败，位于城中心的大量旧工业建筑空置，城市失去活力。创意产业兴起，使这些原本衰败的地区又重新恢复活力，以创意产业为基础的城市复兴，使这些旧工业建筑所在地成为创意产业的集聚空间。20 世纪 90 年代以后，创意产业开始得到各国政府的支持，创意产业依托新技术、新业态、新方式逐渐成为无污染、高附加值的知识密集型产业，并成为英国、美国、日本、韩国等发达国家的支柱产业之一，其在空间上的集聚也越来越明显。

国内文化创意集聚区研究大致经历三个阶段。

第一阶段是 2000—2003 年，这个阶段我国创意产业规模小，国家对创意产业尚未制定统一的产业标准。因此，只有极少数学者关注到这个领域，开始探讨创意产业相关概念。

第二阶段是 2004—2007 年，随着创意产业在全球范围内广泛发展和我国创意产业的兴起，很多学者进入创意产业研究领域，研究视角更加开阔，发表了一批专著和文章。张胜冰、徐向昱、马树华（2006）主编的《世界文化产业概要》和牛维麟（2007）主编的《国际文化创意产业园区发展研究报告》重点介绍和分析了世界发达国家创意产业集聚区发展建设的基本状况、发展模式和发展经验，为我国创意产业集群发展提供了宝贵经验。

第三阶段是从 2008 年至今，经过多年努力，现已形成多学科、多层次、立体化的研究体系，更多学者关注创意产业集聚、创意产业集群规模效应、创意产业集群与城市功能、区域品牌的关系、区域产业竞争力与区域经济增长的联系等深层次研究，内容也深化到具体的行业之中。

在集聚区政策发展方面，目前政策较多关注产业集聚区和服务业集聚区发展。各省份中，连续出台较系统政策的有河南省、浙江省等。如河南省就先后出台了《河南省人民政府关于推进产业集聚区科学规划科学发展的指导意见》（豫发〔2009〕14 号）、《河南省人民政府关于进一步促进产业集聚发展的指导意见》（豫政〔2010〕34 号）、《河南省人民政府关于印发〈河南省自主创新体系建设和发展规划（2009—2020 年）〉的通知》（豫政〔2009〕78 号）、《河南省人民政府关于加快建设创新型产业集聚区的实施意见》（豫政〔2010〕70 号）、《河南省住房和城乡建设厅关于加快推进产业集聚区规划建设工作的通知》（豫建规〔2010〕23号）等文件。浙江省也先后出台一系列产业集聚区政策文件，如《省委办公厅、省人民政府办公厅印发关于加快推进产业集聚区建设的若干意见》（〔2010〕74 号）、《浙江省产业集聚区发展总体规划》《关于创建浙江省现代服务业集聚示范区的意见（2020 年）》《浙江省现代服务业集聚区总体布局规划（2010—2012 年）》《现代服务业集聚区建设的若干问题研究》（〔2009〕8 号）等。

三 新时代高质量发展

（一）高质量发展的内涵

高质量发展，是能够较好地满足人民日益增长的美好生活需要的发展，是体现新发展理念的发展，是渐进性、系统性的发展。高质量发展是 2017 年中国共产党第十九次全国代表大会首次提出的新表述。习近平总书记在党的十九大报告中明确指出："中国特色社会主义进入了新时代，我国经济已由高速增长阶段转向高质量发展阶段，正处在转变发展方式、优化经济结构、转换增长动力的攻关期。"2018 年 3 月 5 日，在第十三届全国人民代表大会第一次会议上，国务院总理李克强作的政府工作报告指出："按照高质量发展的要求，统筹推进'五位一体'总体布局和协调推进'四个全面'战略布局，坚持以供给侧结构性改革为主线，统筹推进稳增长、促改革、调结构、惠民生、防风险各项工作。"高质量发展成为贯穿国家各项工作的核心理念。促进经济社会全面发展中的质量、效率和动力实现变革，是实现经济社会文化高质量发展的关键。其中，质量变革是主体，效率变革是主线，动力变革是基础，三者相互依托，是有机联系的整体。而推动三大变革的核心工作，在于着力推进和改善要素质量，提高全要素生产率，推动科技创新和制度创新。随着高质量发展理念的不断深化，有学者从不同角度对高质量发展进行思考和理解。其中，国务院发展研究中心副主任王一鸣指出："高质量发展根本在于经济的活力、创新力和竞争力，供给侧结构性改革是根本途径。供给侧结构性改革有效强化了市场功能，科技创新和技术扩散为高质量发展提供了技术支撑，全球价值链的变化为高质量发展提供机遇。"全国政协委员、中国人民大学校长刘伟表示："在微观上，高质量发展要建立在生产要素、生产力、全要素效率的提高之上，而非靠要素投入量的扩大；在中观上，要重视国民经济结构包括产业结构、市场结构、区域结构等的升级，把宝贵资源配置到最需要的地方；在宏观上，则要求经济均衡发展。"

综合国家提出高质量发展要求及相关学者对高质量发展的理解，不难发现：第一，高质量发展是党和国家对我国经济社会发展阶段性特征的一个新判断；第二，高质量发展是统筹推进"五位一体"总体布局和协调推进"四个全面"战略布局的总基调；第三，高质量发展要求正在从宏观经济均衡向微观要素效率提升扩展；第四，高质量发展的理解具有时代性，伴随着新时代经济社会的新变化具有新内涵。因此，综合判断当前我国主要矛盾变化及未来发展动向，高质量发展是能够较好地满足人民对日益增长的美好生活需要的发展，是体现新发展理念，是创新成为第一动力、协调成为内生特点、绿色成为普遍形态、开放成为必由之路、共享成为根本目的的发展。高质量发展不仅是经济高质量发展，也涉及政治、经济、城市、科技、文化、生态等方方面面，高质量发展成为全面建设社会主义现代化国家的重要导向。

（二）高质量发展的特征

1. 高质量发展是高效率增长

当我们引入效率指标对增长进行衡量时，可以将其分为高效率增长和低效率增长。通常而言，高效率增长是指在投入较少的情况下，能够获得超额的甚至是最大化的收益；而低效率增长则一般是指以较大的投入仅仅获得与投入额度完全不对等的收益。只有高效率增长，才能支撑和促成高质量增长。同时，高效率增长中，技术进步和创新发挥至关重要的作用，因此，为促进高效率增长和高质量增长，首先必须有效推动技术创新，尤其要加强基础科学研究，促进重点领域技术的突破性进展以获得颠覆性技术和原创性技术。其次是要加强制度创新，通过制度的优化调整，实现各要素的优化组合，进而有效调动要素积极性，使各种要素能够获得最大限度的发挥，以较少消耗，获得最大化收益。

2. 高质量发展是有效供给性增长

有效供给性增长是指经济运行过程实现了供求关系的平衡，要实现供求关系平衡，就必须确保社会经济发展进程中各种要素的投入始终保持动态均衡发展状态，建立高质量的要素运行效率，因此，高质量发展是指社会发展系统实现了有效供给性增长。从历史发展的角度来看，过去很长一段时间里，尽管我们保持了增长的高速度，但发展并没有和产业、服务的有效保障形成完美对接，产业、产品、产能过剩严重，库存积压太大，人民群众对美好生活追求的好产品和服务，却无法有效提供，这实际上是一种无效供给性增长，而且，这样的无效供给性增长，由于产生机制的复杂性，很难单靠市场调节来产生成效，必须通盘布局，以优化产能、化解库存积压为抓手，实现高质量供给。因此，必须有效推进制度创新，理顺产品、服务的整体供给系统，真正建构起体系完整的高质量发展机制。

3. 高质量发展是中高端结构增长

过去较长一段时间内，我们维系的增长，主要依靠劳动密集型和资源密集型生产模式进行支撑，这种相对低层次的发展模式，使其产品和服务的输出，也表现为中低端增长方式，与高质量发展所要求的中高端结构增长不符。因此，为全面优化发展体系，促进社会经济全面高质量增长，首选必须加强对传统产业结构体系的变革和转型，加强前端布置，主动对接高科技、新模式、新业态下的高新技术产业。重点加强战略性新兴产业，如新能源、新材料、生命生物工程、信息技术及移动互联网、节能环保、新能源汽车、智能机器人、高端装备制造等产业；高端服务业，如消费服务业、商务服务业、生产服务业、精神服务业等产业；现代制造业，如航天器制造与航空器制造、高铁装备制造、核电装备制造、特高压输变电装备制造、现代船舶制造与海洋装备制造等的布局和发展，以实现产业结构优化和升级。

4. 高质量发展是绿色增长

改革开放以来很长一段时间内，我们的增长主要是在高污染与高消耗条件下实现的，这种经济增长方式是无法维系长久的。高质量发展与以高污染和高消耗资源为特征的增长是相对立的，高质量发展强调节能环保，是一种绿色增长。因此，要实现高质量增长，首先就要维持好自然生态环境，强调绿色发展的重要性和基础支撑性。一是要从各个方面加大对自然生态保护、修复和维系工作，加大对各种自然生态带、自然保护区、绿色植被等的保护。二是要加强对工业化与城市化所带来的废弃物等"三废"进行处理。三是要形成良好的节能环保型技术，走技术化道路。

5. 高质量发展是和谐增长

我们促进发展，实现增长的终极目的是造福于人民，提高社会各个阶层人民的福祉，如果增长无法达到此一目的，甚至造成贫富悬殊，差距扩大，导致社会撕裂和对立，那么这种增长不是我们所期望的。高质量发展是社会和谐性增长。它要求增长中确保每个社会阶层和人民的福祉都能兼顾和提高，为保证这种兼容性增长的实现，就必须建构一套行之有效的、机制完善的制度，建立初次分配强调效率、再分配更加注重公平的有效社会财富调节机制和完善的基本保障制度，政策导向也需要从高效率、有效供给、中高端结构、绿色环保、可持续以及和谐增长等方面切入，从而推动高质量发展的实现。

第三节 佛山文化发展现状及问题

一 佛山文化发展现状

近年来，佛山市紧紧围绕"建设更具品质的文化导向型城市，建成创新创造活跃、岭南风韵突出、城乡服务均等、城市形象鲜明、人文素养丰厚的'文化佛山'"即文化强市的奋斗目标，持续加大投入，积极推进文化建设，构建与"城市佛山""产业佛山"相匹配的"文化佛山"和"品牌佛山"，城乡文化高质量发展成效不断显现。

（一）文化产业规模持续扩大

近年来，佛山市文化产业立足历史文化和产业发展优势，结合城市发展战略性转移，调整产业结构，优化产业布局，培育新的增长点，文化产业形成一定规模。2016 年，佛山市文化产业创造增加值 337 亿元，同比增长 8.0%（见图 4 - 1），较同期 GDP 名义增速高 0.1 个百分点，占全市 GDP 的 3.9%，与 2015 年基本持平。文化产业总体规模和成长性均高于全国平均水平。文化产业在促进传统产业转型升级、加快城产人文融合发展方面起到了不可或缺的作用。

（二）文化产业结构特色鲜明

从文化及相关产业两个部分来看，2016 年，文化核心领域和文化相关领域占全市文化产业总营业收入的比重分别为 36.8% 和 63.2%（见表 4 - 1）。传统文化产业如文化辅助生产和中介服务、文化装备生产和文化消费终端生产特色突出，优势明显，分别占 39.2%、13.8% 和 10.2%。新兴文化产业发展迅速，其中，内容创作生产、创意设计服务，分别占 16.8% 和 15.8%。从具体行业来看，佛山市已初步形成一批独具特色的文化产业群，包括影视传媒、包装印刷、珠宝玉器等行业领域。自 2017 年成立南方影视中心以来，佛山市政府力推影视产业发展，连续出台若干政策鼓励影视产业发展，并通过打造专业影视产业园区、举办"2017 功夫（动作）电影周"及承办"2018 金鸡百花电影节"等多项举措，使影视文化产业出现蓬勃发展之势。

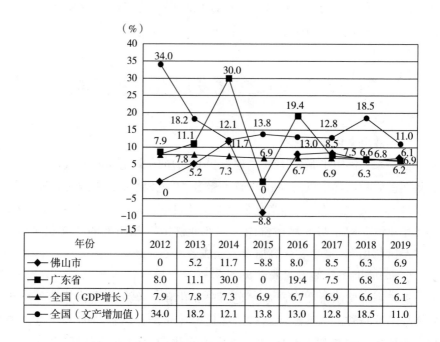

年份	2012	2013	2014	2015	2016	2017	2018	2019
◆ 佛山市	0	5.2	11.7	−8.8	8.0	8.5	6.3	6.9
■ 广东省	8.0	11.1	30.0	0	19.4	7.5	6.8	6.2
▲ 全国（GDP增长）	7.9	7.8	7.3	6.9	6.7	6.9	6.6	6.1
● 全国（文产增加值）	34.0	18.2	12.1	13.8	13.0	12.8	18.5	11.0

图 4 - 1 2012—2019 年佛山市文化产业增加值发展趋势

表 4 - 1 佛山市文化产业收入行业结构

类别名称	比重（%）
文化及相关产业	100.0
第一部分 文化核心领域	36.8
一、新闻信息服务	0.1
二、内容创作生产	16.8

续表

类别名称	比重（%）
三、创意设计服务	15.8
四、文化传播渠道	3.8
五、文化投资运营	0.1
六、文化娱乐休闲服务	0.2
第二部分　文化相关领域	63.2
七、文化辅助生产和中介服务	39.2
八、文化装备生产	13.8
九、文化消费终端生产	10.2

（三）文化产业主体增长迅速，融合特征明显

1. 文化产业主体更加多元

近年来，佛山市文化产业市场主体快速发展，文化法人单位由 2015 年的 6237 家增长到 2019 年的 8315 家，年均增长 6.6%。其中，影视、文化艺术服务、文化创意与设计服务市场主体都实现了年均 50% 以上的高速增长。从文化企业分布来看，禅城、顺德和南海三个区文化企业数量最多，均超过了 1000 个，三水和高明两个区文化企业数量相对较少，文化企业数量需要进一步培育成长。

2. 集聚发展趋势更加明显

一是佛山各类专题文化产业聚集区发展迅速，尤其以功夫、美食、影视、陶瓷等产业的文化集聚区发展较为突出。包括以西樵山听音湖片区为核心的文旅特色小镇聚集区，以西樵山国艺影视城和中央电视台南海区影视城为核心的影视产业聚集区，佛山老城历史文化集聚区，以长鹿休博园、顺德欢乐海岸 PLUS 项目以及以史努比文化旅游主题公园等旅游发展聚集区，以水文化为核心的三水西南文旅融合发展区，以美的鹭湖、皂幕山风景区等高明旅游集聚发展区等。

二是重大文旅项目引进加速。中国南方（广东佛山）影视中心、宋城·西樵山岭南千古情、广东弘图广电影视产业项目、深圳盛迅达三山移动互娱中心项目等加快建设落地。

三是发展平台不断涌现。国家旅游产业集聚（实验）区、国家体育产业示范基地成功创建，深圳清华大学研究院佛山创新中心、佛山智能

装备技术研究院、广东理工大学大数控装备研究院、广东国防科技工业技术成果产业化应用推广中心等一批创新创业平台不断设立，吸引带动佛山文化科技企业发展。

3. 文产融合发展稳步推进

依托制造业优势，加快推进文产融合，走出了一条通过文化创意增加传统产品附加值、向产业链上游延伸的发展路径。如可儿玩具有限公司将原来单一的玩具制造向动漫、IP 打造延伸，不仅成立专门的文化传播公司，还通过 IP 授权获得较多收益，文产融合效益凸显。

（四）文化发展方式加快转变

1. 集聚化发展特征初步显现

目前，佛山市已培育出民间艺术研究社、孔雀廊娱乐唱片有限公司等 4 家国家级示范基地，佛山精鹰传媒股份有限公司、佛山市甲骨文艺术建材有限公司等 21 家佛山市文化产业示范基地。2015—2017 年，佛山市累计扶持 77 家相关文化企业，总额达 1239 万元。文化产业园区和示范基地已成为拉动文化产业发展、提升产业运行质量的重要载体和支撑平台，并以此为主体，形成了较为合理的产业发展格局。

2. 差异化发展特征日趋明显

佛山市各区根据区域资源禀赋的不同，确定差异化发展方略，形成了一定的产业特色，培育出一批区域性产业品牌。顺德区以佛山打造国际一流影视产业基地"广莱坞"为契机，结合现有文化资源，重点打造影视产业、电竞产业、文旅产业和园区产业，促进文化产业集聚发展。南海区提出以文兴业，引入"宋城·西樵山岭南千古情"和"东方动漫王国"项目，打造创意型文化之都。禅城区以文物保护单位为核心，推进东华里古建筑群、佛山精武体育会会址等修缮工程，打造和夯实岭南文化传承阵地。

3. 文化和科技融合不断加深

2017 年，佛山市积极落实国家文化产业发展政策、加快"香港 + 佛山"科技文化合作的新步伐，携手碧桂园文化板块及各龙头企业，搭建产学研服务平台和国家级众创空间，共同建设影视孵化中心和数字艺术中心。广东朝野科技有限公司利用自主研发的新技术，推动生产个性化，不断提高海外市场份额，产品已进入世界 100 多个国家和地区，2017 年实现销售额 8.3 亿元，产量突破 300 万台。

4. 文化产业信贷产品和融资模式不断创新

近年来，佛山市政府设立中小企业信用担保基金，建立文化产业投融资平台，整合多方资源，解决文化企业融资难题。佛山市政府与中国建设银行广东省分行合作设立总规模为 50 亿元的佛山市文化产业发展投资基金，对目标企业或项目进行投资。佛山顺德创意产业园等文化产业园区通过引进小贷公司，由园区采用多种方式担保，为众多小微文化企业及时发放贷款。

5. 民间资本投资文化产业日趋旺盛

活跃的民营经济是佛山产业发展的显著趋势，民营企业市场主体占佛山市场主体的 95.0%，民营经济对佛山 GDP 贡献率占 63.0%。近年来，民间资本通过参股、并购等方式投资文化产业。如传统房地产企业碧桂园与佛山传媒集团合作，携手打造文化影视产业园区、数字文化产业平台，引领区域文化产业发展。佛山石湾贝丘投资有限公司投资泛家居电商创意园，打造岭南地区文化高地。

（五）文化供给能力不断提升，有效保障文娱设施活动

1. 公共文化设施建设成效显著

以创建广东省公共文化服务体系示范区为抓手，结合美丽文明村居建设，形成市、区、镇、社区（村）四级公共文化服务网络，打通了基层公共文化服务群众的"最后一公里"。实现全市综合性文化服务中心全覆盖，每万人室内公共文化设施面积高于省、市平均水平。

2. 公共文化服务水平大幅提升

自 2015 年以来，开展各级各类群众文化活动 3 万多场（次）、体育赛事活动 800 多项，免费或低票价的高雅艺术演出 382 多场，公益性文化课堂（如"南海有为讲坛""三湖书院讲坛"）532 场；持续创建市图书馆、区级中心馆、镇街分馆和读书驿站的总分馆体系（其中南海区、顺德区已完成建设），实现平均 1.9 万人拥有一个图书馆，达到国际先进水平。

3. 文化保护与传承力度持续加强

近年来，佛山市不断加大文化保护和传承力度。2016—2018 年，佛山市及下属五区在传承和弘扬优秀传统文化专项支出中，共投入 2 亿多元，其中文化遗产保护支出达到近 1.2 亿元。编制《佛山市文物保护与发展战略总体规划》；成功推动西樵山采石场遗址列入全国重点文物保护单位，推动梁园、仁寿寺、琼花会馆、字祖庙、百西潘氏大宗祠等不可

移动文物的修缮工作。持续开展非物质文化遗产项目、传承人、传习所申报认定工作，推动非物质文化遗产项目、传承人、传习所申报国家、省级别。

（六）城市品牌形象不断改善，城乡品质不断完善

1. 城市品牌形象深入人心

佛山是岭南文化发源地之一，西樵山被誉为"珠江文明的灯塔"；佛山历史上人文荟萃，康有为、詹天佑、黄飞鸿等一批杰出人物影响深远；醒狮、粤剧、武术等民间传统文化蜚声海内外；西樵山、长鹿休博园、顺德欢乐海岸 PLUS 等旅游景区知名度稳步提升；渔耕粤韵旅游文化园作为广东佛山珠三角桑基鱼塘系统核心区，扩大了岭南桑基鱼塘文化品牌影响力。

2. 城市文化活动丰富多彩

一是持续举办和推广百村居篮球赛、足球联赛、百狮迎新春醒狮大赛、叠滘端午龙舟赛等特色体育赛事活动。

二是持续举办"崇文佛山"全民读书系列活动、"品味祠堂文化"活动、佛山市非物质文化遗产进校园系列活动。

三是持续举办行通济、北帝诞、佛山秋色、西樵观音文化节、康有为文化节、百合花文化节等。

四是持续推进佛山市艺术节、社区文化节等活动。

3. 城市文化地标众星璀璨

目前，佛山市有首批国家公共文化服务体系示范项目、全国首个国家旅游产业集聚（实验）区、全省首个文化改革发展综合试验区和全省首批公共文化服务体系示范区，也是中国曲艺之乡、全省首个文学之城，绿岛湖、千灯湖、听音湖、博爱湖、映月湖、文翰湖等项目已成为佛山城市休闲文化地标。这些城市文化地标的打造和建设，推动着佛山市文化旅游产业的高标化、品质化发展。

4. 特色小镇建设初见成效

特色小镇实现五区所有镇街的全覆盖。通过特色小镇建设，城市文化空间得到有效拓展，城市文化内涵得到丰富。

5. 打造特色美丽乡村

围绕乡村振兴战略，整合文化旅游资源、乡村产业资源，加快推进佛山市美丽乡村建设，逐渐形成具有佛山特色的美丽乡村聚落形态。通

过美丽乡村的示范效应，带动其他农业公园逐步提升观赏、品尝、体验、休闲、旅游、文化等多功能的产品和服务。推动村容村貌整治，传承农业农村传统文化，实现农业农村提档升级，把生态环境优势转化为经济发展优势，让农村既有"颜值"，更有"气质"。

（七）文化创新能力不断增强，创新驱动成效显著

1. 文化创意园区快速发展

近年来，佛山市文化创意、文化科技类园区数量不断增多，园区建设加快推进。一是依托电竞产业基础，加快推进三山电竞产业园建设，着力打造一个能承接国际赛事的专业电竞场馆、电竞产业孵化众创空间和电竞上下游产业集聚办公园区。二是依托平洲玉器街，着力打造集玉器展示、玉器设计、玉器加工于一体创意产业园。三是依托影视产业基础，着力推进米艇头影视产业园区、西樵国艺影视城二期建设，着力打造集影视制作、影视拍摄、创意孵化、影视旅游于一体的创意产业园。四是依托碧桂园集团，打造集影视动漫、数字艺术和文化创意于一体的碧+文化产业园。四是依托制造业发展优势，打造佛山新经济小镇文创产业中心，以及高新成果转化、智能科技、产品展示、科技体验的产业成果展示平台。

2. 文化科技融合发展趋势显著

"十三五"期间，佛山市依托影视产业、电竞产业等，不断推出影视创作、游戏创作等创意产业；同时依托制造业优势，大力发展工业设计行业。创新融入新产业、新科技、新生活、新文化、新健康五新业态。文化类专利申请数量不断增加，从2016年的3434个增加到2018年的6760个，增加3326个，年均增长25.5%。

3. 创新文化产品开发

开发IP资源，赋能传统文化，建立IP资源整合开发平台，引入具有IP转化能力的龙头企业，通过影视、演艺、动漫、游戏、旅游、衍生商品等多种形式进行商业化开发，提升岭南传统文化价值。借助盛讯达三山移动互娱中心产业平台，开发IP资源（原创漫画、文学、影视等），借助佛山市现有汽车、食品、中成药、陶瓷、家具、玩具、文具等相关制造业优势，大力发展动漫、手游衍生产业链。借助洛客佛山城市设计中心等外部知名创意、设计、策划机构，在广泛的市场需求调研和文化资源评估的基础上，对岭南传统文化IP资源进行深度策划和开发。

（八）加强人才和体制机制创新发展

通过出台扶持政策、开展各类培训等方式，加大文体旅游基层队伍建设。逐步实现文艺社团专业化，佛山市文联及其下属各主要协会和佛山五区各文旅体关联协会工作人员超过5000人，高层次文化人才不断涌现。从公共文化服务、文化遗产传承、文化产业发展、推动全民健身等多方面进行体制机制创新，先后出台了《佛山市构建现代公共文化服务体系实施意见》《佛山市文化事业发展资金使用管理办法》《佛山市人民政府关于扶持文体旅游产业发展的实施意见》《佛山市关于加快文体旅游产业发展的实施细则》等政策文件。同时，率先出台文化消费补贴政策，率先开展文化产业统计，并出台有关产业扶持政策等；针对多头审批、权责不清等问题，设立行政审批科，整合原分散的行政审批事项，在全市实施"一站式"行政审批，实现审批、监管和执法三分离。

二 佛山文化产业融合发展现状

（一）文化产业融合发展背景

进入20世纪后期以来，随着西方主要工业发达国家工业化完成并进入高级化阶段，产业发展转型，尤其是制造业发展转型和空间外迁成为潮流和趋势，企业产品和服务也更加突出"产品＋服务＋技术＋系统解决方案"的集成化导向发展，产业跨界融合发展（制造业＋服务业）成为世界性发展潮流和趋势。随着改革开放深入发展，我国尤其是东部发达地区，总体上已经进入工业化后期。然而，由于工业化发展的起点、路径和模式不同，我国工业化和制造产业发展，总体上仍然以初级化、低端化、劳动密集化为特征。佛山产业发展与此类似，经过改革开放40多年发展，佛山已建立起特色突出、体系完整的制造产业，其整体实力高居全国城市前列，但佛山制造产业也存在一些亟待解决的突出问题。产业低端化、同质竞争化、创新低下化和产业价值链居全球中低端环节等，这些问题的衍生，既是制造业发展自身问题积累所致，也与制造业和服务业融合不够、不高、不强有关。同时，佛山城市服务产业发展，长期滞后于城市发展对其提供的产品和服务要求，也与满足人民对美好生活追求的产品和服务要求不相匹配。故此，迫切需要加强推动佛山制造业和服务业融合发展，尤其是加强先进制造业和现代服务业有机融合。推动深化佛山供给侧结构性改革，建设现代化经济体系，更好发挥"佛山制造＋佛山服务"组合效应，推动佛山市制造业高质量发展和建设

"制造强市"。

推动产业融合发展，对改善和优化制造业供给质量，促进差异化竞争，增强企业盈利能力作用重大。先进制造业和现代服务业高度融合发展，不仅可以改善产品和服务的供给质量，实现服务差异化和服务创新发展，而且它已发展成为制造业转型创新、维持发展活力、提升产品竞争力的一种重要途径。产业融合还可以有效推动制造企业产业链提升，优化其在全球分工价值链的地位。产业融合成为国际产业分工从以制造环节为主向以服务环节为主转变的主要途径。当前，世界上发达国家制造业的产品停留在生产环节的时间不超过5%，而停留在流通领域的时间则超过95%。产品增加值部分在制造环节不到产品总值的40%，其主要增值（60%以上）发生在服务领域，可见，产业发展的总体趋势，就是产品价值的利润增值区域日益向产业价值链服务端转移。促进制造业与服务业的发展对接，加强先进制造业和现代服务业互通互融，加强产业发展链条中的研发设计、维护运行、营销、售后服务、品牌管理等服务拓展，有助于佛山制造业摆脱长期处于产业分工体系中低端的状况，提高佛山制造业在国际产业链中的地位。

政策发展层面，为促进产业融合发展，提升国家制造业综合发展水平，推动服务业快速、跨越式发展，2014年国务院发布了《关于推进文化创意和设计服务与相关产业融合发展的实施意见》（以下简称《意见》），重点推动文化创意产业和设计服务类产业与制造业、旅游业、文化相关产业的融合创新，这充分体现了我国立足国家发展，推动创意产业超常规发展，实现创意引领文化及其他相关产业（包括农业、制造业等）发展的重大发展布局和决心。2019年，国务院办公厅印发的《关于进一步激发文化和旅游消费潜力的意见》明确提出，促进产业融合发展，支持邮轮游艇旅游、非物质文化遗产、主题旅游等业态发展。促进文化、旅游与现代技术相互融合，发展基于5G、超高清、增强现实、虚拟现实、人工智能等技术的新一代沉浸式体验型文化和旅游消费内容。丰富网络音乐、网络动漫、网络表演、数字艺术展示等数字内容及可穿戴设备、智能家居等产品，提升文化、旅游产品开发和服务设计的数字化水平。发挥展会拉动文化和旅游消费的作用，支持文化企业和旅游企业通过展会进行产品展示、信息推广。引导文化企业和旅游企业创新商业模式和营销方式。《意见》将文化、旅游及其他产业的融合发展，提升到前所未有的高度，并提出了融合创新的重要领域和发展方式，为各地实现产业融合发展，提供具体指引和导向。《意见》同时指出，到 2022 年，国家要建设 30 个国家文化产业和旅游产业融合发展示范区。

佛山市产业融合发展，开局较早，但强大的制造业和相对滞后的服务业发展不平衡，已经成为制约佛山市社会经济和城市产业综合发展的重要因素。2017 年，佛山市政府出台的《关于加快文化产业融合发展的实施意见》提出，全面发展全域旅游，发挥产业园区旅游体验休闲功能，大力推进文化产业和旅游产业融合，发挥科技创新引擎作用，利用"互联网 + "技术，加快提升文化创新能力。这为新时代文化旅游融合、文化科技融合发展提供了原动力，奠定了"诗与远方"的产业发展理念，引导和推动产业走向内涵式发展道路。其后，佛山市又先后出台了文化产业发展和产业融合发展多个文件，如《佛山市推动开放型经济高质量发展战略和任务》《文化佛山三年行动计划（2017—2019 年）》《佛山市武术文化发展三年行动计划》《佛山市建设高质量文化导向型名城三年行动计划（2020—2022 年）》《佛山市人民政府关于加快文化产业发展的若干规定》《佛山市加快建设"世界功夫之城"实施方案》等。在国家、省市各种政策规划指引下，佛山市在整体推动文化产业平稳较快发展，促进文化产品结构优化升级，加强文化产业产品服务，提高质量、种类和数量等的同时，加强不同产业之间，尤其是文化与旅游、文化与创意、创意与旅游、文化与商业、文化与制造业、旅游与制造业等融合。2019年，佛山市人均 GDP 为 136332 元，增长 6.7%。按照国际通行标准，佛山市社会经济发展水平和居民生活水平已经进入中高收入阶段，这样的发展水平，也带来了生活观念和生活方式的转变，要求佛山市以城市发展实力为基础，立足高水平发展状态下，对文化旅游产业发展的愿景和追求，促进以面向收入发展水平、消费增长为目标的文化产品消费和服务层次的提升，加强和促进文化旅游产业的创新创意提升，实现文化产业和旅游产业、文化产业和科技创新不断结合与融合发展。

近年来，随着社会经济和产业发展，以大湾区城市群为主体的区域经济提升，城市升级和景观建设要求加快佛山城市发展步伐，提升佛山城市形象，优化城市环境。作为文化旅游产业、文化科技创新融合的重要因素，也被一起纳入国民经济社会发展的总规划。作为国家级历史文化名城，佛山高度重视文脉传承。在城市规划方面，将岭南文化元素融入城市建筑，体现城市文化特色；在文物保护方面，加大历史文化建筑保护力度，恢复佛山老城历史风貌。在体现文城融合的同时，佛山也面临着通过文化产品转型升级来提升市场竞争力的现实，将文化与旅游相结合、文化与科技结合开发出更有深度的文化产品成为产业发展的主要方向。

（二）佛山市产业融合发展过程

回顾佛山市文化产业与制造业、文化产业与旅游业、文化产业与商业、文化产业与创意设计产业等的融合发展历程，可以看出，佛山市文化产业的融合发展，经历了一个相对比较平稳的发展过程，按阶段分期来看，佛山市文化产业融合大致经历了初期产业分立阶段、中期产业融合阶段和后期产业创新融合阶段三个阶段。

1. 初期产业分立阶段

对佛山城市产业发展来说，初期是一个无法准确定义的概念，产业分立对佛山城镇的发展而言，可以从明朝初期的佛山商贸市集雏形初现，出现手工产业、制陶业、基塘农业、桑基蚕基等纺织关联产业算起，也可以将时间定位到清代初期的康雍乾时期，此一时期，在经历明代发展积累和民间商贸兴盛后，随着清初政局稳定和对外通商的顺畅，佛山城市产业发展进入封建帝制时期的高峰阶段，制陶产业已然繁盛，冶炼、打铁、打铜、打金、打锡等手工产业也蓬勃发展，使清代初期的佛山很快发展成为岭南与广州齐名的"一大都会""四大名镇"和"四大聚"。然而，在内外部环境变化和时局艰难时期，清代后期乃至民国时期，佛山产业发展陷入沉寂，城市地位骤降。改革开放后，随着对外开放政策的实施，佛山面对一个全新、顺畅的发展环境，城市产业开始快速发展，至20世纪90年代中期，基本建成特色明显、门类相对齐全、产品涵盖面广、辐射空间遍及全球的产业发展体系。文化旅游产业也在资源条件支撑之下迅速发展。在此阶段，文化、旅游和科技创新发展都在自己的产业圈内有着各自的产业边界，业务范围和营销市场都处于分立状态。

2. 中期产业融合阶段

20世纪90年代后期，随着中国加入世界贸易组织，文化产业发展进入高速发展阶段。佛山借改革开放春风，迅速拓展产业门类，优化产品和服务发展水平，文化产业融合开始出现，并随着市场需求变化，文化产业不断向旅游、科技领域渗透，文化产业价值链开始整合重组延伸。佛山的风土人情、历史古迹等文化资源逐步融入旅游产品，文化资源吸收科技元素实现产品融合。比如，形式多样的文化节打造了民俗文化节、秋色欢乐节和美食文化节等特色节庆活动，虚拟现实技术与祖庙的跨界融合等。此时，产业边界出现了交叉，产业融合开始显现。同时，一些特色产品类制造业，也进行以创意设计为主线的制造业文化转型提升。部分产业开始集中力量开展技术攻关、技术促进和技术融合发展，推动互联网技术、即时通信技术等与制造业、文化旅游业的融合发展。部分专业产品发展公司开始跨界设计，以文创元素推动产品服务的"文化＋""旅游＋"升级转型。

3. 后期产业创新融合阶段

进入21世纪以来，随着城市和产业进一步发展，人民对美好生活的追求向更高水平、更高阶段跃升，时代发展促使制造业、旅游业、商贸产业等加速融入文化旅游元素，对文化与产业发展、产品设计、服务定制化和个性化提出急迫且更高的要求。产业发展层面，传统产业转型升级、新兴产品发展布局、文化产业跨越发展、旅游产业提质增效等都进入城市地方政府发展规划之中。随着产品、市场融合的循序渐进、相互促进，产业间的壁垒降低或者消失，新的产业形态开始出现。佛山出现跨行业的"一街两脉"文旅街等产业集群；文化底蕴与家具、瓷砖和装备制造业等结合，拉伸和完善产业链条；大型跨界文化企业出现，文化产品开始转型升级，业务范围逐步扩大，市场覆盖面越来越广，产业经济稳步发展。传统文化领域，立足文化遗产、非物质文化遗产、地方文化特色产品等优势，加强其与当代创意设计、最新科技的深入融合，发展新的产品体系；制造业领域，产品的文化化、包装设计的艺术化和文化化、新技术呈现等更加精彩多元；商贸发展领域，佛山传统优势的商贸产业，如家具、家居产业和商贸市场、艺术陶瓷和工业陶瓷产品市场等，都加强了文化、旅游和科技的深入融合发展。旅游产业领域，立足全域旅游和文化旅游相互促进，加强了全域景区化、全域文旅化发展，从而使佛山文化旅游和其他产业的融合发展迈向一个全新的阶段。

（三）佛山市产业融合发展模式

经过改革开放40多年的创新发展，佛山市文化旅游产业走上了一条相对独特的发展道路，在此进程中，通过跨界合作、"产业文化＋"等形式，佛山市产业融合发展也延伸拓展出不同的发展模式，归纳起来有以下三种模式。

（1）以文化主题公园为代表的延伸型融合模式。文化主题公园开发，在城市文化旅游产业发展中，经历了不同发展阶段。20世纪90年代，随着国内旅游市场的爆发性增长，由于旅游资源限制及开发能力不足等问题，旅游产业供给严重滞后于客源市场增长，此种局面下，佛山开启了一轮以佛山乐园为龙头的文化主题公园建设热潮。之后，随着主题公园建设的发展方向，建设层级、档次在区域旅游市场的竞争中优势不足，佛山主题公园旅游化发展，并没有带来大发展、大超越，其对文化旅游市场的作用，仅限于促进和撬动了原始旅游市场需求。进入21世纪，在社会经济总体发展从满足"人民日益增长的物质文化需求与落后的社会生产之间的矛盾"转变为对"美好生活需要"的满足。以满足人民日益增长的美好生活需要和不平衡不充分发展之间的矛盾成为新时代佛山文化旅游发展需要重点解决的核心问题，以此为出发点，佛山开启新一轮引入头部竞争性主题公园和文化设施的发展热潮，主要以美的鹭湖、史努比缤纷世界主题公园、顺德华侨城欢乐海岸PLUS项目等为代表。该模式是文化产业将其产业链延伸到旅游产业，以从旅游中获得经济效益为主要经营方式。比如佛山史努比缤纷世界主题公园以体验性为特色，将虚拟的动漫世界真实地呈现在乐园空间，打造出动漫主题公园这一现代旅游目的地形态和新兴文化旅游模式。这种融合形态既突出了旅游特点，又增强了游客体验。2017年开业，当年就接待游客超过100万人次，其中，境外游客超过10万人次。

（2）以会展、节庆为代表的整合型融合模式。这种模式主要借助各种节庆和会展平台来吸引大量人流、物流和信息流，从而带活举办地的旅游经济。比如，2017—2019年的三水旅游文化周，通过全面展示三水文旅资源，每年吸引超过20万人次参与，到2019年，参加人次突破30万；2017—2019年的佛山秋色欢乐节、佛山祖庙北帝巡游、佛山通济桥"行通济"活动等，年均吸引游客超过200万人次。尤其是佛山秋色欢乐节和行通济，已经成为粤港澳大湾区比较知名的大型节庆活动。由此可见，在产业整合型融合模式下，依托节庆、会展作为平台，将文化和旅游两大产业的资源、产业活动进行重组与整合，打造各种文化体验旅游活动或项目，创造全新的文化旅游产业形态，是文旅产业融合发展、实现产业互赢的有效形式。

（3）以文化产业园区为代表的渗透型融合模式。这种渗透融合模式主要表现在赋予文化产业园区和文化产品生产基地等以旅游功能，并以此为空间载体发展旅游业。佛山市创意产业园虽然将文化产业发展服务作为初级目标，但是，因具有浓厚的文化气息和丰富多彩的现场表演，同时多种多样的陶瓷艺术品、工艺生产过程随处可见，扎染、画廊等文化产品交易场所遍布园区，所以，本身也是一个旅游景区。目前，佛山市创意产业园区商业部分出租率达90%，办公部分出租率接近95%以上，每天人流量达到6万人次左右。

文化科技融合方面，佛山市文化科技融合是随着文化与科技的交融日益广泛和深入而不断发展的，就其总体特征而言，表现为科技在文化产业中日渐发挥重要支撑和引擎作用。科技对文化旅游发展的引领和促进作用日益深入，因此，文化科技融合在发展模式上可以归纳为三种模式：一是文化创造高新产品，培育新价值模式；二是科技支撑文化内容，促进新发展模式；三是文化科技共同孕育新业态模式。具体如表4-2所示。

表4-2　　　　　　　　　　　佛山文化科技融合模式

模式	内涵	典型企业
文化创造高新产品，培育新价值模式	科技产品或服务借助文化艺术获得更高的创新价值	佛山市摩根智能科技有限公司（简称摩根智能科技）
科技支撑文化内容，促进新发展模式	文化样式借助新的科技手段——获得新的表现形式	广东顺德东方麦田工业设计有限公司（简称东方麦田）
文化科技共同孕育新业态模式	新的科技手段造就新的文化样式和新的产业形态	广东精鹰传媒有限公司（简称精鹰传媒）

（1）文化创造高新产品，培养新价值模式。目前，高新技术企业开始介入文化产业领域，实质是基于核心技术能力的多元化经营战略向文化领域的导入。该模式顺应了当前科学技术发展到"新生代"阶段、人们对技术与文化艺术融合的诉求，以设计为导向，注重消费者体验并引领消费者需求。比如摩根智能科技利用创新设计，引入新的文化元素，颠覆传统产品设计理念，解决了传统产品升级换代难题。目前，在全球拥有50多项专利，其中在美国已获两项授权发明专利。

（2）科技支撑文化内容，促进新发展模式。文化企业通过运用新科技，使传统文化业态发生重大变化。科技应用极大地提高文化内容和样式的表现力、传播力和影响力。比如东方麦田作为中国最具规模和专业性的设计机构之一，注重设计创造优良产品，构建以产品为主轴线的全价值链创新设计服务。近年来，东方麦田还积极运用大数据、云计算，在不断提升产品设计基础上，实现设计与新技术、新材料的有机融合。2017 年，东方麦田香云纱＋高新技术应用＋互联网——国家级非物质文化遗产在文创礼品上的研发、推广项目，获得佛山市旅游文化创意产业发展专项扶持资金 12 万元。

（3）文化科技共同孕育新业态模式。人们对文化产业提出新需求，而科技创新能够以新的技术手段来满足这种需求，文化与科技在新业态肇始之际完美融合，标志着基于文化与科技融合的新业态出现。精鹰传媒自 2007 年成立以来，已出品 100 多部网络电影与网络剧，其中已有 60 部网络电影陆续上线，全网点击量超 10 亿人次，累计票房约 3 亿元。精鹰传媒的发展历程显示，将新技术运用到文化创意产品和服务中，不仅能够丰富甚至创造出新的文化内容和样式，而且也能够促进文化在更大范围、更长时段上进行传播、辐射，发挥更大影响力。

三 佛山市化产业集聚发展特征

（一）产业集聚发展阶段、特征与水平

在发展阶段方面，佛山市文化产业依托产业园区、产业示范基地等多种载体，以文化元素为核心进行集聚发展，经历了由粗放到精致化、由文化泛化向文化特色化发展过程。第一个阶段是初创期（1990—2006年）。佛山市文化产业园区发展从 1992 年佛山高新技术产业开发区成立开始，该阶段的发展重点是高新科技产业，园区建设以普通厂房为主，园区配套服务仅停留在招商引资方面，园区平台尚未引入。第二个阶段是发展期（2007—2012 年）。佛山市经济发展环境不断优化，注重建筑外观设计，文化产业园区快速发展。该阶段文化产业园区数量不断增加，文化产业泛化，园区定位较为模糊，服务平台建设逐步得到重视，提供基础配套，引入园区运营机构。第三个阶段是提升期（2013 年至今）。2013 年后，佛山市经济发展进入新常态，从建筑外观到发展主题的全方位设计，文化产业园区特色凸显。该阶段注重差异化发展，文化产业不断细化，园区建立健全服务平台，提供多方面服务，发展重点由数量增长转向质量提升。

表 4 - 3   **佛山文化产业园区发展阶段**

阶段	主要特征			代表园区
	主要业态	设计风格	产业服务	
初创期 （1990—2006 年）	高新科技产业	普通厂房建设	招商引资	佛山高新技术产业开发区
发展期 （2007—2012 年）	文化产业泛化，园区定位较为模糊	注重建筑外观设计	提供基础配套，引入园区运营机构	佛山市创意产业园、佛山市 39°空间艺术创意社区
提升期 （2013 年至今）	文化产业不断细化	从建筑外观到发展主题的全方位设计	建立健全服务平台，提供多方面服务	珠江传媒影视产业园、泛家居电商创意园、碧 + 文化产业园

在集聚发展特征方面，截至 2018 年，佛山市形成形式多样的文化产业园区 20 多个，其中国家级文化产业示范园区（基地）4 个。在文化产业大发展的背景下，佛山市涌现出不同文化主题的新兴文化产业园区，如民族文化类的南风古灶国际创意园、设计服务类的广东工业设计城、高新技术类的佛山市软件产业园、新媒体类的佛山市新媒体产业园等（见表 4 - 4）。与此同时，一些具有国际影响力的知名企业，如碧桂园、宋城集团积极参与文化产业建设。具体来说，突出表现为以下三个特征。

表 4 - 4   **佛山主要文化产业园区**

园区名称	所属地区	主要特色
佛山市创意产业园	禅城区	现代传媒、设计服务
南风古灶国际创意园	禅城区	陶艺创意、文化旅游
平洲玉器文化创意园	南海区	玉器设计、旅游观光
泛家居电商创意园	禅城区	家居设计、电子商务
佛山市新媒体产业园	禅城区	新媒体、影视创作
佛山市 39°空间艺术创意社区	南海区	视觉艺术、新媒体
佛山市软件产业园	南海区	新媒体、高新科技
广东工业设计城	顺德区	创意设计
西樵山国艺影视城	南海区	影视娱乐

（1）园区业态丰富多样，复合业态占主导。从行业分布看，目前佛山市文化创意产业园基本涵盖了文化产业中所有的内容产业。佛山九大代表性园区中，以创意设计服务和内容创作生产等占比最大；其次为文化娱乐休闲服务和文化传播渠道。同时，大多数园区兼具两种或两种以上的复合业态，如佛山市创意产业园涵盖了陶瓷设计、广告服务、建筑设计、新闻出版、新媒体等多个业态类型。

（2）园区特色鲜明，因地制宜发展。佛山市文化产业园区基本是根据区域发展和产业资源优势进行建设，形成较为鲜明的区域产业特色。石湾等地利用当地的民风民俗和传统产业基础，开展文化影视艺术类园区的建设，如南风古灶国际创意园、石湾古镇文创园影视发展基地；平洲利用国内产值最大的玉器交易市场优势，拓展产供销全产业链，推动平洲玉器文化创意园建设；中心城区利用产业转型升级，大量工厂闲置机遇，通过工厂改造为文化产业园区提供了发展空间，如佛山市创意产业园、泛家居电商创意园。

（3）园区支持力度大，政府主导占优势。文化产业园区建设大致可分为以美国为代表的市场主导型和以韩国为代表的政府主导型。政府主导型园区建设一般业务类型多元、规模大，有区位优势。市场主导型园区一般是由主导企业联合多家企业进行园区开发。目前，佛山市文化创意产业园政府主导型占据绝对优势，如广东工业设计城、佛山市科技园等。

在集聚发展水平方面，产业集聚程度一般用区位熵来衡量，反映某一区域在高层次区域的地位和作用。其计算方式如下：

$$LQ = \frac{q_{ij}/q_j}{q_i/q}$$

式中，LQ 表示 j 地区的 i 产业在全国的区位熵，q_{ij} 表示 j 地区 i 产业的相关指标，q_j 表示 j 地区所有产业的相关指标，q_i 表示在全国范围内 i 产业的相关指标，q 表示全国所有产业的相关指标。LQ 的值越高，说明地区产业集聚水平越高。一般来说，当 LQ > 1 时，j 地区的区域经济在全国具有优势；当 LQ < 1 时，j 地区的区域经济在全国具有劣势。

2012—2016 年，佛山文化产业区位熵在全省、全国范围内均呈现显著下降趋势。从全国来看，2012—2014 年，佛山文化产业集聚水平高于全国平均水平，具有一定的比较优势，佛山文化产业集聚程度较高；

2015 年后，佛山文化产业集聚水平低于全国平均水平，呈逐年下降态势，集聚效应减弱。从全省来看，2012—2016 年，佛山文化产业集聚水平小于 1 且呈现逐年下降趋势，表明佛山文化产业集聚水平较低，不具备比较优势。总之，2012—2016 年，佛山市文化产业呈现集聚效应明显下降态势，国内区位熵与省内区位熵差异明显，趋势相近。

进一步研究表明，佛山文化产业各区集聚水平从高到低依次为禅城区（1.364）、顺德区（1.054）、南海区（0.993）、三水区（0.644）和高明区（0.571）（见图 4-2）。其中，文化产业集聚明显的区域为禅城区和顺德区。禅城区以影视文化产业和创意设计产业为突破口，既推动各镇街打造特点突出的文化产业园和平台，也不断完善文化产业链条，推动产业生态形成闭环。2016 年，禅城区文化、体育和娱乐业新注册企业数 281 户，同比增长 116%；文化创意相关项目 5 个，投资额超 17 亿元。顺德区文化产业集聚水平也较高，区位熵指数为 1.054，产业具有一定的比较优势。顺德区近年来充分利用文化资源，通过文化品牌构建，带动文化产业发展，形成了广东工业设计城、伦教珠宝、伦教香云纱等区域文化产业品牌，涌现出顺德印刷、顺德孔雀廊唱片、广东启智数码等知名文化企业。南海区文化产业区位熵指数为 0.993，与顺德区产业集聚水平接近。近年来，南海区文化产业发展基本形成了东部文化休闲、中部工业文创和西部旅游影视的产业布局。2018 年南海区文化产业总产值达到 500 亿元，其中，文化产业增加值约 165 亿元。三水区和高明区产业发展基础较为薄弱，文化产业集聚水平较低。三水区和高明区自然资源优势突出，文化产业特色发展应成为未来的主要发展方向。

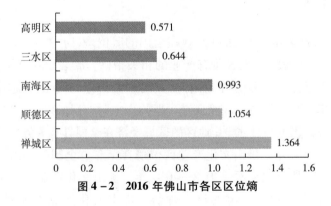

图 4-2　2016 年佛山市各区区位熵

（二）佛山文化产业集聚的主要类型

对佛山文化产业集聚的分类，我们主要从产业竞争力、文化事业满意度、文化资源独占性（特色）、文化产品竞争力、文化科技融合度、文化品牌影响力（声誉）等方面出发，把佛山市文化集聚区划分为历史文化集聚区、产业文化集聚区、公共文化集聚区、地方文化集聚区和生态休闲文化集聚区五类。考虑到佛山文化资源、产业发展等集聚要素的差异化，下面对集聚区现状的分析，以表4-5各要素的显在要素进行衡量和分析。

表4-5　　　　　　　　　　佛山市文化集聚区的类型

集聚区类型	产业竞争力	文化事业满意度	文化资源独占性	文化产品竞争力	文化科技融合度	文化品牌影响力
历史文化集聚区		√	√		√	√
产业文化集聚区	√			√	√	
公共文化集聚区		√	√		√	√
地方文化集聚区	√		√			√
生态休闲文化集聚区	√		√	√	√	

佛山市文化产业集聚区的集聚特征突出表现为以下五个方面。

（1）历史文化集聚区发展相对成熟。作为历史文化名城，佛山市文物保护单位数量众多，非物质文化遗产丰富多彩，历史文化集聚区等级质量较高，核心区域主要集中在禅城区，以祖庙—岭南天地—东方广场—国瑞升平为核心的历史文化集聚区，各类文化资源交互组合，集聚分布呈现历史街区与文化遗产交错分布、叠加共振的空间特征。一是文化资源相对丰富，独占性较高。从文化资源规模数量来看，文化遗产十分丰富，本区集聚了各级文物保护单位77家，占全市的22.5%；各级非物质文化遗产44个，占全市的50%；8个历史文化街区，占全市的100%。从文化资源等级来看，高等级历史文化资源数量较多，拥有3个国家级文物保护单位，占全市的50%；6个国家级非物质文化遗产，占全市的57%，是佛山历史文化最为深厚、最为典型的区域，也是佛山岭南文化最为集中的地区。从文化资源结构来看，拥有文物保护单位、历史街区、非物质文化遗产、历史文化博物馆等类型，资源类型结构相对丰富。从文化资源开发利用效率来看，历史文化资源挖掘比较成功，取得明显成效，代表性的项目如岭南天地、南风古灶改造提升，实现经济效益和社会效益协调发展，成功打造佛山祖庙、岭南天地和南风古灶三张城市名片，同时加大非物质文化遗产传承保护力度，实现从传统民俗节庆向旅游节庆转变。二是文化综合设施品质较高。祖庙—岭南天地片区集中了较多市级文化设施，如祖庙博物馆、佛山老图书馆等，是佛山传统城区文化设施综合品质较高的区域，群众到访率高。三是文化组合效应较好。第一，文化品牌的综合影响力较高，祖庙的地方信仰影响较大，具有一定的珠江三角洲地区声誉。岭南天地的老城区改造和文化创意综合效益都相对较高。第二，文化发展与科技融合较好。

（2）产业文化集聚区迅速发展。随着城市经济快速发展，与之相匹配的产业文化集聚区逐渐发展壮大，主要分布于南海区和顺德区。然而，由于产业发展的先天自发性，当前产业文化集聚区"有业无文"特征明显，需要在后续发展中突出强化。一是立足产业，竞争力强。作为传统的制造业强市和大市，佛山产业集聚由来已久，并较早发展出各自特色，在全国乃至全球都有较强的竞争力。突出者如陶瓷产业、家具产业、白色家电产业等，都相应形成较为明显的产业特色集聚区。二是数量较多，规模较大。从产业文化数量来看，包括 12 个产业文化集聚区，是五大类型文化集聚区中数量最多的一类，同时各集聚区往往与产业园区空间高度叠合，集聚区规模都相对较大，季华路商贸文化带、东方广场—国瑞升平商贸文化集聚区都为全市高等级商圈，集聚趋势不断加强。北滘、乐从、平洲依托制造业基础，打造了智造小镇、家具小镇、玉器小镇，在全国具有较高知名度。三是类型多样，特色突出。从集聚的结构来看，产业文化集聚区类型丰富，有旅游产业文化集聚区、制造业产业文化集聚区、会展产业文化集聚区、商贸产业文化集聚区。从其综合效益来看，产业化水平较高，经济效益相对较好，特别是与制造业相关的创意产业、会展产业、旅游产业发展势头良好，集聚的现代化水平也相对较高。

（3）公共文化集聚区示范效应初现。佛山市作为全国第三批公共文化服务体系示范区城市，建立了较为完善的公共文化服务体系，公共文化集聚区示范效应初步显现。从空间分布来看，佛山公共文化集聚区以三龙湾创新文化集聚区为龙头，各区行政中心所在地都有一定的公共文化集聚特征，是各区级城市公共文化集聚中心。一是公共文化服务示范效应较高。佛山市已初步建成网络完善、运行高效、供给丰富、保障有力的公共文化服务体系。其中，市、区、镇（街）、村（社区）四级公共文化设施总面积从 2015 年的 152.67 万平方米上升到 2017 年的 193.34 万平方米，每万人均公共文化设施建筑面积达 2525.11 平方米，居全省地级市前列。三龙湾创新文化集聚区的核心设施"九馆一中心"，从设计理念到建设规模，与国内同等城市相比居领先水平，坊塔已经成为佛山市文化地标建筑。二是城市休闲和体育运动集聚效应初现。佛山国际文化演艺中心和世纪莲体育中心投入使用后，随着系列国际体育赛事的成功举办，体育集聚效应逐渐形成并不断发展。同时，以东平河—佛山涌城市观光休闲、德胜河一河两岸主题文化休闲为龙头，形成了城市休闲文化集聚区，是佛山城市形象展示的重要窗口。

（4）地方文化集聚区特色突出。佛山历史悠久、地缘特殊，发展了类型多样的地方文化，如特色美食、功夫文化、地方曲艺等，这些都成为佛山地方文化集聚发展的有力支撑。

从美食文化来看，作为世界美食之都，佛山美食文化品牌突出，各区美食各有特色，集聚特征各异。在集聚的空间分布上，佛山市美食集聚区中的都会级美食文化集聚区主要以市中心的禅城地区为代表，片区级的美食文化集聚区则五区各有分布，且相对集中在顺德区、南海区、禅城区等地。[①] 一是美食文化品质突出。首先是佛山美食遍地开花，因地取材，丰俭由人，极大地满足了不同食客的需求。其次是制作精良，突出鲜活，讲究体验，倡导由食及味，由味及文，文食相映。再次是声誉卓著，特色鲜明，粤菜的鲜、甘、美味等特色，顺德菜勇立潮头，初步培育出了高端粤菜的综合声誉。二是美食品牌优势突出。佛山市是世界美食之都，文化载体丰富，顺德美食是佛山的名片。《寻味顺德》掀起了美食旅游热潮，大良街道是顺德美食文化的重要集聚地，大良镇作为中国首个"中华餐饮名镇"的美食名片，是寻味顺德的核心地区。禅城区作为佛山老城区，有岭南天地、文化创意产业园等多个特色美食街区，美食的名片和品牌效应十分突出。三是融合发展潜力较大。从美食发展阶段来看，佛山美食目前尚处于"食"的阶段，其与游娱的结合发展，

---

① 关于都会级美食集聚区，片区级美食集聚区的分类，参见《广州市餐饮业网点空间专项规划（2016—2035）》。

未来潜力广阔。需大力加强对美食文化载体培育，以品牌促效益，并加强美食上下游产业链多元整合，突出建设一批特色鲜明、综合效益突出的美食集聚区。四是涌现出一批特色鲜明的美食集聚区。顺德华侨城欢乐海岸 PLUS 建设国际美食文化交流中心，进一步提升顺德美食文化集聚的水平、品质和体验，未来顺德还将重点打造杏坛、伦教、北滘等 7 个粤菜美食集聚区。禅城区作为佛山市中心城区，美食文化集聚街区相对集中，现在相对成熟的美食文化街区包括岭南天地、佛山文化创意产业园，未来还将打造南风古灶美食城、南庄紫南美食城、鄱阳众创美食城和国瑞升平美食城，南海区在千灯湖规划布局美食集聚区。三水区的北江河鲜美食自成特色，高明区的乡野食材和美食也有一定口碑。

从功夫文化来看，佛山功夫享誉海内外，借由香港特色的功夫片系列，如黄飞鸿系列、李小龙系列、叶问系列，佛山功夫文化得以传誉四方，尤其以佛山武术、龙狮文化、龙舟等为典型载体。佛山功夫文化在佛山当地有良好的地方传承和群众基础，佛山五区，武馆、传习所众多，群众不管日常性活动或年节民俗活动，都会聘请武馆或各种传习所传人来进行表演和祝贺。

从地方民俗来看，佛山地方民俗传承良好。目前比较知名的民俗活动有佛山秋色、行通济、北帝诞等，行通济已经发展成为粤港澳大湾区的经典民俗活动，每年举办期间，客流如潮，来源众多，规模庞大。佛山秋色也独具特色，随着对节庆民俗活动的越发重视，佛山秋色、祖庙春秋礼祭、北帝诞等，其主办单位级别、活动规模、活动时间跨度等都逐渐提升，成为佛山重要的地方和城市品牌。

从地方曲艺来看，佛山地方曲艺典型者有粤剧，也有其他一些带有浓重地方特征的曲艺文化类型，这些地方曲艺类型是地方特色类文化集聚发展的重要支撑。

（5）生态休闲文化集聚区逐渐形成。生态文化是佛山地方文化的重要组成部分，主要分布在三水区和高明区。包括西江新城、三水新城、美的鹭湖休闲旅游文化集聚区等地。资源组合相对较好。以生态新城和生态旅游景区作为载体。三水新城定位于"产业新城、南国水都、广佛肇绿芯"，拥有三水森林公园、荷花世界两家 4A 级生态型旅游景区，生态旅游成为全区的一大特色。高明区积极推动城市更新与西江新城建设，加快西江沿岸滨水景观带规划建设，构建了滨河、临湖的生态新城空间。

南海区的丹灶—西樵片区，生态文化集聚初具规模。

各类型文化集聚区在发展水平上也呈现出以下三个特征。

（1）在分区发展方面，各区文化集聚水平差异显著。我们对佛山市文化集聚区采用赋分统计方法进行集聚整体水平的评估（见图4-3），结果显示，无论是在等级上还是在数量规模上，南海区的文化集聚水平都相对较高，文化集聚水平位列全市第一，顺德区和禅城区紧随其后，高明区和三水区文化集聚水平相对较低。从文化集聚的等级得分来看，可将佛山各区文化集聚水平划分为高品质、中品质和低品质三个等级，文化集聚水平最高的南海区为高品质文化集聚区，禅城区和顺德区为中品质文化集聚区，三水区和高明区为低品质文化集聚区。五区集聚评价的结论显示，未来五区在集聚区发展上，三水区和高明区需要在提升文化等级和数量上下功夫；顺德区和禅城区需要在提升文化等级上下功夫。

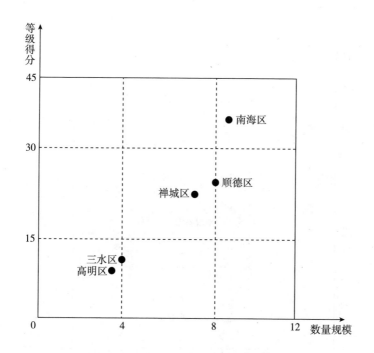

图4-3 佛山市五区文化集聚水平评价矩阵

（2）在类别发展特征方面，各文化集聚区集聚水平差异较小。按照品质和数量规模两个维度进行评判，在数量上划分为高集聚、中集聚和低集聚，在品质上划分为高品质、中品质和低品质，通过这两个维度构建判断矩阵（见图4-4），对历史文化集聚区、公共文化集聚区、地方文化集聚区、产业文化集聚区、生态文化集聚区进行评估，最终判断不同类型文化集聚区的水平。从数量规模来看，产业文化集聚区的数量较多，达到了12个，地方文化集聚区有9个，居第二位，历史文化集聚区数量最少，仅2个。从品质等级来看，历史文化集聚区和地方文化集聚区最高，产业文化集聚区和公共文化集聚区其次，生态文化集聚区品质较低。综合来看，地方文化集聚区、历史文化集聚区、公共文化集聚区和产业文化区的整体水平相对较高，生态休闲文化集聚区相对较弱。集聚区分类评价的结论显示，佛山高品质现代化文化集聚区的发展中，历史文化集聚区、公共文化集聚区需要在数量规模上下功夫，产业文化集聚区需要提升品质，生态文化集聚区需要在数量规模和提升品质两个方面下功夫。

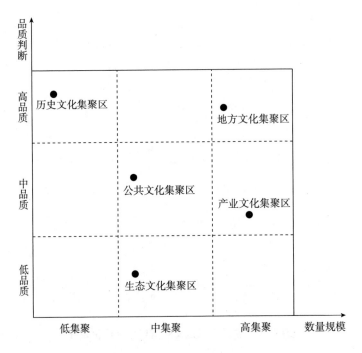

图4-4 佛山市五类文化集聚水平评价矩阵

（3）不同集聚区之间，发展水平差异较大。针对梳理出来佛山各区现有文化集聚区,按照品质和集聚规模两个维度进行评判,在空间集聚上分为高集聚、中集聚和低集聚,在品质上划分为高品质、中品质和低品质,通过这两个维度构建判断矩阵(见图4-5)。

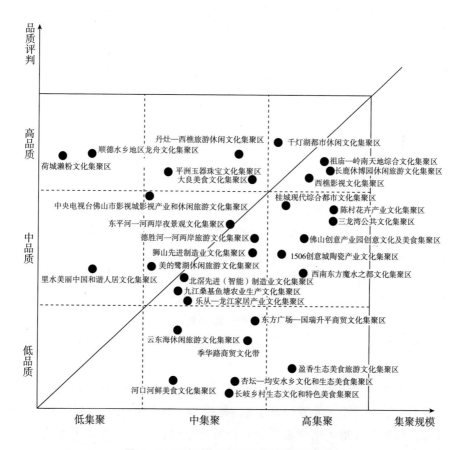

图4-5　不同类型文化集聚区水平的判断

从文化集聚区品质来看,佛山市文化集聚区整体品质有待提升,整体格局呈现椭圆分布形态,高品质文化集聚区9个、中品质文化集聚区15个,低品质文化集聚区7个;从文化集聚区集聚度来看,佛山市文化集聚区集聚度呈现中高集聚,即高集聚区有11个,中集聚区有17个,低集聚区有3个。

根据评价结果可将文化集聚区分为7种类型,其中高品质—高集聚文化集聚区有4个,分别是祖庙—岭南天地综合文化集聚区、长鹿休博园休闲旅游文化集聚区、西樵影视文化集聚区和千灯湖都市休闲文化集聚区；高品质—中集聚文化集聚区有 3 个，分别是大良美食文化集聚区、丹灶—西樵旅游休闲文化集聚区和平洲玉器珠宝文化集聚区；中品质—高集聚文化集聚区有 5 个，分别是佛山创意产业园创意文化及美食集聚区、1506 创意城陶瓷产业文化集聚区、桂城现代综合都市文化集聚区、陈村花卉产业文化集聚区、三龙湾公共文化集聚区和西南东方魔水之都文化集聚区。可见，文化集聚区整体上呈现文化品质滞后于文化空间集聚的特征，即集聚度相对较高，但文化品质相对较低，未来佛山需要重点在提升文化品质上下功夫。

四　佛山文化发展存在的问题

（一）文化产业品质和现代化程度有待提升

1. 文化产业品质有待优强

其主要表现在以下五个方面。

（1）文化资源的比较优势一般。当前支撑佛山市文化发展的核心资源如功夫文化资源、西樵山文化资源、龙狮文化资源、佛山老城文化资源等的比较优势一般，文化资源无法有效支撑文化产（事）业（尤其是高品质文化集聚发展）的引领性、标杆性和卓越性诉求。同时，文化资源及其对应产品的体量、规模、档次等都相对不足，使以现存资源为依托的佛山文化产（事）业发展的产品卖点、吸引点相对有限（见表 4 - 6 和表 4 - 7）。

（2）产业总体实力偏弱，规模偏小。①产业总体呈现为"弱、散、慢"特征。相对于工业发展而言①，佛山市文化产业发展"弱"既指总体实力偏弱，也指文化旅游体育项目普遍规模偏小，开发水平不高，产品相对单一，对客源市场吸引力弱；"散"是指文化旅游体育项目发展散、分布散；"慢"是指引资慢、建设慢、推进慢。同时，和国内文化发展先进城市广州、深圳、苏州、杭州等相比较（见图 4 - 6），佛山市文化产业增加值及其增长率，都远远落后于这些城市和地区。文化产业整体规模偏小。2017 年，佛山市文化产业增加值 432 亿元，同比增长 28.0%。考虑到文化产业平均增长率，以同期全部工业增加值增长值为参照，对文

---

① 2018 年，佛山市规模以上工业增加值增长 6.3%，工业对经济增长的贡献率达 61.1%。规模以上工业经济效益综合指数 311.87%，提高 14.4 个百分点，利润总额增长 5.9%。

表 4－6　佛山市各类文化集聚区等级划分

类型及系数	全市	禅城区	南海区	顺德区	三水区	高明区
高品质—高集聚（5）	佛山老城历史文化集聚区	祖庙—岭南天地综合文化集聚区	千灯湖都市休闲文化集聚区　西樵影视文化集聚区	长鹿休博园休闲旅游文化集聚区	—	—
高品质—中集聚（4）	美食名城（中华美食之都）	—	丹灶—西樵旅游休闲文化集聚区　平洲玉器珠宝文化集聚区	大良美食文化集聚区（顺德中华美食之都）	—	—
高品质—低集聚（3）	功夫之城（武术文化集聚区和龙狮文化集聚区）	—	—	顺德水乡地区龙舟文化集聚区	—	荷城濑粉文化集聚区
中品质—高集聚（4）	三龙湾公共文化创新集聚区	佛山创意产业园创意文化及美食集聚区　1506创意城陶瓷产业文化集聚区	桂城现代综合都市文化集聚区	陈村花卉产业文化集聚区	西南东方魔水之都文化集聚区	—

类型及系数	全市	禅城区	南海区	顺德区	三水区	高明区
中品质—中集聚（3）	产业文化名城 影视文化之城	东平河—河两岸夜景观文化集聚区	狮山先进制造业文化集聚区 九江桑基鱼塘农业生产文化集聚区 中央电视台佛山市影视城影视产业和休闲旅游文化集聚区	德胜河—河两岸旅游文化集聚区 乐从—龙江家居产业文化集聚区 北滘先进（智能）制造业文化集聚区	—	美的鹭湖休闲旅游文化集聚区
中品质—低集聚（2）	博物馆之城	—	里水美丽中国和谐人居文化集聚区	—	—	—
低品质—高集聚（3）	—	湖涌—紫南美丽乡村文化集聚区	—	—	—	—
低品质—中集聚（2）	—	东方广场—国瑞升平商贸文化集聚区 季华路商贸文化带	—	杏坛—均安水乡文化和生态美食集聚区	长岐乡村生态文化和特色美食集聚区 云东海休闲旅游文化集聚区 河口河鲜美食文化集聚区	盈香生态美食文化集聚区

表4-7 佛山市主要旅游景点、特色文化区、主题文化园区的影响力

主要项目	影响力		
	国家尺度	区域尺度	地方尺度
旅游景点类	长鹿休博园（5A级景区）	西樵山（5A级景区）、佛山祖庙（4A级景区）	佛山其他A级（4A级、3A级等）景区和未定级旅游区
特色文化区类	—	岭南天地、三龙湾	西江新城、云东海、千灯湖片区、德胜河一河两岸地区
主题文化园区	—	—	佛山创意产业园、1506创意城、39度空间及佛山五区其他的创意园区、文旅小镇等

注：国家尺度主要是指项目的影响力具有全国及其多国以上显在的认知度和声誉；区域尺度主要是指项目的影响力在华南区域（粤港澳湾区）具有较为明显的认知度和声誉；地方尺度主要是指项目的影响力局限于佛山本地及其周边区域和城市。

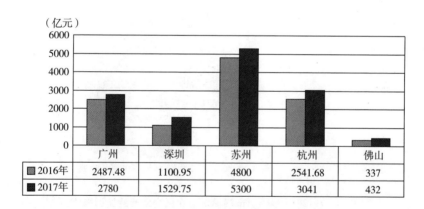

（亿元）

	广州	深圳	苏州	杭州	佛山
2016年	2487.48	1100.95	4800	2541.68	337
2017年	2780	1529.75	5300	3041	432

图4-6 广州、深圳、苏州、杭州、佛山城市文化产业发展比较

资料来源：2017—2018年广州、深圳、苏州、杭州和佛山市统计公报。

化产业增加值按年均8%①的增长率来计算，2020年佛山市文化产业增加值预计值也就544.34亿元，这与到2020年佛山市文化产业增加值达1295亿元的增长目标相去甚远。同时，相较于同期的全部工业增加值（2016年为8.5%）和规模以上工业增加值（8.8%），佛山市的文化产业

————————

① 2016年佛山市文化产业增加值实际增长率4.2%。

增加值也相对落后，可见文化产业的整体规模相对偏小。

（3）文化产业结构不合理。2016年，佛山市文化产业规模以上企业416家。其中，文化制造业规模以上企业300家，占全市文化产业规模以上企业总数的72.1%；其次为文化服务业规模以上企业6家，占全市文化产业规模以上企业总数的16.9%；文化批零业规模以上企业46家，仅占全市文化产业规模以上企业总数的11.0%（见图4-7）。从分行业来看，佛山文化产业单位数量最多的五个行业分别为包装装潢及其他印刷业、广告业、专业化设计服务业、工程勘察设计业和网吧活动。文化服务业，无论从发展质量还是从规模来看，都与文化制造业发展悬殊，产业两极化发展趋势明显。从文化产业的内部结构关系来看，2012—2016年，佛山市文化产业的核心产业群发展相对停滞，而且出现某种程度的衰退，边缘化趋势明显。而文化相关层的发展，近年来进步明显。

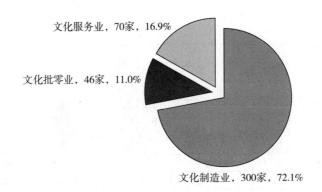

图4-7 2016年佛山市规模以上文化企业产业类别构成

资料来源：佛山市统计公报。

（4）增速较慢。2012—2016年，佛山市文化产业增加值年均增速在4.2%左右（见图4-8），远低于同期广东省文化产业增加值年均增速（13.7%），更低于同期全国文化产业增加值年均增速（18.1%）。与粤港澳大湾区内主要城市如广州、深圳、东莞相比较，增速也相对落后。

（5）相对贡献度较低。从纵向比较来看，佛山市文化产业的贡献度远远低于制造业的贡献度。① 从文化产业增加值占 GDP 比重的横向来看，2016 年，粤港澳大湾区主要城市如广州（12.67%）、深圳（10.0%）、惠州（5.2%）、东莞（4.9%）都高于佛山市（4.28%）（见表4-8）。

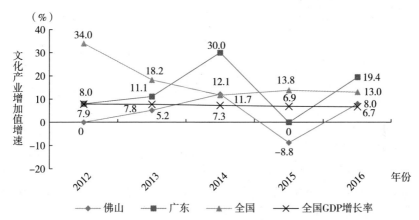

图4-8 2012—2016年佛山市、广东省及全国文化产业增加值增速对比

资料来源：2012—2016年佛山市、广东省及国家统计局统计公报。

表4-8 2016年粤港澳大湾区主要城市文化产业增加值占 GDP 比重对比

主要城市	深圳	广州	佛山	东莞	惠州
文化产业增加值（亿元）	1949.7	2487.48	377	335.47	179.5
文化产业增加值占 GDP 比重（%）	10.0	12.67	4.28	4.9	5.2

资料来源：2017年广州、深圳、东莞、惠州和佛山统计公报。

2. 文化产业现代化特征有待提升

主要体现在以下三个方面。

（1）各行业市场化程度较低。近年来，佛山市文化产业主要以新闻信息服务、文化娱乐休闲服务、文化装备生产、内容创作生产和文化投资运营等行业为主（见表4-9）。其中，以新闻信息服务行业集中度最高，为97.3%。这种行业集中度特征反映出佛山市文化产业行业市场化程度较低。

———————

① 2016年，佛山市工业经济资产贡献率为19.41%，工业完成增加值占 GDP 比重为58.4%，而同期佛山市文化产业增加值占 GDP 比重为3.9%。

表 4 - 9　　　　　　　　佛山市文化产业行业集中度　　　　　　单位：%

行业	行业集中度	行业类型
新闻信息服务	97.3	极高寡占型
文化娱乐休闲服务	81.8	
文化装备生产	81.4	
内容创作生产	78.1	
文化投资运营	70.6	
创意设计服务	48.4	低集中寡占型
文化消费终端生产	44.7	
文化传播渠道	39.2	低集中竞争型
文化辅助生产和中介服务	37.7	

注：产业市场结构粗分为寡占型（$CR_4 \geq 40\%$）和竞争型（$CR_4 < 40\%$）两类。其中，寡占型又细分为极高寡占型（$CR_4 \geq 70\%$）和低集中寡占型（$40\% \leq CR_4 < 70\%$）；竞争型又细分为低集中竞争型（$20\% \leq CR_4 < 40\%$）和分散竞争型（$CR_4 < 20\%$）。

资料来源：佛山市经济普查数据。

（2）文化企业核心竞争力参差不齐。首先是规模以上文化企业整体竞争力不强。计算表明[①]，佛山市规模以上文化制造业企业竞争力水平较高，竞争力指数为 0.48，具有相对优势；文化服务业企业竞争力水平较低，竞争力指数为 0.30，行业发展劣势明显；文化批零业企业竞争力表现一般，竞争力指数为 0.40，行业发展空间巨大（见图 4 - 9）。可见，整体而言，佛山市文化产业竞争力不强。其次是佛山规模以上文化企业的竞争力相对于粤港澳湾区主要城市而言，低于广州、深圳，而高于东莞、惠州。规模以上文化企业的综合竞争力中等偏下。最后是文化企业产业化规模和集约化程度不高，产业链完整的龙头企业少。佛山百亿元级企业中仅有 1 家文化企业，佛山百强民营企业也仅有 3 家文化企业。

（3）产出效益和盈利能力较低。①文化及其关联产业的净资产率和实收资本占全部资本的比重、企业劳动生产率和固定资产率低于第二产业相应值。部分文化企业效益较低，行业增速放缓，而且中小文化企业

---

① 本书以规模以上文化企业的核心竞争力考察为重点，采用熵值法、层次分析法和 TOP-SIS 法计算文化产业竞争力水平。并将佛山市与粤港澳大湾区其他主要城市如广州市、深圳市、东莞市和惠州市作为对比城市，综合考量佛山市文化企业的核心竞争力情况。

生产经营不容乐观。②文化产业核心层企业的盈利能力较好，但相关层和外围层盈利能力较差。部分文化旅游产业企业效益有所下滑，行业增速放缓，而且中小文化企业的生产经营不容乐观。佛山市文化制造业优势明显，其资产负债率、整体亏损率和营业利润率分别为 29.0%、14.0% 和 5.4%。同时，以互联网和相关服务为代表的新兴文化服务业发展快速，其相应指标分别为 77.0%、40.0% 和 19.0%（见图 4 − 10）。

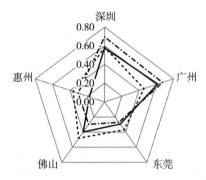

图 4 − 9　2016 年粤港澳大湾区主要城市规模以上文化企业竞争力水平
资料来源：佛山市统计公报，佛山市经济普查数据。

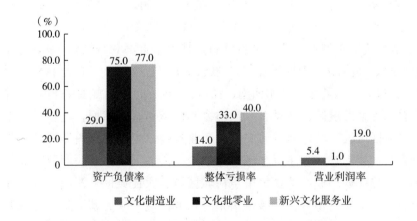

图 4 − 10　2016 年佛山市规模以上文化企业经济效益
资料来源：佛山市统计公报，佛山市经济普查数据。

3. 文化产业集聚有待显化

文化产业集聚有待显化主要体现在以下三个方面。

（1）产业集中度需显化。文化旅游创意影视产业分布相对零散。佛山市文化旅游创意影视等产业，近年来才逐步受到重视。由于发展周期、产业特性、投融资限制等原因，该类产业尚未形成实质意义的集聚，现有的相对集聚区如西樵文化旅游影视休闲产业集聚区，尚处于初级阶段，缺乏卓越性产品和品牌；南国桃园片区文化旅游影视产业也基本处于基础观光层面，影视和参与性文化项目的植入尚处于建设发展之中；祖庙—岭南天地文化旅游和商业发展，初具集聚规模和地域影响力，但其产品卓越性尚需进一步优化建设，无法真正承担起高品质现代化文化集聚发展的"龙头角色"。同时，立足城市整体形象提升的现代化、高端化、卓越化产业集中区相对匮乏。

（2）融合发展需改进。佛山制造业发达，又有着传承良好的历史文化和地方传统，但在传统和现代文化、制造业和文化旅游产业、先进技术和创意文化等相互渗透、融合发展方面仍存在较大提升空间。特色文化和遗产保护、先进制造业、文化产业、旅游业、创意等产业的有机融合、协同创新、整合提升尚需加大力度。"产业＋""智能＋""文化＋""创意＋""旅游＋"多样化融合发展模式相对欠缺。

（3）集聚水平有待加强。主要表现为：①制造产业集聚特征明显，但文化加成不够。作为传统制造业强市，佛山陶瓷产业（禅城石湾、南庄）、有色金属铝型材产业（禅城澜石、佛山市大沥和丹灶）、家具行业（顺德乐从、龙江）、钢铁行业（顺德乐从）、电器行业（顺德容桂、北滘）、饮料行业、乳业（三水西南、迳口）、花卉行业（顺德陈村）等都形成较强集聚发展区，并具有一定国家和区域声誉，然而，这些相对集聚的产业区域没有较好地打通文化与产业整合，产业文化内涵挖掘和创意结合等发展不够。②商贸金融产业形聚神离，欠缺整合。商贸产业作为佛山传统优势产业，主要集中于禅城区域、大良城区、西南城区和荷城街道等，主要有祖庙路—岭南天地—东方广场—东方新天地—国瑞升平商贸集聚区、季华路—桂澜路—千灯湖商贸集聚区、佛山大道—千灯湖商贸集聚区等。其集聚的主要问题是龙头企业不强和同质化严重，后期可能存在文化同质、发展过剩问题。③产业园区和特色小镇集聚不显著。产业园区和特色小镇，多依托关联产业而设立，其功能指向也多以产业化发展为导向，文化植入性较差；部分文旅性质特色小镇，如平洲玉器小镇等，也由于多种局限，无法发挥高端集聚发展的引领效应。

（二）文化事业品质有待大力提升

1. 文化事业品质有待加强

近年来，佛山市通过实现基层文化设施全覆盖［全市区级以上公共图书馆和区级以上文化馆100%为国家一级馆，覆盖市、区两级。镇街文化站100%为省特级站。村（社区）综合性文化服务中心覆盖率达100%］，成功创建国家公共文化服务体系示范区等，文化事业品质得到明显提升。然而，这种品质提升和佛山市作为GDP过万亿元、粤港澳大湾区重要节点城市的现实需求来看，依然存在需要进一步变强的空间，突出表现为综合文化设施标准化发展和建设跟不上要求，公共文化新空间拓展不够。现代公共文化服务体系的建设管理标准化、服务目标均等化、供给主体多元化、服务手段数字化、服务水平专业化、公共服务高效化、治理体系法治化等仍有一定优化发展空间；公共文化设施资源共建共享有待优化提升，党政机关、国有企事业单位及学校在条件允许的情况下将各类文体设施向社会免费或优惠开放仍需努力；重大文化节庆举办公益文化活动，经营性文化设施、非物质文化遗产传习场所、传统民俗文化活动场所等向公众提供公益性文化服务都需继续加强。三龙湾创新集聚区"九馆一中心"的综合服务能力有待进一步增强和提升。

2. 现代化要升级

即要在现有文化事业发展进步的基础上继续更新升级。具体来说，一是城市综合形象要提升。要改变佛山在传统上对接国家对外宣传步伐不紧，多部门联动宣传相对滞后，基于网络传播、海外落地新媒体平台建设相对缺失，城市综合形象国内外影响力较弱的局面，逐步建立以外媒引用率、海外落地率、网络送达率为核心的考核激励体系，增强传播有效性。要通过系统的国内外推广活动，打造统一鲜明的佛山城市形象。二是城市文化活力要升级。要改变佛山城市文化创造活力较弱，文化领域开放不足，文化市场主体多元化不足、要素集聚不够，城市文化氛围营造欠佳，城市文化内涵挖掘有限，城市公共空间艺术发展乏力，国际顶级文体赛事较少，国际知名文化品牌匮乏，文体旅深度融合和创新发展不足，重大文化设施建设、文化空间发展格局迟滞等现状，实现佛山城市文化活力再升级。

3. 集聚发展要优化

当前佛山市文化事业集聚发展存在的主要问题有：一是集聚动力以自发集聚为主，缺乏基于政府综合统筹、兼顾和牵引的联动式促进。二是集聚的形态以初级、粗放集聚为主要特征，集聚的复杂形态和组合状态相对缺乏。三是集聚的空间分布以散点式分布为主，线形尤其是组团形、斑块形集聚连续分布较少。四是高端集聚区欠缺，尤其是重大、引领、示范和标志性，能够体现佛山特征和品牌形象的集聚区欠缺。

（三）地方文化：特色相对突出，现代化不足，集聚较弱

1. 物质文化遗产特色相对突出

佛山历史文化风貌传承较好，地方文脉特色较为明显，但挖掘、开发、利用相对不足。佛山历史文化名城的保护利用力度较大，城市文化资源、历史文化遗产与城市更新结合相对紧密，但文物保护单位、优秀历史建筑、历史文化街区、历史文化风貌区、风貌保护街坊、风貌保护道路、成片街坊保护执行过程中，也出现了严重破坏情形，如汾宁路整体拆毁重建事件、东华里改造进程迟滞延缓严重等。城市工业文化遗存、重要历史遗迹、名人故居实施分级分类管理有待加强和优化；历史文化名镇、历史文化名村和传统村落保护、改造、利用需要更加科学、认真和可持续发展的思路和理念。新型城镇化和新农村建设自成风格，但引领性经验总结等有待加强；城市文化归属感较弱，城市文化感召力不足。文物保护科技水平和安全防护能力需要进一步优化提升。不可移动文物信息管理平台建设、可移动文物系统普查和馆藏文物修复等有待加强。

2. 非物质文化遗产保护传承尚需持续发力

佛山非物质文化遗产资源的系统、全面、完整调查和记录建档需要继续优化提升，非物质文化遗产代表性项目和代表性传承人名录体系也有待丰富和完善。公共文化服务机构、主流媒体等平台，开展非物质文化遗产项目传承、体验、传播要形成长期制度，建立适当的奖惩机制。以粤剧为主体的地方戏曲艺术传习所保护传承制度需要进一步发展完善，粤剧和佛山其他地方戏剧的影响力不足。非物质文化遗产保护利用示范基地需要进一步体系化、规范化和高标化，历史地名文化挖掘和保护要继续加强。非物质文化遗产生产性保护，非物质文化遗产旅游观光线路开发，传统工艺传承、保护、开发、创新，文化典籍资源数字化等迫切

需要立足现有基础，继续全面深入进行。

（四）体制机制有待理顺和优化

1. 文化发展重点领域和关键环节改革顶层设计有待加强

（1）对事关佛山城市文化提升的抓手工程、顶层设计和战略定位不足。以千灯湖打造和建设为例，千灯湖规划之初对"千灯湖"的理解、定位和发展思路，使其实际灯光效应、景观建设成效、整体声誉和影响力相对有限。这一点比较国内主要城市重庆①和西安②，就很容易发现：佛山城市在重大文化项目发展和集聚建设的总体定位、顶层设计相对落后，已成为制约城市综合形象提升和实现城市转型升级的重要掣肘。

（2）对新闻、出版、广电、影视、网络等领域的改革创新，文化系统群团改革，重大项目引进等，需加强顶层设计，合理布局。

（3）文化建设与经济、政治、社会、党建工作协调联动有待加强，党委统一领导、党政齐抓共管的工作机制和大文化发展格局有待继续优化。

2. 体制机制运行不顺

（1）文化投入机制有待优化。当前文化发展，尤其是公共文化事业发展中，平均主义盛行，文化发展的重大产品、标志性品牌打造和建构的意识和发展机制滞后。

（2）文化发展体制机制有待健全。就佛山市情况来看，目前对文化产业和事业的重要性认识还不够统一，规划统筹、政策扶持、机构设置、部门合作等方面，都需要进一步优化提升。

从规划统筹来看，文体旅发展与市政建设、生态保护、交通统筹等的有效衔接不够，内容互相矛盾和制约，需要加强协调促进。从政策扶持来看，需要在财政投入、招商引资、土地指标等方面给予优惠政策。从机构设置来看，急需在市委市政府统筹层面，成立一个文化发展领导小组。从部门合力来看，文化发展涉及面广，关联度大，既需要市直机关的宣传、发改、交通、财政等多部门协作配合，更需要各区发挥主观

---

① 以长江索道、解放碑、洪崖洞、三峡博物馆、长江夜间游船等形构的立体城市灯光秀，使重庆成为巨型的网红城市重要支撑之一。

② 以大雁塔为依托，北起玄奘广场、南至唐城墙遗址公园、东起慈恩东路、西至慈恩西路，贯穿玄奘广场、贞观文化广场和开元庆典广场三个主题广场，六个仿唐街区和西安音乐厅、西安大剧院、曲江电影城、陕西艺术家展廊四大文化建筑构成的大唐不夜城，成为西安的城市地标和夜间经济的翘楚。

能动性，目前，也急需出台这样的协调机构和机制。

3. 机制联动亟待统筹推进

文化发展与城市、产业广泛联动，目前该联动机制相对缺乏，政产学研各有归口，各有重心，发展合力难以形成。

（五）人才发展环境需大力改善

1. 文化人才高地建设需全面深化发展

国家"千人计划"，国际国内文化大师名家，杰出文化艺术人才引进、奖励需进一步理顺机制，高标对接。具有佛山特色的文化艺术荣典制度要尽快研究落实。文化"青年英才"培育、佛山青年文艺家培养计划要重点推进。加强理论、出版、文博、图情、文化经营管理等文化领域重点人才培养和引进。基层文化人才队伍建设，创新文化人才发现、引进、培养、教育、交流、激励、流动等工作机制，文化人才就业、创业等公共服务平台建设都需进行系统的优化和提升。

2. 专业人才引进力度需加大

佛山市文化人力资源的总要求和人才供给之间存在一定缺口。同时，文化发展复合型人才、高端专业型人才等都存在较大缺口。中高端创意人才缺乏已经成为佛山文化产业（事业）发展和文化集聚区建设的"瓶颈"。佛山也缺少擅长沟通交流、具有处理应急事件能力的高素质专才，各种具有特殊能力的文化旅游专才（如同声传译人才，小语种专才，具备丰富地方文化知识、文化旅游知识、人际沟通和交际技能突出且外在形象气质俱佳的人才等）更是凤毛麟角。

3. 人才培养有待加强

人才引进、人才培训、人才培养、环境营造尚需进一步优化和加强；人才政策，尤其是具有国际竞争力的人才制度建设要提质增速，形成优势。以高等教育为核心的人才培养机制需进一步加强和完善。相较于国内同档次 GDP 总量城市（青岛、无锡、长沙、宁波、郑州、济南），佛山的高等教育总量和结构都相对滞后。

4. 人才发展环境需全面完善提升

留不住人，尤其是对高端人才的引力有限，是佛山目前人才工作的重要掣肘。因此，必须大力加强以"吸引人、能留人、留住人"为指引的综合人才发展环境建设。

第四节 促进佛山文化高质量融合与集聚

一 大力发展影视产业

按照"3 + 5 + X + 1"战略布局,打造三大类综合影视基地、五个特色影视产业集聚区、若干个影视特色衍生产业群以及一条佛山全域黄金旅游线路,到2025年成为辐射粤港澳、面向全国的中国南方影视中心及粤港澳大湾区影视产业合作试验区。

(一)通过政策创新促进影视产业可持续发展

明确产业选择和发展方向,纳入整合性、动态性的创新理念,整合影视产业发展与就业、改善基础设施、城市振兴、教育环境、文化遗产等经济社会目标,在影视产业政策中,既要根据各区特殊条件进行创新,也需要各区政策之间有效联动,通过实现产业与空间共生的创新过程,打造富有佛山特色的影视文化空间,促进影视产业可持续发展。

(二)构建影视内容版权法律保护体系

影视产业的核心是版权,佛山市应借鉴纽约"版权输出"的经营模式,完善著作权立法,培养公众版权意识,建立贯穿影视产业创作、生产、流通、消费全过程的综合版权服务体系和高效的版权法律保护体系,加强影视产业经营管理人才培养,提高政府对文化创意产业市场的监管能力,建立规范有序的市场秩序,为佛山市影视产业的健康发展创造良好的社会环境。

(三)加强与周边城市产业联动协作

发挥市内深圳环球数码科技有限公司、精鹰传媒等龙头企业带动作用,持续招商引资,加快影视企业入驻和集聚,依托539家影视企业,发挥珠江三角洲地区协同发展效应,加强与粤东西北联动发展,构建形成全面开放、协同提升的区域合作发展体系。参照"深汕特别合作区""深莞惠协同发展试验区"合作模式,以共建完整产业链纵向配套关系为核心,以粤港澳大湾区为重心,与广州、深圳等周边城市开展互补型合作,实现产业联动,共促共建粤港澳大湾区影视产业合作试验区。

二 培优发展创意产业

深入贯彻《佛山市人民政府关于扶持旅游文化创意产业发展的意见》

等文件精神，依托佛山创意产业园区与国家级文化产业示范园区等重要载体，充分借鉴国内外文化创意产业发展先进经验，以"业态＋生态＋文化"发展理念，以"推动产业集群，产业文化化"为宗旨，优化产业集聚模式和路径，将佛山打造成为岭南文化体验胜地。

（一）筑巢引凤，打造服务平台

立足于创意产业园区的创业城、教育城、不夜城和购物城功能分区及产品分布，搭建信息交流平台、文化艺术活动与交流平台、公共技术服务平台等，通过创业苗圃、创业孵化器、创业加速器等服务平台，服务不同时期文创类中小微企业，同时利用园区其他企业配套服务，助力企业发展；集聚人才，让企业在园区内更好地专注于自身研发项目，推动产业集群，推动"文化产业化"向"产业文化化"转型升级。

（二）改革升级文化创意产业价值链

文化创意产业是以创意为核心，佛山市应借鉴纽约市提升价值链的发展经验，一方面，坚持创意处于产业价值链最高端的发展定位，搭建以创意为中心，生产、销售等环节为外围的同心圆式产业组织结构；另一方面，积极拓展以智力资本、文化资本、社会资本为运营方式的新产业内涵，推动从以效用为重心向以价值为重心的消费经济转变。

（三）产城融合重塑城市名片和品牌

借鉴巴黎文化重塑与再开发发展经验，系统梳理佛山市历史文化脉络，传承佛山市深厚文化底蕴，从对单体建筑、建筑群、街区的文化保护拓展到对整个城市的保护，通过注入创意元素，推动旧城改造、文化再生、城市更新，构建形成历史与未来、传统与现代、东方与西方、经典与流行高度交叉融汇的文创产业发展格局，全面提升城市形象和文化品牌。

三 推动发展"文化＋"新业态产业

（一）要超越"平面式"传统竞争模式

佛山要瞄准未来产业方向，在不断升维、迭代中优化产业体系，积极支持产业跨界创新，探索发展新技术、新产业、新业态、新模式，重点发展文化旅游、文化数字与文化金融产业，为佛山市面向未来发展开拓强劲的新兴增长点。

（二）大力发展文化旅游产业

文化是旅游的灵魂，旅游是文化实现产业化的重要载体，文化产业和旅游产业之间存在着交互耦合关系。佛山市应充分发挥文化旅游产业融合形成的叠加效应，打造文化旅游全域生态圈、佛山本土文化旅游衍生品精品和佛山文化旅游大数据基因库，力争成为"一带一路"文化旅游地标城市。

1. 打造文化旅游全域生态圈

借鉴纽约市项目管理发展经验，以文化旅游资源为核心，促进文化和旅游全域融合、全产业联动、全要素整合，以项目管理方式培育文化旅游产业，并通过项目市场化运作，实现商业价值，实现文化旅游资源开发利用集约化、旅游经济发展规模化、旅游接待规范化。

2. 构建佛山文化旅游大数据基因库

重点研发数据采集、加工、存储、可视化、安全与隐私保护等关键技术，将佛山丰富的文化旅游资源转换为文化旅游大数据，构建佛山文化旅游基因库；完善佛山文化旅游大数据的应用生态，鼓励居民、法人和其他组织依法开发利用，推动佛山文化旅游基因和现代产业特点相结合、相适应，以数据共享推动佛山文化旅游资源产业化。

3. 打造本土文化旅游衍生品精品

深入挖掘和整合佛山本地文化旅游资源，充分考虑消费者审美标准和购物倾向，吸引全国优秀青年设计师策划设计，以非物质文化遗产、手工技艺为基础进行设计加工，开发一批极具佛山文化特色、贴近现代生活的文创精品和旅游衍生品精品，打造一批知名文化品牌，以鲜明个性和文化品位凸显地方特色。

（三）着力发展文化数字产业

文化产业、网络通信和数据技术的融合是文化产业发展趋势，佛山市应推动文化企业与科技企业兼并重组，创新文化与科技管理体制机制，搭建"产学研"文化数字产业协同联盟，打造成为粤港澳大湾区文化数字产业引领区。

1. 推动文化企业与科技企业兼并重组

（1）推动以国有文化企业为主体与科技企业兼并重组，允许非公有制文化企业进入对外出版、网络出版、影视制作和演艺领域，发展新型文化业态。

（2）引导文化企业和科技企业参与文化和科技融合，逐步将经营活动扩散到资源不同的系统中，提升连接文化资源和科技资源的能力，突破现有单一生产经营格局，向经营规模化、产品业务多样化、资源利用集约化方向发展。

2. 创新文化和科技管理体制机制

体制机制创新是文化改革发展的根本动力。佛山市要促进文化和科技融合，一是按照社会主义市场经济体制的要求，加快文化管理和科技管理体制机制创新，打破政府主导和部门分割，优化文化产业转型环境和支撑条件。二是整合文化和科技相关规划与资源，引导高新技术进入文化领域，加快培育产权、版权、技术、信息等文化生产要素市场，完善政府对基础性、战略性、前瞻性科学研究和文化科技共性技术研究的支持机制。

3. 搭建"产学研"文化数字产业协同联盟

发挥高校、科研院所集聚优势，建成具有国际影响力的国家创新中心城市和国际科技创新枢纽，推动重大科技平台和基础设施共享，促进人才、技术、资金、信息等创新要素自由流动、深度融合。重点深化企业与佛山科学技术学院、佛山大学科技园等高等院校、科研院所的共建合作，建设一批协同创新中心、公共技术服务平台、技术转移机构，组建重点实验室、工程技术中心，促进创新成果转化利用。

（四）推动文化金融产业改革创新

推动以万科全新商业综合体为载体，以佛山文化金融节为媒介，充分发挥佛山文化创新协会的平台作用，以智慧创新为驱动，提升佛山文化金融公共服务水平，助推佛山建设"更高品质"文化金融国际高地。

1. 探索"金融＋艺术"创新模式

充分利用佛山市艺术文化创新协会平台、国家公共文化服务体系示范区优势，扶持鼓励市内民生银行等金融机构深度介入艺术产业。一是设立发起艺术金融基金产品、公益捐赠基金，并进行独立运营、建设和捐赠。二是金融机构通过投资建设专业艺术品仓储库与当地艺术类博物馆合作，银行委托博物馆作为质押艺术品托管方，投资人将其收藏的艺术品委托给拍卖行，并将艺术品升值潜力化解为金融风险，以此促进金融与文化深度"联姻"。

2. 推行文化资产证券化，拓宽融资渠道

文化资产证券化是以文化企业所拥有的资产包括版权、预期收入等，打包形成基础资产池，按照资产证券化运作流程，通过真实出售、风险隔离、信用增级，在银行间市场发行资产支持证券，同时获得现金流的方式。佛山市应鼓励对电影院票房、公园门票、知识版权等资产实行资产证券化，在解决抵押、确权、销售等问题的基础上，走上真正的文化资产证券化道路。

3. 搭建文化、金融、政府一体化互动平台

按照"创新金融，共享发展"理念，持续发挥"佛山金融文化节"联系政府职能部门、金融单位和市民搭建互动平台的作用，完善"投、融、担、贷、孵、易"一体化文化投融资服务体系，搭建佛山市文创金融服务网络平台以及集 IP 孵化、信息查询、信用管理、股权债权融资、企业挂牌等多功能于一体的线上线下服务平台，为文创企业提供一揽子金融服务；同时，举办科技与文化融合产业项目推荐会，促进文化金融在更深、更广层面取得合作新进展。

四　以高质量公共文化发展引领美好生活追求

（一）加强公共文化设施建设

通过广东省公共文化服务示范区创建、博物馆之城建设和全民健身运动计划的推进，全面提升公共文化与体育设施建设高品质、均等化和特色化水平，实现民生发展文化引领作用。一是强化公共文体设施提质升级。积极推动重大文化工程建设，塑造一批独具岭南特色的高质量文化地标，提高大型城市公共文化与体育设施的集聚力和吸引力，为市民提供更多高质量文体活动休闲空间。二是加强打造基层文体设施特色。继续完善区、镇（街道）、村（居）三级文体基础设施网络，增强质量、深度、特色和底蕴建设。三是加强党群服务、传统文化、休闲文化、时尚文化与现代科技等多元要素植入，打造文化特色鲜明的基层文化设施，不断融入集运动、趣味、科技等功能于一体的智能体育元素，推进社区体育场所与体育公园智能化、多元化、全龄化建设，形成一批基层公共文体设施精品、地标和"网红打卡点"。

（二）讲好佛山故事，增强人民自信心

文艺作品是城市发展的文化结晶，更是人民群众的精神食粮。一是要通过经典文艺作品的吟咏和传唱，谱写佛山经典、佛山故事，厚筑民生发展土壤。二是要以多姿多彩的文艺创作引领群众文化生活。文艺作品来源于生活，服务于生活。三是鼓励各区挖掘地方文化，继续办好现有各种高水平文化赛事，带动各区群众性文艺作品创作多领域、多维度繁荣发展，

促进本土文艺创作百花齐放，以满足人民群众文化生活需要。

（三）大力度推进佛山文化精品工程

以宋城"岭南千古情"项目和南方影视中心建设为契机，吸引高层次人才，打造高水平佛山文艺创作平台与基地，增强文艺作品的创新性和创造性，与省市文联、高等院校和文化演艺公司协同创新，大力发掘佛山传统历史文化、名人文化和新时代改革开放文化，讲好佛山故事，鼓励和助推他们努力创作出一批像广东歌舞剧院舞剧《沙湾往事》《醒狮》等作品那样的，既"接地气"，又"留得下、传得开、走得远"，代表佛山形象、深受群众喜爱的文化精品，让市民能够获得更高质量的艺术享受，以更多佛山文化精品来提升市民文化生活质量。

（四）以文化共享增进社会民生福祉

文化共享既可以提高效率又能促进文化服务设施供应效益提升，实现民生福祉改善。一是持续实施佛山文化悦民工程。继续鼓励和支持各区创办具有自身特色的民俗文化节等活动，继续办好广东名山（西樵山）登山大赛、50公里徒步，提供丰富的活动供给，完善全民健身活动体系。二是继续整合与推进"珠三角休闲欢乐节"等一系列群众文化活动，进一步扩大活动覆盖面和影响力，增强广大市民文化艺术的获得感。三是提升文体活动品牌与质量。以"文化引领，品质佛山"为指引，进一步擦亮"佛山艺术节"这一区级文艺活动品牌，发挥佛山市作为龙狮、武术中国民间文化艺术之乡的优势，把时尚休闲运动与民间传统体育项目相结合，培育和打造"功夫在民间"的公共文体活动品牌。

第五章　他山的玉鉴

他山之石，可以攻玉。要促进和优化城市空间发展，保持和重振地方文化引力及张力，推动和促进文化遗产保护更新，加快实现文化发展和文化产业转型升级，除需要"外借推力，内练内功"① 外，认真学习借鉴国内外不同国家、地区和城市在城市空间发展、地方记忆培优、遗产发展活化、文化促进提升等领域的成功做法，吸取它们的成功经验，有利于促进和推动城市在遗产、文化、空间和地方发展等领域的优化提升。"文明因交流而多彩，文明因互鉴而丰富。"习近平总书记指出："坚持交流互鉴，建设一个开放包容的世界。'和羹之美，在于合异。'人类文明多样性是世界的基本特征，也是人类进步的源泉。……不同民族和习俗，孕育了不同文明，使世界更加丰富多彩。文明没有高下、优劣之分，只有特色、地域之别。文明差异不应该成为世界冲突的根源，而应该成为人类文明进步的动力。""每一个国家和民族的文明都扎根于本国本民族的土壤之中，都有自己的本色、长处、优点。我们应该维护各国各民族文明多样性，加强相互交流、相互学习、相互借鉴"。可见，加强交流互动、相互学习借鉴，对国家、地区和城市发展来说，至关重要。

作为勇立改革开放潮头的先导城市，佛山自古就有勇于、善于、急于学习他人长处和经验的传统，立足阳明心学之体悟，湛若水、陈白沙等先生开创了岭南"白沙心学"；以学习借鉴为指引，陈启沅先生引进了中国第一台缫丝机器，并带动珠江三角洲地区近代机器纺织工业的兴起和壮大；面对发展困顿，佛山人大胆引入港资、外资，快速建立起现代化的城市产业体系，等等。随着时间迈进21世纪20年代，为了更好地促

---

① 外借推力指的是要加强推动招商引资工作，借助外部资源、力量、财力促进佛山文化大发展、大提升；内练内功是指要加强优化佛山文化发展的体制机制、政策人才等发展短板，规范各种发展不顺、不通的"瓶颈"制约，构建促进佛山文化大发展的良性支撑平台。

进佛山城市、产业、地方、文化、遗产的发展提升，推动新时代佛山更好地满足人民对美好生活追求的需要，就必须开拓视野，认真梳理国内外先进地区在城市文化发展、城市空间更新、城市遗产保护、地方传承永续等方面的优秀做法，全面总结它们的成功经验，以期更好地促进和推动佛山的全面高质量发展。

第一节　国内外城市文化产业发展经验与借鉴

一　伦敦：以文化创意融合促进产业发展

（一）发展概况

自 2010 年以来，英国文化创意产业持续增长。2017 年，英国文化创意业产值突破 1000 亿英镑，仅次于金融业，成为第二大支柱产业。2017 年，伦敦文化创意产业就业人数达到 312 万人，成为就业机会最多的领域。伦敦文化创意产业总值占英国文化创意产业总值的比重超过 50%。2017 年，伦敦文化创意产业包括：软件、信息技术和计算机服务总产值，占伦敦文化创意产业比重超过 30%；电视、录像、电影、广播和摄影等行业总产值所占比重为 25%；广告与营销行业和音乐、表演、出版行业和可视艺术等行业总产值所占比重在 10% 左右。其他有建筑（3.9%），博物馆、美术馆与图书馆行业（1.7%），以及产品设计、图形设计和时尚设计（2.7%）、手工艺行业（0.5%）。伦敦文化创意产业主要集中在内伦敦西部和北部地区。在外伦敦区域布局非常少，以西部和北部的富勒姆、西斯特敏斯特、肯辛顿、切尔西、卡姆登、伊斯灵顿、哈肯尼为主，内伦敦南部的兰贝斯和萨瑟克等地区也是创意产业就业人口占比相对较高的区域。在外伦敦仅西部的豪恩斯洛和里士满两个地区（自治市）的创意产业就业人口比重相对较高。2017 年，伦敦文化创意产业的总收入达 250 亿—300 亿英镑。伦敦还拥有全国 85% 以上的时尚设计师，40%以上的出版业从业人员。伦敦更是全球创意中心，是全球三大广告中心城市之一，国际广告公司 2/3 的欧洲总部都设在伦敦。

（二）做法与经验

1. 以政府为主导的产业发展模式

主要通过制定相关政策措施与发展战略来促进文化产业发展；实施

相关税收、公共服务等优惠措施，重视软环境建设；成立创意产业小组，将创意产业发展列为国家发展战略；设立"创意之都基金"，为伦敦文化产业企业提供资金支持。

2. 大力支持文化创意产业人才培养

重视人才建设，为创意产业提供实习岗位；鼓励更多高等院校设立创意专业，以激发下一代创造意识；伦敦市政府提出"发现你的才能"计划，从学前班至大学，学校为每位学生每周提供至少五个小时"高品位的文化体验"。

3. 构建垂直、联系密切、完整的产业链

伦敦的 SOHO 区是目前世界上最成熟、最典型的创意产业集聚区之一。目前，有数以百计的影视制作公司进驻 SOHO 区，和区内众多的广告制作、音乐、摄影、设计公司以及休闲娱乐场所一起，形成一个产业结构密集、以媒体企业为主的文化创意产业聚集区，各个环节能够互相支撑，互为供给，构成一条完整的产业链条。

二　纽约：以产业价值提升促进产业发展

(一) 发展概况

从百老汇、华尔街，到全球制药重镇新泽西、基金之都格林尼治，再到 IBM 研发中心、格罗方德等先进制造业荟萃之地的纽约科技谷，都是纽约作为全球性生产要素配置中心的高光展现。2017 年，纽约市 GDP 达到 8068.6 亿美元，接近上海的两倍，纽约大都市区 GDP 更是高达 1.72 万亿美元。目前，纽约在金融、商业、文化、科技等领域都独步全球。作为纽约市核心产业之一的金融业，它不仅包括投资银行、信贷中介、证券交易和经纪、金融投资、保险等行业，更是全球资本的中枢之地，"华尔街一咳嗽，全世界都会发抖"就是这种现象的写照。2018 年，纽约金融保险服务业从业人员占全市从业人员比重为 7.5%，总体收入占全行业收入比重高达 28%。专业及商业服务作为另一个纽约汇聚全球精英的"招牌产业"。其行业包括会计公司、贸易公司、律师事务所、设计公司、交通通信服务公司、广告公司、交易所等。1990 年，纽约市商业服务行业在职岗位数只有 25.1 万个工作岗位，2000 年则增加到 32.1 万个，到 2018 年快速增长为 42 万个。同时，医疗、教育、服务等知识服务行业的从业人员显著增加。近年来，纽约市科技行业发展迅猛，成为纽约大湾区经济发展新引擎。2006—2016 年，纽约市科技从业人员增长 8 万人左右，增速是美国科技行业的 3 倍。在创新环境方面，纽约生态系统比硅谷和伦敦更为多元，新创公司社群更容易取得资本和人才，也更能快速成长。2007—2016 年，纽约市互联网及应用就业人数增长 28.7%。纽约更是文化之都，参观博物馆、观看演出、听音乐会，已经成为到纽约旅行时不可或缺的"三件套"。纽约具备其他城市无可比拟的艺术人才资源、资金资源、剧院渠道资源及支持网络，与文化产业持续快速发展相一致的是，纽约市艺术从业人员也呈持续上升态势。2018 年，纽约市艺术人才占全部从业人员的比重达到 2.63%。统计显示，纽约市时装设计师占全国总数的 28%，制片人和导演占美国总数的 14%，印刷和媒体编辑占全国总数的 12%，艺术总监占美国总数的比重也高达 12%。2006—2016 年，纽约市创意文化产业的增速远高于其他行业（全行业平均增速达 12%），尤其以电视电影（53%）、美术（33%）、表演艺术（26%）、广告（24%）、视觉艺术（24%）、设计应用（17%）等行业最为突出。一些跨领域的协作工作空间如 Con Artists Collective、Studio Guild、Knockdown Center、Create NY、Pioneer Works 和 Eyebeam 正成为创意写作工作空间发展的典范。纽约市集聚了来自世界各地的艺术家和企业家，为文化产业的发展及繁荣提供了良好环境，是全球文化产业发展规模最大的地区。

（二）做法与经验

1. 强调对版权产业的规划与政策引导

纽约作为全球版权产业最为发达的地区，充分利用全球化趋势下的规模效应，通过输出版权尤其是核心版权形成利润丰厚的盈利模式，年收入增长率达到 45%，市场化程度极高。作为文化产业大国，美国文化创意产业发展目标明确，重点扶持电影、电视、家庭录像、商用软件、娱乐软件、图书、音乐和唱片等产业，在引导产业发展中，重视建立创意产业市场竞争体系，强调产业链效应和集聚效应。

2. 以影视行业引导文化产业发展

美国以主题公园为代表的文化旅游产业基本上是由影视行业主导的，O2O 的主题选择一般也与影视作品场景、角色一致，不太注重强调地方历史文化背景。

3. 注重"产业转移 + 价值链提升"

纽约市鼓励投资和经营多元化，以新媒体为主流力量，通过拓展细分产品市场，转移加工生产中心，保留产品的宣传、推广、营销等服务业性文化活动在纽约举办，集聚了一批具有高附加值的文化产业企业。

4. 项目化管理推动影视产业发展

纽约市政府避免直接指导和干涉，采用项目化管理方法推动影视产业发展，同时成立电影戏剧和广播市长办公室，推动影视产业发展，从而使纽约成为美国电视剧产量的冠军城市，与拥有电影之都好莱坞的洛杉矶相媲美。

5. 以全球视野配置文化创意发展资源

都市圈是参与全球竞争的重要平台，纽约市深入参与并主导全球化发展，在全球范围内进行资源配置，从而占据价值链的高端，并影响世界发展格局。世界级都市圈能吸引全球人才、资本、技术，是研发创新、专业服务的头部区域。

6. 通过网络化协同，促进区域发展能力提升

从纽约都市圈的发展历程可以看出，纽约市产业外溢及周边区域产业逐步升级是纽约都市圈屹立于全球之巅的重要原因。都市圈产业不仅存在梯度布局特征，也呈现基于市场、人才等云状协同，整体形成"创新尖峰 + 产业高地"的网络化发展格局。

此外，美国的文化旅游产业是典型的以电影公司跨界 O2O 而来，这些电影公司以全球市场为目标，形成政府制定法律规范、企业自由发挥的态势。

三　巴黎：以公共文化普及推动产业发展

（一）发展概况

提到巴黎，我们会不由自主地想到埃菲尔铁塔、香榭丽舍大道、引领全球时尚潮流的前卫时装、美轮美奂的美妆香水和极尽奢华的各色奢侈精品；那种绵延、氤氲、弥漫欧洲大陆上千年的、内生于血肉之中、骨髓深处的精致与浪漫也会让我们留恋沉迷；那些充斥在街头酒馆、公园绿地、建筑设计等领域的文化艺术、行为感染和思想追求更让我们高山仰止。巴黎是最能体现法国"文化多样性"的地方。巴黎的文化包容享誉世界，以丰厚的文化遗产和悠久的历史文化传统为根基，巴黎形成了其独特的文化魅力和文化产业。巴黎的体育中心、文化中心、娱乐中心、艺术中心、信息中心、阅览中心和资料中心有 300 多个，拥有 350 个电影厅、170 多家歌舞厅、141 个剧院、134 座博物馆和 64 所市属公共图

书馆。巴黎的体育设施名列世界各国城市前茅，有体育设施400多座，社区体育组织600多个，各种俱乐部3500多个。巴黎保护建筑有3115座，著名者如巴黎圣母院、卢浮宫、巴黎歌剧院、埃菲尔铁塔和凯旋门等。巴黎对文化的保护和发展不遗余力。早在16世纪就颁布了《维莱—科特雷敕令》，将法语以立法形式确立下来，随后为强化法语地位，法国在1635年成立法兰西科学院。路易十四时期，为鼓励和帮助艺术家与作家开展创作活动，法国王室资助成立了法兰西喜剧院，修建了凡尔赛宫。到大革命时期，卢浮宫被改造成为大众服务的博物馆。戴高乐时期，法国更是制定了一系列政策，建立了诸多相关的文化机构和组织。由此可见，数百年来，法国政府始终积极发展文化事业，把发展文化事业作为基本国策，并为此建立了一套完整的法律保障体系。

（二）做法与经验

1. 以文艺盛会带动城市发展

通过戛纳电影节、阿维尼翁戏剧节①带动文化产业发展；同时，法国注意充分开发现有资源，如通过格拉斯香水小镇，打造全香水产业链，建设大香水博物馆。阿维尼翁作为地处普罗旺斯腹地的小城，一直被巴黎人讥为"文化沙漠"，但是，自阿维尼翁戏剧节创办以来，这座古城逐渐成了住宿、餐饮、购物设施完备的嘉年华会场。每到7月，整个巴黎人都到这里来看戏，整整三周时间，阿维尼翁彻夜不眠。其老城从南到北、从东到西直径都不到两公里，走路穿行只需20分钟，聚集了大小130个演出场所，每个剧院平均每天轮番上演11部戏剧作品，从早到晚没有间隙。据官方数据，每年戏剧节期间售出剧票11万—12万张。

2. 开发文化市场衍生品体系

巴黎立足全体系的博物馆，进行博物馆衍生品开发已有近百年历史，并发展出一套成熟的衍生品开发思路和模式，在产品生产、设计、创意、渠道、售后等方面形成了完整的产业链。法国国家博物馆联合会下设38个实体商店，已开发数千种商品并畅销全球。每年光顾实体店的顾客超过300万人次，年销售额超过5200万欧元。

3. 文化重塑与再开发

巴黎在进行城市规划的同时，开展文化布局，将文化与经济和社会

---

① 世界三大戏剧节之一，与柏林戏剧节、爱丁堡艺术节齐名的阿维尼翁戏剧节，1947年由法国戏剧导演让·维拉尔创立。

发展联系起来，共同发展。通过在传统文化场地举办新活动、成立新的文化中心等措施，将当代文化艺术融入公共空间，促进城市文化再造。

4. 实施"大巴黎计划"

2011年，法国启动"大巴黎计划"，通过大规模扩建，将现有的"博物馆"城市打造成世界之都。该计划将市区内的文化坐标与环线周围的代表性建筑有机地联系起来，从古罗马到文艺复兴时期的著名历史文化遗迹连接成一个整体，形成完整的文化环线。

5. 实行"文化民主化"

巴黎积极实行"文化民主化"，通过推进各类文化场所向公众开放、普及文化艺术教育、鼓励业余文艺活动、组织各类文化节等一系列措施，把文化权利作为一项福利提供给市民，提倡平等参与并享受文化活动，促进文化普及。

四　台北：以精准定位促进产业发展

（一）发展概况

20世纪90年代末期，由于人力成本提高，中国台湾地区台北市地方传统产业在国际市场的竞争力每况愈下，台北市开始思考发展文化创意产业。台北市文化创意产业起源于台北市中华两岸文化创意产业发展协会，旨在建立社区文化，凝聚社区共识，建构社区生命共同体的"社区总体营造"。1995年，台北市"文化产业研讨会"将文化创意产业营造意识扩展至全岛，台北市文化创意产业步入发展初期。进入21世纪后，由于国际经济形势变化，2002年，台北市将文化创意产业发展列为"挑战2008：发展重点计划（2002—2007）"的子计划，通过行政力量，推动文化创意产业发展。随后在2010年又颁布"文化创意产业发展法"。经过不懈努力，2013年，台北市文化创意产业产值高达数千亿新台币，创造4.3万个就业岗位。

（二）做法与经验

1. 注重凸显地方文化特色元素

地方产业与传统文化艺术相结合，加上新一代创意，成为产业发展策略。台北市正在发展的地方特色产业，如三义木雕、美浓纸伞、白米木屐等，以地方特色吸引人们到当地消费，维持地方永续生机。运用手工与地方要素发展地方特色产业，是一种新的生活方式和产业经济，以传统、创意、个性所整合出的地方魅力取胜。这种产业发展策略使传统文化与艺术创意成为地方产业发展的共生环节。这也是现在台北市乡镇村落发展的主要方向。通过发展文化创意产业，开发地方性、传统性、创意性、手工性文化资源，与地方产业进行生态性有机整合，建立本地化休闲生活的产业永续经营发展模式。这是台北市推进文化创意产业的成功经验。

2. 人才支撑，科技引领

（1）地方当局协助大专院校充实人才及设备，鼓励大专院校规划、开设相关课程或进行创意开发、创作实验，培养、培训文化创意产业所需的各种人才，并提供现职人员进修机会。

（2）营造国际化人才引进机制，制定"文化创意产业人才国际进修交流与延揽来台计划作业要点"，甄选文化创意产业精英，由地方当局与业界共同资助其出国进修，培育文化创意产业的"种子人才"；办理国际设计人才养成班及协同设计高级管理人才训练班，聘请岛内外师资授课，并进行岛外研修；办理国际设计研习活动，邀请国际知名设计专家到台北市参加国际设计研习活动。

（3）加强传统产业科技创新，使产品的品质和附加值大大提升，有效提高市场美誉度和占有率。例如，台北市法蓝瓷品牌融合创新、人文、艺术、时尚等元素，采用釉下彩、倒角脱模等先进技术，在2002年纽约国际礼品展上获最佳礼品收藏奖。

3. 公私协力、政企互动

台北市行政部门积极为文化创意产业培育人才，提供资金、技术支持、租税优惠，设置文化创意园区和文化展演设施，筑巢引凤。通过各种产官学研的交流和互动，形成生产、营销、研发等不同网络来促进文化创意产业发展。例如，为加强文化创意产业集聚，台北市文化主管部门先后从台北市烟酒公卖局租赁台北、台中、嘉义、台南和花莲5处旧厂房使用权，进行基础设施修缮以及产业活动导入，使传统的酒厂转型成为新经济的文化创意园区。

4. 开展全民美学意识

台北市推动"公民美学"策略，通过区块营造策略，发掘地方创意与想象力，将艺术落实在生活中，扩大民众参与文化的深度。通过文化创意产品媒介，促使社会大众更加接近文化。此外，"文建会"还注重公共艺术设计的辅导与推广，目前已经在台北市设计300余件公共艺术品，成立 27 个公共艺术审议委员会。文化创意产业发展通过文化产业化与产业文化化过程，深入了解各产业的文化与生产关系，促使民众建立对文化创意产业的尊重与价值认知。于是，产品的内容丰富与文化特质、文化创意产业带来的传播效益，通过民众文化消费行为，极大地提升其生活美学品位以及对文化意涵的理解与创造。

5. 有效推动运营的激励模式

台北市文化创意产业企业经营模式包括成立专项基金、建立有效激励机制鼓励企业自主研发和提高企业创新能力，推广企业全球化意识，产供销立足全球、强有力的领导班子，制订缜密计划，重视国际性经营人才培养，引进先进技术等。创意产业项目运作模式包括由当局、企业和私人等筹集资金进行项目运作，选择优秀的综合实力强的企业作为项目实施主体，树立全球化项目运作意识，着重产品营销，建立严格的项目评估体系，对项目立项、执行和效果组织评估，并重视对项目经验的总结。

第二节 国内外影视产业发展经验与借鉴

一 韩国：以持续投入和政策支持促进文化发展

（一）发展概况

韩国有赏心悦目的山海美景、鲜美可口的韩国料理、强大而特征突出的电影工业和文化关联产业。目前，韩国电影产业建立了强大根基，成为推动和促进文化创意产业，尤其是影视及其关联产业的重要支撑。韩国为电影和国际国内电视节目制作提供了众多受欢迎的拍摄地点，韩国有世界级基础设施和专业人力资源，相关组织成熟完善。1994 年，韩国政府制定《电影振兴法》，从电影审查、电影登记、独立制作等多个方面鼓励电影产业发展，并拟设电影振兴机构和振兴基金，其中，政府将电影产业由服务业定位为"准制造业"。享受制造业专有税收优惠，创业投资公司也开始迅速增加，韩国电影的资金前所未有地充裕起来。甚至在 1997 年亚洲金融危机之后的一片萧条中，金大中政府不但没有收缩对电影产业的经济扶持，反而将电影产业作为新的投资突破点。1999 年，金大中政府颁布的《文化产业振兴基本法》不仅将民间资本大力引入电影产业，还承诺 2003 年以前在电影振兴基金中存够 1700 亿韩元用以扶持电影产业。在财政支持上，政府每年拨出相当于人民币 4500 万元的巨额经费，重点支持 20 部民族电影拍摄。韩国还设立文艺振兴基金、电影振兴基金等多种专项基金，以促进韩国和釜山市影视业发展。迄今为止，韩国有 12000 多家大小电影公司。2019 年，韩国上映 806 部电影，本土观影人次已经连续八年突破 1 亿韩元，影院达 558 家，银幕 3173 块。

（二）做法与经验

1. 以特定政策助推电影产业发展

韩国电影产业发展受到韩国政府、电影界、企业界等部门的支持与资助，特别是政府采取强有力的文化保护措施和政府资助策略。政府还大力鼓励本国企业和外国企业进行技术合作，提升韩国民族电影的技术水平和制作水准。为确保韩国国产电影的市场占有率，政府通过强制手段来保证并给予专门发行首尔市国产电影的发行公司和专门放映首尔市国产电影的影院以税收优惠政策。

2. 促进影视产业与其他产业相互融合、相互支持

影视业不可能孤立发展，韩国影视产业振兴与其文化产业发展密不可分。自 1998 年韩国政府提出"文化立国"以来，韩国的影视、动漫和游戏等文化产业均取得了很大发展，且形成了相互促进、良性互动的产业链条。影视产业已经成为韩国文化产业的主导产业。韩国影视产业与其服饰、餐饮、化妆品、电子产品和旅游等产业在发展中相互联系，形成了一个相互影响和带动的循环体系，以及一个紧密相连的产业链。一方面，韩国影视产业的成功发展促进了全国化妆品、饮食、医疗整容、日用品等工业的发展，并且带动旅游业蓬勃发展。另一方面，这些产业的发展同时也推动了韩国影视产业的增长。

3. 东西兼顾助推电影国际化

在电影创作上，不断拓宽电影摄制题材，走本土化和国际化相结合的发展道路。市场东西兼顾，利用民族文化相近的背景，将制作精良的东方文化故事，如东方浪漫爱情故事，倾销到亚洲国家；同时向西方，如好莱坞学习，走国际化路线。

4. 实行举国营销战略

韩国文化市场微观主体的市场观念比较强，许多影视公司很重视国际市场营销。无论是影视作品还是韩流明星，十分重视包装策划，甚至

虚饰美化，在公众面前表现出健康积极向上的形象。影视作品，从制作到拍摄，再到包装、后期宣传、推介和销售，有一个完整的亚洲版好莱坞模式。此外，釜山国际电影节等三大电影节也成为向世界宣传和推广本土电影的平台。

5. 强化影视与旅游产品融合发展

韩国旅游宣传除"从百姓到首脑，人人关心国家旅游形象，重视旅游宣传营销"外，最出彩的莫过于旅游景点在韩剧中的"植入性广告"宣传。韩国的诸多景点都是通过韩剧这一重要载体引起反响的，如因《大长今》而火爆的首尔市民俗村；少为人知的牛岛因为韩剧《人鱼小姐》而名声大噪；外岛因《冬季恋歌》而成为爱情岛，每天吸引成千上万的游客；《天国的阶梯》里的乐天游乐场、《浪漫满屋》里的仁川浪漫小屋；《蓝色生死恋》中的大观岭等比比皆是，都是通过唯美画面、柔和音乐和缠绵悱恻故事情节来捕获观众的眼球。作为一种营销方式，植入式广告宣传有立竿见影的效果。影视拍摄基地京畿道"大长今村"是在《大长今》拍完后而保留下来的影视基地旅游景点，不但保留剧中拍摄外景地如宫殿、御膳房、狱舍等20多座布景，而且还在每个场景旁标明剧中情节和剧照，同时附有中文、英文、韩文、日文四种语言的解说词，并请剧中演员定时到场与游客见面互动，以致产生前往首尔市的外国游客增加15%的示范效应。此外，韩国还善于利用韩剧中男女主人公的衣、食、住、行开发衍生旅游纪念品，如开发《蓝色生死恋》男女主人公头像为装饰画的情侣套杯、手机链，生产与《冬季恋歌》中女主人公崔智友一模一样的呢料格子大衣和淡紫色兔毛手套，以满足影迷的购物需求。

二　布拉德福德：以电影为媒介实现文化华丽升级

（一）发展概况

布拉德福德，位于英格兰北部，是一个拥有50万人口的小城市，是英国早期的文化中心之一，曾以羊毛工业而闻名遐迩的工业小城因为电影而完成了产业转型。2009年6月8日，布拉德福德成为联合国教科文组织命名的世界第一个"电影之都"，也是一个罕见的以电影为媒介打造其文化身份的城市之一。布拉德福德拥有典型的维多利亚时代的城镇和乡村，那宁静、美丽、独特的维多利亚时代风景，由于拥有大量的维多利亚时代建筑，许多经典电影都在布拉德福德取景。从电影诞生那天起，布拉德福德就成为一个能触发人灵感的拍摄之地，是影迷心中安营扎寨的地方。布拉德福德的电影工业可以回溯到第一次世界大战。在那个时代，布拉德福德已拥有 9 个电影制片厂；布拉德福德有经典电影的拍摄场地十几处，来自世界各地的电影人在此拍摄出很多经典电影。因此，布拉德福德成为一个因电影拍摄、制作、电影教育和电影遗产而闻名的城市，电影给这个城市带来了让人难以拒绝又令人回味的独特韵味。

（二）做法与经验

自获得联合国教科文组织认定的"电影之都"头衔之后，布拉德福德以电影为名的经济转型卓有成效。其经济影响力主要体现在为电影制片业和当地电影企业带来更多机会，同时知名电影的取景拍摄地也令城市的旅游业发展迅猛；社会影响力主要体现在电影教育方面。

1. 以电影元素打造"电影之都"

布拉德福德通过人文地景让电影与城市有所联结，并以此为基础，将电影元素慢慢融入而成为城市的灵魂。只要你随便在布拉德福德的大街上走一走，路牌上都能发现一个小标志："电影之都布拉德福德，一个联合国授予的创意城市"，随处都在提醒你，这个城市的文化身份是电影。早在 1914 年，奥斯卡最佳影片《国王的演讲》拍摄地 Morley Street 就建成了一家电影院，叫布拉德福德电影院（Bradford Picture House）。1933 年以前，这里还常驻一个交响乐团，专门为默片配乐。直到 1986 年，才被英国大名鼎鼎的阿罕布拉剧院（Alhambra Theatre）合并重建。在这里，人们还建起了一座英国最大的摄影、电影与电视博物馆——国家媒体博物馆，现已成为布拉德福德的标志性现代建筑之一。国家媒体博物馆设有永久性展厅以供人们回顾电影和电视的发展历程，并定期举办各种类型的展览；还拥有一个 52 英尺高、64 英尺宽的 IMAX 立体电影屏幕，据说是世界之最。布拉德福德因电影拍摄、制作、电影教育和电影遗产而闻名，无论是来到这个城市工作还是观光的人，都知道布拉德福德是"电影之都"。

2. 以发展电影教育汇聚资源

布拉德福德大力发展电影教育高等学府，除布拉德福德大学的媒体学院以外，布拉德福德和设立于孟买的印度国际电影学院（Whistling Woods International）联办的布拉德福德国际电影学院（Bradford WWI Film School），对想学电影的影迷来说是一所难以拒绝的电影学院。该校以电影拍摄、电影制作、电影剪辑、电影剧本、电影导演，甚至制片、声效、评论等实用课程为特色，强调学生的实践能力。同时，布拉德福德在孩子的电影教育方面更是不遗余力。将电影纳入小学课程，此举在布拉德福德已推行三年。通过培训教师、开展电影教育交流会，布拉德福德的教师已经完全胜任电影教育课程的教学。布拉德福德的小学电影教育在英国居于领导地位。这样的课程不仅拓宽了学生的视野，塑造了城市形象，对于孩子的读写能力也有所提升。

3. 实现政府与民间通力合作

城市的转型需要政府与民间多方共同合作才有成功的可能。布拉德福德能够在 2009 年获得"电影之都"的头衔，其中最大的推手便是民间组织"布拉德福德电影之都机构"。该机构由艺术家、音乐家、企业家、大学教授、博物馆主管等共同组成，并与布拉德福德市政府、国家媒体博物馆、约克夏荧幕电影投资公司等合作，推动布拉德福德的电影事务发展。

三　横店：全要素拓展，共建影视旅游全域发展区

（一）发展概况

1996 年，为拍摄电影《鸦片战争》，横店修建了国内第一座影视基地广州街，由此开启了它成长为中国影视基地的第一步。经过近二十五年发展，横店影视城已发展成为国内拍摄场景最多、配套设施最全、历史跨度最长、全球规模最大的影视拍摄基地，是中国唯一"国家级影视产业实验区"。宏大的基地规模、丰富的拍摄场景，吸引众多海内外影视导演率剧组前来取景拍摄，其年均影视剧产量占全国产量的 1/4。《英雄》《无极》《满城尽带黄金甲》《步步惊心》等热门电影电视剧均产自横店。影视产业的崛起，也推动了横店文化休闲旅游业快速发展。横店影视城是国内影视外景拍摄基地中唯一一家 5A 级景区。方圆十平方千米的横店，拥有十余家星级宾馆共八千余个床位。目前，影视城共有七大景区，分别是秦皇宫景区、清明上河图景区、梦幻谷（江南水乡）景区、大智禅寺景区、广州街香港街景区、明清宫苑景区和屏岩洞府景区。另外，还有六座在建基地，分别是上海滩、唐宫唐街、华夏文化园、九龙大峡谷、情人谷和电影梦幻世界。

（二）做法与经验

1. 明确发展目标，找准定位

横店的成功很大程度上取决于从一开始就有一个明确的产业定位，

这就是历史剧和古装剧的拍摄基地。正是因为产业定位明确，而且具有特色，才不断地集聚和吸引大量相关生产要素的汇合。久而久之，便逐渐形成集聚效应和品牌效应，使横店成为国内外剧组拍摄历史剧和古装剧的首选之地。因此，在构建其他文化产业集群时，一定要根据各地的特色资源和条件，找准主攻方向，切忌片面地求大求全。

2. 以全产业链发展，实现影视文化产业跨越式发展

形成产业链是产业集群赖以生存和发展的主要条件之一。综观国内外较有规模的产业群，它们都是由研发、生产、流通及其他相关环节共同构成的共生网络，产业的各个环节之间存在着很强的相互依赖性和联动性。在一个产业群内，如果产业链不完整，或者各个环节彼此脱节，甚至相去甚远，那么，该产业群就很容易变成"孤岛"，不可能产生集聚效应。显然，横店打造影视产业链的做法，是符合产业集群发展规律的，不但促进了影视产业要素集聚，而且带动影视旅游等相关产业发展。

3. 以建立影视文化要素体系为重点

企业和产业实质上都是一定要素的组合体，并且要素条件越充分、要素质量越高，企业和产业的发展水平就越高。产业集群作为众多企业的集合，需要更充分的要素供给，这是产业集群形成和发展的必要条件。目前，横店影视城集群网络结构基本由要素构建体系、策划制作体系、影视城服务体系、展示交易体系和影视后产品开发体系组成，这五大体系是在完善产业链的过程中形成的。一方面，要素构建体系是其他体系的基础；另一方面，其他四大体系又反作用于要素构建体系，五大体系相辅相成，缺一不可。当然，政府在集群网络中发挥了积极作用。

4. 以文化营销增强横店品牌效应

横店影视城建设初期，采用影视拍摄"免场租"营销方式来吸引众多电影、电视剧剧组进驻横店，打开市场，同时也吸引越来越多的游客来到横店，以此不断扩大横店影视城的品牌知名度和影响力。同时发展复合盈利模式，摆脱单一拍摄盈利模式，建设影视主题公园及集团展览馆等，如秦王宫、梦幻谷、广州街、香港街等，发展影视旅游产业，注重游客的娱乐性、参与性和体验性，利用科技手段和新颖的表现形式，产生有吸引力的感官效果。

5. 深入挖掘基地的文化内涵

横店影视城坚持"影视为表，旅游为里，文化为魂"的经营理念，

建设影视基地文化内涵，使其成为文化产业的有效组成部分，并得到长足发展。影视文化是横店影视城运营模式创新的灵魂，借助在横店影视城拍摄影视大片之势，嫁接中国传统文化精髓，开发与影视结合的以原创、梦幻、高科技为特色的影视旅游产品，并将其投放到影视旅游主题公园中进行良好运作，使旅游产品正在实现由观光型向休闲体验型的转变，使游客可深度体验影视拍摄。如影视城《梦幻太极》节目融入了中国传统文化与思想，用歌舞形式演绎出来，场面美轮美奂，别开生面，壮丽恢宏，成为极受游客欢迎的项目之一。

第三节　国内外城市创意设计产业发展经验与借鉴

一　布宜诺斯艾利斯：移民文化共建世界设计之都

（一）发展概况

阿根廷首都布宜诺斯艾利斯，是全国政治、经济、文化和交通中心，也是南美最大的港口城市之一，享有"南美巴黎"美誉。布宜诺斯艾利斯从20世纪30年代开始发展设计产业，20世纪80年代进入快速发展期。受早期殖民的影响，布宜诺斯艾利斯是"大都市化"的典型代表，移民城市性质提供了创意设计的文化氛围。2005年8月24日，布宜诺斯艾利斯被联合国教科文组织授予"设计之都"称号，是全球第一个获此殊荣的城市。目前，布宜诺斯艾利斯形成以创意、天赋、独创性、热情为特点，以珠宝设计、家具设计、服装设计、室内设计为主要门类的创意产业。2010年，布宜诺斯艾利斯时尚设计产业创造了5.3万个就业机会，其中，从事纺织品设计1.7万人，从事服装设计2.6万人，从事皮革设计超过1万人。布宜诺斯艾利斯是阿根廷乃至拉丁美洲重要的文化中心，这里集聚了阿根廷1/3的大学、101个博物馆、数百家图书馆及影剧院。

（二）做法与经验

布宜诺斯艾利斯非常重视创意产业发展，是全国设计水平最高的城市。通过鼓励企业运用设计开发新产品，并推进与设计相关的研发工作，设计产业已成为推动其经济发展的主动力。

1. 将创意设计融入城市生活

布宜诺斯艾利斯是世界著名的节庆之都，每年举办大量的设计展览、交流和竞赛活动。在布宜诺斯艾利斯举办与设计产业相关的各种活动几乎贯穿全年。各类设计节庆活动鼓励全体市民参与，充分发挥市民创意的潜力。如都市设计中心（MDC）举办的布宜诺斯艾利斯国际设计节和纯粹设计展，专门设有让设计师与市民互动、公众与创意设计互动的项目。在布宜诺斯艾利斯不仅有多种专业设计类期刊，并且当地 6 家最大报纸也都有专门性设计内容的版面。

2. 以创意设计塑造城市新景观

虽然布宜诺斯艾利斯遍布大小纪念广场和历史建筑，但现代设计的气息依然透过特色鲜明的文化景观和建筑表露无遗，城市中充满了具有特色鲜明的设计文化景观和环境。布宜诺斯艾利斯市政府通过城市形象设计，完善城市基础设施，改善城市生活环境，不断谱写创意城市的新篇章。采用城市设计竞赛的方式对城市进行整体设计，打造城市空间新景观和新地标。设计师将拉丁传统文化与现代技术和艺术观念有机结合，创造令人印象深刻的城市环境，如位于联合国广场、名为"百花代表"（Floralis Generico）的大型金属城市雕塑，已成为布宜诺斯艾利斯的地标之一。实行城市基础设施设计项目，对包括行人休息场所、公共交通站点、街区信号标志、报刊亭、公共洗手间等城市基础设施进行整体设计，大大提高城市基础设计水平。市政府通过发展创意产业，实现了因产业结构调整而荒废衰落的旧城区的置换改造。如 MDC 由一座旧水产市场翻新改造而建成。

3. 以创意设计滋养城市文旅新业态

在创意设计助推下，布宜诺斯艾利斯已成为著名的旅游购物天堂。其市中心的佛罗里达和拉瓦列两大步行街因汇聚大量本土原创设计品牌而吸引国内外游客前往旅游购物。在城市中，巴勒莫区已经成为设计文化行业聚集地，超过300家设计创意店铺和工作室吸引着市民与游客，各种风格和品位的创意商品反映了自由和多元化的追求。另外，创意产业还掀起酒店设计的新浪潮。大多数翻新改造的酒店主要聚集在雷科莱塔与雷蒂罗区，如四季酒店、布宜诺斯艾利斯索菲特酒店等。

4. 以专业设计力量助推文化创意产业发展

拥有众多艺术设计院校，相关专业在拉美地区都享有盛誉，运用完善的设计教育研究体系，培养专业人才。支撑布宜诺斯艾利斯设计产业的中坚力量，是数量众多的自由职业者、设计工作室、中小型创意公司，它们不仅为各类企业提供设计服务，更积极参与国内外设计项目的竞争，或以店面、展会等形式直接参与商业活动，将多元化设计理念融入城市生活各个方面。同时城市的设计文化传统也铸就一批设计大师，两者相辅相成。

5. 提供持续的产业政策支持

布宜诺斯艾利斯市政府和管理者很早就从战略高度对设计产业的发展给予大力支持。2001 年，阿根廷中央政府确定了将布宜诺斯艾利斯打造成为拉美文化大熔炉、多元文化中心、移民文化中心、创意产业中心和设计人才培训基地的战略目标。同年，布宜诺斯艾利斯市政府相应颁布第一个文化十年战略计划，全力发展创意产业，利用文化和创意经济潜力，促进社会发展和就业率增长。

6. 发挥财政扶持基础作用

截至 2005 年评选之前，政府每年为艺术产业发展提供 250 万美元的资金，纯设计展览的年度预算为 50 万美元，同时每年投资 1800 万美元发展与文化相关的活动和产业，这项投资对艺术产业发展起到了有效的推动作用。自 2000 年开始，政府建立了能够为艺术家和设计师提供技术与财政支持、面积达到 14000 平方米、带有产业孵化器性质的"都市设计中心"，成为整个拉美地区首创。

二　蒙特利尔：以设计产业发展引导经济增长

（一）发展概况

蒙特利尔位于加拿大魁北克省西南部圣劳伦斯河中的蒙特利尔岛，是加拿大魁北克省的经济中心和主要港口，也是加拿大第二大城市，人口约 410 万（2016 年）。蒙特利尔是加拿大最重要的经济中心之一和世界上少数实行设计产业引导经济发展策略的城市。从历史角度来讲，蒙特利尔完全称得上"世界城市"。1642 年，蒙特利尔作为法属殖民地，逐步发展成为北美洲重要的皮毛贸易中心。然而，随着多伦多等城市的崛起，蒙特利尔逐渐失去了金融中心、通信中心、制造业中心的地位。在经济地位下滑的同时，蒙特利尔当局逐渐确立了"建设国际城市"的城市发展战略。在法国、英国两段历史的共同影响下，高品质设计成为蒙特利尔人对自身生活和周围环境的渴求，真正激发了这座城市的"设计精神"，即设计者和制造者之间的对话，这种精神最终幻化为蒙特利尔式的城市面貌和生活方式。2006年，蒙特利尔被联合国教科文组织授予"设计之都"，成为北美洲第一个加入文化多样性全球联盟创意城市网络的城市。

蒙特利尔作为一个设计城市形象出现在国际舞台，源于20多年的持续发展。自1986年起，设计产业就被确定为蒙特利尔城市经济发展的战略行业、地区经济发展的七个支柱行业之一。1991年，蒙特利尔成立了专门指导设计产业发展和提高的部门，并设置设计委员一职，这在北美洲是首创，蒙特利尔也是当时北美洲唯一将设计纳入市政行政管理框架的城市。自2001年起，为了让设计更好地与商业结合，并延伸到加拿大全国乃至国际领域，蒙特利尔市政府投入了数百万美元。2002年6月，为进一步将设计产业上升为城市未来发展战略，蒙特利尔专门召开市政会议，提出相关的城市规划方案，从设计产业视角描绘出蒙特利尔的发展前景。为配合这一规划，市政当局支持建立各种咨询机构，以提高公众参与度。市政委员会理事会于2004年1月通过这一规划，加拿大规划协会也对规划表示高度认可，于2004年授予蒙特利尔"城市设计完美规划"称号。2005年，蒙特利尔正式提出"想象——建设2025蒙特利尔"规划方案的设想，其核心理念是力图将蒙特利尔建设成为更宜居的城市，因此，城市更关注城市规划和设计品质。2006年，联合国教科文组织授予蒙特利尔"设计之都"称号。同年，蒙特利尔推出"设计蒙特利尔"计划，并组建设计蒙特利尔办公室以落实联合国蒙特利尔"设计之都"的要求，具体内容包括设计委托过程指导、互动交流和网络化组织三方面。2007年10月，蒙特利尔举办了一次以Place d Armes为契机的城市设计研讨会，在推动蒙特利尔城市建设准备工作的同时，进一步提高蒙特利尔作为联合国教科文组织"设计之都"的影响力和地位。

（二）做法与经验

1. 制定明确的城市发展战略，引导和推进设计产业发展

蒙特利尔设计城市的发展，源于市政当局对城市发展战略的明确定位，同时以开创性的策略引导和支持设计产业发展。

2. 提升城市在国际上的知名度和影响力

为支撑这一战略，蒙特利尔从两个层面展开重点布局：一是在城市发展基础上，拓展城市对外交流渠道，延伸国际触角，提高城市在国际

上的知名度和影响力。主要表现为承办国际性知名赛事活动，吸引国际目光；二是市政府还特别设置了诸多设计赛事，给设计师以有力的支撑和鼓励。如专门设定了"蒙特利尔联合国设计城市倡议"活动，用以推广"设计之都"的整体形象，并为城市设计师提供展示的平台和机遇，特别强调设计成果的"蒙特利尔制造"品牌形象。另外，还积极吸收和接纳国际上政府、非政府组织的入驻，借由国际组织在专业领域内的影响力，加深国际社会对蒙特利尔的认识，提高其在国际上的影响力。

3. 重点部署城市文化产业发展

为顺应国际城市多元文化繁荣的基本要求和产业发展趋势，其重点支持与产业经济相关的建筑设计、室内设计、工业设计、时装设计和平面设计五大领域的设计产业。蒙特利尔的企业在市政当局一系列措施推动下，增强了对政府支持设计产业发展的信任感，纷纷投资设计领域。市域内资产5000万美元以上的大企业普遍将企业收益的15%用于产品设计和开发，而在资产2500万美元以下的中小企业中，用于产品设计和开发的比例更是高达30%。

4. 政府主导打造设计产业的参与平台

政府在推动设计产业的参与平台过程中，除兼顾从业者的需求外，还十分重视文化氛围的营造和市民整体气质的培养。蒙特利尔有专门的"设计月"和"设计日"，旨在让市民通过参观设计师的工作场所，普及设计知识，提高市民参与建设的程度。每到特定的日子都会举行大规模的相关创意设计活动和竞赛，并向公众开放，让民众了解设计知识，品鉴创意作品。参加开放日的设计师覆盖国内、国际的建筑设计、景观设计、室内设计、工业设计、平面设计、时装设计和城市设计等众多门类，开放日当天，市民可以到这些设计师的工作室听取设计师最新成果的介绍，并与其当面交流互动。另外，除主要的设计节事活动外，蒙特利尔还大力支持其他种类多样的节事活动，包含各类英语法语音乐节、艺术节、电影节、时装节、烟花节、热气球节，甚至还有全球知名的同性恋大游行，其节日丰富和特色程度都令人称奇。这些活动都鼓励市民参与，营造了多元繁荣的艺术气息和文化氛围。市民创意素养的提高也带动了整座城市创意氛围的形成，更加凸显城市的创意气质。

5. 利用重大活动契机，提升城市面貌和基础设施建设

蒙特利尔世界博览会举办期间，蒙特利尔当局巧妙地将世界博览会

展区规划与城市发展、建设计划结合起来。通过筹备世界博览会建设带动城市建设与发展，特别是地下交通、地下城的设计和建设。如今，蒙特利尔地下城的设计和发展思路已成为世界各国城市竞相学习的对象。丰富、多元、独特的地下城开发，得益于蒙特利尔自由设计师的创意设计，反过来又极大地提升了蒙特利尔设计服务行业的发展动力。

6. 以商业项目设计为驱动，发起蒙特利尔商业设计计划

蒙特利尔市政府为刺激商业发展，提高城市生活设计质量，于 1995年由城市建设开发部门主办，并联合魁北克室内设计协会、魁北克室内设计学习及研究基金会、魁北克注册建筑师协会和市中心建设协会等多家专业组织机构，发起了蒙特利尔商业设计计划。主要目的是鼓励设计方面的专家与蒙特利尔的商务人士进行合作即鼓励商家，尤其是中小型商业，聘请专业人士做出有品质的商业设计，以提高蒙特利尔商业产品的整体设计水平。

三 中国香港：以市场调节机制促进文化产业发展

（一）发展概况

中国香港是我国文化创意产业发展最为成熟的地区。服务业的高度发展，第三次经济转型的客观要求，以及全球化一体化趋势等都为推动中国香港文化创意产业发展提供良好的市场基础。在行业分类上，中国香港文化创意产业主要涵盖文化艺术类、电子媒体和设计类三大类 11 个门类。从广义角度来看，中国香港也将会展、文化旅游、新兴美食等纳入文化创意产业体系之中。香港文化创意产业的发展始于 2003 年，当年初，中国香港特区行政长官董建华先生在第二届特区政府首份施政报告中正式提出要着重发展文化创意产业。2004 年 6 月，中国香港特区启动一项高达 25 亿元的"设计智优计划"，从而使中国香港文化创意产业开始加速发展。中国香港特区行政长官曾荫权先生在 2007—2008 年度施政报告中指出，未来五年中国香港的文化创意产业需要加快发展，让中国香港成为"创意之都"。其后配合中国香港特区政府的大力发展文化创意产业政策，中国香港举办了中国香港时装节、中国香港国际影视展、中国香港信息基建博览、中国香港设计服务博览会等一系列活动，极大地促进了中国香港和海外国家在文化创意产业的发展与交流。经过多年发展，中国香港进入创新驱动增长阶段，创意产业对地区 GDP 的贡献已超过 15%，极大地促进了中国香港特区向知识型经济转型。

在文化创意产业的地区集聚和空间分布上，中国香港创意产业主要集聚区有数码港和科学园，其中数码港集中在港岛南区贝沙湾，现已汇聚微软、惠普等上百家本地和海外资讯科技公司以及1万多名专业人才，成为亚太地区领先的资讯科技枢纽。除这两个由特区政府推动的经济工程项目外，中国香港一些文化创意行业也完成了空间和地区集聚：如出版、广告和媒体公司多位于铜锣湾、鲗鱼涌及北角，信息技术、动画、广告集中在港岛的中西部，有2/3的设计公司集中在湾仔、中环或西区等地；印刷、影视集中在东部，影视、会展业等多集中在铜锣湾、尖沙角、荃湾区；新界沙田汇聚了体育、博彩等娱乐场馆与机构；世界著名的香港迪士尼乐园、中国香港海洋公园等休闲娱乐场所分别建在离岛大屿山和南区黄竹坑谷地；中国香港中环CBD是世界上著名的中央商务区，该区域内集中了大量的银行、保险、投资等金融机构和数字媒体、广告、会展等创意行业。中环也是中国香港的文化活动中心，艺术表演、创意设计、艺术品交易及休闲娱乐等创意产业活动十分活跃。目前，中国香港在建的最大的文化项目为西九文化区（原称为西九龙文娱艺术区），主要是在西九龙填海区临海地段兴建一系列世界级的文化设施，是集文化、艺术、潮流、消费和大众娱乐于一体的综合文化娱乐场所，其核心设施为剧院综合大楼、演艺场馆、博物馆群及广场。

（二）做法与经验

1. 始终保持多元融合的文化特质和宽松自由的环境

中国香港社会高度开放和自由，极具包容性，有利于创意思想碰撞，有利于创意人才进行大胆尝试和创新。由于历史发展和地理条件关系，香港形成了东西文化共存的独特环境，是一个多元文化汇集的国际大都市。多元化、国际化的生活方式以及富有艺术文化气息的环境，有助于创意人员获得创作灵感和创作题材以及创意、商业、科技的充分结合。

2. 提供法制体系保障，以市场机制为主导，有效地保护知识产权和企业的公平竞争

中国香港企业可以自由交易、自主经营、免关税，对外资进入也不限制，是世界上最自由的经济体系。这种体系使创意产业准入门槛低，企业运作具有较强的灵活性。但必须在法律允许的范围内，尤其是保护知识产权及创意的原创性和独特性不被复制，使个人创造力价值能得到充分实现，这是创意产业发展的先决条件。

3. 始终保持和维护一个完备而有活力的投融资体系

中国香港作为世界金融中心和会展中心，资金来源渠道广，流经中国香港的资金也相当可观。中国香港自由贸易市场十分发达与成熟，使其对外直接投资远高于亚洲其他经济体。充裕的资金、发达的商业文化为创意产业提供了良好的投资环境。

4. 建构相对完善的创新人才发展和培育机制

创意人才数量众多，为创意产业发展提供智力支撑。中国香港特区政府通过积极的人才培养战略和宽松的人才引进政策，使香港高端人才大量集中，他们既熟悉本土化的运营策略，又具备国际化运营视野的优势。同时，中国香港在吸引世界各地创意人才方面极具竞争优势，吸引创意人才的增长速度远高于其他产业。

5. 发展模式上坚持政府指导和行业组织引导相结合

在市场体制下，香港特区政府主要在宏观层面，通过政策支持、法律保障为创意产业发展提供公平竞争的市场环境，通过规划设计重大项目，引导创意产业的发展方向。同时，提供公共文化基础设施和相关服务，保障创意企业发展公共效率。在具体管理和行业运作上，主要由行业组织和公共团体进行组织及协调。这些组织在创意企业发展中扮演多种角色，起着极为重要的作用。

6. 发挥市场、政府的职能和作用

充分发挥市场对文化创意产业、文化集聚发展在资源上的配置作用，学会融入国际市场，以自由开放来获得国际市场青睐。正确发挥政府职能。在宏观调控基础上协调产业之间及其内部的各种关系，充分保障产业利益，鼓励企业创新，制定完善的法律制度体系。实现政府职能对企业发展的全方位保障。

四 杭州：政府引领文化创意产业发展

（一）发展概况

20 世纪 80 年代，伴随着市场环境和政治环境逐步改善，各项政策也相继推出，推动杭州市文化产业进入自发成长阶段。这一时期，产业发展的主要标志是艺术设计、图书出版等传统文化产业的复苏。在该阶段，文化产业和相关设施主要集中于老城区的狭小地块。在产业发展模式上，原本零星分布于老城区的各类文化单位越来越多地围绕着高校和文化事业单位发展。依托中国美术学院（时称浙江美术学院）等艺术名校，杭州的艺术教育、艺术创作、藏品鉴定、艺术品设计等行业开始陆续发展。此外，国外动漫创作产业链的进入带动杭州动漫产业发展。到80年代末，杭州文创产业已初步分区域地形成群落，并且不断衍生出新的现代文创产业。20世纪90年代至2004年，多种所有制经济的逐步成熟，促使文化企业经营模式和合作方式实现多样化发展。在这两大推动力作用下，杭州文化产业逐步演化为文化创意产业并进入重要的创新崛起阶段。这一时期，大量的新兴行业通过技术和理念创新，从传统文化产业中衍生出来。2002年9月，杭州第一个创意群落LOFT49社区的生成标志着杭州文化创意产业兴起。LOFT49的生成发展，使文化创意产业从遥远的概念开始形成日渐清晰的感知轮廓。进入21世纪之后，文创企业逐渐开始以市场为主导进行生产。在业态上，具有传统优势的图书出版、艺术设计等行业与新兴的信息服务、文化传媒等行业融合发展，并逐步形成一定产业规模。产业融合创新促使文创产业向产品多元化、经营现代化、产值高收益化发展。在这一时期，随着城市空间版图扩张，文创企业自发从老城区狭小地带向城市新区发展，并开始形成各具特色的文创产业集聚区。2005—2007年，是杭州文创企业的集聚成长期。在2007年杭州市第十次党代会上，首次明确提出了在未来城市发展中要把杭州打造成为"全国文化创意产业中心"的战略目标。为有序地推进文化创意产业的管理与支持，同年还成立了文化创意产业办公室。这一阶段文创企业集聚发展的主要推动力是政府产业发展政策的引导。在各项发展政策强力引导下，原本布局分散且不规则的文创企业在这一时期进行了快速整合和集聚。其显著标志是2005年杭州市制定出台《杭州市大文化产业发展规划（2005—2010年）》，提出把大文化产业作为杭州市经济发展的重要增长点和支柱产业之一，把杭州建成浙江省大文化产业中心城市。这一时期，产业园区迅速成为杭州文化创意产业集聚发展的主要平台。在文化创意产业园区内，各个文化创意企业联系逐步加强，上下游产业链相继完善。在产业发展模式上，继政府明确要大力发展文化创意产业的清晰定位和战略目标后，文化创意产业在原先部分传统行业重点突破的基础上依托产业园区开启了全面提速发展进程。信息服务业、动漫游戏业、设计服务业、现代传媒业、艺术品业、教育培训业、文化会展业等不同文化创意产业门类开始全面发展。2007年年底，杭州市文化创意产业已实现增加值490.23亿元，按可比价计算，增长19.7%，高于全市

GDP 增速 5.1 个百分点，高于全市服务业增加值增速 3.6 个百分点。文化创意产业增加值占全市 GDP 的比重达 11.95%，对 GDP 增长的贡献率为 15.6%。西湖数字娱乐产业园、下沙大学科技园、湘湖文化创意产业园、白马湖生态创意城等各具特色的园区在政策主导下相继建设，良好的都市氛围、政策环境和产业基础促使越来越多的文创企业入驻园区，文化创意产业以产业链的完善和衍生为目标开始园区化集聚。2008 年以来，杭州文化创意产业以园区为依托集聚规模不断扩大，文化创意产业园区成为杭州文化创意产业集聚发展的主平台和打造全国文化创意产业中心的主载体。在庞大消费市场吸引下，文化创意产业进入集群化发展新阶段。其标志是杭州发布《关于打造全国文化创意产业中心的若干意见》，明确提出要把杭州打造成为以文化、创业、环境高度融合为特色的全国文化创意产业中心，从此开启了杭州文化创意产业的全面繁荣进程。文化创意产业发展至该阶段最大的创新亮点是产业派生，在产业园区内以信息服务业、动漫游戏业、设计服务业、现代传媒业、艺术品业、教育培训业、文化休闲旅游业和文化会展业八大重点行业为主，派生出许多新型文化创意行业以及产业链上下游企业。在产业布局上，这一阶段，以西湖创意谷、之江文化创意园、西湖数字娱乐产业园、运河天地文化创意园、杭州创新创业新天地、创意良渚基地、西溪创意产业园、湘湖文化创意产业园、下沙大学科技园和白马湖生态创意城十大园区作为主要集聚区，正逐渐形成环西湖文化创意产业圈、环西溪湿地文化创意产业圈、沿运河文化创意产业带和沿钱塘江文化创意产业带四大文创产业群。2011 年，杭州市出台的《杭州市十大产业发展总体规划（2011—2015 年）》明确提出，将文化创意产业放在十大产业首位，进行优先重点发展。到 2011 年年底，杭州市 16 家市级文化创意产业园区建成面积达236.45 万平方米，企业实现年收入 167.24 亿元。杭州文化创意产业，已经从一个"稚嫩"的新兴产业，成长为城市重要支柱产业、经济发展新引擎。2018 年，杭州文化创意产业实现增加值 3347 亿元，同比增长11.6%，占 GDP 比重达 24.8%，成为杭州市国民经济的重要支柱性产业。

（二）做法与经验

1. 实行顶层设计和基层创新融合发展

杭州充分注重政府在文化创意产业发展的规划和引领，同时，立足杭州良好的人文基础，加强基层创新和市场化开拓，实现文化创意产业快速发展。近年来，随着《杭州市十大产业发展总体规划（2011—2015年）》《关于加快建设国际文化创意中心的实施意见》正式发布，杭州提出要加快全国文化创意中心向国际文化创意中心转变，这不仅为杭州文化创意产业未来发展明确了战略目标，也标志着杭州文化创意产业正式步入国际化发展新阶段。

2. 始终推进文化创意产业集聚区提质增速，为文化创意产业成为杭州市经济发展新增长点注入强大内力

之江文化产业带的建设，实现杭州全力打造文化创意产业提质增效发展新引擎。中国（浙江）影视产业国际合作实验区、首家国字号动漫博物馆、浙江国家音乐产业基地萧山园区、北影（杭州）国家级电影产业基地等55个重点建设项目的全面发展，提升文创产业新能级。数字内容产业增加值约占文化创意产业的63%，成为全市文化创意产业乃至全市经济发展重要的新增长点。动漫节文博会产效双收，会展平台彰显新内涵。截至2018年年底，杭州市规模以上文创企业数达2742家，实现主营业务收入8369亿元，同比增长20.3%。

3. 保持文化与金融融合发展，创新政银合作新举措，形成文化创意发展杭州模式

制定出台了《杭州市文化创意产业信贷风险池补助资金使用管理细则（试行）》（杭财教会〔2018〕3号），进一步规范对文化创意金融机构和企业的资金支持机制。加快提升文化创意产业授信规模，杭州市文创办与杭州联合银行组建规模1100万元的市文化创意产业"助文贷"风险补偿基金，目前，文创风险补偿基金规模累计达6900万元。杭州市是全国唯一拥有3家文化创意金融专营机构的城市，并组建成立杭州市文化创意产业投资引导基金。杭州参与了由UNESCO推出的全球创意城市网络项目，成为国内第一个"工艺与民间艺术之都"，形成独具特质的"杭州模式"。

4. 深化国际交流合作，扩大杭州文化创意品牌新影响

翻翻动漫等17家文创企业及《富春山居图随想》等15个文化项目分别入选2017—2018年度浙江省文化出口重点企业和重点项目名单，两项入选数均居全省第一位。2019年5月25日，"杭州英国文化创意产业交流中心"在诺丁汉市正式揭牌落地，成为杭州市第一个在英国建立的

文创交流窗口，成为对外讲述"新时代杭州故事"的重要交流平台。

5. 注重顶层设计引领，推动基层创新

政府充分发挥顶层设计和规划引领综合职能，并依据文化创意产业发展实际，及时优化调整相关政策和管理体制。并为文化创意产业企业搭建了专有的金融服务机构。同时不断更新文化服务模式，确保文化创意产业发展战略目标及各项目规划能够有效实施。

6. 加快文化与科技融合

杭州市积极扶持重点文化企业，鼓励有实力的文创企业建立研发技术中心，搭建共享平台，促进科技创新成果转化和产业化，激励企业不断提升自身竞争力，加强国际合作，增强文化科技企业在国际上的话语权。促进"互联网＋"和文化创意产业之间有效融合，同时，积极推动网络文化创意产业链中有关部分的结合与交流，使互联网行业转型升级拓展了新领域，为杭州市文化创意产业发展注入新动力。

7. 以品牌战略推动文化创意大平台建设

近年来，杭州以西湖博览会、中国（杭州）文化创意产业博览会、中国国际动漫节等会展为引领，积极培育与打造一批产业展示交易平台，取得良好成效。

8. 以企业竞争推动产业发展

产业集群内激烈的企业竞争为文化创意产业发展提供动力。杭州各文化创意产业集聚区，生存着技术、产品、设计相对类同的多个企业，这些企业为了生存和发展，必然开展多样化竞争，通过竞争，各企业之间产生必然的并、转、融，从而推动整个文化创意产业的发展和提升。

五 苏州：以文化优势聚力创意产业发展

(一) 发展概况

2007 年，《苏州市"十一五"文化发展规划》揭开了苏州文化创意产业发展序幕，该规划指出，要把文化休闲业、动漫和网络游戏业、演艺业、出版和印刷复印业、发行业、工艺美术业、会展广告业、影视制作业作为苏州市文化产业发展的重点，并提出培育"一城三圈二带"的文化产业格局。"一城"是指以苏州古城历史文化遗存和非物质文化遗产为依托的古城传统文化产业；"三圈"是指以创意、休闲、会展等新兴文化产业为内容的环古城河文化产业圈、环金鸡湖文化产业圈和环太湖文化产业圈；"二带"是指以长江文化为特色的沿江文化产业带和以接轨上海、梯度发展为明显特点的沿沪宁线文化产业带。近几年来，凭借着文化优势、金融创新与雄厚的资本力量，苏州文化创意产业快速发展，已成为经济发展中重要增长点。同时，从2011年开始，连续四届苏州"创博会"成功召开为创意产业发展提供了更高平台。此外，在《苏州市"十二五"文化发展规划》明确提出，加快"苏州制造"向"苏州服务""苏州创造"和"苏州创意"的战略转变。2015年福布斯中国大陆最佳商业城市，苏州排在第十一位，福布斯大陆最具有创造力城市，除了深圳和北京，苏州居第三位。2016年，李克强总理提出，在10个省市和5个国家新区开展服务贸易创新发展试点，苏州是江苏唯一入选城市。

另外，为扶持文化创意产业发展，苏州市政府先后出台《关于进一步推进姑苏人才计划的若干意见》《关于加快文化事业和文化产业发展若干经济政策的意见》《苏州市服务业发展引导资金管理办法》《关于扶持动漫产业发展的政策意见》等，这些政策为吸引和培育创意人才提供支持，对创意企业的融资和税收提供一系列优惠。

在人才发展方面，2016年，苏州科技创业天使计划和创客天堂行动方案中，文化创意人才引进的排名全省第一，省级、国家级新型孵化机构已经分别达到47家、8家之多。苏州市人才总量达到227万人。新增国家"千人计划"人才30人，累计达到187人，创业型人才107人，居全国城市首位。

在文化产业投资方面，2011年，苏州完成文化产业投资超百亿元；2015年，苏州文化创意产业总投资近420亿元，苏州工业园区独墅湖科教创新区投资建设的苏州新闻大厦、苏州相城区阳澄湖数字文化创意产业园、苏州台北市诚品书店文化商业综合体项目已经建成并开放使用，60余家创意型及设计型企业入驻苏州，苏州文化创意产业集聚发展进入扩容优化加速阶段。

在文化创意产业重点项目方面，2015年，苏州市有国家级文化创意产业示范地8个，省级文化创意产业15个，市级文化产业示范基地和园区达到55个。2016年，苏州在文化产业重点项目达到55项，总投资达到365亿元。

在文化产业增加值及其GDP占比方面，2011年，苏州市文化产业实现营业收入约1800亿元，GDP占比达4.6%；产业增加值达到480亿元，增长25%以上；2014年，苏州文化创意产业的增加值约占苏州GDP的

6.5%；2015 年，苏州文化创意产业的增加值约占苏州 GDP 的 7%。文化产业为苏州经济发展带来巨大推动作用。

（二）做法与经验

1. 集聚模式以政府主导型文化创意产业园为主

苏州文化创意产业以政府主导型文化创意产业园为主，以企业自发集聚为辅。对于数字动漫类企业来说，多为政府新建的文化创意产业园，园区内有配套的辅助平台，然后引进文化创意企业入驻，例如创意泵站、昆山软件园等都为此种类型的发展模式。文化旅游业多为政府整合已有的文化资源，开发为集旅游、消费于一体的综合文化消费休闲区。工艺设计类企业尤其是传统工艺类企业一开始多为自发集聚状态，后来在政府大力支持下，发展成为发展基地或者创业园区。

2. 文化创意产业发展及集聚呈现出对苏州传统产业和文化资源的依赖性

依托苏州文化资源，首先是苏州文化旅游业得到先期发展。通过文化创意产业构造上下游产业链，带动苏州餐饮、住宿、交通运输等相关配套产业发展。其次是苏州的工艺设计类产业，例如书画、石雕、桃花坞木刻年画、刺绣等，这些产业依托苏州的文化资源而生，产品带有浓郁的地方色彩，因而成为打造苏州传统品牌的最佳选择。另外，通过整合苏州特色文化资源和水乡生态资源，苏州市影视传媒业也得到快速发展，现共有沙家浜江南水乡影视产业基地、亚细亚影视基地、周庄影视基地、同里影视基地和金鸡湖影视制作基地。

3. 政府主导，财政投入牵引

苏州市通过不断推进文化产业内涵建设，较好地推动了具有苏州特色的文化产业繁荣及集聚发展。在资金投入方面，苏州市财政积极创新理念，改变"点对点"的扶持方式，探索"拨改投、拨改保、拨改奖"等有效途径，建立较为完整的"苏州文化产业发展资金"体系。一是设立专项扶持资金。采用项目补贴、政府配套等方式，重点扶持发展势头好、经济效益和社会效益明显、具有高增长性的文化产业项目。二是设立产业担保基金。通过与担保公司、银行等机构合作，创新开展文化产业担保业务，进一步放大财政资金乘数效应。三是设立投资引导基金。

4. 实施三轮驱动发展战略

苏州市坚持文化事业、文化产业、文化体制改革协同发展，塑造一个全新的文化苏州。苏州市委、市政府始终把文化事业、文化产业和文化体制改革协同驱动，以建设高品位文化强市为目标，以提升城市文明程度、公民文明素质和满足人民日益增长的文化消费为出发点和落脚点，以建立健全布局合理、功能完善的公共文化服务体系为载体，以整合文化资源、创新文化体制为动力，一手抓文化事业，一手抓文化产业，打造知名品牌，形成优秀传统文化与现代文明融为一体的崭新格局。

5. 坚持规划引领

苏州市坚持顶层站位，瞄准前沿，制定了科学、可操作性强的文化等相关产业发展规划。围绕苏州市产业发展特征，制定苏州市创意设计业、动漫数字业、印刷复制业、新闻传媒业、出版发行业、文化旅游业、演艺娱乐业、会展广告业、工艺美术业和工业设计业十大文化产业规划。

6. 文化产业发展坚持规模化导向

文化产业依托苏州深厚的文化底蕴和丰富的文物古迹、山水生态、水乡风情和文博等旅游资源优势，文化休闲、旅游业迅速发展。以加快发展新兴动漫业为突破口，做优做强苏州文化产业，形成国家级苏绣文化产业群、苏州国家动漫产业基地、胥口书画全国文化（美术）产业示范基地和省级沙家浜江南水乡影视产业园等文化产业基地。通过重大文化节庆活动，展示了文化艺术、产业运作的完美结合。积极推动艺术在传统、传承、传播中与产业结合，繁荣了演出市场。依托苏州丰富的文化资源，将文化休闲业与旅游业融合发展。

7. 稳妥地推进文化体制改革

文化工作从养人头向养项目转变，政府对文化的投入从直接投入向政府购买公共文化产品和提供文化服务转变，政府文化管理部门从办文化向管文化、服务文化转变。

六 西安：以城市文化深度挖掘构建产业体系

（一）发展概况

西安市文化创意产业发展大致经历以下三个阶段：

第一个阶段：20 世纪 90 年代，文化创意产业化发展开始启动。此一时期，西安文化创意旅游产业发展中，国有文化事业单位、高等院校、科研院所的人力资源、知识与技术外溢和创新创业，成为西安文化创意产业发展最强大的基础力量，形成了一批民营文化创意企业。图书、报纸、期刊、音像制品的发行与销售，以及 90 年代已发展起来的影视、广告、设计、舞美、印刷、计算机与软件服务等，形成了西北地区最大的文化创意产业集聚中心和大宗文化创意产业集散地。

第二个阶段：2002—2010 年，文化与创意产业双轮驱动发展。西安在中央发展文化产业决策和西安自身发展需要推动下，以体制改革为动力，以曲江新区文化产业发展为龙头，推动和吸引民营经济进入文化产业，确定文化产业为西安五大主导性产业之一。同时，积极布局创意产业发展，使西安创意产业获得迅速发展。自 2006 年以来，成立了创意产业发展领导小组与创意产业发展领导办公室，创意产业正式进入西安的决策视野和发展战略，形成以西安高新区为主体的创意产业发展集聚区和带动陕西创意产业发展的核心区。西安创意产业形成四大板块：一是以旅游、影视、会展、出版、演出等为主的曲江新区文化产业聚集区；二是以网络、游戏、动漫、数字内容、数字传媒出版、数字化影视及文化后产品、研发设计为主的高新区创意产业集聚地；三是以设计、印刷、包装为主，位于西安北郊经济开发区的印报基地；四是以国际会议、休闲娱乐和文化创意产业为主的浐灞生态区。

第三个阶段：自 2011 年以来，城市文化旅游创意多元融合发展。西安市积极落实陕西省委、省政府确立的"重点在影视、突破在动漫、创新在戏剧、做大在板块"的文化产业发展思路，先后出台《西安市加快文化产业发展的实施方案》《关于深化文化体制改革和加快发展文化产业的实施意见》《西安市文化产业发展专项资金管理暂行办法》等政策措施，为文化产业发展提供重要的政策依据，有力地推动了文化产业发展。目前形成了以盛唐文化为品牌的曲江新区、以文化创意产业为品牌的高新区、以印刷包装为品牌的经开区、以生态旅游为品牌的浐灞生态区和城墙景区、临潼文化旅游区、秦岭北麓沿山文化旅游带七大文化产业板块。同时以重大节庆日和品牌主题活动为抓手，紧紧围绕建设"两都六城"和世界一流旅游目的地的目标，持续提升"西安年·最中国"文化品牌效应。

（二）做法与经验

1. 形成和打造国家级文化产业示范区：曲江新区

西安文化产业集中在曲江新区，以旅游、影视、会展、演出、出版等为主，是西安最大的文化产业聚集区和文化产业核心区，也是国内唯一采取政府推动的以城市整体区域开发为依托构筑的综合性文化产业聚集区、高起点和规模化发展的典型。曲江新区也成为西安文化产业领域的重点和未来发展方向。

2. 坚持文化产业集团化发展

自 2004 年西安组建曲江文化产业投资集团以来，通过一系列重大项目成功组织运营，迅速做大做强，成为曲江新区发展文化产业的主导力量，形成了以曲江文化产业投资集团为旗舰，以曲江会展集团和曲江影视集团、曲江演出集团、曲江文化旅游集团、曲江大明宫投资集团 5 个大型文化企业集团为集群，涵盖会展、影视、演艺、旅游、出版、广告等多门类的产业体系，文化产业呈现出产业聚集和集团化发展并行的良好态势。

3. 以重大项目运作和高端品牌打造，实现发展带动效应

以曲江为例，曲江以盛唐文化为品牌，以资源整合为手段，先后投入资金 80 多亿元，开发建设大雁塔北广场、大唐芙蓉园、大唐不夜城、曲江池遗址公园等几个重大文化旅游项目。重大文化项目和品牌的成功运营带动旅游产业大发展，曲江新区的知名度和城市价值得到大大提升，带动西安城市文化旅游形象的整体提升。

4. 发展文化旅游融合新业态，打造网红城市 IP

西安市立足大唐不夜城、大唐芙蓉园及周边区域，全力打造中国西北部地区顶级的"夜生活"高地，树立强大区域文化旅游品牌，同时积极与新兴业态融合，开发新的城市文化旅游网红 IP。

5. 突出顶层设计，实施"三动"战略

西安市坚持文化旅游产业发展、文化事业建设推进和文化公共设施完善的政府引导，以市场为导向，以资本为纽带，以项目为载体，大力实施资本推动、板块推动、项目推动战略。

6. 以"文化 +"模式实现融合发展，打造网红之城

"文化 +"模式成为西安发挥文化优势、打造文化强市、吸引外界目光的密钥，从"西安年·最中国"到"春满中国·醉西安"；从"无人机光影秀"到"抖音之城"，再荣升为名副其实的"网红之城"。这种将中国传统文化基因依托于硬科技、互联网等现代科技的新形式对外界吸引力不小。西安市通过搭建文化科技发展平台，打造"文化 +"科技新高地，利用高新技术推动西安文化产业由传统模式向以数字、创意为特征的现代模式转变。同时，"文化 + 旅游 + 城镇化"战略也进入全面启动

阶段，通过《西安市全域旅游示范市创建实施方案》的发布，加快重大项目和旅游特色小镇建设，积极推进一批文化旅游综合体建设，打造"文化＋旅游＋城镇化"大平台，引领产业升级，拓展发展格局。

7. 瞄准重大节日及品牌塑造，打造西安独有的城市 IP

以重大节庆日和品牌主题活动为抓手，紧紧围绕建设"两都六城"和世界一流旅游目的地的目标，持续提升"西安年·最中国"文化品牌效应。打造具有"传统色、地方味、科技风、时尚潮"的特色文化旅游品牌，展示大西安多元化的文化旅游资源和城市风貌，全面推动西安文化旅游业发展。同时，实现文化旅游与高新科技的结合，将文化依托于互联网平台进行推广，为西安吸引来更多游览者，助力西安构建文化旅游万亿大产业宏大目标的实现。

8. 着力突出"夜游"综合文旅效应

通过大唐不夜城、大唐芙蓉园等主题文化旅游项目的深度发展，西安着力发展城市"夜游"经济，突出"夜游"效应，并与网红经济效应有机结合，成为西北地区"夜游"文化的新极点和制高点。

七 成都：以形象育品牌，以品牌建产业

（一）发展简介

近年来，成都市文化旅游创意产业呈现高速增长状态。2015 年，成都市文化产业增加值 497.5 亿元，占成都市 GDP 的 4.61％，GDP 占比在 8 个国家中心城市中排第五位，在 15 个副省级城市中排第八位。成都有工业设计专业公司 100 余家，各级工业设计中心 32 家，共有国家级文化产业示范园区（基地）8 家、省级文化产业示范园区（基地）21 家、市级文化产业示范园区（基地）15 家。成都市依托武侯祠博物馆、杜甫草堂博物馆、成都博物馆、金沙博物馆、四川省博物院等资源，策划实施"金沙太阳节""诗圣文化节""中秋听琴""武侯夜话""夜游武侯"等品牌活动。建成国际非物质文化遗产博览园，连续成功举办国际非遗节，建成安仁中国博物馆小镇和民国风情街。顺利推进宽窄巷子、大慈寺历史文化街区等重大项目建设。

成都艺术品原创业发展形成新局面。东郊记忆、浓园国际艺术村、西村创意产业园等园区聚集绘画、书法、雕塑等艺术家工作室和各类艺术机构 400 多个；蓝顶艺术区聚集艺术家 300 多人。成都成为中国当代艺术的新地标之一。创意设计业优势明显，工业设计、室内设计均占中国

西部较大市场份额。2006 年，成都市在国内首次将数字娱乐产业规划为地方支柱产业，并制定地方法规，成立扶持基金，打造"中国数字娱乐第一城"。到 2016 年，高新区聚集游戏企业 300 多家，从业人员约 1.3 万人。其中，51 家规模以上游戏企业实现营业收入 120.5 亿元，同比增长43.5%。成都被誉为"全国动漫游戏第四城"，相关从业人员超过 10 万人，聚集相关产业企业近 1400 家，动漫游戏业快速发展，文化软件服务、互联网信息服务、数字电视、数字音乐发展势头良好，吸引腾讯、盛大等一批知名领军企业，汇聚大批文化创意人才。搭建文化旅游、高端印刷、新闻出版、广播影视、文化会展等行业平台，吸引众多国内外知名企业落户成都。移动游戏与全球几乎同时起步。初步形成以园区化、楼宇化为载体，以重大项目为带动，以骨干企业为支撑，影视传媒、文博旅游、创意设计、演艺娱乐、文学与艺术品原创、动漫游戏和出版发行等行业加快发展的文化产业新格局。

（二）做法与经验

1. 着力培育文化优势产业

政府支持，市场培育，成都文化产业逐渐形成优势产业和产业集群，形成一些在全国有地位的文化产业集团和在全国较有影响的文化企业与文化品牌。

2. 形成文化产业多元投资格局

成都市出台了《关于文化体制改革和发展文化产业的实施意见》，加快文化体制改革步伐。目前初步形成多元投资主体参与投资的良好局面。

3. 促进文化产业集聚发展

成都市确立"四片两区一带"的空间布局。四片是指：①红星路片区，依托红星路号园区、成都日报报业集团、四川日报报业集团，发展传媒业、广告业、创意设计；②红光楼片区，依托成都东区项目，发展数字音乐、艺术品原创与交易、创意设计；③红牌楼片区，依托 UK 联邦街区，发展创意设计；④浣花片区，依托四川省博物院、杜甫草堂博物馆，发展文博旅游、创意设计和文学与艺术品原创交易。两区是指：①南部新区，依托国家动漫游戏产业振兴基地，发展动漫游戏业；②东部新城，发展文化科技、数字电影、演艺娱乐、文化旅游、体育休闲产业。一带是指"198"文化创意产业重点发展带，依托文化科技产业园、成都大魔方娱乐中心、音乐小镇、三圣文化创意基地、数字出版产业园、非物质文化遗产国家公园、两河森林公园、大熊猫生态园等文化创意产业园区，发展动漫游戏、时尚音乐、演艺娱乐、文学与艺术品原创、数字出版、创意设计、文化旅游等文化创意产业。

4. 力推文化资源整合和文化产业融合

成都市文化资源和文化产业融合发展渐成趋势，新的文化产业样态不断产生，实现经济和社会效益"双赢"。科技与文化结合，科技文化产业成为亮点。科技教育介入文化产业发展，为文化产业提供了科技支撑。现代信息产业、高科技产业与现代文化产业的结合，在增量领域出现文化产业由传统部门向新兴部门开拓和发展，由"离线"产业向"在线"产业发展，由思维创造力向实践创新力发展，呈现出以新型创意产业为龙头的发展新格局。

5. 搭建产业平台，推动产业集聚区发展

（1）搭建文化产权交易平台。成都文化产权交易所是西部第一、全国第三家以文物权、债权、股权、知识产权等为交易对象的专业化市场平台，自2010年5月成立以来，积极探索文化产权交易模式，创新性地以艺术品份额化转让交易为突破口，创造了艺术品资产上市交易量全国前列的成绩，实现文化产权交易近4亿元，创造性地实现了金融资本、社会资本与文化资源的有效对接，为成都文化创意产业的发展提供动力，开拓了文化产权和中小文化企业融资服务的新渠道。

（2）搭建文化产业投融资平台。与国家开发银行签署《支持成都市文化产业发展合作备忘录》，首批合作15个项目，涉及金额300亿元；与成都银行、农商银行、工商银行及担保公司等金融机构分别签订合作协议，支持成都文化产业加快发展。

6. 着力发展"夜游经济"，打造中国西部夜游高地

"越夜，越成都"。随着成都建设世界文创名城、旅游名城和赛事名城，高标准打造国际美食之都、音乐之都和会展之都的"三城三都"城市品牌的深入，融合艺术、文创、文博、赛事等新兴消费业态的出现，以及更具"国际范、蜀都味"的多元消费新场景营造，成都2.0夜间经济业态正逐一解锁，"夜游锦江""有一种生活美学叫成都"等城市IP内涵更加丰富。

7. 优先发展现代新文化业态

推动文化创意与科技、金融、城市的深度融合，构建以文旅、文博、

音乐、设计、动漫、影视、传媒等为重点的现代文化创意产业体系。成都强调文化创意与科技、产业的融合，努力打造文化创意新经济，培育一批"独角兽""瞪羚"企业。

第四节 国内外城市旅游和体育产业发展经验与借鉴

一 温布尔登：推动专项赛事产业极致化经营

（一）发展概况

温布尔登（Wimbledon）是一个位于伦敦西南部的小镇，距伦敦市中心12千米，其知名度来自温布尔登网球公开赛（以下简称温网）。作为伦敦著名的富人区，温布尔登镇常住居民只有5.7万人。温网由全英俱乐部于1877年举办，赛事于每年6月的最后一周星期一至7月初定期举行。温网是全球四大网球公开赛中历史最为悠久的赛事。

温布尔登没有特别的支柱工业，温网自举办起，就以其强大的品牌号召力和产品吸引力带动小镇相关产业的发展。温布尔登现在有18个草地、9个硬地和两个室内球场。比赛举办时，现场观众累计可达30万人以上，而观看电视实况转播人次则在5亿以上。据统计，2016年温网期间，有50余万人购买了温网门票，赛事总收入达到2.03亿英镑，其中门票、食物和周边商品贡献约5000万英镑，赞助商和供应商贡献约4000万英镑，剩余的1亿英镑则来自转播分成。最终，赛事净利润为4200万英镑。

（二）做法与经验

1. 聚焦体育赛事经营，着力体育品牌培育

温网历史悠久，是温网运动中最古老和最具声望的赛事，是网球四大满贯之一，也是四大满贯中唯一的草地比赛。网球传统的延续强化其网球赛事的独特地位。温网新中央球场的可伸缩屋顶出自设计公司Populous之手，面积为5574平方米。从1877年举办至今，延续不变的赛事传统为温网打上重要烙印。温网不断攀升的奖金也是吸引选手参赛的一大因素。1991年，男单冠军获24万英镑，女单冠军获21.6万英镑，甚至第1轮遭淘汰选手也可获得一笔奖金，男子3600英镑，女子2790英镑。如今，温网已经实现了男女运动员奖金持平政策，每年共有2700万英镑

奖金，已经超过美网（2600 万英镑）、澳网（2300 万英镑）、法网（2200 万镑），成为奖金最多的公开赛。温网除几大主要赞助商如劳力士、汇丰、依云外，温网的主赛场不接受其他赞助。

2. "小马拉大车"，以专项赛事拉动相关产业发展

由于没有支柱工业，温网及其带动的基建、观光、餐饮活动等成为小镇的重要收入来源。在基建方面，球场持续刺激小镇经济增长。近两年来，14 号、15 号球场将扩展地基，新的餐馆、照相室、训练馆将开始修建。此外，还有 64 个大大小小的建设项目开展，总投资会达到千万英镑级别。在赛事用品方面，每年温网消耗 5 万余个网球，超过 35 万杯茶和咖啡，超过 2.8 万千克草莓（奶油草莓是温布尔登的"官方"零食）。著名的温布尔登手巾在赛事期间可以卖出约 28600 包。

3. 充分挖掘与开发赛事文化

伦敦本来就是世界闻名的创意之都，而温布尔登的赛事组织者实在高明，"两个交叉的球拍"这个图标被他们开发得非常充分，杯子、毛巾、钥匙链、U 盘，当这些普通的东西被烙上这个印记，身价立刻上涨了。温网特许商品销售始于 1979 年，至今商品种类已达百种之多。

4. 以赛事带动旅游业发展

温布尔登与伦敦市内略显促狭的建筑不同，镇上的房子显得更优雅精致。户户都是二层、三层的独栋小楼。这里是伦敦有名的富人区，房主大都是一些政要权贵、社交名流和文体明星。在旅游方面，温布尔登网球博物馆、球场是游客参观的重要景点。另外，迷你型小球场可供球迷们在排队间歇打球娱乐，还有大牌球星候场对弈；帐篷露营也是旅行的一项重要活动。据英国媒体报道，温布尔登住户如果选择在温网赛事期间出租房屋，收入约为其一年的工资。因此，小镇依附于温网赛事之上，整体生活水平较高。

二 蒙特贝卢纳：专注文化体育产业集群化发展

（一）发展概况

蒙特贝卢纳镇位于意大利北部特雷维索省，有着悠久的手工制鞋历史。20 世纪 70 年代，这里便成为世界著名的与冰雪运动有关的运动鞋生产基地。当地整个制鞋产业链上有设计、研发、生产、配送的专业公司 400 余家，就业人员 8600 余人，生产量达到每年 3500 万双，年销售收入超过 15 亿欧元。目前，全球约 80% 的赛车靴、75% 的滑雪靴、65% 的冰

刀鞋和55%的登山鞋等运动鞋产自此镇。

蒙特贝卢纳的体育制造业源自历史积淀和制鞋工艺的传承。一方面，蒙特贝卢纳位于意大利北部畜牧业中心地区，靠近意大利制革中心佛罗伦萨。受益于文艺复兴、农业自给自足和制革工艺的传播，制鞋业的小模式生产开始出现；另一方面，蒙特贝卢纳周边多山，历史上曾以伐木为主要产业，制作伐木工人的登山鞋成为流传工艺。登山活动作为了解世界的一种运动方式，随着登山运动逐渐受到欢迎，从20世纪70年代起，蒙特贝卢纳便因为高水平的制鞋工艺和优质的材料，成为世界著名的冰雪活动运动鞋生产基地。伴随着蒙特贝卢纳产品声誉的提高，产业上下游公司的集聚越发显著。不仅如此，其他世界知名体育品牌也开始重视登山鞋等户外运动品市场，以收购该区域公司和建立子公司的方式，加入到产业集群之中。1991年，贝内顿（Benetton）以收购Nordica的形式进入户外运动领域；21世纪前后，法国、奥地利、美国等体育品牌纷纷跻身冰鞋、登山鞋市场。

（二）做法与经验

1. 推动运动鞋产业集群化发展

蒙特贝卢纳镇已经形成了一个庞大的运动鞋生产集群。围绕着运动鞋生产企业，聚集了大量研发、设计、款式分析、配件生产、模具制作、制鞋机器及塑胶等产前配套生产企业，以及商业协会、中介、媒体、营销和配送等产后相关服务产业。产业集群达到了相当高的产业组织程度。集群内部生产和合作关系十分明确且稳定，产业内的生产链已经在很大程度上企业外部化，实行高度的专业化分工，每个生产环节都由各自独立的企业来完成。加之大多数企业规模不大，固定成本低，经营比较稳定，从而使整个集群成为可伸缩性的专业化产地。历史工艺、行业地位和较强的集群影响力，使蒙特贝卢纳在运动鞋领域（特别是冰雪运动相关运动鞋领域）具有重要的话语权。一方面，Nike、Rossignol、Lange等国际知名运动品牌也进驻在此集群内，学习制鞋工艺；另一方面，Geox、Tecnica、Nordica、Scapra、Aku等国际顶尖户外品牌均发家于此。

2. 以产促城，推动产城融合发展

盈利模式突破了体育小镇"体育+旅游"模式的传统观念，打造了新的盈利模式。大量生产企业的聚集，促进商业、居住及公共服务等城市功能的配套完善，形成了"运动鞋生产集群+城市服务功能"的小镇发展架构。各类鞋生产企业在地理空间上并不是绝对集中，而是以镇区为中心，在半径约5000米范围内沿路发展，形成多个产业集聚区。设计、研发和配件生产等相关企业围绕核心生产企业发展，商业、居住等城市配套功能则主要集中在镇区。大型运动鞋生产企业、配套企业及城市配套服务功能交错分布，通过产业链间的联系和便捷的交通网络构成一个"大分散、小集中"的布局，核心体育用品的生产推动上下游企业发展，促进服务业集聚，推动小镇特色化发展。

3. 注重政府扶持与推动作用

政府大力投资基础设施，包括水、电、路、通信等基础设施，并对企业提供政策咨询、税收、信息等方面的服务。在人才培训方面，政府通过地方银行对专业化大学进行支持，为企业培养专业化人才。政府出资对各类就业对象进行免费培训和专业化训练。政府规定，办企业要先培训，失业者要培训，在职人员也要培训。

三　昆山：持续推进大旅游产业文化观

（一）发展概况

近年来，昆山将旅游业定位于现代服务业的支柱产业，作为推动昆山经济社会转型升级的重要抓手，保持旅游业蓬勃发展势头。以转型升级、提质增效为主线，昆山正进一步扩大产业规模，优化产业结构，提升产业素质，加快旅游业转型升级，实现旅游业持续跨越发展。旅游业经历了十年起步阶段、十年发展阶段、十年加速阶段和十年转型阶段四个阶段，旅游产品推陈出新，品牌形象日益响亮，产业规模逐步壮大，旅游环境不断优化，逐步构建水乡古镇游、乡村休闲游、都市观光游和美食体验游四大旅游产品体系，旅游业成为名副其实的现代服务业支柱产业。2008年，旅游接待突破1000万人次，旅游收入达到96亿元。党的十八大以来，昆山旅游业发展进入加速转型期，从2016年起，昆山年接待游客稳定超过2000万人次，旅游业年综合收入超过200亿元。昆山旅游业以其1∶9的产业带动力和1∶5的就业带动力，成为推动经济社会发展、促进就业、推进富民增收和实现人民群众对美好生活向往的优势产业，更成为促进国际文化交流和传统文化传承的重要桥梁渠道。

（二）做法与经验

1. 树立大旅游产业观

在大旅游产业观指引下，昆山强化"旅游即城市，城市即旅游"发展理念，打造旅游全产业链，提高旅游消费水平和综合效益。一是引导和扶持旅游商品开发，设立昆山市旅游商品展示售卖中心，推动旅游商品线上线下购物体系建设。二是举办昆山特色旅游商品设计大赛暨旅游商品展，推出旅游商品推荐名单，建设"昆山有礼喔"——旅游商品研发、展示、销售平台，打造昆山特色旅游商品的整体品牌。

2. 突出强化整合发展

通过发挥旅游度假区的体制优势，昆山正深入推进"东方湖区"水乡旅游综合体项目，打造串联古镇的新兴旅游发展轴。加强对昆山市旅游产品的串点成线连线成片，策划推出一批特色旅游线路，建成城市、线路、景点既有机连接又各具特色的旅游目的地体系。

3. 深化文旅融合

昆山努力提升各类旅游产品的文化品位，运用创意展示手段，丰富旅游产品的文化内涵。一是大力挖掘本地历史典故、文化符号，将历史人物和民风民俗有机地融入文化旅游产品策划创作，不断提升旅游产品的文化感染力。二是根据"产业资源旅游化、旅游发展产业化"的发展思路，昆山着力拓宽产业融合的实现途径，以产业旅游为切入点，实现旅游业与工业、农业、会展业、文化产业等产业融合发展。三是提升观光农业、乡村旅游、乡土民俗旅游、农家乐、渔家乐，培育流水线参观旅游、高科技工业园区旅游、文创旅游、康体旅游，构建"全域旅游"格局。

4. 不断拓展新兴业态

昆山通过积极探索有效的产业引导手段，不断丰富旅游业态。因地制宜，探索和培育旅游露营地、自驾游基地、淀山湖低空旅游等新产品、新业态。积极筹建水之梦、台北市十八景、梦世界电影文化博览园等项目。指导乐享四季张浦、淀山湖景区、巴城金沃智能家居馆、巴城老街等景区创 A 创点，提升品质。围绕先进制造业、精致高效农业、现代服务业、文化创意产业和社会管理服务五大领域，昆山推出了首批包括三维园艺、台北市老街、捷安特自行车、三得利啤酒等在内的 45 家产业旅游点，初步形成产业旅游产品体系。为了更好地服务游客，昆山旅游部门精心遴选产业旅游指定旅行社，依托旅游咨询服务中心，建立产业旅游服务中心、产业旅游点和产业旅游指定旅行社三位一体的服务平台和经营模式，建立首批 67 名产业旅游导游（讲解员）队伍，不断深化产业旅游协同运营。

5. 创新发展营销战略

近年来，昆山紧紧围绕推动旅游业实现转型升级这一主线，积极实施品牌提升工程，加大对外宣传力度，着力开展目的地营销，推动旅游宣传从境内向境外拓展，从长江三角洲地区向高铁沿线拓展，从点对点向城与城联动拓展。围绕"江南片玉，灵秀昆山"的核心主题，昆山精心设计出版各类旅游外宣品，如编制《玩转昆山》旅游口袋书，制作昆山旅游电子宣传册、《昆山旅游》季刊、《我的旅游故事》文集等，还将昆山旅游图编入《2014 上海旅游交通图》，建立了多语种和图、文、声相结合的立体宣传体系。同时，强化事件营销也是昆山旅游创新发展的重要手段：一是抢抓意大利世界博览会召开的契机，邀请国际作家团队撰写《外国人看昆山》文化书籍，从国际游客视角探求昆山悠久的历史和多元的文化，2020 年 7 月面向全球发行，将全景昆山呈现于国际市场；二是抢抓上海迪士尼乐园开园的契机，主动接受市场辐射，通过专题推介、户外推广等多种形式承接溢出效应；三是抢抓"汤尤杯"在昆山举办的契机，加快策划包装体育旅游、观赛旅游线路，打响"观战汤尤杯、欢乐游昆山"品牌。

6. 创新管理机制，优化旅游发展环境

近年来，昆山采取一系列措施，强化行业管理，着力优化旅游服务，切实提高旅游环境与旅游公共服务的总体发展水平。借助新科技手段，昆山积极营造智慧旅游环境，建立昆山旅游信息中心，建立数据采集和后台监控中心，推进旅游呼叫咨询、旅游新媒体运营和旅游智能终端维护等工作常态化开展。通过中英文网站、微博、微信等平台，深化互动式服务，完善导航、导览、导购、导游等手机端服务功能。制订实施旅游度假区智慧旅游规划和行动计划，启动景区无线网络覆盖系统建设以及电子票务和检票系统建设，基本完成 A 级景区无线网络 100% 覆盖和电子票务系统建设。

四 莫干山：以全要素推动体育产业发展

（一）发展概况

德清县莫干山镇位于美丽富饶的长江三角洲地区杭嘉湖平原，国家级风景名胜区莫干山在其境内，境内群山连绵、环境优美、气候宜人，物产、旅游资源十分丰富，有竹林、茶园、果园，盛产竹木、茶叶、瓜果、家禽、萤石、石斛等。莫干山体育小镇以打造"裸心"体育为主题，将体育、健康、文化、旅游等有机结合，以探索运动、户外休闲、骑行文化等为特色，带动生产、生活、生态融合发展，重点开发如 Discovery 探索极限基地、久祺国际骑行营、莫干山山地车速降赛道、"象月湖"户外休闲基地项目，打造成为具有山水特色的户外运动赛事集散地、山地训练理想地、体育文化展示地、体育用品研发地。目前，德清县已经拥有较丰富的体育产业，初步形成以泰普森、五洲体育、乐居户外、久胜车业为主的四大产业集群，共有体育产业活动单位 72 家，以体育健身休闲、场馆服务及体育用品的销售和制造为主，其体育休闲产品的出口额、销售额、增速等方面均为行业前茅。2016 年，仅泰普森一家的营业收入就超过 110 亿元，产品在欧洲及亚洲等 60 多个国家和地区均有消费市场，体育产业项目计划投资额达 30 亿元，地方特色产业优势明显。

（二）做法与经验

1. 以特殊政策助推"裸心"体育小镇

德清县政府积极研究国家、省、市各级政府出台的关于体育产业的相关促进政策，并全面贯彻落实各项政策，将各项政策用实用活。全面落实现行国家和省支持体育产业发展的各项税收优惠政策。体育场馆自用房产和土地，享受有关房产税和城镇土地使用税优惠；体育场馆等健身场所的水、电、气、热价格按不高于一般工业标准执行；将体育用品制造和销售中小企业、体育服务性企业纳入德清县扶持中小企业发展政策的范围；将体育用品企业、体育保健康复企业、体育新媒体企业纳入德清县扶持科技企业发展政策的范围；将运动休闲业、体育竞赛表演业、体育培训与中介业、体育场馆运营业等业态纳入德清县支持服务业发展政策的范围。切实保障全民健身经费纳入财政预算，并保持与国民经济增长相适应。提高体育彩票公益金的利用效益和公共体育服务支持力度，通过政府购买服务、发放消费券等方式，激活群众体育消费意愿，引导、支持各级各类体育社会组织和机构提供多元化的体育产品和服务。

2. 科学规划，全力打造体育特色小镇

按照规划，体育特色小镇将呈现"一心、一带、两翼、多区"的功能布局。"一心"位于镇区核心区域，规划为产业文化中心，主要承担高端商务、技术研发、产品展览、会议研讨、商业配套、体验娱乐等功能。"一带"主要是沿黄郛路形成的以体育文化为主题的产业展示带，集中了体育产品、文化创意、休闲娱乐、餐饮美食、主题住宿等多种产业形式。"两翼"即位于镇区北侧燎原村的 Discovery 户外极限探险基地和镇区南侧何村的久祺国际骑行营。"多区"包括竹海登山区、骑行天堂区、森氧居宿区、莫干山门户区和历史创意区。小镇还积极打造辐射长江三角洲地区的户外休闲运动品牌，引进高端体育企业，大力开展探索、骑行、攀岩、马拉松等户外活动，使户外爱好者的体验整体向上提升一个档次。

3. 通过创建体育小镇构建全县体育产业新格局

通过"裸心"体育特色小镇的创建，引导德清县产业布局优化，通过大力培育体育旅游、运动康复、健身培训等体育服务业，推动资源整合、项目组合、产业融合，构建具有德清特色的体育产业新格局。近年来，德清县体育产业围绕体育产品制造、体育场馆运营、体育休闲服务业发展、体育彩票销售和体育协会发展等方面，积极营造有利环境，加大引导投入，已初步形成泰普森、五洲体育、乐居户外和久胜车业四大产业集群，莫干山户外运动基地、全球"Discovery 探索极限基地""象月湖"户外休闲体验基地三大基地为核心的体育产业总体布局。

4. 构建"体育+旅游"发展模式

莫干山镇依靠体育产业传统优势，活化"体育+旅游"产品，打造辐射长江三角洲地区户外休闲运动品牌，引领高端体育企业大力开展探索、骑行、攀岩、马拉松等户外活动，将体育产业、文化和旅游三元素有机结合，使其成为具有山水特色的户外运动赛事集散地、山地训练理想地、体育文化展示地、体育用品研发地、旅游休闲避暑地和富裕民众宜居地。

5. 完善规划和用地保障

出台德清县体育设施空间布局规划，将体育设施用地纳入城乡规划、土地利用总体规划和年度用地计划，合理规划建设群众体育设施、竞技体育设施和体育赛事场馆，对重点体育产业项目建设用地给予优先支持。新建居住区和社区要按室内人均建筑面积不低于 0.1 平方米或室外人均用地不低于 0.3 平方米标准，配套建设群众健身相关设施，并与住宅区主体工程同步设计、同步施工、同步投入使用。鼓励利用闲置和低效利用的存量房产、土地资源兴办体育产业，支持利用荒地、荒坡、荒滩、废弃矿山、空置农宅等开发体育项目。

6. 拓宽投融资渠道

充分利用省体育产业发展资金的引导、放大作用，设立体育产业发展专项资金，采用贷款贴息、项目补贴、专项奖励、政府采购等方法，重点扶持品牌体育赛事、重点体育产业项目、优秀体育人才、体育公共服务平台、省级以上运动训练基地、新业态体育产业等。以市场为导向，引导设立由社会资本筹资的体育产业投资基金。鼓励金融机构为体育企业提供创新金融产品，加大对小微体育企业的贷款支持，鼓励政策性担保机构为体育服务机构提供融资性担保服务。支持符合条件的体育企业上市，发行企业债券、公司债券。鼓励保险公司开发涉及大众健身、体育赛事、体育场馆、户外运动、职业俱乐部、运动员等体育保险产品。

7. 加强体育人才培养

着力加强体育产业，开展管理人员、一线服务人员、专业技能人才、行业领军人才的培养培训。积极引进体育人才，将高端体育产业人才纳入"南太湖精英计划"申报范围。加强运动员文化教育、就业指导及创业孵化，出台鼓励退役运动员从事体育产业、体育教育工作的扶持政策。

第五节　对佛山文旅发展的启示

一　强化顶层设计，加强发展引领

（一）强化顶层设计，突出"强政府，办大事"的核心能力

文化、旅游和创意产业、文化事业发展和文化融合发展区、文化集聚区建设，尤其是高品质现代化产业融合发展区、文化集聚区建设，不能简单地依靠传统制造业的自发集聚模式，而必须依靠政府的强力介入，通过科学的顶层设计规划，发挥政府调控职能来主动促成。要改善、提升和优化目前佛山市政府相对弱势的局面，力推强中心战略，实现其对文化发展的核心支撑作用。

（二）党政统筹推进

佛山各级领导亲自部署实施文化旅游发展、创建国家全域旅游示范区的工作任务。市委、市政府将实施文化集聚发展定为年度重点工作。明确具体任务和工作举措，制定强有力的配套政策，加强产业发展扶持政策的制定和出台。

（三）注重规划引领

佛山应对佛山文化旅游发展路径、重点，文化集聚、产业与服务体系发展进行顶层设计。构建涵盖市、区、镇、村的文化旅游发展规划体系，并根据文化发展新业态，对重大配套设施的布点规划、土地利用规划进行针对性修订调整。

（四）以双轮驱动落实文游发展

佛山应充分发挥政府和有效市场两个主体的作用，形成文化旅游发展合力，政府在政策、公共服务和基础设施等领域积极作为，市场在产品创新、产业壮大方面发挥主导作用。

二 优化体制机制，打通制约"瓶颈"

（一）促进体制优化，完善机制平台

佛山应将文化产业、旅游产业、创意产业、文化事业、全域文旅融合和文化集聚发展，纳入机关绩效考核体系。大力推进文旅融合管理新平台建设，设立旅游文化发展大数据中心等新平台。进行文旅融合和集聚发展共享平台开发。

（二）促进融合发展，推进集聚建设

佛山应注意发挥创新产品示范作用，有效推进"文化＋"工作。加大文旅融合新载体建设。推进产业＋旅游发展，加大研学旅游合作。大力培育文旅产业大集群，实现文旅商创融合、集聚。

（三）坚持规模化发展

佛山应努力推行文化旅游产业规模化、集团化、组团式发展，强调集聚规模效应。

（四）建设服务新体系

推进文化旅游公共服务"专项行动"，实现无线网络全覆盖。建成智慧旅游云平台，探索以 PPP 模式，优化旅游咨询服务体系。

三 加强主动保护，促进资源整合

（一）以岭南和广府文化激活城市发展

佛山应充分借鉴西安立足汉唐文化，高标准打造国内汉唐文化旅游旗帜的成功经验，将城市发展与文化传承有机结合，将经济增长与民生改善有机结合，将政府引导与产业集聚有机结合；把无形资源有形化，有形资源产品化，把文化这个激活剂融入整个城市的发展之中。打破"静态保护"的常态思维，推倒文化发展和文化保护名实不副的"不可逾越的樊篱"，创新实现城市文化空间再造和文旅融合＋业态多元化发展。

（二）以主动保护进行文化再造

佛山要充分借鉴各地发展文旅事业和产业的大胆尝试及创新探索，变被动保护为主动保护，既保护文化，又改善民生；既承担文化事业功能，又合理利用文化商品属性，形成独特的文化观、城市观、民生观和资本运作观。

（三）以勇于创新进行资源整合

佛山应深入学习西安市委、市政府赋予曲江可以"五跨"进行资源整合的"特权"，即跨行政区划、跨行业、跨部门、跨级别、跨所有制进行资源整合，对标思考，落地施策。探索以内涵发展而不是以行政区划作为分类标准进行资源整合的办法。充分借鉴曲江新区在旅游文化上的成功做法，创新性地复制城市文旅发展的创新路径、构思佛山城市文旅发展，传统文化保护活化的在地经验。依托城市旅游，将城市的休闲、娱乐、旅游有机整合，构建集文化产业、城市休闲、城市娱乐、旅游业于一体发展产业发展平台。

四　发挥市场作用，注重多元融合

（一）发挥市场作用，创新文化发展投融资机制

佛山要建构保障文化创意产业超高速发展的投融资机制，建构完善的制度和法律保障机制，夯实文化创意产业集聚发展的基础保障。

（二）聚焦城市特色、独有的文化品牌建设，打造城市网红 IP

文化创意产业集聚区发展，需要创新思维、创新模式和创新手段，佛山要在深入挖掘城市文化的基础上，发掘和提炼独特又有足够竞争力、号召力、辨识度的城市特色，构造网红 IP，以形成佛山城市文化品牌。

（三）注重多元融合，力推"文化＋""旅游＋"和"创意＋"，实现融合发展

文化项目开发和文化集聚区建设，佛山要有多元融合、共创共融的思路和意识，文化集聚发展从来不是单维度的东西，而是必须综合城市各种优势，集合、融合、创新发展，才有可能实现突破。

（四）着力新文化经济形态的引入、嫁接

佛山要立足制造业强大的城市之本，立足佛山制造业优秀元素，集合开发，创意整合，实现科技、新技术、新方法与传统文化、体育、旅游的全面结合，开发新的特色业态和多元文化形态。

五　坚持一体发展，探寻共建共享

（一）坚持城旅文一体发展

佛山要坚持城市与文化旅游融合发展，从旅游文化城市向文化城市旅游、从花园城市向城市花园转变，将城市建设成大景区、大花园和一体化文化社区。实现小镇特色化、乡村景区化，打造美丽中国样本。

（二）以产业融合拓展新领域

佛山要加快"旅游＋文化"与第一、第二、第三产业融合发展，推动十大特潜行业向旅游产业转化，打造精品民宿、健康养生、商务会展等文化旅游新业态。

（三）对标国际趋势，落实高水平国际引领

佛山文化旅游发展，必须始终坚持国际化发展战略，以产品、营销、服务、观念、功能、环境等全方位的国际化，提升旅游文化集聚发展的层级和品质，建设独特韵味别样精彩的世界名城。

（四）探寻共建共享新机制

佛山要形成全面共建和主客共享机制，发动佛山各部门和居民的积极性，在市、县（区）、镇、村形成四级联动机制，在农村景区化建设中赋予旅游功能，主客共享就是统筹兼顾当地居民和文化旅游者利益，在文化发展基础设施和公共服务方面满足居民和游客的共同诉求。

参考文献

一 专著译著

［美］爱德华·W. 苏贾：《第三空间——去往洛杉矶和其他真实和想象地方的旅程》，陆杨译，上海教育出版社 2005 年版。

［美］爱德华·W. 苏贾：《后现代地理学——重申社会理论中的空间》，王文斌译，商务印书馆 2004 年版。

包明亚主编：《现代性与空间的生产》，上海教育出版社 2003 年版。

包亚明：《都市与文化》（第 3 辑），上海教育出版社 2005 年版。

包亚明：《游荡者的权力：消费社会与都市文化研究》，中国人民大学出版社 2004 年版。

［美］鲍德里亚：《消费社会》（第 3 版），刘成富等译，南京大学出版社 2008 年版。

陈炎宗：乾隆《佛山忠义乡志》卷十《艺文志》，佛山博物馆藏 1752 年版。

［英］大卫·哈维：《希望的空间》，胡大平译，南京大学出版社 2006 年版。

［英］大卫·哈维：《新帝国主义》，初立忠、沈小雷译，社会科学文献出版社 2009 年版。

［英］大卫·哈维：《新自由主义化的空间：迈向不均地理发展理刍论》，王志弘译，（台北）群学出版社 2008 年版。

［英］大卫·哈维：《资本的空间——批判地理学刍议》，王志弘、王玥民译，（台北）群学出版社 2008 年版。

单霁翔：《从"文物保护"走向"文化遗产保护"》，天津大学出版社 2008 年版。

［美］段义孚：《经验透视中的空间和地方》，潘桂成译，（台北）"国立"编译馆 1998 年版。

段义孚：《空间与地方：经验的视角》，中国人民大学出版社 2017 年版。

冯雷：《理解空间：现代空间观念的批判与重构》，中央编译出版社 2008 年版。

高鉴国：《新马克思主义城市理论》，商务印书馆 2006 年版。

顾朝林：《中国城镇体系——历史、现状、展望》，商务印书馆 1992 年版。

广东省社会科学院历史研究所、中国古代史研究室：《明清佛山碑刻文献经济资料》，广东人民出版社 1987 年版。

［美］H. J. 德伯里：《人文地理——文化、社会与空间》，王民等译，北京师范大学出版社 1988 年版。

［德］哈贝马斯：《重建历史唯物主义》，郭官义译，社会科学文献出版社 2000 年版。

［法］亨利·勒菲弗：《空间与政治》（第二版），李春译，上海人民出版社 2008 年版。

胡大平：《后革命氛围与去全球资本主义》，南京大学出版社 2002 年版。

华南理工大学：《佛山历史文化名城保护规划（禅城部分）修订》，禅城区规划局 2008 年版。

黄凤祝：《城市与社会》，同济大学出版社 2009 年版。

［美］简·雅各布斯：《美国大城市的死与生》，金衡山译，译林出版社 2006 年版。

李凡：《明清以来佛山城市文化景观演变研究》，中山大学出版社 2014 年版。

李和平、肖竞：《城市历史文化资源保护与利用》，科学出版社 2014 年版。

刘怀玉：《现代性的平庸与神奇——列斐伏尔日常生活批判哲学的文本学解读》，中央编译出版社 2006 年版。

陆邵明：《建筑体验——空间中的情节》，中国建筑工业出版社 2007 年版。

陆扬、王毅：《文化研究导论》，复旦大学出版社 2006 年版。

罗岗主编：《帝国、都市与现代性》，江苏人民出版社 2006 年版。

罗一星：《明清佛山经济发展与社会变迁》，广东人民出版社 1994 年版。

［荷］迈克·费瑟斯通：《消费文化与后现代主义》，刘精明译，译林出版社 2006 年版。

［英］迈克·克朗：《文化地理学》（修订版），杨淑华、宋慧敏译，南京大学出版社 2005 年版。

［荷］米克巴尔：《叙述学：叙事理论导论》，谭君强译，中国社会科学出版社 2003 年版。

彭兆荣：《遗产：反思与阐释》，云南教育出版社 2008 年版。

［美］乔治·瑞泽尔：《后现代社会理论》，谢立中等译，华夏出版社 2003 年版。

［埃及］萨米尔·阿明：《不平等的发展》，高铦译，商务印书馆 2000 年版。

［美］沙朗·佐京：《城市文化》，张廷全等译，上海教育出版社 2004 年版。

申丹、王丽亚：《西方叙事学：经典与后经典》，北京大学出版社 2010 年版。

（日）矢泽利彦编译：《耶稣会士中国书简集五·纪行篇》（第三书简），（东京）平凡社 1974 年版。

孙江：《"空间生产"——从马克思到当代》，人民出版社 2008 年版。

汪德宁：《超真实的符号世界：鲍德里亚思想研究》，中国社会科学出版社 2016 年版。

王庆成：《稀见清世史料并考》，武汉出版社 1998 年版。

吴宁：《日常生活批判——列斐伏尔哲学思想研究》，人民出版社 2007 年版。

吴荣光：道光《佛山忠义乡志》卷十二《庆真堂重修记》，佛山博物馆藏 1830 年版。

夏铸九、王志弘主编：《空间的文化形式与社会理论读本》，（台北）文明书局 1999 年版。

冼宝干：民国《佛山忠义乡志》，岳麓书社 2017 年版。

肖海明：《佛山祖庙》，文物出版社 2005 年版。

徐千里：《创造与评价的人文尺度——中国当代建筑文化分析与批

判》，中国建筑工业出版社 2001 年版。

徐苔玲、王志弘：《地方记忆、想像与认同》，（台北）群学出版社 2006 年版。

杨宇振：《资本空间化：资本积累、城镇化与空间生产》，东南大学出版社 2016 年版。

姚远：《城市的自觉：南京最后的古城往何处》，北京大学出版社 2015 年版。

衣俊卿：《现代化与日常生活批判——人自身现代化的文化透视》，人民出版社 2005 年版。

俞可平主编：《全球化时代的"马克思主义"》，中央编译出版社 1998 年版。

张松：《历史城市保护学导论：文化遗产和历史环境保护的一种整体性方法》，上海科学技术出版社 2001 年版。

赵光武主编：《后现代主义哲学述评》，西苑出版社 2000 年版。

郑乐平：《超越现代主义和后现代主义———轮新的社会理论空间之建构》，上海教育出版社 2003 年版。

二 学位论文

陈镌：《城市生活形态的延续与完善》，博士学位论文，同济大学，2003 年。

陈科：《基于"城市经营"理念的历史城市保护策略与实施途径》，硕士学位论文，重庆大学，2007 年。

陈晓虹：《日常生活视角下旧城复兴设计策略研究》，博士学位论文，华南理工大学，2014 年。

惠小明：《产权视角下城市历史街区更新的研究》，硕士学位论文，重庆大学，2015 年。

李福金：《论叙事蒙太奇在历史街区改造中的应用》，硕士学位论文，中南大学，2013 年。

李和平：《重庆历史建成环境保护研究》，博士学位论文，重庆大学，2004 年。

李将：《城市历史遗产保护的文化变迁与价值冲突——审美现代性、工具理性与传统的张力》，博士学位论文，同济大学，2006 年。

李仍：《基于产权理论的城市空间资源配置研究》，博士学位论文，哈尔滨工业大学，2016 年。

李彦伯：《上海里弄街区的空间——社会复合体价值研究》，博士学位论文，同济大学，2010 年。

梁拓：《基于社区发展的历史街区保护规划研究》，硕士学位论文，华中科技大学，2012 年。

刘乃芳：《城市叙事空间理论及其方法研究》，博士学位论文，中南大学，2012 年。

龙迪勇：《空间叙事学》，博士学位论文，上海师范大学，2008 年。

吕峰：《宗族聚落的风土空间特征——杭州长河来氏宗族聚居地的建筑人类学分析》，博士学位论文，同济大学，2008 年。

吕小辉：《"生活景观"视域下的城市公共空间研究》，博士学位论文，西安建筑科技大学，2011 年。

邱天怡：《审美体验下的当代西方景观叙事研究》，博士学位论文，哈尔滨工业大学，2014 年。

邱衍庆：《明清佛山城市发展与空间形态研究》，博士学位论文，华南理工大学，2005 年。

邵陆：《住屋与仪式——中国传统居俗的建筑人类学分析》，博士学位论文，同济大学，2004 年。

沈海虹：《集体选择视野下的城市遗产保护研究》，博士学位论文，同济大学，2006 年。

汪原：《迈向过程与差异性——多维视野下的城市空间研究》，博士学位论文，东南大学，2002 年。

吴荻子：《当代建筑叙事空间及其研究方法初探》，硕士学位论文，中南大学，2012 年。

吴娅丹：《空间形塑与日常生活实践：汉口内城社会生态及变迁》，博士学位论文，华中师范大学，2011 年。

夏鹏：《权力分配：自建型居住空间演变的一种社会学阐释》，博士学位论文，华中科技大学，2011 年。

邢西玲：《城镇化背景下西南历史城镇文化景观演进与保护研究》，硕士学位论文，重庆大学，2014 年。

徐好好：《佛山城市街巷变迁的研究》，硕士学位论文，华南理工大学，2006 年。

杨海：《消费主义思潮下上海历史文化风貌区的空间效应演进研究》，硕士学位论文，同济大学，2006 年。

张雪伟：《日常生活空间研究——上海城市日常生活空间的形成》，博士学位论文，同济大学，2007 年。

朱丽娜：《基于社会文化可持续性的城市历史文化遗产保护研究》，博士学位论文，华中科技大学，2013 年。

三　期刊论文

蔡运龙、叶超、马润潮等：《马克思主义地理学及其中国化："跨国、跨界、跨代"知识行动》，《地理研究》2016 年第 7 期。

陈可石、卢一华：《以现代思维激活"历史"——佛山名镇及岭南天地项目的文化与现代化》，《建筑与文化》2012 年第 3 期。

陈志华：《文物建筑保护中的价值观问题》，《世界建筑》2003 年第 7 期。

崔翀、周庆、杨敏行：《历史文化景观廊道构建——以佛山禅城古镇为例》，《现代城市研究》2014 年第 1 期。

戴彦：《区域拟合研究：历史文化村镇保护的新方向》，《城市发展研究》2013 年第 2 期。

董慧：《现代空间维度的后现代思想——大卫·哈维的后现代主义思想探究》，《哲学动态》2009 年第 8 期。

杜雁：《市场经济主导下佛山空间结构演变的影响要素分析》，《城市观察》2012 年第 1 期。

段忠桥：《资本帝国主义视野下的美国霸权——戴维·哈维的〈新帝国主义〉及其意义》，《中国社会科学》2009 年第 2 期。

冯斐菲：《北京历史街区微更新实践探讨》，《上海城市规划》2016 年第 5 期。

冯建辉：《哈维的"时空压缩"理论浅析》，《唯实》2010 年第 7 期。

高峰：《城市空间生产的运作逻辑——基于新马克思主义空间理论的分析》，《学习与探索》2010 年第 1 期。

何小坚、郭新尧：《古镇悠悠辉煌再就——论佛山名城保护综合效益提高的规划思路》，《城市规划》2002 年第 10 期。

何雪松：《空间、权利与知识：福柯的地理学转向》，《学海》2005 年第 6 期。

何雪松:《社会理论的空间转向》,《华东理工大学学报》(社会科学)2006 年第 2 期。

何依、李锦生:《城市空间的时间性研究》,《城市规划》2012 年第 9 期。

何子张、洪国城:《基于"微更新"的老城区住房产权与规划策略研究——以厦门老城为例》,《城市发展研究》2015 年第 11 期。

胡大平:《"地方性空间生产知识"的公正之维》,《探索与争鸣》2016 年第 8 期。

胡大平:《为什么以及如何通过空间来探寻希望》,《中国图书评论》2007 年第 5 期。

霍晓卫:《聚落遗产的"活态"与真实性》,《世界遗产》2014 年第 5 期。

蒋文、李和平:《文化诉求推动下的历史街区绅士化更新》,《城市发展研究》2013 年第 9 期。

李凡、司徒尚纪:《历史文化名城文化多样性保护的景观生态学视角——以佛山市为例》,《地域研究与开发》2007 年第 6 期。

李和平、谢鑫、肖洪未:《从指令走向包容——历史街区保护中政府价值观的重塑》,《规划师》2016 年第 10 期。

李和平、薛威:《历史街区商业化动力机制分析及规划引导》,《城市规划学刊》2012 年第 4 期。

李月:《城市起源问题新探——从刘易斯芒福德的观点看》,《史林》2014 年第 6 期。

林志宏:《文化多样性视野下世界遗产与历史城市的省思》,《中国名城》2010 年第 11 期。

刘涛:《社会化媒体与空间的社会化生产:福柯"空间规训思想"的当代阐释》,转引自夏铸九、王志弘《空间的文化形式与社会理论读本》,《国际新闻界》2014 年第 5 期。

刘志伟:《"遗产"的现代性——〈文与物:国保单位佛山东华里的构建〉序》,《开放时代》2013 年第 5 期。

龙迪勇:《复杂性与分形叙事:建构一种新的叙事理论》,《思想战线》2012 年第 5 期。

陆地:《走向"生活世界"的建构建筑遗产价值观的转变与建筑遗产

再生》，《时代建筑》2013 年第 3 期。

陆邵明：《场所叙事及其对于城市文化特色与认同性建构探索——以上海滨水历史地段更新为例》，《人文地理》2013 年第 3 期。

陆邵明：《当代建筑叙事学的本体建构——叙事视野下的空间特征、方法及其对创新教育的启示》，《建筑学报》2010 年第 4 期。

陆扬：《社会空间的生产——析列斐伏尔〈空间的生产〉》，《甘肃社会科学》2008 年第 5 期。

吕舟：《文化多样性语境下的亚太地区活态遗产保护》，《建筑遗产》2016 年第 3 期。

马荣军：《日常性城市遗产概念辨析》，《华中建筑》2015 年第 1 期。

母少辉、李福金：《叙事蒙太奇在历史街区改造中的体现》，《中国建设信息》2014 年第 14 期。

聂磊、黄耀丽、陈希平等：《佛山旧城区保护与历史文化名城建设刍议》，《佛山科学技术学院学报》（社会科学版）2004 年第 2 期。

欧惠冰：《岭南天地与南风古灶——历史街区文化特色营造对比》，《建筑工程技术与设计》2014 年第 4 期。

强乃社：《空间转向及其意义》，《学习与探索》2011 年第 3 期。

阮仪三、肖建莉：《寻求遗产保护和旅游发展的"双赢"之路》，《城市规划》2003 年第 3 期。

石克辉、胡雪松、许玮等：《历史街区保护更新中的异质建筑再思考》，《建筑学报》2014 年第 6 期。

石莹、王勇：《产权视角下历史街区保护与更新的市场化路径》，《规划师》2016 年第 5 期。

宋峰、熊忻恺：《国家遗产·集体记忆·文化认同》，《中国园林》2012 年第 11 期。

宋菀之：《历史文化，不止于保护——佛山东华里改造》，《华中建筑》2014 年第 8 期。

宋奕：《话语中的文化遗产：来自福柯"知识考古学"的启示》，《西南民族大学学报》（人文社会科学版）2014 年第 3 期。

王德刚：《空间再造与文化传承——栖霞古镇都村"非遗"保护工程实验研究》，《民俗研究》2014 年第 5 期。

王丰龙、刘云刚：《空间的生产研究综述与展望》，《人文地理》2011

年第 2 期。

王丰龙、刘云刚：《空间生产再考：从哈维到福柯》，《地理科学》
2013 年第 11 期。

王军：《"整体复建"重创后的古城复兴路径探索——以大同古城为
例》，《城市发展研究》2016 年第 11 期。

王志刚：《论社会主义空间正义的基本架构——基于主体性视角》，
《江西社会科学》2012 年第 5 期。

吴良镛：《积极推进城市设计提高城市环境品质》，《建筑学报》1998
年第 3 期。

吴庆洲：《广东佛山祖庙建筑研究》，《古建园林技术》2011 年第
1 期。

吴涛、梅洪元：《关于城市更新与文脉和谐的思考》，《华中建筑》
2008 年第 26 期。

吴宗杰：《重建坊巷文化肌理：衢州水亭门街区文化遗产研究》，《文
化艺术研究》2012 年第 2 期。

夏健、王勇、李广斌：《回归生活世界——历史街区生活真实性问题
的探讨》，《城市规划学刊》2008 年第 4 期。

肖竞、曹珂：《基于景观"叙事语法"与"层积机制"的历史城镇
保护方法研究》，《中国园林》2016 年第 6 期。

谢长青、郝伟：《从"自立自强"到"家国情怀"：佛山企业家精神
刍议》，《佛山科学技术学院学报》（社会科学版）2018 年第 1 期。

徐宁、王建国：《基于日常生活维度的城市公共空间研究——以南京
老城三个公共空间为例》，《建筑学报》2008 年第 8 期。

杨俭波、李凡、黄维：《对历史文化名城老城区更新运用"三旧"改
造的思考——佛山岭南天地案例研究》，《中外建筑》2014 年第 6 期。

杨俊宴、史宜：《基于"微社区"的历史文化街区保护模式研究——
从社会空间的视角》，《建筑学报》2015 年第 2 期。

杨奕、吴建平：《地方依恋：对象、影响因素与研究趋势》，《心理学
进展》2013 年第 3 期。

杨宇振：《历史叙事空间化与日常生活——空间的当代社会实践》，
《城市建筑》2015 年第 3 期。

杨宇振、覃琳：《拼贴历史街区磁器口：空间的生产、去地方化与生

活状态》，《建筑师》2009 年第 4 期。

仰海峰：《弹性生产与资本的全球空间规划——从马克思到哈维》，《江海学刊》2008 年第 2 期。

仰海峰：《全球化资本的空间布展》，《北京大学学报》（哲学社会科学版）2005 年第 4 期。

殷洁、罗小龙：《资本、权力与空间："空间的生产"解析》，《人文地理》2012 年第 2 期。

张兵：《历史城镇整体保护中的"关联性"与"系统方法"——对"历史性城市景观"概念的观察和思考》，《城市规划》2014 年第 2 期。

张杰：《产权失灵下的城市建筑遗产保护困境——兼论建筑遗产保护的产权制度创新论》，《建筑学报》2012 年第 6 期。

张杰、庞骏：《旧城遗产保护"生"与"死"的规划设计反思——基于产权制度下的遗产保护规划制度的思考》，《建筑学报》2008 年第 12 期。

张京祥、邓化媛：《解读城市近现代风貌型消费空间的塑造——基于空间生产理论的分析视角》，《国际城市规划》2009 年第 1 期。

张乃健、洪惠群：《历史街区保护性更新研究——以佛山"岭南天地"为例》，《中国名城》2013 年第 3 期。

张楠、刘乃芳、石国栋：《叙事空间设计解读》，《城市发展研究》2009 年第 9 期。

张琪、张杰：《历史城镇的动态维护及管理——〈瓦莱塔原则〉的启示》，《城市发展研究》2015 年第 5 期。

张天新、山村高淑：《从"世界遗产"走向"世间遗产"》，《理想空间》2006 年第 15 期。

张智敏、刘晖、梁励韵：《保护性详细规划的探索与实践——以佛山祖庙东华里历史文化街区为例》，《南方建筑》2008 年第 4 期。

郑颖、杨昌鸣：《城市历史景观的启示——从"历史城区保护"到"城市发展框架下的城市遗产保护"》，《城市建筑》2012 年第 8 期。

郑震：《空间：一个社会学的概念》，《社会学研究》2010 年第 5 期。

仲利强：《历史街区规划对传统生活方式及文化的传承保护》，《中外建筑》2005 年第 4 期。

周霞、冯江、吴庆洲：《经济发达地区城市历史文化资源的保护与利用——以佛山历史文化名城保护规划为例》,《城市规划》2005 年第 8 期。

周向频、吴伟勇:《从"大世界"到"新天地"——消费文化下上海市休闲空间的变迁、特征及反思》,《城市规划学刊》2009 年第 2 期。

周毅刚:《明清佛山的城市空间形态初探》,《华中建筑》2006 年第 8 期。

庄友刚:《空间生产与资本逻辑》,《学习与探索》2010 年第 1 期。

四 外文期刊

Cresswell, T., *Place*: *A Short Introduction*, Malden: Blackwell, 2004, pp. 153 – 158.

Graezer Florence, "Breathing New Life into Beijing Culture: New Tradition Public Spaces And the Chaoyang Neighbourhood Yangge Association", *Making Place*: *State Projects Globalization and Local Responses in China*, Edited by Stephan Feuchtwang London: UCL Press, 2004, pp. 61 – 78.

Harvey David, "From Space to Place and Back Again: Reflections on the Condition of Postmodernity", in Jon Bird et al. eds., *Mapping the Futures*: *Local Cultures*, *Global Change*, London: Routledge, 1993, pp. 3 – 29.

Jenks Chris, "Watching Your Step: The History and Practice of the Flaneur", in Chris Jenks ed., *Casual Culture*, London: Routledge, 1995, pp. 142 – 160.

Keith Michael and Steve Pile, "Introduction Part 1: The Politics of Place", in Michael Keith and Steve Pile ed., *Place and the Politics of Identity*, London: Routledge, 1993, pp. 1 – 21.

Kyle, G. T., Graefe, A. R., Manning, R. and Bacon, "An Examination of the Relationship between Leisure Activity Involvement and Place Attachment among Hikers along the Appalachian", *Journal of Leisure Research*, Vol. 35, No. 3, 2003, pp. 249 – 273.

Massey, D., *Space*, *Place and Gende*r, Cambridge: Polity, 1994, pp. 212 – 220.

Mike Featherstone, *Undoing Culture*: *Globalization*, *Postmodernism and Identit*y, London: Sage, 1995, pp. 1 – 14.

Moore, R. L. and Graefe, A. R., "Attachments to Recreation Settings:

The Case of Rail – trail Users", *Leisure Sciences*, Vol. 16, No. 6, 1994, pp. 17 – 31.

Pred, A. , "Structraction and Place: On the Becoming of Sense of Place and Structure of Felling", *Journal for the Theory of Social – Behavior*, Vol. 13, No. 1, March 1983, pp. 45 – 68.

Pred, *Place*, *Practice and Structure: Social and Spatial Transformation in Southern Sweden*, 1750 – 1850, Totowa: Barnes and Noble, 1986, pp. 215 – 220.

Ryan, C. and Huyton, J. , "Who is Interested in Aboriginal Tourism in the Northern Territory, Australia? A Cluster Analysis", *Journal of Sustainable Tourism*, Vol. 8, No. 1, 2000, pp. 53 – 88.

Ryan, C. , Hughes, K. and Chirgwin, S. , "The Gaze, Spectacle and Eco-tourism", *Annals of Tourism Research*, Vol. 27, No. 1, 2000, pp. 148 – 163.

Sashia Sassen, *Global Nerwork*, *Linked Cities*, London: Routledge, 2002.

Seamon David, "A Way of Seeing People and Place: Phenomenology in Environment – Behavior Research", in Seymour Wapner, Jack Demick, Takiji Yamamoto and Hiroufmi Minami eds. , *Theoretical Perspectives in Environment – Behavior Research: Underlying Assumptions*, *Research Problems*, *and Methodologies*, New York: Plenum, 2000, pp. 157 – 178.

Tuan, Yi – fu, *Space and Place: The Perspective of Experence*, London: Edward Amold, 1977, p. 325.

Tumer Bryan, "Postmodem Culture/Modem Citizens", in Bart Van Steenbergen ed. , *The Condition of Citizens*, London: Sage, 1994, pp. 153 – 168.

Wolfgang Sachs, "One World" in Wolfgang Sachs ed. , *The Development*, Vol. 12, No. 5, 2005, pp. 125 – 129.

五 数据来源

本书所用数据，主要为广东省、佛山市、南海区、顺德区、禅城区、三水区、高明区及其他部分省市的关联数据，各数据主要取自各地（城市）的政府统计局网站的政府工作报告、统计年鉴、统计公报数据，所有引用数据均为政府公开数据，特此说明。

后　记

　　本书是笔者及其研究团队长期研究佛山城市文化及遗产管理的成果，也是研究团队所在的佛山科学技术学院地方文化与旅游发展研究中心与禅城区发展规划和统计局、佛山珠江传媒集团（佛山日报社）等单位围绕佛山历史文化名城保护、历史街区和建筑保护与活化长期、动态合作项目（三年滚动行动合作计划项目）的合作成果——（《印象·佛山》系列丛书第二部）。由于研究对象的复杂性、研究计划的持续性、研究内容的多元性等原因，更由于笔者个人研究能力的局限，使本书研究难免挂一漏万，有关研究成果若能起到抛砖引玉之效，已属万幸，如因笔者的原因导致著作各种问题，敬请方家批评、指正。

　　本书写作过程中，得到了佛山科学技术学院各级领导，包括郝志峰校长、李先祥副校长、陈忻院长、刘小辉处长、魏兴琥院长、徐颂副院长等的大力支持和鼓励，也得到了佛山市自然资源局禅城区分局名城办主任区迅敏同志，佛山珠江传媒集团石洪波、李淦、关永铿同志等的直接帮助。本书的出版更离不开研究团队成员陈刚老师（肇庆学院）、李兰老师、李凡教授、杨代友研究员（广州市社会科学院）、李飞副教授、黄维老师、刘书安老师等的大力协助，本校旅游管理专业2017级吴静、张婷、张仪芬、余名洋、陈妙纯，2018级覃泳龙等多名同学参与了项目的基础资料工作，在此一并表示感谢。

　　同时，本书的写作离不开家人的大力支持，对来自家人给予的关照、支持和鼓励，不能仅以感谢言之，唯有不断自我鞭策、努力前行，方能报之。

　　中国社会科学出版社卢小生编审对本书的出版付出了大量辛劳和工作。在此一并表示衷心感谢。

俭波谨记

2020年6月18日庚子季夏于佛山清华园